CUP   GRIMES

Don Francisco
ENTRE LA ESPADA Y LA TV

Autobiografía

Don
Francisco
ENTRE LA ESPADA
Y LA TV

Autobiografía

grijalbo

DON FRANCISCO ENTRE LA ESPADA Y LA TV
Autobiografía

© 2001, Mario Kreutzberger Blumenfeld, Don Francisco

Fotografías de portada e interiores: Archivo *Sábado Gigante*

D.R. © 2001, por EDITORIAL GRIJALBO, S.A. DE C.V.
    (Grijalbo Mondadori)
    Av. Homero núm. 544,
    Col. Chapultepec Morales, C.P. 11570
    Miguel Hidalgo, México, D.F.

www.grijalbo.com.mx

ISBN 970-05-1356-4

IMPRESO EN MÉXICO

Índice

A manera de prólogo

Bien pudiera creerse que he sido el amigo de toda la vida de Mario Kreutzberger, Don Francisco, por el hecho de ser compatriotas, contemporáneos, comunicadores sociales y residir ambos actualmente en Miami. Pero lo cierto es que hasta hace casi tres años, lo conocía tal como lo conocen hoy millones de televidentes de las Américas, los que lo han seguido por la pantalla chica en Chile y después afuera. En el aspecto público, estaba bien informado de quién se trataba, pero en lo personal, sabía muy poco de él. Había escuchado "leyendas" de que era una persona "intocable, inalcanzable, de actitudes prepotentes, que se reía de la gente modesta aprovechándose de sus limitaciones, que usaba mucho el doble sentido con el público, un jefe que es un pesado, un enamorador de mujeres que se servía de su posición; un hombre que se hizo multimillonario y que, como tal, vivía en una isla privada en Estados Unidos".

Una tarde, acompañados del periodista Marcelo Amunátegui, que nos presentó, conversamos sobre un proyecto suyo, su segundo libro biográfico, y me invitó a meditar sobre si podría ayudarle a acometer esta prueba literaria, pues él carecía del suficiente tiempo, y habría que dedicarse a charlar y abordar su vida en conversaciones que deberían cumplirse en horarios, fechas y sitios poco convencionales, utilizando los ratos que su agenda permitía. El escribir un libro, aunque sea sobre sus propias vivencias, consume mucho más tiempo de lo que uno se propone y tres veces más de lo que la gente cree.

Al preguntarle por qué deseaba narrar su vida, me contestó que cuando comenzaba en la televisión de su país, le acusaban de ser un ignorante en varios idiomas, y hoy quería contarle al público cómo y dónde había obtenido los conocimientos en estos 40 años de trabajo.

¿O es que quieres trascender?, insistí. Dijo que no, y argumentó que, si fuera así, tendría que mostrarse perfecto, "y yo quiero que en estas páginas se vean mis carencias, vanidades, ego, éxitos y fracasos", afirmó.

Le sugerí que quizá sería más propio de su actividad dejar esa historia grabada en una cinta de video, pero su respuesta fue inmediata: quería compartir sus experiencias, pues estaba convencido de que cuando se fuera, a los seis meses o antes, nadie se acordaría de él.

"La imagen en video se la lleva el tiempo y los escritos permanecen ocupando un lugar en alguna biblioteca. Si se distribuyeran mil ejemplares de mi libro, sentiré que en mil casas estará parte de mi alma", me aseguró, añadiendo: "Creo que lo que hemos logrado con el programa debería quedar en la historia de las comunicaciones. Sería un justo homenaje a tanta gente involucrada en mantener estas horas de entretenimiento."

Era un reto interesante de enfrentar, además de satisfacer mi curiosidad periodística por llegar a este personaje que gracias a un programa de entretenimiento los fines de semana se ha convertido en el mejor, más antiguo y más conocido animador de la televisión de habla hispana. Una celebridad que figura en el *Libro Guinness de los Records*, a quien la UNICEF designa Embajador y Hollywood reconoce como uno de los grandes del espectáculo, otorgándole una Estrella en el Paseo de la Fama. Aquéllos y éstos son hechos irrefutables que antropólogos y sociólogos se atreven a calificar como producto del profundo impacto de los medios masivos de comunicación en la cultura popular.

Comenzamos a trabajar y como es él quien relata y escribe su vida —y yo no soy un inventor—, fui documentando su historia: recuerdos de infancia, de sus padres, su esposa, hijos y nietos; sus primeros años en la televisión; su actividad en el taller de ropa; sus amores; sus coqueteos y guiños con los políticos; los afanes por internacionalizar su programa; su contacto con la gente en el estudio y en la calle; sus recorridos por el mundo entero; las críticas, los premios, sus campañas de ayuda social y hasta una acusación de acoso sexual.

Al intentar conocer su vida, vi que había tropezado con la realidad de un hombre del cual —¡vaya!— no sabía nada. Me encontré con un ser tímido, que con frecuencia se "autopersigue", un introvertido que disfruta la soledad, aunque esto suene controversial en un animador de multitudes. Como su familia es la razón de hacer todo lo que emprende, frente a una preocupación familiar —que las tiene a menudo—, es fácil presa del decaimiento. Cada vez que esto ocurre, debe ocultar el desaliento, porque al poco rato deberá estar frente a la cámara gritándole a su público: "aááááánimooooo".

Hallé a un hombre cuya vida transcurre más rápido que la del común de los mortales, y él trata de vivirla con intensidad, pensando cada día más sobre el futuro, preocupado desde la grabación de mañana en el estudio de televisión, hasta el desarrollo de las comunicaciones en 10 o 20 años más.

Un emprendedor para quien ninguna cima es suficientemente alta. Un perseverante visionario, que pese a tener su programa en el mejor de los niveles en la televisión chilena, arriesgó ese prestigio para internacionalizarse frente a un público desconocido, formado en su gran mayoría por inmigrantes que aspiran a hacer realidad el "sueño americano" del que tanto han escuchado.

Para Mario Kreutzberger, ese sueño tiene su concreción en *Sábado Gigante*, y al mirar por dentro el mundo que lo rodea, también descubrí que lo gigantesco del programa es su preparación previa, minuto a minuto, con nada dejado al azar, sin improvisación alguna. Un trabajo de hormiga desarrollado por un equipo humano profesional y disciplinado detrás de Don Francisco.

Sé que para muchos es difícil comprender cómo un hombre que no terminó sus estudios en el colegio y que se preparó para ser sastre, es seguido cada semana por 100 o más millones de hispanohablantes, transformado en un personaje popular indiscutible de la televisión y un líder comprometido en obras sociales y caritativas de gran envergadura. ¿Cómo es que un animador de religión judía ha logrado convertirse durante casi 40 años en la primera figura del canal perteneciente a la Universidad Católica de Chile, país en donde además promociona las obras del Hogar de Cristo, una entidad de beneficiencia manejada por sacerdotes jesuitas? Un judío a quien el Papa Juan Pablo II le confiere la condecoración Benemerenti, otorgada por primera vez en la historia a un seguidor de otro credo.

Efectivamente ha vivido entre la espada y la TV. Un aprendiz de sastre que optó por hilvanar y coser su vida en un perfecto traje donde entran distintos géneros: sus orígenes, su familia, su patria, su pasión por el público y el aplauso, su tesón por el triunfo. Un hombre al que la vida que escogió y construyó lo ha llevado a buscar el fiel de la balanza entre su familia y su carrera —y los halagos y recompensas que cada una otorga— no siempre, como él confiesa, dándole el mismo valor a ambos platillos.

Sin ser humorista, es un poseedor innato del humor, del entusiasmo y de la energía. Un hombre que en el escenario se convierte en un genio del ingenio, poderoso atractivo que ejerce sobre la gente. Conversando con el público, le ha dado buen resultado televisivo el explorar vidas ajenas, por lo que tal vez alguien podría preguntar: "¿no es eso ser un metiche?". Quizá lo sea, pero lo disimula muy bien y a través de su trayectoria ha demostrado sensibilidad hacia sus semejantes. Él sabe que tiene las herramientas precisas y las usa para llegar y entregarse no sólo a su público, sino a los seres humanos en general. Ése es su más importante legado, creo yo.

Me complace ocupar las primeras líneas de su libro para contar mi experiencia de tan singular charla de casi dos años. Adelante, entonces, con la historia de este connotado "conquistador" de tiempo completo. Éste es su testimonio. No hay otro, aunque se diga que las autobiografías casi siempre protegen y exoneran. Creo que el relato de Mario Kreutzberger, traducido en estas páginas, puede ayudar a agregarle motivos al permanente entusiasmo del público por Don Francisco.

MAURICIO MONTALDO

¿Cuál acoso? (1)

Observo las calles de Miami lo más tranquilo que puedo y trato de mantener la serenidad, aunque estoy pasando uno de los momentos más difíciles de mi vida profesional. ¡Jamás tuve una demanda, nunca un conflicto con la ley! ¡Y ahora que vivo en un país que no es el mío... que soy extranjero!

Además, una demanda tan absurda, grotesca y difícil de explicar: por acoso sexual.

Me ha citado el abogado de la demandante para cumplir con una audiencia preliminar en la cual debo contestar, bajo juramento, un interrogatorio preparado por la otra parte y ante la presencia de la acusadora. La legislación norteamericana establece que este trámite llamado *deposition*, que me dicen durará alrededor de cinco horas, puede ser grabado y difundido públicamente.

Mis abogados aseguran que la parte contraria intentará desnudar mi vida privada, buscando fallas que pueda haber tenido mi conducta durante mis años de profesional. Y agregará todas las preguntas posibles para asustarme, ofenderme, debilitarme, y que ante esa presión ceda a los requerimientos económicos de la ex modelo que me acusa.

Fui bien entrenado para enfrentar este momento. Me sometieron a simulacros muy fuertes que me sorprendieron y me prepararon para esperar lo peor. El principal consejo: no hable de más. Prueba difícil para un latino, y sobre todo para un animador de televisión. ¿Ahora debía también amarrarme la lengua?

—Si le preguntan su nombre, responda sólo: "Mario Kreutzberger". No tiene para qué decir: "Mario Kreutzberger Blumenfeld, 52 años, chileno, casado...". Abra la boca lo menos posible. Si la pregunta es: "¿Dónde vive?", basta con decir: "Miami". No es necesario agregar "en tal dirección, teléfono, fax, casilla de correos o e-mail". Y lo más importante —añadió la abogada— es que no pierda el control. Calma. Aunque hable inglés, pida un traductor para que no tenga dudas sobre lo que le están preguntando. Conteste en español, que es la lengua que usted más domina. Eso le dará un poco más de tiempo para pensar en la respuesta.

El automóvil avanza rápido porque se nos hace tarde para la cita. Los abogados han corrido como locos en las últimas horas, intentando que la grabación del interrogatorio se mantenga en privado, ya que soy un hombre público. Llegamos a sospechar que la cadena de televisión de la competencia tiene intenciones de difundir ese interrogatorio para perjudicarme.

¡Suertecita la mía! Justo me ocurre todo esto en el mejor momento de mi carrera, cuando se han esfumado los problemas y me siento más dichoso que nunca de estar haciendo lo que hago. Hasta la fecha, mi permanencia en Univisión, la principal cadena de televisión hispana de Estados Unidos, ha sido un éxito, sólo ascender. ¿Qué irá a ocurrir ahora?

Debido a que en Estados Unidos han habido muchas acusaciones semejantes contra ejecutivos de grandes empresas y de la administración pública, su eco en la prensa está un tanto gastado. Ese tipo de noticia ha ido perdiendo prestigio y credibilidad. Hace casi dos meses, el decano de los animadores de televisión, Bob Barker, que conduce el popular programa *The Price is Right*,[1] fue demandado por su modelo de muchos años, que lo acusó de acoso sexual. He llegado a pensar que la demanda en mi contra se inspira en la acusación contra Barker, pues la modelo que me acusa dejó de trabajar en *Sábado Gigante* ¡hace seis años!

En Miami, el diario *El Nuevo Herald* publicó en primera página el titular: "Caso de acoso divide a la comunidad". Algunos semanarios en el sur de Florida dijeron "Acosador acusado", "Don Francisco, ¿culpable o inocente?". Y en México, *El Universal* tituló: "Don Francisco se estremece con la acusación", mientras *El Heraldo* encabezaba su nota diciendo: "Don Francisco: drástico cambio de imagen". Otro diario destacó: "Cruda y descarnada demanda".

Pero donde la noticia explotó con mayor fuerza fue en Chile, donde si bien la gran mayoría de mis telespectadores tal vez ni siquiera sepa lo que significa una demanda por acoso sexual, los medios de prensa parecen conocerlo muy bien. Tanto, que la destacaron con caracteres de escándalo, unos más, otros menos, sobredimensionando los hechos y exagerando el uso de sus columnas... y durante varios días seguidos. Puedo repasar mentalmente los titulares, pues los recuerdo casi todos. "Millonaria demanda por acoso sexual enfrenta Don Francisco", escribió *El Mercurio*. "Modelo exige hasta 5 millones de dólares", tituló en portada, a todo color, *Las Últimas Noticias*. "Revuelo por la demanda contra Don Francisco", era el titular con tinta roja en primera página de *La Tercera*. "Todos los detalles de la demanda contra Don Francisco", ofreció también *La Tercera*. "Exclusivo: Modelo amenaza con mostrar videos", aseguró *La Segunda*. "Modelo pide detector de mentiras", afirmó entonces *Las Últimas Noticias*. "Escándalo gigante", calificó con sarcasmo *La Cuarta*. "El animador fatalmente en tela de juicio", señaló la revista *Ercilla*.

Los canales de televisión de la competencia tampoco lo han hecho mal. Parece que esto ha sido para ellos "un segundo *show*". En Miami, la única cámara

---

[1] Programa de concursos de la televisión de Estados Unidos, cuya versión mexicana se llama *Atínele al precio*.

de televisión en español siempre presente siguiendo mis pasos, los de la demandante y los de los abogados, es la de los informativos de la cadena competidora, Telemundo. En Santiago, el noticiero estelar *24 Horas* de Televisión Nacional de Chile, anuncia una entrevista diciendo: "Habla la modelo: Llegaré hasta el final. No tengo miedo". Y al día siguiente, "Yo no miento: trató de violarme a la mala", dando más de la misma entrevista, ahora reproducida por *Las Últimas Noticias.*

Las cosas en casa tampoco van bien. Temy, mi mujer, está desolada, sin ánimo y avergonzada. No quiere salir a la calle, ni conversar con nadie. Por su parte, mis hijos no saben cómo enfrentar el tema, mientras que a mis nietos los molestan en su escuela, a tal punto que Amir, el segundo de ellos, de seis años, rehúye hablar conmigo, pues sus compañeritos le dicen que su abuelo es esto o lo otro, repitiendo lo que escuchan en sus casas. Ante eso, mi esposa y mi hija me cuentan que Amir está muy retraído.

La demanda es terrible. La tengo a mano entre cientos de papeles. Asegura que entre 1989 y 1992 acosé a la demandante en diferentes oportunidades. La seguí al baño de mujeres, la toqué y manoseé, intentando besarla, pasándole la lengua por el cuello y, en muchas ocasiones, le toqué el trasero mientras estaba ante las cámaras.

Hay en el documento la descripción increíble de una escena muy bien montada en mi contra: "La demandante regresó al hotel donde se hospedaban. Se encontró en el restaurante con el demandado, donde éste insistió en que fuera a su mesa a tomar vino. Ella no aceptó beber, pero sí se sentó con él a la mesa. Él insistió para que ella le ayudara a subir a la habitación, fingiendo estar ebrio. Ella lo ayudó y mientras lo hacía él le fue haciendo proposiciones sexuales".

A continuación, relata un verdadero asalto en la habitación del hotel, donde yo le habría desgarrado la blusa dejando sus pechos al descubierto. Entonces la golpeo enloquecido, me bajo los pantalones y trato de violarla, mientras ella forcejea, grita y rasguña. Cuenta que le pedía tener relaciones sexuales como condición para mantener su empleo en el programa, y que "cada uno de los ataques sexuales, muestras, toqueteos o manoseos, fueron hechos en contra de ella y no deseados por ella".

Igualmente descriptivas son las noticias que aparecen en los diarios en Chile, que agregan —como dice el escrito presentado al juez— que una tarde, cuando ella estaba a punto de embarcarse en Los Ángeles para venir a Miami a cumplir con las fechas de grabación, un ejecutivo del canal le telefoneó para anunciarle que su contrato había terminado, "conforme las instrucciones dadas por Mario Kreutzberger a Univisión".

Pienso que si no cuento con una buena defensa, éste puede ser el fin de mi carrera. Estoy asustado y enojado a la vez. Debo jugarme el todo por el todo para demostrar mi inocencia. Eso está claro.

Con mi equipo de defensores bajamos del automóvil y me dispongo a caminar a paso firme, por la Avenida Le Jeune con Miracle Mile, en Coral Gables, las dos cuadras que nos separan del despacho del abogado de la demandante. En medio de la molestia que siento, al salir del vehículo advierto que me he vestido con calcetines de diferente color. ¡Ya no hay nada que hacer!

Me sorprenden los flashes de los fotógrafos y las luces de los camarógrafos que me asedian. La prensa chilena tiene al menos diez enviados especiales para cubrir la noticia. Los abogados me han pedido que no abra la boca frente a los reporteros. Los periodistas insisten, me empujan para que pierda el control y diga algo. Aprieto los dientes hasta sentirlos rechinar. El cuello lo llevo tan tenso que llega a dolerme. Mi cuerpo parece una piedra. No me entraría ni un alfiler en las partes más vulnerables. Caminamos rápido. Los periodistas van casi trotando a mi lado. Me siento un delincuente, como esos que he visto tantas veces en el cine y la televisión, con reporteros, micrófonos, grabadoras, celulares y cámaras encima.

Por fin llegamos al edificio. El acceso está prohibido para la prensa, pero —como siempre— los periodistas se las ingenian y entran por otras partes. Al final logramos tomar el ascensor solos, mis abogados y yo. Voy casi jadeando, nervioso y preocupado. Uno de los abogados se da cuenta de que estoy a punto de perder el control, da un tironcito en mi saco y me dice:

—Cálmese, Mario. Usted asegura que es inocente y la justicia por lo general triunfa. Debe confiar en la justicia.

Yo lo miro y trato de sonreír, al menos para responder la gentileza, pero no tengo ánimo ni para eso. Soy un animador desanimado.

Al llegar al piso superior, apenas salimos del ascensor, aparece la abogada de nuestro equipo, papel en mano. Nerviosa, pero con rostro triunfante, me cuenta:

—Estuvimos hasta ahora con el juez y logramos que dispusiera que el video que aquí se grabará sea de uso privado. Así es que... manténgase tranquilo. El interrogatorio no se divulgará.

—¿Ustedes creen que eso será posible? —pregunto.

—Todo es posible. Tan posible como que un chileno sea el animador de un importante programa en un canal de televisión en Estados Unidos, ¿no le parece? —me señala el primero de los abogados, sonriéndome.

Dice estas palabras justo cuando se abre la puerta de la oficina que me espera. En ese instante se produce un cortocircuito en mi mente, que me hace retroceder al año 1985, cuando otra puerta se abría para recibirme, también en Miami, momento de nervios y expectativa, tal como ahora, sólo que aquella vez iba animado y contento con el proyecto de hacer *Sábados Gigantes* en Estados Unidos.

Acepto el reto

Joaquín Blaya, director-gerente del Canal 23 de Miami y de la cadena de televisión hispana SIN, abre personalmente la puerta de su privado y me saluda confundiéndome con mi hermano, René, que en algún momento también trabajó en televisión. Aunque René es menor y más delgado que yo, pensó que se trataba de él.

Horas antes me había cruzado en Miami con Julio Rumbao, un personero de Telemundo, la segunda cadena de televisión en español de Estados Unidos, competidora de la que encabeza Blaya. Le conté mis proyectos de hacer televisión en este país y le mostré la cinta con una edición especial del programa que realizamos en Chile. La idea de ponerlo al aire le pareció extraordinaria y me ofreció de inmediato comprarla, a 275 dólares por semana.

Estuve a punto de aceptar, aun sabiendo que adaptar el material grabado para usarlo en Estados Unidos costaba más de mil dólares por cada edición. Pero intervino la cuota de suerte que siempre me acompaña: en ese preciso momento recibí la llamada que confirmaba, para esta tarde, mi reunión con Blaya.

Joaquín Blaya es chileno. Lo conocí cuando integraba un conjunto musical de jovenes soñadores, *Los Paulos*, y fue a verme al Canal 13 de Santiago, para pedirme orientación sobre su deseo de trasladarse a Estados Unidos. Fui muy franco. Le hablé crudo. Dije que veía muy difícil abrirse campo en Norteamérica, si bien no imposible.

Con los años, Joaquín ha llegado a ser un triunfador en el negocio de las comunicaciones y su trato va muy de acuerdo con su personalidad y su presencia. Combina perfectamente su ropa y lleva los puños de la camisa a la vista, haciendo resaltar un juego de llamativos gemelos. Luce lo último en corbatas, lo mejor en fragancias. Se ve igual a como aparecen en las películas los altos ejecutivos norteamericanos, pero habla en español, aunque domina un perfecto inglés.

Muy inquieto, tremendo vendedor y gran promotor de ideas, es un verdadero visionario a largo plazo para la empresa en que está comprometido. Fue uno de los que previó que en Estados Unidos iban a existir cadenas de televisión en español, cuando todos pensaban que lo más que podía lograrse era una red repetidora de televisoras extranjeras, ya que ese mercado nunca daría sostén a algo propio.

Éste es el hombre a quien le formulo mi proyecto de internacionalizar *Sábados Gigantes*. Hacemos recuerdos de amigos comunes, reímos con algunas anécdotas y poco a poco entramos en materia. Revisamos los videos que traje desde Chile y le explico mi intención de hacer una versión para un público miamense. Hablamos del tema durante más de dos horas, hasta que finalmente llama a sus más inmediatos colaboradores en el Canal 23, a quienes les pide que me escuchen.

Después de exponerles mi proyecto, los noto poco convencidos y con preguntas en la expresión.

"¿Qué se creerá este tipo? ¡Venir de un lugar tan lejano al país número uno del mundo, al imperio de las comunicaciones, a vender una idea sobre televisión...!"

"¡Mira que traer un *videotape* para mostrarlo en Estados Unidos!"

"¿Éste a quién le ganó?"

Y puede que no les falte razón, porque si en algo coincido con lo que creo que están pensando es en el hecho de que mi plan es bastante atrevido.

En ese momento, Blaya salta al ruedo con su capa de extraordinario vendedor y me salva:

—Este señor hace algo que es importante en su país y que puede ser importante donde quiera que lo haga. No cualquiera se queda 24 años con un programa que ocupa la primera sintonía. Él sabe lo que está diciendo. Hay que escucharlo.

Astuto y conocedor de su negocio, con la misma claridad con la que les habló a sus ejecutivos, ahora se dirige a mí:

—Mario, esto que tú haces en Chile, y que allá nos ha gustado tanto, aquí, de esta forma, no tiene ningún futuro. El televidente en Estados Unidos es diferente, tiene gustos distintos y otra forma de pensar. Si quieres entrar en este medio, debes, incluso, usar otro lenguaje. —Se detiene unos segundos, y continúa, muy seguro—: Tu idea me gusta, pero tendrías que realizarla en Miami. Producir el programa con elementos locales. No me sirve que envíes un video grabado desde Chile. Mira, el lenguaje, el vestuario, la música y todo tiene que corresponder con la gente de aquí, con mentalidad y costumbres diferentes. Nosotros tenemos que ser la televisión para los inmigrantes que hablan nuestra lengua. Es una comunidad creciente. En Miami, el 80 por ciento de la población es cubana. Muchos, la mayoría quizá, con más de 20 años de exilio.

Cuando Blaya habla del "lenguaje" no se refiere sólo al idioma español, sino al concepto de entretenimiento que hay que ofrecer. La comunidad cubana ha traído su propia cultura a Miami, mezclándola con la que encontraron aquí. En el exilio, sus integrantes se mantienen muy unidos. Con trabajo, tesón y entusiasmo por salir adelante, han creado una colectividad homogénea. Disponen de radioemisoras y periódicos en español. Tienen sus propios espectáculos. Editan sus propias revistas. La televisión miamense casi les pertenece, pues está dirigida y realizada por ellos, por lo que no resulta fácil para un "extranjero" acceder a ella. Ése, a grandes rasgos, es el lugar donde pretendo entrar con *Sábados Gigantes*.

Frente a mi silencio, Blaya prosigue:

—Tu programa tiene posibilidades, Mario. Yo sí se las veo. Sólo que tienes que adaptarlo al público de Miami. Cambiar tus modismos. Puede que así funcione bien. Pero debes vivir acá. Te tienes que venir, entender a la gente de acá. No hay otra manera.

Y antes de que yo alcance a encontrar alguna alternativa para vender mi idea primigenia, Joaquín, con mucha naturalidad, decide:

—Bueno, lo compro. Lo compro, pero producido aquí. Hoy es jueves. ¿Cuándo podríamos ver un proyecto escrito?

Supongo que mi rostro se mimetizó en almanaque abierto, porque de inmediato Blaya concreta:

—¿Mañana en la tarde?

Cualquiera que sepa algo de televisión sabe que es imposible crear un libreto para un programa de dos horas, aunque sea de prueba, en 24 horas. Sin embargo, es tanta mi impaciencia que ni siquiera eso me parece un obstáculo. Acepto el reto, pero le pido un plazo un poco mayor, mientras repaso mentalmente que he venido solo, que mi idea era internacionalizar y no mudarme con el programa, que hacer un libreto más o menos aceptable nos tomará unos diez días, o a lo menos una semana.

Me da hasta el lunes y yo acepto sin que se me mueva un músculo de la cara.

A partir de cero

No hay vuelta que darle. Según lo acordado con este máximo ejecutivo de la cadena de televisión en español más importante de Estados Unidos —y por lo tanto dueño de la cancha, de la pelota y hasta de las camisetas— tengo 72 horas para idear, organizar, escribir, enmendar y pulir un guión *número cero*. Es decir, tendré que diseñar un programa de prueba y habrá que obtener un buen resultado. Ordeno mis ideas y resuelvo llamar de inmediato por teléfono al productor general de *Sábados Gigantes* en Chile.

Antonio Menchaca, por más de 20 años mi compañero de grandes jornadas, está en antecedentes de este viaje y espera mis noticias. Le pregunto a la recepcionista del canal dónde hay un teléfono del que pueda hacer una llamada a larga distancia "por cobrar" —no vaya a creer que me quiero pasar de vivo—. Me mira como quien ve a un marciano y responde:

—De cualquier teléfono público, por supuesto, señor.

"¿Desde teléfonos en plena calle, sin que yo tenga que pagar? —me pregunto—. ¡Qué tecnología la de estos gringos! ¿Cómo será esto cuando lleguemos al 2000?"

Menchaca es hombre de pocas palabras. A quien no lo conozca puede parecerle demasiado severo y a veces altivo, pero siempre he pensado que tras esos dos metros de estatura y esa figura que se impone por presencia, hay un hombre tímido de gran sencillez. Toda la frialdad o seriedad que refleja no es más que una coraza que necesita para comunicarse con los demás.

Con un sentido del humor muy diferente al común de las personas, a veces creo que Antonio se divierte viéndonos, a los que estamos a su alrededor, confundidos ante sus frases cortantes y lapidarias.

Después de tantos años de pasar horas preparando programas, encerrados frente a frente en un estudio, hemos logrado formar los dos un sólido equipo que nos permite dejar espacios muy claros donde cada uno tiene su cuota de acción. Creo que hemos construido con mucha honestidad un dueto muy afiatado —hablando en términos musicales— y no me cabe la menor duda de que seguiremos estando unidos en esta locura.

Antonio me contesta con el sentido práctico que lo caracteriza:

—¿Te fue bien? ¿Quieres que viaje hoy?

No hemos terminado aún la conversación cuando él, por otro teléfono, ya está haciendo una reservación para viajar esa misma noche a Miami y juntos sacar adelante el libreto que debemos presentar el lunes.

Mientras espero su llegada, me paso la noche repasando cada palabra de entusiasmo que me ha dicho Blaya. "Éste es un mercado en ciernes que tendrá que crecer en el país y ser reconocido." ¿Cómo saber la dimensión que esto pueda tener? Joaquín asegura que Estados Unidos, para crecer más, necesita de los hispanos, y que hay mucha gente que quiere venir a este país, donde se requiere de gran cantidad de mano de obra. Y de cerebros creativos. Me dio todo ese discurso porque presiente que nuestra producción será un acontecimiento, un éxito arrollador. ¿Y si se equivoca?

Como a las cinco de la madrugada salgo del hotel hacia el aeropuerto para recoger a Antonio, con la idea fija en lo mismo. De pronto, se me cruza otra interrogante: ¿Dónde nos instalaremos a escribir y montar el libreto? Una luz se me encendió en el momento preciso.

"¡Qué suerte! —me digo—. ¡Si aquí vive Manolo Olalquiaga!"

Apenas Antonio sube al automóvil, le propongo llamar a Olalquiaga. La verdad es que no conocemos a nadie más. Esperamos una hora decente para llamarlo. Manolo es un periodista chileno que desde hace algunos años derivó en agente de artistas y reside en Miami como empresario de espectáculos. En Santiago había sido editor de la revista *Ritmo*, la más leída de su época en el ambiente de la farándula.

Nuestra llamada lo tiene que haber sorprendido, pero tras el saludo, no titubea en ofrecernos su oficina, su escritorio, su máquina de escribir y todo lo necesario para sentarse a producir. Además, promete conseguirnos una secretaria para trabajar todo el fin de semana.

Entretanto, Antonio y yo quedamos que habrá que adaptar el formato que hemos repetido durante 24 años a la gente local, en su gran mayoría de origen cubano. Aunque yo he venido varias veces a Miami con "La cámara viajera" y conversado siempre con cubanos en algunos de los sitios típicos de esta comunidad, como el restaurante La Carreta, en la Calle Ocho del barrio denominado Pequeña Habana, se trata de un público que conozco sólo superficialmente. Además, el asunto es hacer un guión para un programa que será grabado, cuando nuestra costumbre es salir al aire en vivo, por lo que el factor actualidad es otro aspecto que debemos considerar.

Había que estimar también que no contábamos con nada para apoyar la producción. En Chile tenemos departamento de vestuario, utilería, tramoya, cámaras, ingenieros, tecnología. En Canal 13, si pedimos seis metralletas, 14 pistolas, dos trajes de vaquero, dos de general nazi, un hábito de monja, una peluca de hippie, zapatos de payaso y un trozo de montaña, casi siempre los tienen a la mano. Y si no, miran una fotografía y los hacen. En

Miami, según lo que me han adelantado, apenas cuentan con lo indispensable para poner al aire un noticiero y programas que vienen de México y también de Sudamérica. No existe producción de televisión tal como la entendemos nosotros.

Así que en este trabajo de prueba, tendremos que comenzar de cero absoluto. El libreto, antes que nada, tiene que ser lo más elemental posible: los espacios básicos —como habían sido los iniciales en Chile—, algo de humor, el concurso más sencillo, una "Cámara viajera"; es decir, lo que llamamos "los caballitos de bronce de Don Francisco", para ir probando al público, metiéndolo poco a poco en el programa, con la participación personal frente a la cámara, sin disponer de mucho tiempo para corregir discrepancias con respecto a nuestra versión probadamente exitosa. Hay que ponerse a escribir y rápido.

Por la mañana llega a vernos una regordeta secretaria que nos proporcionó Olalquiaga, una joven a simple vista simpática y de buen humor, como todos los gordos. No duda un segundo en sentarse frente a la máquina para transcribir nuestro dictado. Sus dedos vuelan con extraordinaria agilidad sobre las teclas de la vieja Remington y pronto comprendemos que no habrá ningún problema en ese punto. Pero después de cierto tiempo, su ánimo decae, los dedos se le aflojan y está lista para marcharse a descansar. En la desesperación del momento se me encendió la ampolleta y sin decir "esta boca es mía" bajé casi volando a la calle y busqué como loco una cafetería para pedir la mayor super hamburguesa que tuvieran, con papas fritas y todo, para llevarme a la oficina. Volví justo cuando ella comenzaba a despedirse, pero al ver el manjar que yo diabólicamente le ofrecía, sus ojos se iluminaron y noté que se le hacía agua la boca dispuesta a entrar en acción. Fue curioso advertir de qué manera su ánimo cambió 180 grados. Era como si le hubiésemos puesto una inyección con 50 por ciento de entusiasmo y otro tanto de energía. Volvió a la máquina sin chistar. ¡Eureka! Teníamos la fórmula. Ya no habría problema. Cuando nuestra rolliza secretaria muestra signos de sueño o cansancio, mandamos traer más comida, cuento algunos chistes y hasta le doy algunas palmaditas bajo la cintura. ¿Será que el fin justifica los medios? Todo parece permitido por las circunstancias. No se trata de sobrepasarse, y a ella le gusta mi exagerada muestra de cariño. Acepta, incluso, nuestro procaz vocabulario, con el que liberamos las tensiones.

Entre ideas, libreto, textos, llegan bolsas de comida china, emparedados cubanos, chocolates, muchas bebidas gaseosas. Vamos dictando, escribiendo, comiendo. No importa. Ella quiere demostrarnos que es capaz de todo. ¿De todo? Bueno, a sus 25 años de edad y con 120 kilos de peso (260 libras), digamos solamente que ella escribe a gran velocidad y con los diez dedos. Cuando cae la noche y expresa su deseo de regresar a su casa, le pedimos que no lo haga. Que se recueste por allí un rato en el sofá, pero que, ¡por favor!, se quede. Pensamos que si se va, no regresará y entonces sí estaremos reventados. Antonio y yo somos prácticamente mancos frente a una máquina de escribir. Ni con un dedo. Los ojos comienzan a cerrarse… ¡venga otro paquete de wantan y arrollado primavera! Su mirada se alegra. Y seguimos escribiendo.

El papel de la secretaria resultó clave. Cuando terminó, nos despedimos con afecto. Un besito en la mejilla, pero por esa mala costumbre desarrollada frente a las cámaras, viré imprevistamente la cara y me dejó de recuerdo el sello de sus labios. ¡Cosas del destino! Ella nos ayudó mucho en ese momento inicial. No la he vuelto a ver. Quizá bajó de peso, fue alguna vez al *set* de *Sábado Gigante* y no la reconocí. O quizá tras la tremenda exigencia de esos días no se atrevió a acercarse más a sus dos enajenados y circunstanciales jefes. Antonio y yo la recordamos con cariño. Su trabajo fue excelente y oportuno. Ojalá no se haya puesto a dieta, porque se veía muy bien así y no me la imagino delgada. Si un día lee estas líneas, la invito a que nos visite en el programa.

Al atardecer del domingo, el sueño de todos los sueños: nuestro programa internacional número cero está traducido en una hermosa carpeta. Muy a tiempo, pero nos asalta a Antonio y a mí una duda que no nos atrevemos a enunciar: ¿Habremos sido capaces de incluir lo adecuado para este público nuevo? Lo sabremos muy pronto, ya que el lunes salimos temprano del hotel para fotocopiar las hojas en 10 ejemplares que distribuiremos en la reunión que presidirá Blaya. Allá vamos.

Nos esperaban. Saludos de rigor y entrega de las carpetas. Cuando los concurrentes comienzan a leer y a entender un poco más lo que queremos hacer, damos cierto respiro de tranquilidad. Basta verlos. Sin dominar nuestro lenguaje televisivo, se encuentran con un texto escrito por profesionales. Nadie formula crítica ni comentario alguno. No hay discusión, pues es mucho más avanzado de lo que ellos conocen o se imaginan.

Blaya encuentra que el libreto está muy de acuerdo con el estilo que hay que imprimirle al programa en Miami, que se ajusta a todo lo que habíamos conversado y, por lo tanto, es aprobado de inmediato. Aplausos en la sala.

—Da gusto trabajar con este tipo de gente —le comento en voz baja a Antonio. Ha sido facilito.

Pero a los pocos minutos, el "facilito" se nos desdibujó en el rostro. Si bien estamos con el papel aprobado en la mano y el compromiso queda sellado desde ese momento, debemos fijar fecha para iniciar nuestra producción miamense y empezar a conseguir, lo más pronto posible, escenógrafo y escenografía, cantantes estelares y entrevistados que digan cosas interesantes, programar concursos sencillos de realizar, chistes probados en la comunidad cubana para no fallar y, conforme a eso, preparar y redactar el libreto. ¡En fin!

Tenemos ya la puerta abierta hacia el momento cumbre y aún no puedo creer que esto sea así. Tanto tiempo, tantos deseos de hacerlo. Aunque, claro, falta todo y aquí no conocemos a nadie.

Con el nerviosismo y el apuro del momento, nunca hablamos de remuneraciones ni de presupuesto, pero debo decir que tampoco era el "billete" lo que me empujaba a iniciar el proyecto, pese a que no ignoro que circulan por ahí chistes, bromas y comentarios al respecto:

—Pero si Don Francisco es judío. Ganar plata lo trastorna —puede haber dicho más de alguno.

Quizá lo dijeron, pero lo que en realidad me mueve en este caso es mi espíritu aventurero, no el "billete" que pueda ganar, ni la popularidad que llegue a tener. Cuando me inicié en esto, también hubo aventura y se produjeron situaciones difíciles de salvar, pero yo soy persistente y nunca perdí la esperanza. Poco antes había leído una anécdota atribuida al genial Thomas Alva Edison, quien llegó a desarrollar más de 10 mil pruebas antes de inventar su célebre lámpara incandescente, sin mostrar una sola gota de cansancio ni dar muestras de desaliento. Al preguntársele si su entusiasmo decaía cuando la prueba fallaba, contestaba resuelto: "Por el contrario. Creo que cada vez estoy más cerca de la solución".

La frase me gusta y me inspira. Perseverancia y un poco de suerte. Eso es. La constancia tiene su premio.

Si en Miami algunos pueden dudar de nuestra capacidad, basta recordar que hace veintitantos años tuve que imponerme a la crítica periodística, que fue muy adversa. ¡Qué cosas no me dijeron! "Como animador, es un buen sastre", escribían, haciendo referencia a los años de juventud que trabajé en el taller de sastrería de mi padre. Hasta la revista satírica *Topaze* se permitió un cuento fuera de su especialidad, que era el mundo político. En él, una joven le dice a su aspirante a novio: "Antes de presentarte a mis padres, para que los vayas conociendo desde ya, quiero decirte que mi mamá ve *La Caldera del Diablo;* mi papá, *El Fugitivo*; y nadie ve *Sábados Gigantes* ni a Don Francisco".

Por lo tanto, aquí sólo queda ponerle el hombro y sacar esto adelante, digan lo que quieran. Creo que lo más duro ya está solucionado, aunque no... ¡un momento! Aún tengo que hablar en Chile con don Eleodoro Rodríguez, el jefe supremo del Canal 13 de televisión. Y antes de eso conversar con Temy, mi esposa, pues el plan está dándose de una manera muy diferente a lo imaginado por mí. Cuando la llamo para contarle que todo va bien y que esa noche regreso a Santiago, no le doy detalles, para evitar discutir a la distancia.

En la sala de espera del aeropuerto internacional de Miami hay muchos niños que me señalan con el dedo. También unos cuantos adultos me miran. Todos se ven agotados luego de maratónicos días de turismo y compras. Varios me saludan, me sonríen.

—Un autógrafo, por favor, Don Francisco... es para mi mamá.

Los autógrafos no me molestan. Me debo al público y trato de atender al que me lo solicita. Esto es algo compulsivo en la gente: basta que alguien pida uno, y todos lo hacen. Los entiendo. Recuerdo que una tarde en Caracas, una señora me detuvo para decirme que había estado siguiéndome por dos cuadras, después de ver que yo firmaba autógrafos a varios turistas. Que ella sabía que yo era una figura del espectáculo, pero que no recordaba dónde me había visto ni cómo me llamaba. Cuando hablamos, recordó todo. Había estado en Chile de vacaciones con sus hijos.

La gente se me acerca en el aeropuerto:

—¡Hola, Don Francisco!

—¿De visita en Miami?

—¿Vino con "La cámara viajera"?

—¿Podría tomarle una foto con mi señora y los niños?

Me inquieta el riesgo que voy a correr. Todos me miran, hablan en voz baja sobre mi persona, me saludan, me estrechan la mano y piden autógrafos. Ninguno sabe —no podrían ni sospechar— lo que siento. Y debo continuar el *show*, porque la gente quiere verme como Don Francisco, el que ríe y hace reír. No interesan los sobresaltos de Mario Kreutzberger.

La idea de trabajar en Estados Unidos me "martilla" la cabeza. No puedo pensar en otra cosa:

"¿Deberé abandonar la televisión chilena?

"¿Qué va a pasar con los compañeros que junto a mí producen *Sábados Gigantes*?

"¿Y si el director del Canal 13 me dice que, sencillamente, no les conviene seguir así?

"¿Podré cumplir con el compromiso de hacer cada año la *Teletón*?[2]

"¿Tengo derecho a jugar tan a fondo con el futuro de mi familia?"

Abordo la aeronave, acomodándome en mi asiento de primera clase, que es un privilegio que me he ganado después de 24 años de volar por razones de trabajo. Las azafatas me conocen, luego de una interminable historia de viajes.

Serán más de ocho horas de vuelo, que espero me sirvan para descansar y "masticar" lo vivido. Me siento agobiado por esos intensos días con re-

---

[2] Un programa de solidaridad nacional de 27 horas de duración que se transmite a través de todos los canales de televisión del país, con el apoyo de la radio y de la prensa nacional, destinado a recolectar dinero para ir en ayuda de niños físicamente impedidos.

uniones, ansiedades, miedos, dudas. Mi estado de ánimo me impide dormir durante el vuelo. Me encuentro a un paso de cumplir uno de los sueños más grandes de mi carrera.

Muchas veces había fantaseado que animaba y producía un programa internacional. Ahora, cierro los ojos y sin moverme ni acomodar el respaldo de mi asiento, me sumerjo en un sueño despierto, imaginando cómo sería todo aquello: comienzo a ver al público aplaudiéndome, a la gente que me conoce y que va hablándome en la calle, saludándome amistosamente; veo que todo en Estados Unidos es extraordinario. En el fondo, en ese letargo me regocijo con el éxito que mi programa alcanza en Miami. ¿Por qué no podría serlo?

Me pongo de pie y camino unos pocos pasos hasta la cocina delantera del avión, donde una joven y atractiva sobrecargo prepara unos cócteles para algunos pasajeros. Hablamos. Me trata con mucho aprecio y me cuenta que cuando pequeña siempre veía *Sábados Gigantes*, anhelando formar parte de los niños del "Clan Infantil".

Le consulto si le gustaría que el programa saliera de Chile, que se transformase en un *show* internacional. Me confiesa que no.

—Lo siento como propio. No me lo puedo imaginar de otra manera —comenta.

Vuelvo al asiento con un café bien cargado, más asustado y más despierto que antes. Ese breve diálogo me dejó más preocupado aún. El programa podría perder en Chile la identificación tan íntima que hemos logrado darle y su efecto incluso arrastrar a la *Teletón*. Todo resultaría un fiasco.

¿Será ése uno de los tantos precios que tengo que pagar?

Algo me nublaba la mente diciéndome que la cosa no andaba bien. Que se rompían las reglas del juego. Cerraba los ojos pero no llegaba el sueño. Veía la hora y la volvía a ver: el tiempo parecía detenido. No avanzaba.

Mi vecino de asiento se decide a hablarme y me invita a que bebamos una copita de vino tinto. Le acepto, aunque en el fondo no quiero conversar con nadie. Menos mal que se durmió rápido. Yo sólo quiero meditar sobre la actividad que deberé afrontar mañana, primero en casa con Temy... que será posiblemente el conflicto mayor, y después en el Canal 13.

Entre dos amores

Temy y yo nos conocimos siendo adolescentes. Cuando nos casamos teníamos prácticamente la misma edad, pero por esa magia incomparable que despliegan las mujeres con respecto a los números y al tiempo, ella hoy tiene como 10 años menos que yo. Éramos poco más que niños de flirteo cuando nos vimos por primera vez en las fiestas juveniles del Club Maccabi, un centro social y deportivo que reunía a la comunidad judía de Santiago. Para entonces yo ya estaba sobre el escenario de ese club, dando mis primeros pasos en el espectáculo.

Cada viernes por la noche había una velada cultural que yo conducía y en la que protagonizaba *sketches* graciosos a través de un personaje de mi creación, "Don Francisco Ziziguen González", un judío-alemán llegado unos 15 años antes a Chile. Lo hacía hablar en el español defectuoso que suelen pronunciar los alemanes, como cuando se cuentan esos viejos chistes de Don Otto que todavía nos hacen reír. Por supuesto que el personaje no era una mera invención, sino más bien la síntesis del espíritu y el lenguaje de mis propios padres y de sus amigos alemanes que llegaban a nuestra casa los fines de semana. En mis *sketches* este personaje hacía divertidos comentarios sobre las noticias y lograba arrancar buenas risas al público. Me estaba empezando a gustar el aplauso.

Cierta vez, la pequeña comunidad judía se reunió en las diferentes sinagogas de Santiago para celebrar el *Yom Kippur* (Día del Perdón), fecha que entre los jóvenes era una gran oportunidad para hacer amistades. A mí me atraía Temy desde hacía tiempo, lo que no impidió que por esos días conociera a otra niña que también me gustó, aunque muy distinta de ella.

Temy era de estructura pequeña, tranquila, lo que no tenía nada que ver con mi carácter. La otra chica, en cambio, era maciza, grande como yo. Se me ocurrió regalarle un prendedor muy personal a cada una, con su nombre dibujado en alambre; se vendían en las calles de Santiago.

El problema —y lo que yo ignoraba— es que las dos se conocían y hasta eran amigas, y se encontraron precisamente esa tarde en la misma sinagoga, luciendo sus flamantes prendedores. La suerte me había abandonado, ¿o no? y, por lo que he podido saber, se produjo el siguiente diálogo:

—¿Y ese prendedor?

—Me lo regaló un amigo.

—¿Cómo se llama ese amigo?

—Mario.

—¿Mario?

—Mario Kreutzberger...

—¡Qué curioso! Él también me regaló el mío.

Me pillaron demasiado rápido. "Menos mal que estamos en el Día del Perdón", pensé, pero igual tuve que tomar una determinación inmediata y me decidí por esa niña tan distinta a mí, bajita y delgada, de manos menudas y boca pequeña, sobre todo comparada con la de la otra chica. ¡No iba a saberlo yo, si a las dos las había besado! Lo cierto es que a Temy se le notaba que no tenía experiencia en las lides del amor. Cuando nos besábamos, ella lo hacía con la boca muy cerrada, los labios apretados, asustada. Podía sentir que le saltaba el corazón. Yo, que era un poco más experimentado, me daba cuenta de que ella no lo era. Y como en esos años se privilegiaba la inexperiencia, me encantaron su candor y su dulce mirada.

Era una época en que los enamorados éramos felices con sólo sentarnos en la sala de la casa. Esos primeros besos, entre que sí y que no, que se van moldeando con el tiempo, constituían cada día una sorpresa, a medida que nuestros labios se iban abriendo más y dando paso a una relación más profunda. En ocasiones participábamos en algún "malón", un tipo de fiesta donde todos llevan algo para compartir y en la que se come mucho y se bebe poco. Los hombres usábamos zapatos de gamuza, bastillas angostas y chalecos de fantasía. Las muchachas vestían falda plato, zapatillas y calcetines blancos. Se bailaba el éxito del momento, *Rock around the clock*, y no había pareja que se quedara sentada. Masticábamos chicle-globo, y después, bailando un bolero, lo traspasábamos a nuestra pareja en un beso.

Bellos tiempos en que se necesitaba muy poco para ser feliz, en que los problemas daban la oportunidad de encontrarles rápida solución. Más de una vez nos peleamos, como todas las parejas, por tonterías: porque llegaste media hora tarde, porque no me fuiste a ver jugar fútbol, porque no te importa lo que yo hago, o porque le miré las piernas a una compañera de colegio. A veces nos despedíamos enojados sin besarnos. Y no nos hablábamos. Pero cada vez que sonaba el teléfono en casa corríamos con el corazón alterado pensando... Pero no, gran decepción al oír la voz de otra persona. Ninguno quería dar su brazo a torcer. Hasta que pasaba un día y nos buscábamos. Uno de los dos, cualquiera, llamaba al otro con algún pretexto, rompiendo el hielo:

—¿Me llamaste? Iba entrando a casa cuando sonó el teléfono y no alcancé a contestar. ¿Eras tú?

Así nos hemos encontrado, desencontrado y reencontrado cientos de veces en tantos años. Eso es el amor, ¿qué importa lo demás? No hay que hacerse muchas preguntas, pues hasta ahora tampoco tenemos muchas respuestas. Da lo mismo. El amor es así no más.

Nuestras familias tenían rasgos parecidos. Sus padres eran inmigrantes rusos. Los míos, alemanes. Todos con un factor común: la persecución a los judíos en Europa. Ella era una entre cuatro hermanas y dos hermanos. Aunque sus padres querían que sus hijas se casaran pronto, a mí no me veían con buenos ojos por esto de ser artista, un "tarambana" que actuaba en los escenarios. "¿Qué clase de gente es ésa? —le reclamaban en su casa—. Nunca va a estar contigo, siempre estará en otro lado, rodeado de mujeres en medio del ambiente liberal del espectáculo. Tú no quieres eso. Tienes que buscar otro tipo de hombre, Temy", le decían sus padres.

Está claro que Temy Muchnick, aquella chiquilla menuda de hace 30 y más años, conoció al personaje Don Francisco antes de que lo conociera el público. Y precisamente, como siempre me vio con el micrófono en la mano, cuando me reclama hoy por tanto viaje, abandono, distracción o excesiva dedicación a mi trabajo, le recuerdo que así nos conocimos y que nunca pudo tener una duda de que así habría de ser. Además, conversamos mucho acerca de que no seríamos una pareja tradicional, sino diferente de las demás, pues yo necesitaba estar en constante movimiento: salir, entrar, viajar.

Por mi parte, deseaba casarme. Tenía 21 años y suponía que, casado, podría organizarme mejor, sentirme estable, tener un horario para mis actividades, una responsabilidad, alguien que me equilibrara en esa vida de artista aficionado que me llevaba a acostarme a las tres de la madrugada por ensayar piezas de teatro, y levantarme a las siete a trabajar con mi padre en su pequeño taller de confecciones.

Ahora lo veo diferente. Creo que no estaba preparado para el matrimonio, y menos para formar una familia. Éramos demasiado jóvenes.

Mi boda fue a la antigua. Bien a la antigua, pues los novios en esa época eran los primeros en irse de la fiesta. Hoy los novios son los últimos en retirarse, porque no tienen ningún apuro. Pero para nosotros sí lo había, teníamos una novedad de por medio, algo que queríamos descubrir y completar, lo que en nuestros cinco años de enamorada relación nunca habíamos completado.

Llegamos a una habitación reservada en el Hotel Carrera —lo mejorcito de Santiago, en pleno centro de la ciudad— donde pasaríamos la noche de boda antes de irnos al sur de Chile y continuar hasta Argentina, en viaje de luna de miel. Al hotel llegamos vistiendo aún de novios: ella con su traje blanco, vaporoso, muy hermosa, y yo, feo como siempre, de esmoquin y con un sombrero que me quedaba algo grande (aunque sea difícil de creer). La ceremonia judía exige que el novio lleve la cabeza cubierta, sin importar su tamaño.

Habíamos soñado —y conversado— muchas veces con estar juntos, con acostarnos, y por fin llegaba ese momento. Pero a la hora de la hora, nos asustamos. Ella, inocente en bastantes aspectos, entró al baño de la habitación y estuvo ahí un largo rato, me imagino que con algo de vergüenza y miedo. No se atrevía a salir. Confieso que yo, que me consideraba con bastante más experiencia, estaba igual de atemorizado, porque iba a completar en nuestra relación lo definitivo que faltaba para ser marido y mujer.

Nunca antes hicimos el amor, pese a que en cinco años de estar saliendo —"pololeo" le llamamos en Chile— hubo tanto beso, tanta caricia, tanto abrazo, que casi era lo mismo. Anduvimos cerca, muy cerca, pero no como para decir que el hecho se había consumado.

Iniciamos nuestra vida juntos, con situaciones que no fueron fáciles. Como yo jamás había dormido con nadie al lado, insistí en que lo mejor sería tener dos camas gemelas juntas, en lugar de una más grande. Sostenía que no podría dormir con otra persona, lo que significó que los primeros tiempos fuera un ir y venir de una cama a otra. De pronto tuve una dolencia aguda bajo el brazo derecho, que me llevó a consultar un médico. El día de la consulta fui con mi señora.

Era una inflamación en la axila lo que me tenía el brazo casi inmovilizado. El doctor me hizo dos preguntas y comprendió.

—¿Cuánto tiempo lleva casado?

—Dos meses y medio, doctor.

—¿Es zurdo?

—Sí, doctor.

—Usted tiene el síndrome del recién casado. Le pasa mucho a los nuevos maridos.

—¿Cómo es eso?

—En estos dos meses usted ha pasado su brazo, todas las noches, bajo el cuerpo de su señora, aprisionándolo con un peso de, digamos, 50 kilos (110 libras). Se le ha inflamado. No lo ponga ahí por un tiempo y la molestia desaparecerá.

El médico tuvo razón. Todo esto también sirvió para dejarme muy claro que hasta en el lecho del amor tenía consecuencias el ser zurdo. El malestar bajo el brazo se produce, por lo general, en el lado izquierdo. Pero a mí me vino en el derecho. Los que somos zurdos nos encontramos con que todo está construido y arreglado por y para los diestros. Los que usamos la mano izquierda debemos adaptar nuestras costumbres a las de los demás. En la pieza de un hotel, por ejemplo, siempre me queda el teléfono en el lado incómodo de la cama.

Poco a poco, Temy aprendió los oficios de una casa —cómo atenderla, mantenerla, distribuir los espacios y las labores—, aunque la verdad es que yo he sido siempre el administrador. Este cargo me lo gané durante nuestra luna de miel, cuando mi señora comenzó con que no quería gastar en esto, que no quería comprar aquello, hasta que le dije:

—Muy bien, éste es todo nuestro capital. Manéjalo tú.

Le entregué el dinero que llevábamos. Nos quedaba aún una semana de luna de miel, la que culminaría en Buenos Aires. Cuando faltaban tres días para nuestro regreso, Temy había gastado toda la plata. No nos quedaba un centavo para comer, y no existían entonces las tarjetas de crédito. Íbamos cruzando un parque y ella explotó, sentándose en un banco a llorar de miedo.

—¿Qué vamos a hacer? —me dijo entre sollozos.

—Temy, afortunadamente te engañé —le dije mientras sacaba unos billetes del bolsillo trasero del pantalón—. Aquí tengo otro poco de dinero. Con esto nos basta para los tres días que faltan —la consolé.

Bastó eso para ganarme —de por vida— la administración de la casa.

Con el tiempo y mi solícita participación, como es natural, mi mujer quedó embarazada y vivimos otra época de tensiones debido a nuestro desconocimiento de esa etapa. Veía cómo le iba creciendo la barriga y cada día me asustaba más ante la proximidad de ser papá, hasta que nació Patricio Gregorio. Para el segundo embarazo, el de nuestra hija Vivian, me relajé un poco más. Y para qué decir con el tercero, cuando esperaba a Francisco José.

Me tocó siempre la tarea de ir a inscribir los respectivos nacimientos. Era costumbre ponerle la mayor cantidad de nombres a los niños, para no quedar mal con abuelos, tíos y padrinos. Cuando fui a inscribir a mi hija, llevaba la misión de ponerle tres nombres: Vivian (porque nos gustó), Nina (por una abuela) y Henriette (por la otra). Pero como pasé antes a tomar un par de cervezas, llegué un tanto "alegre" a la oficina del Registro Civil y dicté los nombres como sonaban. El error quedó sellado para toda la vida: Vivian Nina *Enrriet*.

El hecho de trabajar en televisión, entretener a los demás, ser popular, realizar viajes, hace a la gente creer que uno vive sin angustias. Pero quienes escogemos esta profesión tenemos, por cierto, los problemas de todos, igual que todos y todos los días. La popularidad no soluciona la vida.

A los tres años de edad, mi hijo Patricio enfermó gravemente de una apendicitis retrocecal no reconocida a tiempo, que derivó en peritonitis. Un caso serio que nos invadió de angustia y temor. Fueron momentos muy duros. Yo salía a la calle y toda la gente me saludaba y se sonreía conmigo, palmoteándome la espalda, demostrándole su afecto al animador de televisión, pero yo estaba despedazado por dentro. Recuerdo haber entrado en varias ocasiones al baño del hospital y darme de cabezazos contra la pared preguntándome por qué pasaban cosas así. Días terribles, angustiantes, los peores de mi vida hasta que mi hijo mejoró.

Que la popularidad no soluciona la vida me quedó muy claro en la celebración de un cumpleaños mío, cuando mi hijo menor, de apenas 11 años,

31

me regaló una botella aparentemente vacía, tapada con un corcho y con un papel en su interior que sólo decía la palabra TIEMPO. Extrañado, le pregunté a Panchito la razón de tan original regalo.

—Es que tú lo tienes todo, papá. Lo único que te hace falta es tiempo —me contestó.

Me vi obligado a reflexionar sobre cómo estaba haciendo las cosas con respecto a mi familia. La conclusión fue que lo estaba haciendo mal. Retomé entonces el rumbo inicial y me prometí a mí mismo enderezarme, superar esta droga tan fuerte de la televisión y el espectáculo que logró que muchas veces olvidara lo importante que es ser papá.

Sin embargo, guardo gratísimos recuerdos de las cosas simples que hacíamos en familia, como ir de picnic todos juntos, o esos largos fines de semana que nos permitían salir de Santiago. Y los paseos familiares en bicicleta, las caminatas dominicales para subir el cerro San Cristóbal, uno de los dos cerros que se levantan en medio de la capital, y mantenernos físicamente en forma. Cuando tuvimos más posibilidades, arrendamos una casa rodante para recorrer Estados Unidos, llevando una vida muy íntima durante 15 días que vivimos dentro del camión, conversando mucho, recordando el anecdotario familiar. Días inolvidables. Pero al regresar, otra vez la picazón de la televisión y el aplauso.

En asuntos de familia no sirve aquello de que más vale calidad que cantidad. Muchas veces cuando tuve que estar no estuve, y ese tiempo es irremplazable y se paga. ¿Cómo se podría subrogar la compañía de un papá el día de la graduación del hijo? Pero aquí surge la gran interrogante: si un padre se dedicara más a la familia, ¿podría tener una mejor familia, aunque quizá no llegara en su profesión donde llegaría de no hacerlo? Es como la pregunta del huevo y la gallina.

¿Valía más lo que hice, o debí quedarme en casa para leerles a mis hijos un cuento en las noches antes de dormir? ¿Qué habría sido mejor para ellos? Sigo sin saberlo. ¿Tendrá un valor trascendente el haberlos llevado varias veces a Disneyworld, otras varias a recorrer parte del mundo y a conocer a tantas personalidades?

Soy lo que se llama un "trabajólico" que por todos los medios posibles ha tratado de mantener su hogar como un templo separado del mundo del espectáculo. Lo tuvimos muy claro con Temy desde un principio. Nunca, o muy pocas veces, la gente habrá podido ver en alguna publicación a mis hijos o a mi mujer. El popular era yo, y si queríamos mantener a la familia protegida, debíamos cuidarla. Y lo hemos hecho así, aunque la adicción al aplauso es casi imposible de evitar.

Pese a su carácter suave y condescendiente, Temy comenzó a exigirme más tiempo y dedicación justo cuando yo estaba en el momento de mayor actividad televisiva, lo que originó algunas discusiones bastante serias.

Esta tarea está llena de tentaciones de todo tipo, entre ellas mujeres bonitas rondando a cada rato. Toda mujer es celosa, ninguna permite que su esposo pueda mirar para el lado, lo que es casi imposible de evitar. En ese sentido, mi esposa ha tenido muchos celos infundados... y algunos no tan infundados. Es que resultaba harto difícil mantenerse fiel. Y tuve algunas caídas, debo reconocerlo.

En todo caso, los momentos difíciles de nuestra vida matrimonial los hemos superado con la misma receta: dos tabletas de equilibrio y una de comprensión, que le agregaba mi señora. Las revolvíamos en el gran recipiente del amor de la familia, que era lo que protegíamos, pues pasara lo que pasara siempre hemos luchado por estar familiarmente integrados. Con todas las fallas que puedo haber tenido y los problemas que se me han presentado, con todas las equivocaciones cometidas he deseado siempre mantener mi hogar, la institución de la familia, la cercanía de mis hijos. Si bien lo que uno sueña nunca se logra en su totalidad, traté de alcanzarlo.

Aunque mi esposa nunca me recriminó, ahora pienso que debe haber sufrido bastante en los primeros años. Abandonó sus estudios universitarios de Farmacia —que jamás retomó— para dedicarse a ser mamá y cuidar de nuestros tres pequeños hijos.

Yo viajaba por Chile y por el mundo con la única explicación de que lo hacía por un mañana mejor para la familia, por un futuro económico más holgado. Hoy, con el correr de la vida, puedo asegurar que por muchas razones que se encuentren para afirmar que todo se hace por los demás, eso no es cierto. Tal vez se trate de egoísmo, pero lo cierto es que uno sólo lo hace porque le gusta. El resto es la excusa para quedar bien con los otros y sentirse cómodo con uno mismo.

La formación que recibimos de nuestros padres y el firme propósito inicial que nos unió permitieron que nuestro matrimonio nunca estuviera en peligro, pero ocurrió que al casarme y dar los primeros pasos en la televisión —aunque hoy me avergüence contarlo— me transformé en "bígamo", por muy duro que esto suene. La coincidencia entre la fecha de la boda y el inicio de mi popularidad, me empujó a esa condición.

Comencé a compartir dos grandes amores, eso fue lo que pasó. Me casé con Temy, pero de cada año que iba pasando, por lo menos la mitad yo no estaba en casa, sino recorriendo el país o el mundo, buscando entrevistas y notas novedosas para mi programa. Verme casado y "cazado" por este nuevo mundo que se me abría, hizo que esta doble vida fuese difícil de manejar.

Ser un comunicador es algo muy fuerte y adictivo. El ser inconsciente que todos tenemos en nuestro interior es el que me arrastra a mi otro gran amor, el que me da oportunidad de estar en contacto con la gente y de recibir el aplauso. Estos dos amores nacieron con la misma intensidad pero, al poco tiempo, el primero generó además la responsabilidad de mantener hijos de una familia mientras el otro se basó en la sinrazón de una quimera, de buscar y romper lanzas como Don Quijote, sin saber el resultado, porque en el ambiente del espectáculo uno siempre vive en la frontera entre la derrota y el triunfo. Dos amores tan distintos, porque si el primero te toca el alma, el de la televisión te toca el ego, y es tan avasallador porque ahí está comprometido el orgullo de seguir luchando cada semana para no sentirse derrotado. Y te hace ir a buscar lo desconocido para traérselo al público, todo por el aplauso. Viajar, ser esposo a medio tiempo, padre a medio tiempo, con la mitad del tiempo en casa y la otra mitad fuera de ella.

Llego a la conclusión de que en estos 24 años de matrimonio que llevamos hasta hoy, sólo 12 he estado casado, porque los otros 12 estuve afuera. Siempre viviendo la fantasía de inventar, de crear, y al mismo tiempo teniendo un "ancla", una familia que te dice: "haz todo lo que quieras, pero aquí tienes hijos a quienes proteger y una mujer con la que compartes tu vida". Se van mezclando tantas cosas y uno no se puede decidir por ninguno de los dos amores, aunque el corazón y la mente le digan "decídete por tu familia, que es parte de tu vida, mientras el aplauso es efímero y se va a terminar algún día". La familia es el punto de apoyo que todo ser humano tiene, pero el aplauso y el ego son tan fuertes que acallan la racionalidad y ahí seguimos.

Recuerdo a uno de los más famosos ventrílocuos del mundo en su época: Agudiez y su muñeco, Don Pánfilo. Lo conocí mucho cuando él era ya bastante mayor, en su última etapa. Siempre que lo entrevistaba en el programa, me decía lo mismo:

—Cuando muera, quiero que me entierren con mi muñeco.

Así fue. Lo sepultaron junto a Don Pánfilo, su inseparable creación.

Yo no he llegado a ese extremo. Cuando me entierren, seré yo no más, y habrá un sobrenombre, el que me ha llevado a tener dos vidas paralelas. Nada saco con que me sepulten junto a mi personaje, pues lo que necesito es dejar un legado a los míos, grabar huellas permanentes en la familia que he ayudado a construir. Del personaje quedarán sólo aplausos, condecoraciones, impresos.

Si bien ese personaje público me ha dado muchas satisfacciones, también me ha causado graves trastornos personales y familiares. Viviendo esta situación de enamorado de la televisión, atravesé momentos que me hicieron meditar sobre lo que es la vida. Padecí golpes que, como señales de advertencia, me decían y repetían "recapacita".

Por ejemplo, siendo mi hijo Patricio niño, tuvimos que llevarlo al psicólogo, debido a que presentaba ciertos trastornos en el aprendizaje escolar. El doctor le pasó papel y lápiz, pidiéndole que dibujara a la familia. El niño nos dibujó, en el acto, a todos: su mamá, su hermana, su hermano y, por allá lejos, un punto chiquito que era yo.

—Señor —me dijo—, usted carece de la identificación necesaria con sus hijos, y muy en particular con este niño. Falta dedicación paterna —argumentó el psicólogo.

A nadie le enseñan a ser padre y uno procede como cree que está bien. Esa situación provocó que nacieran los llamados "martes especiales familiares". Duraron mucho tiempo y fueron una solución... transitoria. Cada martes, a las 12 en punto, yo paraba de trabajar, iba a buscar a mis hijos y salíamos a pasear, corríamos, saltábamos, nos reíamos, íbamos a los juegos y les enseñaba el amor por la tierra, por la siembra, como tantas veces mi padre me había enseñado. Nos divertíamos mucho y con ello intenté darles esa convivencia tan importante en sus años de formación.

Pero la turbulencia del trabajo, la fama alcanzada, el aplauso, me llevaron a lo mismo y ahí acabaron los "martes especiales familiares"... y regresaron en cambio los síntomas de la "bigamia". Nuevamente mi otro amor me secuestraba los ojos hacia él, seduciéndome, haciendo que descuidara al que debió ser siempre el amor más importante.

Un día, Temy sufrió un accidente. Se cayó en el interior de un almacén provocándose un traumatismo craneoencefálico, lo que obligó a mantenerla bajo estricta observación varios días en una clínica, en una sala a oscuras. Fue una situación dolorosa, pero necesaria para que yo comprendiera lo importante que era mi esposa para mí, cómo la amaba, cuánto dependía de ella el equilibrio de mi vida, y todo lo que me habían servido siempre sus consejos, su comprensión y su amor.

En esa época era yo un empedernido fumador nocturno: al acostarme, o despertando a medianoche, fumaba seis, siete y hasta ocho cigarrillos. Más de una vez me quemé el pecho. En una ocasión, de viaje, me levanté a comprar cigarrillos y al salir del hotel vi que nevaba. La necesidad era tan poderosa que, desafiando la nieve y el frío, fui a comprarlos. Necesitaba fumar antes de dormirme. Al regresar Temy de esos días en la clínica, me pidió que no fumara, pues el olor del tabaco le provocaba náuseas. Así lo hice, complaciéndola. Cuando llevaba varias noches sin cigarrillos, me dije: ¿si he podido estar sin fumar estos días, para qué seguir haciéndolo? No fumé nunca más.

Situaciones personales como ésta me llevaron a descubrir que Temy hacía las veces de mi "cable a tierra". No podía ser de otra manera, si era ella quien siempre me sujetaba para que no me desbandara, a tal punto que cuando viajaba ponía en mi maleta una lista de las cosas que llevaba, a fin de que no se me extraviaran. Decía: "Primero, un mario kreutzberger; segundo, cinco pares de calcetines; tercero, cuatro corbatas; cuarto, seis pañuelos..." Sabía que lo primero que podía perderse era yo.

Temy siempre me ha acusado de no tener equilibrio, de ser un extremista que está todo el tiempo trabajando y trabajando y no dispone de sábados ni domingos, que jamás tiene tiempo para ella y los hijos.

—¿Hasta cuándo tendré que compartirte, y cada vez con más gente? —reclama.

De hecho, ella nunca aceptó que yo distribuyera mi tiempo de esa manera, y un día me confesó que por ese motivo no quiso tener más hijos. Quizá dejó de hacer muchas cosas más por esa razón. Jamás una mujer permite que su marido tenga dos amores.

A veces aparecen algunas voces por ahí diciendo que soy un coqueto, que me aprovecho para besar a las mujeres en la pantalla. Es cierto que no soy ningún santo y que me encantan las mujeres; me gustaron siempre, desde chiquito. Sé que los tiempos han cambiado y esto puede sonar hoy ofensivo para ellas, pero mi padre me decía que el hombre tiene que ser conquistador, y las mujeres, conquistadas.

Ahora bien: lo del besito en la pantalla es verdad, pero forma parte de mi trabajo. ¿O no?

Don Francisco y señora

Debido a mis frecuentes viajes, Temy —ni corta ni perezosa— adquirió una costumbre que nunca ha cambiado en todos nuestros años de casados. El día que llego a Santiago —casi siempre por la mañana—, ella no se levanta y me espera en cama. Como un ritual, nos quedamos un buen rato acostados, conversando, pero de pronto nos vamos haciendo cariñitos y entregando a... bueno, para qué tanto detalle. A buen entendedor, pocas palabras.

Después de esos deliciosos momentos, duermo un poco y a media mañana reanudo mis actividades.

Hoy, tras la inquieta noche de vuelo desde Miami, lleno de nuevos proyectos, pienso que necesitaré tener a la suerte de mi lado cuando converse con mi mujer. Así es que llego a casa y, antes de entrar, en mi mejor estilo de supersticioso, golpeo tres veces la puerta de madera. Tengo que adoptar la decisión final y quiero compartir con ella esta responsabilidad. Desde que nos casamos, Temy ha sido mi almohada de carne y hueso. Le he consultado cada una de mis fantasías y ha confiado en mí.

Comienzo diciéndole que no he dormido ni una pestañeada, y que pasé la noche revisando mentalmente una y otra vez lo hablado con Joaquín Blaya. Al contarle en detalle, trato de reproducir textualmente esas palabras, imitando su voz de "frecuencia modulada":

—Mario, esto que haces tú en Chile, y que allá nos gusta tanto, aquí, de esta forma, no tiene ningún futuro —le digo, simulando ser Blaya.

Y añado, impostando la voz:

—No me sirve que me envíes un video grabado desde Chile. Tu programa tiene posibilidades, sólo que tendrías que adaptarlo al público de Miami.

Repito todo eso para hacer comprender a mi esposa que las posibilidades existen, pero hay que producir el programa en Miami. No se trata de llevar una cinta de video o venderla, sino de algo mucho más complicado. Al principio le había dicho otra cosa, porque así lo había pensado. Ahora el asunto era explicarle que tendría que viajar, estar un tiempo en Estados Unidos, producir allá, producir otro tanto en Chile, volver a Miami, venir otra vez a Santiago. Y así.

Para que no tuviera duda alguna, agrego con cautela:

—Es muy distinto de lo que había planeado y que conversamos en su momento. De acuerdo a lo que me dijeron en Estados Unidos, hay que empezar de cero.

—Marito, ¿y cómo piensas hacerlo? —pregunta—. ¿No te parece todo esto un poco de locura?

—Temy, no sé bien. Y ésa es la verdad auténtica: no-sé-bien. Pero si voy a hacer un programa en Miami, tendré que estar un 50 por ciento de mi tiempo allá. Me queda claro que será un gran esfuerzo y sacrificio para todos.

Lo discutimos una y otra vez, durante todo el día. Varias veces le pregunto si quiere que lo haga o no. Y para que esté tranquila le aseguro que si ella me dice que no lo haga, no lo haré. Antes de hablarlo en el Canal 13 de Santiago, quiero que lo dejemos aclarado entre los dos.

En la mirada de Temy advierto que le preocupa nuestro futuro familiar. Intuye que este cambio significará mucho más tiempo sola, a cargo de la familia en una edad difícil de nuestros hijos. Además, está el riesgo profesional de dejar algo ya probado y seguro.

Le reitero:

—Al Canal 13 tendré que explicarle que esta decisión no influirá en lo que llevo haciendo desde hace 24 años. Espero que me escuchen y aprueben la idea. Sólo entonces regresaré a Miami a decir "acepto".

Decir esto me suena a "mentirilla piadosa", pues el compromiso ya está sellado.

Es evidente que Temy no quiere por nada dejar la casa familiar en Chile. Tampoco yo estoy muy dispuesto a irme a Miami sin su consentimiento, aunque debo reconocer que si mi mujer rechaza la idea, trataré de persuadirla por todos los medios. Pero ella de pronto me dice que es una muy buena oportunidad y que está segura de que seré capaz de sacar el proyecto adelante. Creo que de alguna manera presintió que se trataba de la gran coyuntura que siempre busqué, aunque presentara una exigencia tan grande como vivir en Estados Unidos unos cuantos días cada semana.

—Vamos, Marito —nunca he podido convencerla de que me llame de otro modo—, tienes que hacerlo. Lo tienes que hacer en contra de lo que realmente pienso y siento. ¡Cómo no voy a dejar que pruebes, aunque con eso me ponga una soga al cuello!

Continuó diciendo que si yo no lo hacía por su negativa, la frustración nunca se borraría de mi mente.

—De una manera u otra terminarías culpándome —dijo—. Es un riesgo que tienes que tomar para poder triunfar. Todos te apoyaremos. Ya veremos cómo lo combinamos con los hijos.

Nuestros tres hijos, aún solteros, vivían con nosotros. Patricio, de 22 años, estaba por graduarse de ingeniero comercial; Vivi, de 20, estudiaba periodismo —carrera que nunca terminó— y pensaba en casarse, y Panchito, de 18, cursaba comunicaciones en un instituto profesional.

No conversé con ellos sobre esta posibilidad de vida parcial en Miami. Fue un error. Los jóvenes, por lo general, no piensan en el futuro o en el progreso, sino sólo en su vida familiar y, sobre todo, en el afecto y seguridad que buscan en sus padres. Pensándolo ahora, me extraña no habérselos dicho, ya que siempre los integré a todas mis actividades sociales y profesionales.

La mirada de Temy me da confianza. Ella siempre ha sido muy delicada para decirme lo que necesita decirme. ¡Qué buena pareja hacemos! Ella frena mis ganas de ir corriendo, y en cambio va soltando la cuerda de a poco.

Le propongo que continuemos nuestra conversación por la noche, tranquilos, solos, meditando todo con calma. En realidad, lo que ahora deseo es quedarme dormido, y mejor aún si es abrazado con mi mujer. Ella me ha dicho que cuento con su anuencia, pero quiero darle más amplitud a nuestro diálogo, hablarle de mis ansias por partir a otras tierras con *Sábados Gigantes*, algo en lo que nunca habíamos profundizado, quizá porque siempre lo vimos nada más que como un proyecto lejano.

Al caer la tarde, sirvo dos copas de un vino Cabernet Sauvignon que guardamos desde hace tiempo, nos sentamos a la mesa del comedor y retomamos nuestra charla. Comenzamos hablando sobre lo que habían sido estos casi 25 años de mis dos amores: matrimonio y televisión. De pronto, ella dice:

—¿Qué te está pasando? ¿Qué es lo que te hace buscar todo el tiempo algo nuevo? Un día es el campo, otro día es la radio, otro la *Teletón*, y ahora quieres empezar desde cero en Estados Unidos.

Se refería a Radio Gigante, una estación que creamos en sociedad con dos amigos. Su salida al aire causó impacto en Santiago y muy rápido se ubicó en el segundo lugar de sintonía. Me resultaba difícil, sin embargo, ser el patrón de mis compañeros de trabajo, pues gran parte del personal de la radioemisora eran colegas de la televisión. Después vinieron las presiones políticas, en especial cuando se convocó a un plebiscito sobre si se mantenía o no en el poder el general Pinochet (1989).

Temy calla un momento. Yo quiero seguir escuchándola, así es que mantengo silencio por un buen rato.

—Ya está claro que acepté este proyecto de Miami. No me arrepiento de eso, pero... ¿hasta dónde vamos a llegar? ¿Qué te empuja a querer siempre otra oportunidad? ¿No crees que estamos poniendo muchas cosas en riesgo?

—Con esto toqué el techo, Temy —digo—. En este cuarto de siglo he hecho todo lo que se puede hacer. Nueve horas en directo con *Sábados Gigantes*. Me va muy bien. Hago eso y la *Teletón*, que es una actividad que me transporta, me lleva a otro lado...

—Pero, Marito —interrumpe— ¿y no te es suficiente? Te has convertido en todo un personaje en Chile.

Respiro profundo y le explico que soy una persona distinta de la que era antes, y siento que lo que tengo hoy en la televisión de Santiago no es lo que quiero. Don Eleodoro Rodríguez, el jefe supremo del Canal 13, me ha encajonado y eso es algo que me incomoda. Mis aspiraciones van más allá.

Con un leve movimiento de cabeza, como "masticando" lo que oye, ella me indica que entiende todo. Yo sigo explicándole que me siento prisionero, con las manos atadas frente al avance del mundo en el campo de las comunicaciones de masas. Soy un comunicador que desea ir al ritmo de las facilidades que ofrece cada día la tecnología. Si no tengo libertad de movimiento, ¿qué podré hacer? En cinco años más estaré aquí haciendo el mismo *Sábados Gigantes*, porque si hoy tengo nueve horas al aire, no puedo aspirar a diez. No podré hacer otro programa, como *Noche de Gigantes* de tres horas de duración. Ni hacer cuatro "Cámaras viajeras" cada sábado.

Exagero la respiración, para que se note el gesto, y digo:

—No crecer es decrecer. Ése es todo el problema. Por eso he buscado por tantas partes.

Guardo silencio, esperando a que ella hable. Esos instantes de sólo miradas pensativas me parecen largos minutos.

—No me estoy oponiendo —dice Temy—, sólo quiero que desarrollemos la idea. Tú tienes que haber pensado que a estas alturas tu programa le pertenece a la gente. Y a esa gente habría que explicarle lo que te pasa, lo que sientes y lo que necesitas. No sólo a Don Eleodoro, ¿no crees?

Era el momento de recordarle a mi mujer que algunos años antes, con ocasión de un viaje que hice al Centro Espacial de la NASA en Houston para presenciar el lanzamiento del Apolo XI a la Luna, regresé a casa con la idea fija de la internacionalización de mi programa.

¡Fue asombroso! Gracias a una cámara de televisión pudimos ver en la Tierra, en directo, en julio de 1969, la histórica conquista en la carrera espacial. No faltó el diario en Chile que ironizó a costa mía, diciendo:

"Se salvó la Apolo XI: Don Francisco está en Houston."

La transmisión del trascendental instante en que el hombre pisó por primera vez la superficie lunar, y toda la parafernalia para transmitir al mundo entero desde la Luna, me zamarreó la cabeza, me hizo pensar que estábamos a punto de terminar con las fronteras gracias a la comunicación de masas. Los límites geográficos podrán existir en la Tierra pero no en el cielo, ni en el espacio, ni en el aire. Me pregunté por qué teníamos que hacer un programa para un solo lugar, un solo país. ¿Por qué no podía hacerse para muchos lugares donde se hablaba el mismo idioma?

Tuve la impresión de que el mundo estaría cada momento más y más unido por la difusión del sonido y de la imagen. Más cerca. Aquella noche en el Centro Espacial de Houston se me encendió el bombillo que, al titilar, me indicaba claramente: in-ter-na-cio-na-li-zar-se.

—Es imposible que la televisión siga siendo interna, país por país —le dije a Temy—. Tendrá que cruzar fronteras muy pronto. No sé ni cómo ni cuándo, pero para allá va la cosa, y eso también me hace buscar horizontes más amplios. Creo que tendrá que internacionalizarse el mundo de las comunicaciones.

En medio de esta conversación, serena aunque intensa, me cruzan recuerdos de las veces que he salido por el mundo en busca de ideas para ayudar a la creatividad. Viajaba con lápiz y papel en mano, ya que no existía aún el recurso del video. Necesitaba recorrer cuanto mercado del espectáculo existiera. Visité infinidad de bibliotecas, y llegué a ser un estudioso de la televisión.

Compraba libros y todo tipo de materiales. Vi mucha televisión en Estados Unidos porque la consideré la más entretenida de todas. Hubo países en cuyos hoteles (donde me hospedaba) los empleados llegaron a pensar que estaba loco porque pedía dos televisores en la pieza para ver dos programas a la vez, mientras anotaba en un cuaderno todo lo interesante y novedoso que me salía al paso.

Después de esos viajes de fraternal "pirateo", o sea de copia no autorizada, nuestra tarea —que hacíamos bastante bien— consistía en adaptar aquella idea traída desde el extranjero a la realidad del programa, del público y de Chile. La modificábamos conforme a nuestras posibilidades técnicas, económicas y de tiempo. No existía aún esa infinidad de limitaciones legales que hoy rigen con respecto a la propiedad intelectual. De ahí que hubo varias personas que me apodaron "guatón copión".[3]

Solos en el comedor de la casa, Temy no dice palabra, en tanto que yo hablo y hablo. Seguramente está dejando que dé rienda suelta a mis inquietudes.

—En algún momento hablamos hasta de Alemania como posibilidad de mudanza —me comenta de pronto—. Ésa sí hubiera sido una locura *gigante*.

De haberlo hecho, habría tenido que pasar un tiempo allá refrescando el idioma que aprendí cuando niño a través de mis padres y de mi abuela. Calculo que un año y medio me hubiera tomado hablar esa lengua sin acento. Pero no habría servido de nada, pues la verdad es que para animar en televisión —a diferencia de cantar o actuar— hay que hacerlo en nuestra primera lengua. Es imposible de otra forma, por las palabras y giros que se usan. La gente no interpretaría con exactitud el sentido que uno quiere dar.

---

[3] En Chile a quienes son gordos les llaman afectuosamente "guatones", término que deriva de la pronunciada guata o barriga.

La idea de intentar en la televisión alemana duró muy poco; sin embargo, mi mente seguía viajando.

—Y después pensaste en México —añade Temy.

Claro, porque ése es el mundo grande y bullanguero de la farándula. México no podía faltar. Siempre ha sido un gran escenario de la televisión y el espectáculo. Muchos chilenos han triunfado bajo las luces mexicanas y fueron desde allí lanzados a la fama continental: Lucho Gatica, Los Cuatro Hermanos Silva, Mona Bell, Los Hermanos Arriagada, Nadia Milton, Lucho Navarro, Los Ángeles Negros...

—Como sabes —le digo a Temy—, ahí estaba Valentín Pimstein, muy metido en ese imperio de las comunicaciones que es Televisa. Por eso decidí ir a pedirle que me diera una mano en México.

Pimstein, que era chileno, había ganado un merecido prestigio como uno de los más grandes productores de telenovelas. Pertenecía a una familia conocida en Chile. Con sus tíos y primos frecuentábamos el mismo club de campo. Su nombre me resultaba familiar, aunque no lo conocía en persona. Cuando llegué a México a proponerle mi programa, no vio en mí ninguna posibilidad, pero como persona bien educada y de buenos modales, para ayudarme me propuso que hiciera un programa especial sobre Pablo Neruda. Yo no quería eso, de manera alguna, así es que "muchas gracias y hasta luego".

—Y como no te resultó en México, te pusiste a mirar hacia Estados Unidos. Me imagino que así es como hemos llegado a hoy —concluye, risueña, mi mujer.

¡Correcto! Como había viajado en varias oportunidades hasta Miami para cumplir con los reportajes de "La cámara viajera", conocía de su incipiente televisión en español, pródiga en programas "enlatados" provenientes de México, Venezuela, Argentina. No era difícil, entonces, percibir que podría haber un nicho, un espacio para *Sábados Gigantes*. La gente desconoce que en Estados Unidos, donde viven 25 millones de personas que se comunican en español, prácticamente no existe una televisión en español. Es posible que ahí nuestra producción chilena, que se ha desarrollado bastante porque nos hemos provisto de los recursos apropiados, pudiera "colaborar".

Es casi medianoche y hemos conversado bastante. Decidimos que debíamos irnos a dormir, aunque quizás yo nuevamente no lo logre. Creo al menos que la pregunta inicial que me hizo Temy de por qué busco salir de Chile, quedó contestada.

—¿No crees tú que todo esto que hemos conversado justifica mi búsqueda para intentar crecer afuera, sin dejar Chile? —le pregunto, ya en la cama.

—Yo sí, pero ojalá que le parezca igual a Don Eleodoro —contestó durmiéndose.

Por lo menos ella pudo dormir.

Don Eleodoro Rodríguez, todo un personaje con su genio y forma de ser, era casi un rey con poder absoluto en Canal 13 de televisión, estación que en la práctica había construido y que llevaba 20 años dirigiendo.

Aficionado a la ópera, se deleitaba conversando con mujeres bonitas, le agradaba tomar buen vino, tenía mucho humor y se reía con las bromas. Aceptó de buena gana la reacción del portero del canal, "El Viejo" Véliz, cuando una noche éste escucha que alguien le grita desde el otro lado:

—¿Podría abrirme la puerta?, por favor.

—¿Quién es usted? —preguntó Véliz.

—Soy Eleodoro Rodríguez.

—Ah sí, huevón, entonces yo soy la Rubby Gumpertz —contestó el portero, aludiendo a una conocida directora de programas, al creer que alguien lo estaba molestando.

En una oportunidad, recuerdo haberle sugerido a Don Eleodoro:

—¿Por qué no intenta vender el programa fuera de Chile?

—Imposible que alguien lo compre —fue su tajante respuesta.

Al regresar de Miami con el proyecto aprobado, fui a verlo, pues quería que se diera cuenta de que esta vez el asunto iba en serio.

—¿Ha pensado en lo que me está diciendo, Mario? ¿Está dispuesto a abandonar la excelente entrada económica que le da Canal 13? Me parece que pretende dejar un trabajo de mucho éxito por algo incierto que no tiene idea si va a resultar. Una aventura en otro país, ¿no es eso?

—...lo que haré en Miami es algo muy simple, con espacios elementales. Por eso es que le aseguro que podré seguir haciéndolo bien aquí —afirmé.

Al final, me dijo:

—Bien... Es una decisión suya y no puedo impedírsela. Hágalo, pero tome en cuenta el riesgo artístico y económico que está corriendo. No se equivoque.

La vida nos da sorpresas

La verdad, yo sentía miedo por lo que iba a comenzar a hacer en Miami, porque de alguna manera arriesgaba algo seguro que me había dado muchos frutos artísticos, profesionales y personales durante 24 años. Y también porque ahora yo, que me había dedicado cien por ciento a eso, le dedicaría sólo un 50 por ciento, pues tendría que combinarlo con lo que iba a hacer en Estados Unidos. No cabía duda que se me notaba que estaba algo asustado.

En primer lugar, *Sábados Gigantes* en Chile ya no podría producirse todo en vivo. La última hora habría que grabarla o no alcanzaría a tomar el avión a Miami. Ya habíamos resuelto que suprimiríamos las dos primeras horas. Y que en Estados Unidos habría que grabarlo completo pues no podría hacerse en vivo: el Canal 23 carecía de estudios, sólo tenía oficinas.

Hasta esas oficinas de muy buen diseño e imagen llegamos Antonio Menchaca, Valentín Trujillo y yo. Como en Miami no había gente que supiera de producción, nadie tuvo duda alguna de que Antonio debería ser el Productor General, como lo era en Chile. Pero nos explicaron que frente a los ocho o diez músicos de la orquesta, se requería un director local, que residiera durante la semana en Miami, para los ensayos, para el contacto previo con los artistas, en fin.

La explicación me pareció lógica y hablé con el maestro Valentín, que seguía siendo el director de la orquesta en Chile, pues allá el programa continuaba haciéndose normalmente y, por ende, debería estar viajando. Trujillo no se hizo problema alguno, sólo dio facilidades. "Vamos no más. Yo quiero participar de ese desafío", me respondió. Y vino a ser el excepcional pianista de la orquesta en Estados Unidos, ganándose de inmediato el respeto de todos sus colegas.

El maestro Valentín es una de las piezas más antiguas del engranaje de *Sábados Gigantes*. Un año después de comenzar el programa en Chile, empezamos a trabajar juntos. Es el hombre que ha contribuido en la parte musical, con su piano, poniendo siempre su nota sensible y alegre con sus creaciones y su sabiduría. Yo lo definiría como "el animador musical" de *Sábados Gigantes*, inteligente, reflexivo, prudente, culto y excelente compañero. Él aún continúa en la locura de volar cada 15 días para estar en su hogar en Chile, con esposa, hijos, nietos y suegra. Los otros 15 vive en Miami.

Con él aprendí a disfrutar la música, supe que el oído y el ritmo se pueden perfeccionar. En esta materia yo fui bastante duro. Tanto he escuchado su música y tanto me ha gustado escucharlo, que se me fue refinando el oído. Nadie duda que se trata del personaje más importante en nuestra historia musical. Nos hemos entendido tan bien, que logramos hacer una dupla muy afinada e indisoluble. No tengo ni que mirar a Valentín, y él está poniéndole música a mis palabras. Él afirma con su piano cualquier cosa que se me ocurra en el micrófono. Yo en un momento puedo decir: "¿Se acuerda maestro de tal cosa?", y en el acto él me responde musicalmente.

Tenemos toda una historia juntos. Hace ya un cuarto de siglo, como eximio musicólogo e investigador del arte, aportó también un muy buen espacio al programa, que duró mucho tiempo y que llamamos "Musiconversando con Valentín Trujillo".

Por este hombre que no maneja vehículo alguno, que es árbitro de boxeo pero que jamás ha practicado ningún deporte, que toca el piano desde los tres años, por este gran ser humano, yo siento un especial y profundo afecto, admiración y respeto. El piano es su alimento y el alma le pide, cada día de la vida, que lo toque. Él la complace, complaciéndonos así a todos.

Reunidos Antonio, Valentín y yo en Miami, fuimos a presentarnos a Blaya para decirle que estábamos dispuestos a comenzar. Me recordó Joaquín lo que ya me había advertido sobre el personaje Don Francisco: era bastante conocido en Chile, pero nadie sabía de él en Miami, ni mucho menos sabían quién era Mario Kreutzberger, o que existía un programa que se llamaba *Sábados Gigantes*, ni que tenía más de 20 años en el aire. Nada. Por lo tanto, debíamos tener muy claro que al no saber nadie de nosotros, comenzaríamos desde cero. Y que por muchas condiciones que yo tuviera, era imprescindible conducir el nuevo programa junto a un coanimador local.

—Alguien conocido y querido por la comunidad latina residente —reiteró—, en especial por los cubanos, que serán nuestro público permanente. Un animador con popularidad entre ellos.

Me mostré de acuerdo.

—Te voy a presentar a Rolando Barral para que coanime contigo —dijo Joaquín demostrando que lo tenía todo pensado—. Fue actor de mucho prestigio en Cuba, reside en Miami, es una persona muy estimada en el medio, muy capaz y un excelente conductor de *shows* de televisión. Estoy seguro de que harán una muy buena dupla.

—Ningún problema —contesté, aunque jamás había coanimado ni sabía cómo hacerlo. Pero no tuvo que repetírmelo, pues mi preocupación principal era otra. En esos días iniciales yo andaba sin saber a ciencia cierta cómo íbamos a hacer para arrancar con el programa, para lo cual estábamos sólo los tres que habíamos venido de Santiago de Chile. Lo único que quería era sacar el proyecto adelante y la exigencia de la coanimación no me iba a cerrar la puerta que comenzaba a abrirse, aunque *Sábados Gigantes* no estaba diseñado para dos animadores. "¡Echémosle, no más!", me dije.

A Barral lo había conocido semanas antes, sin saber que él podría ir conmigo en la conducción del nuevo *Sábado Gigante* en Estados Unidos. Almorzábamos juntos el día en que me encontré con Julio Rumbao, en esa época director de la red Telemundo, aquel que me dijo estar interesado en mi programa, y fue el propio Barral quien me comentó que, en su opinión, mejor lo intentara con la cadena SIN, hacia donde él también quería ir.

La principal intranquilidad era conocer la real capacidad de producción que tenía la estación en español. ¿Con qué se contaba? ¿Cuáles eran sus recursos humanos? ¿Cuáles sus disponibilidades?

En un principio me imaginé que había mucho, porque nos encontrábamos nada menos que en Estados Unidos y era lógico deducir que esta cadena contaría con más recursos que los del canal de donde yo venía, un país tercermundista, con una televisión que no tiene la historia de la norteamericana.

Me presentaron al que sería nuestro escenógrafo, quien había recibido instrucciones de contactarnos de inmediato. Y como el adagio dice que el movimiento se demuestra andando, después de explicarle cómo era el programa y de mostrarle un video, le pedí que se imaginara la escenografía que necesitaríamos y que hiciera sobre un papel un dibujo preliminar de lo que pensaba sobre ella. Lo que se llama en nuestra jerga un *draft*, un borrador.

Cuando nos entregó ese borrador nos dimos cuenta de que no era un escenógrafo y que esto lo hacía por primera vez. Sin embargo, en vez de ir a reclamarle a Blaya que con este tipo no llegaríamos a ninguna parte, me quedé callado. Quería salir adelante con el programa y por ningun motivo presentar dificultades. Quizás éramos demasiado exigentes. Por eso nos olvidamos del *draft* y preferimos esperar la realización final de la escenografía.

Al verla terminada, nos dieron ganas de llorar. Era una cosa de juguete, muy elemental, una verdadera lástima. Su creador no tenía conceptos del color ni del tamaño, como requería un *set* de televisión. Tiempo después, supimos que era un técnico de arte, que hacía letreros en cartones para ilustrar el pronóstico del tiempo en los noticieros.

Se acercaba el momento de fijar una fecha para salir al aire con nuestro primer *Sábado Gigante* miamiense y aún no solucionábamos el aspecto de la producción. Los programas que hasta entonces se habían hecho en Canal 23 eran ocasionales o noticieros, por lo que no se contaba con la infraestructura capaz de producir un *show* de la envergadura y complejidad que tenía el nuestro.

En medio de este desvelo, ¿de dónde sacaríamos un estudio conforme a las necesidades, un local cerrado y amplio en el que pudiéramos ejecutar nuestra producción frente al público que también actuaba?

Me propusieron hacerlo desde un parque de entretenimiento, "El mundo de los Piratas", ubicado al oeste de la Calle Ocho, corazón de la "sagüesera",[4] un lugar como castillo de juguetes, con máquinas electrónicas para diversión de los niños. ¡Qué decepción! La verdad es que nos parecía un desastre. Para colmo el local elegido tenía al medio unas columnas que rompían el escenario y la posible comunicación rápida y directa con el público. ¡Una locura! ¿Cómo podríamos mover las cámaras, tirar los cables? Propuse que sacaran esos pilares y casi se murieron de susto. "Podría irse al suelo la construcción", me aseguraron.

Pero el más asustado era yo, al sólo imaginar un estudio de televisión con pilastras al medio. No creo que en el mundo haya algo así. Cuando ya estaba a punto de aceptarlo, siempre movido por mi deseo de hacer el programa a como diera lugar, se produjo una situación fortuita que nos obligó a cambiar la decisión. "¡Otra vez la suerte me hace una buena jugada!", pensé, contento.

Los bomberos descubrieron que el edificio tenía asbesto. Jamás habrían autorizado hacer un programa con asistencia de público en un local con revestimiento de asbesto, después que se ha comprobado los severos daños que produce la inhalación de las partículas del asbesto en el organismo humano. El edificio de marras terminó demolido al poco tiempo, al igual que muchas otras construcciones de la ciudad.

Blaya se movió muy rápido con su gente y nos informó que había arrendado el estudio del Canal 2 de Miami, una estación cultural sin fines de lucro, financiada por los contribuyentes.

Nos volvió el alma al cuerpo, pues manteníamos la esperanza de que al llegar al nuevo estudio íbamos a contar, por lo menos, con los elementos de producción necesarios para nuestro programa.

Pero no fue así. Nos encontramos con la tremenda sorpresa de que si bien era un estudio de las características propias de un canal de televisión en cuanto a acústica e iluminación, el personal no estaba acostumbrado a hacer este tipo de producciones, algo nuevo para ellos. Los camarógrafos nada conocían al respecto, no se contaba con iluminadores expertos, ni sonidistas, ni directores, ni productores experimentados.

Recordé que como tendríamos público participando en el estudio, debíamos ofrecerle ciertas comodidades. En vista de eso el canal arrendó una modesta gradería de circo para ubicar "cómodamente" a todas las personas que vinieran a presenciar el programa.

La pintarrajeada gradería se veía tan fea, proporcionaba una imagen tan mala, que pedí la cubrieran con algo que la hiciera ver mejor. No se les pudo haber ocurrido nada peor que ponerle encima una tela negra, como de luto.

---

[4] Cubanismo para referirse al sector del *south west* —es decir, al suroeste— de Miami.

—Mire, Don Francisco, qué bonito quedó —me dijeron, no sé si como burla.

—Ideal para un funeral —reclamé—. Por favor, piensen que esto es un *show* para el entretenimiento familiar.

Para imaginarse rápido todo el cuadro, hay que considerar también que no había ninguna intercomunicación del equipo técnico en el piso con la sala de *control master*. La comunicación interna entre la gente que trabaja ahí es fundamental para saber qué debe hacer cada uno en el momento adecuado. El retorno del sonido es requisito ineludible. Se trata de que todos escuchen todo. Pero aquí no ocurría eso. Yo gritaba como energúmeno y nadie escuchaba nada. Casi todas las noches quedaba afónico, tras cada jornada de grabación. Nunca antes sufrí de afonía. A la hora de irme al hotel, tenía que hacer un esfuerzo por recuperarme rápido para poder continuar al día siguiente.

Desde un principio les había explicado a los ejecutivos del canal que la forma de hacer mi programa era con mucha interacción entre el público presente, los artistas, los telespectadores en casa y el animador.

Blaya no tuvo reparos sobre eso, pues lo conocía, así que no hizo ningún cambio en la propuesta. Mi experiencia indicaba que el logro comercial de *Sábados Gigantes* estaba también en la integración de los anuncios publicitarios dentro del programa, que se cantaban muchas veces conmigo, con las modelos y con el público.

Pero quienes secundaban a Joaquín, los directivos de ventas, de programación y de producción del Canal 23, no pensaban así. Por eso saltaron en coro:

—¡Ah, no! Nuestra audiencia jamás va a cantar un jingle de un dentífrico, ni de ningún otro producto. La gente en Estados Unidos no está para eso, ni para pararse y sentarse a cada rato a cantarle a Coca-Cola, o a Tide.

—Eso no gusta aquí. Nadie lo entenderá —aseguró otro, sin sentir curiosidad al menos por medir o probar lo que yo proponía.

Tanto dijeron al respecto, que también empecé a tener mis titubeos sobre si la gente iba a responder o no. Pero por sobre esas dudas estaba mi fuerte deseo de hacer lo que sabía hacer y que había dado resultado por tanto tiempo.

—¿Qué tal si lo probamos? —pregunté.

Todos quienes trabajaban en el Canal 23 estaban convencidos de que podían realizar un programa como el nuestro. ¡Nada del otro mundo!, tuvieron que haber pensado, pues nadie podía imaginarse que una estación de televisión de Estados Unidos pudiera tener menor capacidad que el canal de un país remoto como Chile. ¡Que se ubiquen estos chilenos, por favor!, deben haber comentado.

Lo creían de buena fe, pero no era así. No se trataba, tampoco, de que nosotros supiéramos mucho del tema, pero, mal que bien, habíamos adquirido experiencia y este momento inicial ya lo habíamos vivido más de 20 años atrás.

Nunca entramos a discutir, menos yo, que aceptaba cosas que eran una locura y que me parecía imposible que resultasen. Lo único que me importaba es que saliésemos al aire por fin, aunque fuera con un micrófono a gas. No podía regresar a Chile derrotado. Después de tratar durante tantos años de encontrar una oportunidad en diferentes países, de haber resuelto el asunto con mi señora y de todo lo que me había costado enfrentar a Eleodoro Rodríguez. Imposible. De alguna manera tenía que salir *avanti*.

De ninguna manera podía dar marcha atrás.

Hoy como ayer

Como estaba claro que no disponíamos de equipos suficientes, ni de un estudio aceptable, ni de escenografía apropiada, nos dimos un plazo de tres a cuatro meses para prepararnos y estar listos. Era noviembre de 1985 y debíamos pensar en la posibilidad de salir al aire en marzo o abril del 86. Y en esos meses debíamos jugarnos a fondo, aprender lo que hubiese que aprender en una época del año perfecta para nosotros, ya que en Chile estábamos en vacaciones de verano y el programa se grababa.

A finales de año, la gerencia de la estación me pidió que, junto a Rolando Barral, mi designado coanimador de la versión miamense de *Sábados Gigantes*, hiciera "un especial" para difundirlo el 14 de febrero, Día de San Valentín.

Aunque no me lo dijeron, adiviné que querían verme actuar en vivo frente a la comunidad de Miami y probar si era capaz —de buenas a primeras— de establecer con ese público una fácil comunicación, observar mi desenvolvimiento como animador, controlar si mi lenguaje y manera de hablar le cuadraba o no a la gente local y, de paso, medir cómo iría la dupla Barral-Don Francisco en la coanimación de un *show*.

Todo se montó en el restaurante Copacabana, un concurrido y prestigiado centro de espectáculos nocturnos en medio del popular barrio miamense de La Pequeña Habana. Artistas de renombre actuaban allí. El programa consistió en un juego con parejas de enamorados o recién casados. Resultó todo bien: grato, simpático, con buen desempeño tanto de Rolando como mío. El dueto se mostró afiatado y esto dio más tranquilidad a Joaquín Blaya. Eso fue lo primero que hice para la televisión de Estados Unidos.

En esos días me presentaron a Omar Marchant, productor de ese *show,* un talentoso hombre de radio y televisión de origen cubano que había desarrollado y animado varios programas exitosos en ambos medios. Uno que todavía recordaban los cubanos viejos era *Sólo para bailadores*, de una época en la cual Omar era también estrella de La Fabulosa, la radioemisora más popular de la ciudad. Ahora se desempeñaba en Canal 23 como responsable de las promociones.

Fue él quien propuso borrarle las "eses" al nombre tradicional de *Sábados Gigantes*.

—Nadie aquí pronuncia las eses al final de una palabra— razonó Marchant.

Era verdad y le hicimos caso. Desde entonces, el *show* que había conducido durante 24 años "en plural", pasó a llamarse *Sábado Gigante*.

Como vi a Omar muy interesado en colaborar con nosotros, sin titubear le propuse:

—¿Sabes qué ayuda necesito desde hoy mismo? Contactar con la gente. Quiero conocer a fondo a la comunidad latina de Miami.

Le expliqué que mi fuerte en Chile era ir a los mercados, recorrer las poblaciones, meterme con el pueblo, con la aristocracia, con todo el mundo. Tomar el pulso de lo que la gente pensaba. Así había logrado siempre conocer lo que estaba ocurriendo en el país. Y, ahora, quería tener el mismo *feeling* en Miami.

Omar comenzó a llevarme por los barrios de Miami y así fui aprendiendo muchas cosas, hablando con infinidad de personas, contando mis chistes para ver si los entendían y se reían, observando cómo reaccionaban. Quería saber de sus temas de conversación y qué es lo que hacían para entretenerse. Les contaba mil cosas y les preguntaba dos mil, haciéndoles juego de palabras. Había que lograr que ese público cubano-americano nos escuchase, nos viera, nos siguiera cada sábado y yo, por mi cuenta, debía adaptarme a la realidad local.

Afortunadamente, la gente latina de Miami se reía igual que mi público chileno y esa duda que siempre tuve sobre si iban a entender el tipo de programa que yo ofrecía, y si iban a colaborar con esta interacción —pues todo se hacía con quienes asistían al estudio— comenzó a disiparse, lo que me dio cierto grado de confianza.

Pero había que prepararse mucho más, estudiar, aprender un lenguaje distinto. De esto me di cuenta en forma muy práctica, el primer o segundo día de reuniones preparatorias en Miami, cuando de pronto, dialogando con gente de televisión, cubanos casi todos, me puse de pie y dije en voz alta:

—Voy a hacer pichí. Ya regreso.

Nadie entendió a qué me refería. Hasta ese momento yo estaba convencido de que "hacer pichí" era la manera adecuada que todos conocían para expresar tan natural necesidad biológica. Pero, ¡vaya!, a nadie se le movió un pelo. Resulta que esta expresión chilena, equivalente a "voy a orinar" no se utilizaba en esta ciudad.

Incluso algunas costumbres locales, expresadas en inglés, generaban malentendidos. Por ejemplo, cuando me hablaron del *baby shower*, llegué por un momento a pensar que "duchan al niño". En mi época no se conocía aquello de festejar y hacer regalos a la futura mamá.

En la tarea de adaptación, desde el comienzo me llamó mucho la atención el espíritu familiar que tienen los cubanos, quizás un factor común de los latinoamericanos. Me gustó, pues eso calzaba a las mil maravillas con mi interés por dirigir el programa hacia la familia.

Vi en ellos no sólo la práctica de reunir a toda la familia los domingos para almorzar juntos, sino, además, de vivir cerca, hablarse siempre; el deseo de los padres de que sus hijos se queden hasta el final en casa y que se vayan, ojalá, nunca; el hecho de que los tíos, los cuñados, los abuelos y los primos se reunieran para participar en una fiesta.

Una tarde me invitaron a un *party*, como llaman los latinos de Miami a las fiestas. Era en el hogar de una familia de clase media, muy numerosa, por el cumpleaños de Nerita, una joven que trabajaba con su papá en el negocio de fotografías, y donde arrendábamos los disfraces para el programa, ya que en Miami no se producía cine ni televisión y por lo tanto tampoco se contaba con compañías de vestuario.

Fuimos a la fiesta con Marchant. Entre los invitados estaban algunos "próceres" de la comunidad y también la gran estrella cubana de la canción, Olga Guillot. En medio de conversaciones, anécdotas, brindis, risas, observé detalles que me hicieron pensar que estas personas se transformaban al cruzar el Estrecho de la Florida, desde la isla de Cuba a Miami. Esta particularidad me trasladó 35 años antes a las fiestas que organizaban mis padres en nuestro hogar en Santiago, las que si no iguales, eran muy parecidas. Las casas cubanas, como ésta, me hacían recordar la mía en calle Santa Julia, en Ñuñoa, de clase media también.

Casi todos los invitados que asistían a las frecuentes reuniones en mi casa, siendo yo niño, eran extranjeros en Chile. Judío-alemanes la mayoría, que habían escapado de las atrocidades de la Segunda Guerra Mundial. Gente que todavía tenía el alma puesta en su Alemania natal.

—¿Sabes, Omar? Nuestra presencia aquí me trae a la memoria retratos de mi infancia —le comenté, emocionado—. En la práctica, ha ocurrido aquí lo mismo que veía cuando niño, aunque en otro idioma, muchos años después y en otra esquina del mundo.

Le conté cómo mis padres y sus amigos hablaban entre ellos su lengua de origen, degustaban la comida de su tierra y cantaban sus canciones. Mamá, para atender a las visitas, compraba especialidades alemanas, chucrut con pernil de cerdo, por ejemplo, mientras papá se encargaba de conseguir uno o dos barriles de cerveza para disfrutarlos con sus amistades cantando, contando chistes, bailando. Siempre se juntaban entre 40 y 60 personas. Conforme la costumbre, cada uno pagaba una cuota para dividir los gastos. Nuestra casa era una entre tres o cuatro casas grandes de ese grupo de amigos. La fiesta se iba rotando en esos hogares. Todo muy organizado y solidario.

En aquella época, todo eso pasaba en idioma alemán, mientras los niños corríamos por los pasillos, jugando y hablando en español. En esta fiesta cubana de Miami ocurría exactamente igual, sólo que los niños hacían sus habituales travesuras infantiles hablando en inglés, y sus padres conversaban en español, vestían guayaberas, comían arroz con frijoles negros, ropa vieja, rabo encendido y otros platos típicos cubanos, para después cantar y bailar los contagiosos ritmos de la isla caribeña, tomando ron y fumando habanos. En sus conversaciones recordaban La Habana, hablaban de los diversos municipios de donde provenían.

Mis padres y sus amigos cantaban entusiasmados, levantando sus espumantes vasos cerveceros: "*Trinken, trinken...*", mientras un voluntario dirigía el rítimico movimiento de los jarros, armando una espontánea coreografía. Hoy escucho que entonan el antiguo tema cubano "El Yerberito". Todos cantan, nostálgicos y espontáneamente comienzan a bailar.

—¡Qué vivencia, mi viejo! —se me ocurrió decir. Omar rió, aceptando de buen grado el trato de aprecio.

La fiesta entre cubanos no hizo otra cosa que confirmarme el hecho de que la gente, pese a tener el deseo de cruzar la frontera, lucha por mantener sus costumbres. Al menos ocurre con la generación inicial, con los que toman la decisión de hacer maletas y partir, manteniendo siempre vigente sus recuerdos. Todos guardan su etiqueta de origen. Viven pensando en su tierra natal. Éstos son los que mantienen la raíz hispana, porque dos o tres generaciones después, los recuerdos se irán perdiendo y el idioma original también.

El caso de mi grupo familiar es buen ejemplo. Temy hablaba el *yiddish*, que ya lo ha perdido. Yo no hablo alemán con la fluidez de antes. Mis hijos no hablan palabra alguna en *yiddish* ni en alemán. Sólo entienden algunas frases sueltas. Los hijos de mis hijos, para qué decir...Y así seguirá la historia.

* * *

Además de ir conociendo las costumbres cubanas para considerarlas en el contenido de *Sábado Gigante*, otra etapa del proyecto, muy importante y que se hacía preciso enfrentar y resolver antes de salir al aire, era vender y financiar el programa. Necesitábamos auspiciadores, empresas que quisieran publicitar sus productos con nosotros. Si no había venta, todo se acababa.

El canal tuvo la idea de convocar una reunión con eventuales anunciadores para dar a conocer en detalle los contenidos de nuestro programa; así como sus costos.

La cita fue al mediodía en un restaurante. Llegamos cargados de *videotapes,* que hacían especial énfasis en sus variados concursos, para que los empresarios locales y las agencias de publicidad captaran la participación directa del público y se decidieran a auspiciar los distintos espacios y segmentos, como les llamamos.

Había que convencerlos de las ventajas que tiene la "publicidad integrada", una original manera de promoción incluida en el programa como parte del libreto, bastante mejor que el aviso frío que va en medio de una "tanda publicitaria" —un espacio con varios anuncios seguidos—, interrumpiendo la programación principal. Los "comerciales" estaban relacionadas con el atractivo que significan los buenos premios para los concursantes, "gancho" que hasta entonces no existía para los telespectadores de Miami. El éxito comercial que esperábamos que alcanzaran quienes invertían en publicidad con nosotros era lo único que nos permitiría la entrega de sustanciosos premios en dinero en efectivo. O de automóviles.

Se invitó a mucha gente. Acudieron los principales directores o dueños de empresas, entre ellas Los Latinos de Miami, La Canastilla Cubana Furniture, Casa Faroy, Juvenia, La Caserita, Joyería Le Trianon, Lan-Chile, Milene Brothers, Productos Para Mi Bebé, Rainbow Ford, varias de las cuales no existen hoy.

Estábamos algo temerosos del resultado que pudiera tener la convocatoria al almuerzo. Tanto así, que a un ejecutivo de ventas del Canal 23 se le ocurrió pedirle a un empresario amigo suyo, de mucha confianza, invitado por el canal, que mostrara vivo interés en comprar espacios publicitarios, sirviendo de "anzuelo" para que "picaran" los demás empresarios. Una variante de las personas que hacen claque en los teatros, me dije, recordando a ese personaje tan típico que en mi país le llaman "galleta", para hacerlos caer. Se tiró este lance por su cuenta, sin decirle a nadie y sólo me lo comentó en forma reservada, pocos minutos antes de la reunión, explicándome lo que ya sabía.

—Vas a ver que esto produce buen efecto. Ha sido probado en muchas partes —me aseguró, entusiasmado.

No lo sabré yo. Recordé a los vendedores ambulantes en las calles de las principales ciudades de mi país. Los que allá denominamos "charlatanes" (o "merolicos" en México) y que a grito limpio, parados en la vereda, venden sus productos, siempre de oferta, siempre baratos. "La novedad del año", dicen, y cuentan con dos o tres socios —los "galletas"— que son los primeros en comprar, muy interesados, produciendo el entusiasmo colectivo. El charlatán termina vendiendo casi toda su mercadería.

Cuando el agente de ventas me comunicó lo que pensaba hacer, no sólo estuve de acuerdo, sino que incluso le llegué a decir que en Chile nosotros también habíamos usado un "galleta" en cierta oportunidad, lo que no era cierto. Lo que sí es verdad es que llegamos a esta reunión en Miami con un "galleta". Como ha pasado tanto tiempo, hoy me atrevo a contarlo.

—Mira, ayúdanos. Al término de la presentación del programa, tú pides la palabra y dices: "Me interesa comprar tal espacio" —instruyó a su amigo "galleta".

Terminó la proyección de los videos y con la sala todavía en penumbras, me parecía escuchar los latidos de mi corazón. Era el momento clave. No quería ser yo el que lanzara la primera piedra. Que otros hablaran antes. Estaba muy nervioso.

Comienzan a escucharse opiniones, casi todas en el particular estilo de hablar del cubano, donde las eses se pierden y las erres a veces se respetan y a veces no:

—Óyeme, chico, esto tiene que prender muy bien.

—Déjame decirte que esto pinta para bueno, muchacho.

—Lo que tú *hace* es extraordinario.

Estaban reunidas las estrellas del comercio publicitario local, quienes en forma habitual invertían buenas sumas de dinero para promover sus empresas y productos a través de las radioemisoras y los canales hispanos.

Al ver cómo nuestro programa integraba la publicidad haciéndola parte del mismo, comentaban que eso era un atractivo más. Los anuncios cantados, los *jingles* con el público, provocaron curiosidad y más de uno los calificó de "cautivantes". Nadie mostró desconfianza y casi todos expresaron un interés inmediato. En ese momento supe que el alivio tiene un sabor. El paladar, que tenía reseco desde hacía rato, ahora se me humedecía por sí solo. ¡Qué cosa!

Llegó la actuación del "galleta". Éste pidió la palabra:

—Quiero comprar un segmento, chico. Los encuentro *bálbalo*. No sé *pol cuál decidime*, así que tú me *dice* cuánto valen.

Entran a discutir en el tema. Hay evidente deseo de anunciarse en el programa. Muchos se comprometen en el acto. Otros dicen que afinarán cuentas y decidirán en la semana. Lo cierto es que al final de la cita estaba vendido más del 50 por ciento de lo que requeríamos.

Segundo debut

En febrero-marzo de 1986 comenzábamos a vislumbrar todo más cercano. Con la venta de publicidad bastante avanzada, con el libreto escrito casi en su totalidad y con el reducido equipo humano recién formado, todo parecía listo para comenzar la función.

A los pocos colaboradores que pudimos contratar les dimos un rápido curso de entrenamiento con los únicos dos especialistas disponibles: Antonio Menchaca y yo. Junto al maestro Valentín, nos sentíamos "solos contra el mundo". Los demás, pese a que les mostrábamos los videos y les hablábamos de las características propias del programa, nos encontraban un tanto fanfarrones.

Quizás eso hizo que persistieran algunas vacilaciones entre los ejecutivos del Canal 23, aunque Blaya les había dicho que "este hombre sabe lo que está haciendo". Pero los veía temerosos. Como nadie me confesó lo que pensaba, debí deducirlo. La participación directa del público, eso de cantar, pararse y sentarse a cada rato, no terminaba de convencerlos, pese a las opiniones favorables que habían escuchado en aquel almuerzo de promoción publicitaria.

Cuando llegó el gran día, a mediados de marzo, me sentí emocionado y pensé, dichoso, que estaba a pocos minutos de acariciar el anhelado proyecto con la mano. No había dormido la noche anterior, leyendo y repasando lo que tenía que hacer, preparándome. Yo, que me consideraba una persona con tremenda "cancha", experimentado en estas lides, estaba convertido en un paquete de nervios. El grado de angustia que consumía por dentro, la nerviosa inquietud ante el desafío de lo desconocido, el temor al fracaso, todo eso es lo que se iba juntando detrás de los deseos de dar de una vez el salto y resultar vencedor en esa lucha de años por llegar a este momento deslumbrante y peligroso.

Nos juntamos a las tres de la tarde. El público invitado llegó muy temprano, ávido de que la cosa comenzara. Era una de las pocas oportunidades —para muchos debe haber sido la primera— en que tenían el privilegio de ser espectadores de un *show*. Eso no lo conocían.

Lo que nadie supo jamás es que todos los participantes del programa, los que aparecíamos en pantalla, minutos antes estábamos hacinados en un pequeño cuarto que servía de vestuario, para peinarnos, maquillarnos, en fin. Todos ahí metidos. En términos normales, ese espacio no alcanzaría ni para camarín de una persona sola. Esto sí que para mí fue ir más atrás que al principio.

Excitados, corríamos de un lado para el otro, con la gran ilusión de generar un programa duradero, aunque se respiraba un ambiente de descontrol, sin conocimientos técnicos ni profesionales.

Canal 23 hizo imprimir y repartir un volante doble en el cual presentaban a los protagonistas de *Sábado Gigante*: primero iba el locutor encargado de los comerciales, Pedro De Pool, de origen cubano, un experimentado lector de anuncios publicitarios, con buena voz y muy conocido en la radiotelefonía local. Luego, aparecíamos los animadores: Rolando Barral y yo. Los datos de Barral completaban la hoja, informando de su vasto desarrollo profesional, con un tremendo historial artístico.

En la hoja del frente me dedicaban tres líneas, pues no valía la pena contar lo que este desconocido alguna vez había hecho en la televisión. Era otra reiteración de que partíamos desde la nada misma, lo que me devolvía el susto y me dejaba muy en claro que los 24 años que llevaba produciendo y animando *Sábado Gigante* en Chile, sobre lo cual tanto había hablado, era una experiencia mía y sólo para mí, al público no le interesaba.

La grabación del primer programa se preparó poco menos que como una fiesta campestre. Se dispuso de comida para mucha gente, y como el Canal 2, propietario de las instalaciones, prohibió que se usaran sus baños, hubo que instalar afuera unas letrinas químicas, casi al lado de donde la gente comía. Un verdadero picnic, donde sólo faltaban los huevos duros y las cervezas. Decenas de asistentes, cubanos casi todos, expectantes por lo que iba a ocurrir. Un público nuevo, con sus propias características.

Me preguntaba si acaso este nuevo público iba a aceptar nuestros chistes. ¿Por qué tenían que dejarse ganar por una persona como yo, que no posee un físico grato ni una voz arrobadora? Muy Don Francisco podía ser en Chile, pero aquí, sin embargo, todas estas dudas no alcanzaban a turbar el incontenible deseo de probarme. Si fracasaba, las consecuencias en mi país serían desastrosas.

Cuando en Chile yo me aproximaba al estudio y no escuchaba ruidos ni murmullos pegaba un grito, enfurecido por el retraso:

—¿Qué esperan para decirle al público que entre? —vociferaba.

—Pero si la gente está sentada, esperando, desde hace más de una hora, Don Francisco —me aclaraban.

La verdad es que el público chileno guarda un silencio impresionante. No tuve similar experiencia en Miami. La gente esperaba sentada en medio de un bullicio y griterío ensordecedor. Se saludaban desde lejos entre ellos, expresaban en voz alta el gusto de encontrarse, se preguntaban por los familiares o amigos comunes, se citaban para un dominó.

Esta gente extrovertida fue un factor muy importante en la suerte del programa. A veces los llamo "argentinos del Caribe", personas que dicen lo que piensan, sin vergüenza alguna para expresarse en voz alta. No sólo cubanos, también puertorriqueños, dominicanos. El público de tierra caliente es mucho más abierto que el de tierra fría, como los chilenos o los mexicanos.

Era difícil, por ejemplo, ver entre el público santiaguino una dama que llegara al programa con su pelo teñido, recién salida del salón de belleza. Pero en el estudio de Miami era otra cosa. Predominaban las cabecitas rubias. Casi todas las señoras lucían peinado de peluquería. Algunas vistiendo sus ropas más elegantes, aunque también nos visitaba gente recién llegada de Cuba a través del éxodo por el puerto de Mariel, bautizada popularmente como "marielitos", la mayoría enfrentando una situación económica difícil, evidenciada en una modesta camiseta y un *short*. Todo ese mundo provocaba un ambiente especial y diferente en el estudio; cantaban, bailaban, reían ansiosos, esperando disfrutar. Tenían su propio *show* antes de que empezara la grabación. Un público cálido, que no me conocía y que fue una pieza significativa en el éxito que alcanzamos.

Partía nuestra primera producción esa tarde. Todos listos y en sus puestos. Antonio Menchaca, con la mano en alto, dio una mirada a sus apuntes, levantó la vista, dejó caer el brazo, y comenzó a correr la cámara.

Al abrirse el programa, la voz de Pedro De Pool presentó a Barral:

—Señooooras y señoreeees... Con ustedes el animador más popular de Miami: ¡Rooooolandoooooo Barral!

El público se puso de pie y aplaudió. Rolando entró luciendo un elegante esmoquin de cuyas mangas sobresalían los grandes puños de su camisa. Saludó sonriente, agradeciendo los aplausos.

Me saltaba el corazón, como si sufriera de taquicardia. Se me secó la garganta, mientras apretaba el micrófono con la mano izquierda como si se tratara de un martillo. ¡Increíble! Veinticuatro años de experiencia, cientos y cientos de veces frente a miles de personas. Pero ahora me enfrentaba a un público que no conocía. Y es preciso tener en cuenta que en esta ocasión, por primera vez, yo iba de segundo. Aquí estaba empezando de cero y no podía demostrar flaqueza.

Tragué saliva mientras Rolando me daba el paso con gentileza:

—Como saben, no estoy solo. Me acompaña desde Chile, el rey de los sábados —dijo con toda la vehemencia del caso—. Un hombre que trae un programa con muchas ideas nuevas: Mario Kreutzberger, Don Francisco. Recibámoslo con un gran aplauso —continuó.

Respiré profundo. Comenzaba la nueva aventura y mi cuerpo se había transformado en una piedra, mi sonrisa en un rictus. Tenía claro que quien no se arriesga no cruza el río.

Aquí comenzaba la cosa. Pero, y después, ¿podría cumplir el compromiso de viajar todas las semanas Santiago-Miami? ¿Y qué pasaba con la familia?

Entré a escena vistiendo un traje de calle, como siempre.

—Gracias, Rolando —contesté—. Este programa lo hemos preparado con todo el esfuerzo y conocimiento, y si ustedes —dije, indicando con el dedo hacia el público— nos ayudan y colaboran, tengan por seguro que será todo un éxito...

Ahí recién recibí mi primer aplauso internacional, aunque para ser sincero, debo decir que sólo fue un "aplausito". No podía tener el público la misma reacción que frente Barral. ¿Quién era yo para ellos? Rolando pertenecía a esa comunidad.

En el equipo creativo siempre habíamos pensado que debíamos lucirnos, a más no poder, con el contenido de nuestro primer programa. Tenía que ser impactante, por lo que echamos mano de quien era ya una celebridad en el escenario latinoamericano, todo un *hit* en la pantalla chica. Invitamos como padrino oficial de este debut al cantante y actor de televisión venezolano radicado en Miami, José Luis Rodríguez, "El Puma".

La razón para invitar a El Puma tenía también íntimos antecedentes cabalísticos: José Luis fue nuestro invitado de honor en la primera *Noche de Gigantes* que hicimos en Chile, diez años antes. Su presentación fue todo un suceso. Después, cuando *Sábados Gigantes* cumplió 25 años en el aire, el convidado estelar fue nuevamente José Luis, con iguales resultados. Las supersticiones toman cuerpo en el escenario y sabíamos que El Puma era símbolo de nuestra buena suerte, la que necesitábamos ahora en grandes cantidades.

Pero... no podía faltar el chasco. Al entrar al estudio, un productor inexperto pensó que era conveniente que nadie lo viera hasta que llegara al escenario y le lanzó por encima una cortina que cayó sobre José Luis cubriéndole la cabeza y los hombros. ¡Qué vergüenza! Me ardieron las orejas. Hubiera querido esconderme. El Puma no le dio importancia, según me contó 14 años y 700 programas después, cuando nos encontramos —por idea mía— en un restaurante de Coral Gables, para conversar un buen rato.

El Puma estuvo muy puntual en la cita, vistiendo impecablemente casual, con el pelo tan negro y la cara tan tersa como cuando lo conocí casi 25 años antes. Ejemplo de la lucha cuerpo a cuerpo contra el tiempo que todos los artistas sostenemos para que el aplauso no se nos arranque. Se le ve "en línea", perfecto, y esta tarde o está sin apetito o bajo estricta dieta, pero lo cierto es que sólo acepta servirse agua mineral.

—Lo único que recuerdo de ese programa inaugural, y que me produjo mucha emoción, fue ser el primer invitado de *Sábado Gigante* en Miami. Siempre ha sido un honor para mí que me invites a tu programa e iré todas las veces que quieras —afirma José Luis.

El Puma llega con facilidad al público. Transmite sus sentimientos con gran fluidez y naturalidad. Por eso, y por ser muy buen cantante, se ha convertido en un personaje de gran imagen positiva. Su figura, su voz profunda y grave, sus canciones rítmicas y esa combinación de actor y cantante le han dado la posibilidad de aproximarse bastante a la gente. No me cabe duda de que es sumamente querido.

Toda una generación ha cantado y bailado con él. Además, triunfó como actor de telenovelas y protagonizó también una vida matrimonial muy comentada por la prensa del corazón, con la cantante venezolana Lila Morillo, su primera esposa.

Él reafirma su punto de vista y dice:

—Tu programa siempre fue una ventana para los artistas. Yo concurrí con gusto, primero porque se trataba de ti, sin preocuparme de si la producción era buena o mala. Aquí, lo he dicho varias veces, no existía producción. Yo tenía tu referencia y sabía que eras carta segura para un artista. Lo que tú has hecho nunca ha sido mediocre. Estabas partiendo y había que estar ahí. ¡Qué mejor vitrina para un cantante que pretende vender discos!

Al Puma lo he entrevistado varias veces frente a la cámara y me he quedado con la sensación de que es un hombre más bien parco. Me atrevería a decir que resulta difícil acercarse a él para intimar un poco más, aunque la relación artística sea fácil y excelente. Le recuerdo que 20 años antes recién comenzaba a surgir Miami como lugar de residencia para muchos famosos del espectáculo latinoamericano.

—En ese tiempo, en nuestros países la comunicación era difícil. Si Héctor invitaba a un empresario a Venezuela para hablar de negocios, éste lo pensaba dos y tres veces y al final no iba. Pero si le proponía encontrarse en Miami, todo resultaba bien —cuenta él.

Se refiere a Héctor Maselli, su representante y socio, también presente en esta tertulia. Cuando Maselli comenzó a recorrer Latinoamérica para promover a José Luis, la gente sólo conocía a éste como actor de telenovelas. Costó bastante convencerlos de que El Puma era también cantante. Hasta que concurrió al Festival de la Canción de Viña del Mar.

—Sí, pero ahí llegué como jurado —dice—. Me rechazaban como cantante, calificándome de "cebollero", por las telenovelas lloronas. Decían: "Ese señor no canta". ¡Qué poco sabían de mí! Mi verdadera formación es la de cantante. Fui *crooner* durante seis años, desde muy joven, en la orquesta Billo's Caracas Boys.

Maselli cuenta entonces que, después de mucho discutir, consiguió que José Luis subiera al escenario de la Quinta Vergara en Viña del Mar, pero que los organizadores no querían que cantara "El Pavo Real", sino otros dos temas. Tuvo que ponerse firme.

—Y... entonces no canta —golpeó la mesa—. ¡Cómo no iba a cantar "El Pavo Real", si estuvo un año dándole al piano para sacarla! Hasta que aceptaron, cantó y ya sabemos la explosión que significó eso.

Una llamada entra al diminuto teléfono celular de José Luis. Es Génesis, hija de su segundo matrimonio, con la cubana Carolina Pérez. Responde cariñoso, pero breve. Luego pide una segunda botella de agua y otra vez se excusa por no comer. Qué diferencia conmigo, que mientras hablamos engullo cualquier cantidad de ensaladas.

—Cuando decidiste mudarte a Estados Unidos, ¿cómo encontraste Miami? —le pregunto.

—Ni la sombra de lo que es hoy —dice—. Aquí vivían casi sólo cubanos. No estaban aún los colombianos, ni los argentinos, ni otros. Ahora hay una cantidad inmensa de gente de todas partes. Miami no tenía televisión en español. Yo llegaba al público hispano de Estados Unidos a través de los videos de Televisa de México. Estábamos acostumbrándonos a una televisión en español envasada, que venía de otros lugares, cuando llegaste con *Sábado Gigante*. A lo mejor no te has dado cuenta, pero ustedes, Mario, son los verdaderos precursores de la televisión en español en Estados Unidos.

—Bueno, es lo que pensé en aquel entonces —intervine—. La idea era que los hispanos estábamos separados por la distancia, pero unidos por el mismo idioma.

Rodríguez medita. Su penetrante mirada parece la de un felino al acecho. Habla como acariciando cada palabra. Su conversación asemeja una canción hablada.

—En un principio, tuviste mucho rechazo y había que apoyarte. No era rechazo del público, sino de la gente del propio canal, que no creía en ti. Esto de que viniera un chileno a hacer un programa para los cubanos no era bien visto. No había confianza. ¡Con tantos buenos animadores de Cuba en el exilio!

Hablamos un poco más de Estados Unidos y José Luis es categórico:

—Miami es "un país hispano" con una estabilidad económica espectacular y con un poder adquisitivo muy fuerte. Tiene un sabor latino que te hace sentir a gusto, con leyes de verdad que te dan seguridad. Sólo que la vida es muy rápida. Aquí luchas y llegas a tener una casa que nunca es tuya, y a poseer un auto que nunca es tuyo. El asunto, Mario, es transitar y no quedarse, administrar y no poseer. Somos administradores de cosas, nada más.

—¿Has pensado regresar alguna vez a Venezuela? ¿No la extrañas?

—Para mí la vida es Dios, la familia, los amigos y el trabajo. El sol, hermano, es igual en todas partes del mundo. El aire es más enrarecido o menos enrarecido. Todo es lo mismo. Si tú estás con tu familia al lado, ¿qué podrías echar de menos?

Pienso que, yo también, he querido siempre privilegiar a la familia.

—Hasta una próxima… —nos despedimos.

* * *

Para llevar público a esa primera grabación, se promocionó a través del Canal 23, por espacio de 15 días o más, un diálogo que sirvió como estreno en sociedad de la dupla de animadores Barral-Don Francisco.

—¿Cómo dice que dijo? —preguntaba Barral.

—*Sábado Gigante* —respondía yo.

—¿*Sábado Gigante*? ¿Qué será *Sábado Gigante*? —insistía él.

—Espere. Muy pronto lo sabrá —le contestaba.

El público del primer día lo formaban unas 80 o 90 personas, todas encaramadas en la débil gradería de circo que el canal había arrendado. Gente deseosa de participar en un programa en vivo, de concursar y tener presencia en un *show*, tal como habían visto siempre en la televisión en inglés.

En la mitad del programa, siguiendo con rigurosidad el libreto, de pronto caminé hacia la gente y avancé entre ella haciendo un intempestivo giro, como para sorprender a alguien. El sorprendido fui yo, al ver que unas 15 o 20 personas, al darse cuenta de que nadie las observaba, me enseñaban con disimulo desde el piso, entre sus piernas, unas banderitas que tenían escondidas bajo el asiento.

Me pareció que eran banderas chilenas, pero seguí hablando como si nada extraño ocurriera. Hice un pase de micrófono a Rolando y ya fuera de cámara, miré con atención.

—¡Sííí, son banderas chilenas! —"grité" en silencio.

Mi corazón latió más apresurado y sentí como cuando a uno se le entra el habla: una honda emoción ahogándome. Una sensación como llegar a casa, no sentirme solo. Ese gesto, la presencia solidaria y amorosa de esa gente me inyectaba una dosis nueva de optimismo y energía.

"Somos chilenos y venimos a apoyarte", sentí que me decían tantas voces. Me saludaban todas esas manos al agitar las banderitas. Creció mi seguridad en lo que estaba haciendo. Esa alegría, ese sentimiento patrio gratificante e imborrable debe ser lo que siente un deportista cuando ve desde la cancha que en las graderías del estadio tiene una barra a su favor. O lo que puede sentir cualquiera que, lejos de su tierra, se pone de pie para cantar el himno nacional.

Sabiendo que se iba a grabar *Sábado Gigante*, varios chilenos radicados en Miami y otros cuantos que en esos días turisteaban por ahí usaron su tiempo para llegar hasta el estudio de Canal 2 y acompañarme, llevando sus pequeñas banderas. Sin dudas, eso me levantó el ánimo hasta muy arriba.

Llegó el momento crucial de grabar la publicidad con participación cantada de los presentes, lo que para algunos ejecutivos era uno de los puntos controversiales del proyecto sintiendo en la sangre el apoyo de mis compatriotas. Me paré frente al público y grité:

—Señores, ahora viene el anuncio cantado de una mueblería de Miami. Todos deben conocerla y todos tenemos que cantar. La letra dice así: *"La Canastilla Cubanaaaaaaa, furnitureeeeee..."*

Me puse a cantar. Lo repetí una y otra vez. Luego, pedí al público que hiciera lo mismo. Les dije a todos que cantaran. Entonces, como si los hubiesen contratado para ello, fueron aquellos chilenos escondidos, los que se pusieron a hacerlo. Se sacaron el aire y cantaron a todo pulmón:

—*"La Canastilla Cubanaaaaaaa, furnitureeeeee..."*

Asombradas, las otras 60 o 70 personas sentadas junto a ellos pensaron que también debían hacerlo, y por imitación comenzaron a cantar, cada vez con más entusiasmo. A los pocos minutos, tenía "al público en el bolsillo", como se dice en jerga de la farándula. Me había ganado su confianza y la gente comenzó a demostrar sus deseos de participar, cantar y reír.

Se había producido el milagro. Esos anónimos y entusiastas compatriotas, a los que no tenía cómo agradecer, me comunicaron, con su actitud, que existían las posibilidades, que había futuro. Respiré aliviado.

Aproveché el momento para mirar de reojo a varios ejecutivos y técnicos que observaban asombrados desde un costado. Esperaba sus reacciones, y vi que comenzaron a abrazarse y que los productores gritaban eufóricos:

—¡Lo logramos, lo logramos!

—¿Y por qué lo dudaron? —pude haberles dicho.

Blaya y Marchant, que nunca perdieron la fe, confirmaban que la cosa comenzaba a caminar.

A las tres de la madrugada, después de muchas horas de trabajo, recién cumplíamos una hora de programa grabado. Nunca había sentido un cansancio tan grande. Era la tensión. Pero no importaba. La puertecita de la esperanza se estaba abriendo de a poco, así que decidimos continuar al día siguiente.

La grabación tardó más de tres días. Fue un esfuerzo loco que nos dejó afónicos, pues no existía retorno de sonido y por lo tanto no escuchábamos nada.

Al cabo de la semana que demoramos editar este primer programa y dejarlo listo, se lo llevé a Blaya, quien a estas alturas conocía muy bien mis críticas por la pobreza de los equipos y el estudio. Casi no vio la cinta. A los cuatro o cinco minutos, cortó y dijo tajante:

—Perdona, pero no podemos transmitir esto al aire. Hay que hacerlo de nuevo. Si el programa es así, no sirve para Estados Unidos. Aunque se trate del primero, no puede ser. Esto hay que botarlo.

Tenía razón. La producción se veía mal. Quizá no era tan malo el contenido, pero se veía mal. Parecía un programa "tercermundista". No podía Blaya pensar de otro modo, si la escenografía era infantil, la iluminación pésima, la gradería para el público se veía horrible y los micrófonos no eran inalámbricos, sino de esos con largos cables, que ya no se usaban en televisión. Es decir, todos los medios eran "de cuarta". Yo se lo había comentado en su oportunidad, pero como no quería aparecer poniendo problemas, no me atrevía a insistir.

Otra vez regresaron los temores, esa angustiosa inquietud que nos hacía preguntarnos si seríamos capaces de revertir, en una segunda grabación, el cúmulo de problemas técnicos y la falta de personal con conocimiento en este tipo de programa.

Así se perdieron los primeros 250 mil dólares, una fortuna para un canal como ése. Comenzábamos con un desfinanciamiento peligroso y eso, naturalmente, aumentaba nuestra preocupación. Había que corregir errores y ante mi planteamiento me dieron algunas facilidades.

El primero de los pasos correctivos que propuse es que me autorizaran a contratar a un escenógrafo que trabajaba conmigo desde hacía muchos años. Éste viajó a Miami y demostró su talento, experiencia e ingenio. El mismo modelito colegial del inicio lo transformó, adaptándolo con ramas, plantas, cortinas y velos. Haciendo un despliegue de creatividad, entregó una escenografía muy apropiada.

También importamos desde Chile a nuestros expertos en iluminación e ingenieros de sonido, con los que empezamos a formar al personal en Miami. Se consiguió una nueva gradería más decente y alegre, con lo que nos cambió el rostro. Y fuimos a la segunda grabación del estreno, siempre con pocos recursos, pero más tranquilos y pensando que en esta vuelta estábamos en mejores condiciones técnicas. El libreto era el mismo de la vez anterior, sólo que apoyado ahora en la nueva infraestructura.

El 19 de abril de 1986 salimos al aire por primera vez con nuestro programa en Miami, en horario de 8 a 10 de la noche. Se iniciaron las transmisiones y con ellas empezaron mis depresiones, temeroso de que no resultasen bien las cosas.

Fuimos llevando personajes para conversar y entrevistar, además de artistas del canto. El primero fue el cubano Rolando La Serie, ya desaparecido, estrella de la canción romántica de la época. En ese mismo debut también estuvo el joven cantante puertorriqueño Fabio, que al poco tiempo abandonó la causa artística. Vinieron inmediatamente después el mexicano Emmanuel, la cubana Susy Lemán, Claudia de Colombia y el español Miguel Gallardo.

Así como antes mostrábamos en el programa cosas de la vida diaria y hechos insólitos que llamaban mucho la atención, para este debut invitamos a la miamense Irma Izquierdo, quien narró su extraordinaria experiencia de sangrar cada Viernes Santo, sufriendo estigmas en su cuerpo.

Estrenamos también el concurso "Miss Piernas", donde desfilaron las más torneadas extremidades que pudimos encontrar en nuestro mundo y sus alrededores. Otra sección que llamó la atención fue sobre repostería, "¿Quién lo hace mejor?" Los artistas de la cocina se lucieron y todos comimos rico.

Algunos aficionados se presentaron en "La escalera de la fama", espacio donde buscábamos futuras estrellas del espectáculo. Hicimos una encuesta callejera y también entre el público asistente: "¿Para qué sirven los hoyos de los *donuts*?", que recibió las respuestas más disparatadas.

Nuestra primera entrevistada fue Ileana Ross-Lethinen, una dinámica profesora cubano-americana y, desde 1982, legisladora en Florida por el Partido Republicano.[5] Ella accedió ir hasta el estudio para conversar con nosotros en pantalla.

Y regalamos el primer automóvil. Eso sí que constituyó noticia. El público se volvió loco, no lo podía creer. Entregamos un Ford Mustang rojo, nuevito, cero kilómetros, "de paquete", como dicen los cubanos en Miami, con un valor en ese entonces de unos 10 mil dólares.

Pasadas unas semanas, tuve el pálpito de que nos iba muy bien, pero de que debería irnos mejor. Confiado en que podíamos mejorar, sufrí, sin embargo, una gran desilusión al saber que la medición de sintonía no marcaba lo que nosotros creíamos. Si bien Canal 23 estaba logrando una porción mayor de *rating*, ésta era poco significativa en relación a sábados anteriores, cuando pasaban al aire una película cualquiera. No éramos algo gravitante.

Por lo demás, tampoco existía un sistema muy preciso de medición de audiencia y hasta ese momento la prensa no se preocupaba de lo que hacíamos. El matutino *The Miami Herald* nos ignoraba. El vespertino *Diario de las Américas*, el único periódico en español, publicó unas líneas cierto domingo. Las radios hablaban un poco más, pero en general los comentarios no eran positivos. Decían que yo me burlaba de la gente local, pero en realidad estaba utilizando el mismo estilo de siempre: imitar la forma de hablar de quienes hablan conmigo, haciendo bromas con ellos. Al principio lo tomaban como una burla para la comunidad cubana, pero mi intención era otra: sólo un juego. Y si los que participaban no eran cubanos, también teníamos problemas, porque nos acusaban entonces de no darles suficiente participación a la comunidad miamense.

En medio de este clima, una tarde de ensayo, en el estudio, se me ocurrió escribir un tema para cantarlo con el público. Fue el primero que compuse en Miami, "La guayabera". William Sánchez, director de nuestra orquesta, hizo los arreglos musicales y comenzamos a entonarla cada semana. Le gustó a la gente y por mucho tiempo se convirtió en la característica del programa.

[5] Hoy es miembro de la Cámara de Representantes, en Washington.

Con mi linda guayabera,
voy yo por la "sagüesera",
buscando una niña buena,
que me quiera acompañar.
¡Ay, qué niña, qué orgullosa!
no querer ninguna cosa,
ni siquiera una rosa
y poderla enamorar.
¡Ay, qué niña hermosa!
¡Ay, qué linda rosa!
Por Dios, qué cosa
tan maravillosa...
No te puedo olvidar.

Ida y vuelta hasta chocar

Me encantaba lo que estaba haciendo porque era toda una aventura y siempre he tenido espíritu aventurero. Vivía unos días en una ciudad y los siguientes en otra; unos en mi casa y otros en hoteles, moviéndome permanentemente, conociendo. La magnificencia, por un lado, nos hacía sentir artistas internacionales, pero por otro, las carencias eran evidentes.

Fue una etapa inolvidable, que disfruté, aunque mi vida se hizo un tanto loca: cada sábado, cuando estaba por terminar en Chile el programa en vivo, que duraba seis horas, corría al avión para viajar ocho horas y media hasta Miami. A las tres de la tarde del domingo comenzábamos a grabar, hasta las 11 o 12 de la noche, para seguir lunes y martes. En un comienzo nos costaba mucho, nos demorábamos demasiado en cada grabación: tres días para un programa que sólo duraría dos horas y media.

El miércoles planificábamos nuestra próxima actividad. Y al caer la noche, nos trasladábamos al aeropuerto para volar de regreso a Santiago. Otras ocho horas y media, arribar de madrugada y dormir hasta el mediodía. Jueves en la tarde, reunión de planificación del programa chileno. El viernes grabábamos algún segmento, como "Solteras sin compromiso", y también la última hora del programa del día siguiente. El sábado íbamos en vivo al aire, y cuando se hacía de noche, volvíamos a la rutina semanal. Otra vez al aeropuerto. Una vorágine que viví durante tres años. Cada mes descansaba 22 días en una cama y el resto arriba de un avión. Es decir, en tres años dormí un año completo en los aviones.

Al reducido equipo humano "importado" se habían agregado Héctor Olave, editor periodístico, y Tito González, un joven productor que se inició con nosotros cuando tenía 20 años y que asumió la delicada responsabilidad de editar en Santiago el programa producido en Estados Unidos, algo insólito. La principal razón: mejores equipos de edición, los que me preocupé de ir mejorando, por cuanto nunca quise perder —y hasta hoy lo conservo— el control creativo. ¡Que no aparezca otra gente a cambiarme el contenido del programa! Soy muy celoso en eso. Hacemos comentarios previos al libreto, y después Tito aplica su criterio y experiencia, lo que me da plena confianza.

Así, con Antonio Menchaca y el maestro Valentín, en un comienzo, y luego con otros compañeros de trabajo, nos hicimos clientes habituales de los aviones. Las tripulaciones nos conocían y las conocíamos a casi todas. Por lo regular, el último en salir del canal hacia el aeropuerto era yo, debido a que me cambiaba de ropa y me sacaba el maquillaje... cuando se podía.

En cierta ocasión me demoré más de lo habitual y fue preciso llamar de emergencia a la aerolínea para explicar y pedir que esperaran otro rato. Salí apresurado del estudio, con la misma ropa, hacia el aeropuerto. Todo era urgente. El avión esperó 55 minutos. Las azafatas, muy atentas y sin mayores comentarios, habían ofrecido a bordo un buen trago a todos, para que tuvieran paciencia y no reclamaran por el retraso en el despegue. En las cabinas encendieron los televisores y los pasajeros comenzaron a ver la última hora de *Sábados Gigantes*, que era grabada.

Llegué corriendo, agitado, jadeante, disculpándome. Me correspondió un asiento en primera fila, pasillo, al lado de un señor que en esa espera de casi una hora se había tomado varias copas de cortesía. Era un gringo que no entendía palabra de español. Entre brindis y brindis, miraba el televisor, aunque sin ponerse los audífonos.

De repente, asombrado advirtió que junto a él iba alguien que parecía idéntico al que estaba en la pantalla, vestido y peinado igualito. Seguramente no podía entender lo que estaba ocurriendo. Me miró otra vez con los ojos abiertos como los de un loco. Subió la vista al televisor. Volvió a mirarme. ¿Cómo podía ser?

Pensando quizá que el alcohol lo había mareado, haciéndolo ver visiones, se aferró a su frazada, cubriéndose hasta la cabeza para dormir. Quizás era sólo un sueño. Poco antes de llegar a Miami, conversamos y le expliqué todo, entre risas.

También más de una vez a Antonio y a mí nos creyeron enajenados. Partíamos de viaje con un televisor a cuestas, sólo para nosotros, sin siquiera pensar que ese ruido podía molestar a los demás pasajeros.

—¡Par de locos! —dijo alguien a bordo.

Lo que pasaba era que el canal de la competencia en Chile había puesto, a la misma hora de *Sábados Gigantes*, un programa nuevo destinado a quitarnos audiencia. ¡En medio del torbellino que vivíamos con la producción en Miami, ahora nos salía un competidor nacional! Como no lo podíamos ver por cuestión de horario, lo hacíamos grabar. Compré un novedoso equipo portatil para reproducir esa cinta, de modo que subíamos al avión y empezábamos a mirar lo que había hecho el programa competidor, que duraba cuatro horas.

A medida que lo íbamos viendo, Antonio y yo discutíamos y analizábamos lo que deberíamos haber hecho nosotros y lo que podríamos hacer el sábado siguiente. Los pasajeros cercanos nos hacían callar. Bajábamos el volumen al mínimo, pero al poco rato lo subíamos y nos volvían a reclamar. Una vez, un pasajero propuso que, para no molestar, proyectáramos ese video en el sistema interno de televisión del avión. Quien quisiera podía verlo y escucharlo. La brillante idea duró pocas semanas, pues el canal de la competencia "tiró la toalla".

Al inicio, en ese ir y venir por las calles de Santiago hacia el aeropuerto, por lo general tomaba un atajo que bordeaba la falda norte del Cerro San Cristóbal, en una de cuyas laderas estaban los nuevos estudios de Canal 13. Eso me permitía ganar tiempo. Por ahí manejaba a toda velocidad. Era medio peligroso el recorrido, pero le metía pie al acelerador sin consideración alguna.

Había que tener cuidado de cometer algún error de cálculo en ese camino sin asfalto. Al bajar la pequeña colina a la velocidad que le imprimía, el coche se resbalaba y en dos ocasiones me hizo chocar. El segundo choque, con un auto, fue sumamente fuerte. Con el apuro que tenía y con lo nervioso que estaba, me acerqué al otro coche:

—Discúlpeme. Voy al aeropuerto y estoy atrasado. Perdone lo ocurrido, yo pago los daños. Aquí está mi tarjeta. —Todo muy rápido, claro. No me había dado cuenta de que mi auto había quedado inservible. O, por lo menos, de que no podía continuar en él.

—No se preocupe, Don Francisco —me sorprendió el hombre al que choqué, mientras le pedía a su acompañante que permaneciera ahí, cuidando mi auto hasta que viniera una grúa para remolcarlo a un taller mecánico.

—Te recojo luego —le dijo—. Llevo a Don Francisco al aeropuerto y regreso. —Su amigo asintió sin problemas. Me parecía increíble. Hasta toqué mi cuerpo, por si las moscas. Pero era verdad.

—Suba. Sé que está apurado y que se va a Miami. Yo lo llevo.

Con la puerta trasera hundida y el vidrio quebrado, nos fuimos en su automóvil hasta el aeropuerto, conversando y riendo de buena gana.

Después de esa experiencia decidí contratar un chofer permanente, que manejara de prisa pero con habilidad, para comenzar a relajarme en esos minutos... Era estúpido que por no perder el avión fuera a perder la vida. El chofer que contraté nunca usó la "cortada del cerro" que yo orgulloso decía haber descubierto. Sabía lo que hacía.

Ambiente pesado

Las cosas —en apariencia— se estaban dando bien en Miami, pero... no todo podía tener sabor a caramelo. Había un "no sé qué" que nos tenía preocupados. Algo superior, aunque sin fundamento, nos hacía temer que resurgiera el fantasma del fracaso y, por ende, la pérdida de una buena suma de dinero para la compañía. Nosotros, en cambio, lo único que queríamos era hacer bien nuestro trabajo, que recién comenzaba, y no pensábamos en otra cosa.

El costo de nuestra producción era alto y desusado para lo que gastaba la incipiente televisión hispana en Estados Unidos. Por eso debíamos obtener rápido un resultado tranquilizador, procurando que el canal comenzara a recoger los frutos de la siembra.

Presentía que Blaya —aunque él nada me dijo— estaba cada día más presionado por la Junta Directiva del canal para terminar con esta fantasía de proyecto. Habíamos arrancado en una época que quizá no era la mejor para incurrir en nuevos gastos y financiar una producción nueva. Pero él confió en el programa, pensando siempre que podía llegar a ser un gran triunfo y constituir el inicio de la televisión en español en Estados Unidos. Todo eso lo intuí. Nada me decían. Yo cumplía mi trabajo.

Un día miércoles nos despedimos como era costumbre, para viajar a Chile en la noche. Al salir de la estación, y como algunas veces me ha pasado en la vida, percibí síntomas raros en la atmósfera. Noté extraño hasta el aire.

Llegué a Santiago y a casa sin novedad. Todo normal. Mi mujer, como era habitual, me esperaba en cama, conversamos y después... Luego, ella se durmió y yo me puse a hojear un periódico. Cuando me disponía a dormir unas pocas horas, sonó el teléfono.

Era Alfredo Durán, gerente de producción de Canal 23. A él le habían encargado una desagradable misión a larga distancia:

—Déjame decirte, chico, que la empresa ha tenido que tomar algunas decisiones. Dentro de ellas se ha resuelto cancelar *Sábado Gigante*. Problemas económicos, tú sabes. Agradecemos mucho tu participación y para otra vez será, chico. Hasta siempre. ¡Se te quiere, Mario!

Todo había terminado de un plumazo. Mi aspiración se hacía nada. Estallaba como una pompa de jabón. "Problemas económicos." Tan fácil como eso. Me ardía la sangre, pero ¿qué hacer? "Para otra vez será, chico", como si se tratara de ir a tomar una cerveza, a ver una película. "¡Se te quiere, Mario!" Amores que matan. ¡Manerita de querer! Esa frase hasta el día de hoy resuena en mis oídos como dinamita.

Le he tomado tanta aversión a esas palabras, que hasta se han incorporado a una verdadera lista de supersticiones que tengo. Ahora, cuando alguien se despide diciéndome al final "se te quiere", me da mala espina y me corre un hilito frío por la espalda.

Escuché y guardé absoluto silencio. No quise despertar a Temy. Puse la cabeza sobre la almohada y comencé a pensar en tantas cosas, en tanta ilusión y tanto esfuerzo. En todo lo que nos habíamos entusiasmado.

Además, ¡qué coincidencia!, pensé. En mis inicios en Chile, también me cancelaron el programa al poco tiempo de debutar. La historia se repetía. Dos cancelaciones muy similares, aunque mis reacciones fueron diferentes.

Aquella vez ocurrió con una televisión muy incipiente en Santiago, cuyo alcance no iba más allá de unas 40 cuadras a la redonda. No había más de 45 o 50 mil televisores en todo el país. Las mediciones de audiencia se hacían mediante una carta-circular enviada a los miembros de un Club de Teleespectadores. Éstos regresaban el papel diciendo qué les gustaba y qué no. Así iba adecuando la programación.

Curiosamente, la semana en que me echaron yo tenía un lugar bastante alto en el gusto de la teleaudiencia. Me botaron sin mayores explicaciones. Había cumplido 22 años, estaba recién casado y me sentí muy mal, triste. Comenté con un amigo lo que me había ocurrido y me invitó a su casa a visitarlo para charlar con algunos otros conocidos, ver juntos el Canal 13 y saber qué programación iría en mi reemplazo. Nunca imaginé que el programa que me iba a reemplazar sería peor que el mío. Ante eso, mis amigos —unos doce— tuvieron una idea luminosa: llamar por teléfono al canal para decir que el nuevo programa era pésimo y que les explicaran qué había pasado con el gordito de la semana anterior, tan simpático. Y cuál era la razón de esos cambios tontos.

Todos quisieron llamar, pero el teléfono del canal estuvo siempre marcando tono de ocupado. Les expliqué que sin duda la dirección del Canal 13 había decidido cortar las líneas para que no los molestaran. En todo lo que duró el programa nos fue imposible comunicarnos con la estación. Minutos después, uno de los amigos insistió e insistió, hasta que logró comunicarse. De ahí en adelante, todos llamaron y, aunque algo tarde, dijeron que el programa recién transmitido era muy malo y que mejor repusieran lo que hacía "el gordito ése".

Al día siguiente mi esposa, al verme con el ánimo por los suelos, me recomendó salir de Santiago. Como paralelamente trabajaba junto a mi padre en su fábrica de confecciones, me fui a vender fuera de la capital, para olvidar el ambiente de la televisión.

Cuando regresé a casa, al atardecer, Temy me contó que había llamado por teléfono Eduardo Tironi, por ese entonces director del Canal 13, interesado en hablar conmigo. Muy tajante, ella agregó:

—Pero como él te echó, no debes ir a hablarle. Olvídate. Anda mañana a otro lugar fuera de Santiago y sigue tranquilo con tus ventas.

Me fui a otro pueblito cercano. Allá estuve todo el día, visitando almacenes y algunos clientes particulares, caminando bastante.

Tironi volvió a llamar. Esta vez mi señora le dijo que yo llegaría a determinada hora de la tarde, por si deseaba insistir.

Estaba duchándome, satisfecho por el trabajo del día, cuando llamó Tironi y pidió hablar conmigo.

—Mire, Mario —dijo—. Ha sido un error sacar su programa del domingo. Queremos volver a ponerlo. Nos volvieron locos con llamadas telefónicas: las líneas estuvieron ocupadas con gente reclamando hasta cerca de las 12 de la noche.

Recién pude explicarme por qué mis amigos nunca lograban comunicarse con el canal. ¡No habían sido los únicos!

Antes de que Tironi respirara siquiera, aproveché para sacarle partido a la situación:

—Director —empecé diciendo, muy serio—. Si usted quiere que yo regrese, regreso, pero necesito ciertas garantías. Por ejemplo, que me den una hora fija, una hora y media si desea, pero en un horario inamovible.

—Lo entiendo, Mario. Pero no puede ser más de una hora. Se la vamos a dejar fija —me respondió.

Así regresé a la pantalla y estuve alrededor de tres meses, todos los domingos, presentando un programa de una hora: *El Show Dominical*.

Hasta que un buen día, Tironi me telefoneó, pidiéndome que fuese a verlo a su oficina.

—No es que lo queramos echar esta vez —dijo— sino que vamos a hacer un cambio. Como usted no es un profesional de la televisión, sino un aficionado, pondremos en *El Show Dominical* a una persona que conoce bien de esto.

Seguro que vio en mi cara una mirada confusa, mientras la indignación comenzaba a correr por mis venas, porque se limitó a agregar una dádiva:

—Usted irá los sábados, ¿qué le parece?

La televisión chilena de estos años transmitía de domingo a viernes, por lo cual cambiarme al sábado era lo mismo que una "sentencia de muerte" para mis pretensiones de animador. El sábado, sencillamente, no había televisión. Pero me aseguró Tironi que yo abriría y cerraría la nueva transmisión experimental sabatina, de tres a cuatro de la tarde. ¡Eso ya era otra cosa!

Acepté.

Mi trabajo fue distinto de lo que había hecho en el *show* de los domingos, pues tenía que vestir un traje de domador de fieras y presentar las películas de dibujos animados. Nada más. Cuando se acababa una cinta y antes de que comenzara otra, yo hablaba, haciendo que todo fuese continuo.

Tan pronto comencé los sábados, comprobé que tenía toda la tarde libre y propuse un programa más extenso. Tan extenso que, para decirlo en una sola palabra, fuese "gigante". Solicitud denegada.

—Confórmese con una horita, no más —me respondieron, entre risas burlonas.

Un sábado se me ocurrió hacer publicidad en vivo. Un riesgo que decidí correr, aunque medio calculado por cuanto la televisión era universitaria, o estatal, y estaba prohibido hacer publicidad declarada. En un comienzo ésta se hizo vedadamente y, en la medida que no hubo reclamos, se fue haciendo en forma explícita. Así, con unos cartones a la mano, comencé a mostrar a un primer cliente, Grandes Almacenes Llango. Vendían toallas. Cada vez que podía, levantaba el cartón, que nada tenía por la otra cara, y hacía bromas diciendo que era la parte de atrás de los Almacenes Llango. Con el dedo indicaba cuáles eran las toallas que el público necesitaba.

Es decir, partí haciendo comerciales medio en broma, con mucha cautela. Confiado en que lo hacía bien y que a nadie molestaba con mis ocurrencias, introduje después en esto a varios establecimientos comerciales, siempre medio bromeando y medio en serio. Utilicé los mismos recursos: recitaba de memoria algunas frases publicitarias y luego decía una que otra idea humorística para eludir en parte la prohibición, con lo que lograba una original promoción de los productos y todos quedábamos felices.

En el canal se sorprendieron, y como recompensa aceptaron ampliar mi horario a una hora y media. Seguí entusiasmado en lo mío y en eso me di cuenta de que el nombre Mario Kreutzberger era harto difícil y largo para que el público lo memorizara, por lo que rescaté a mi personaje juvenil del Club Maccabi, cuando hacía de Francisco Ziziguen González, y quedé como Don Francisco.

Semanas después, logré que me dieran dos horas. De ahí pasé a cuatro. Llegué a tener ocho horas continuas en vivo, desde la una de la tarde a las nueve de la noche, cada sábado. Llenaba prácticamente todo ese día. La transmisión de Canal 13 abría y cerraba conmigo.

Con el tiempo, el canal creó su Departamento de Prensa y pusieron un noticiero a continuación de mi programa. ¿Acaso ahora querían "colgarse" de mi audiencia?

Cataratas y colita

Cuando me despidieron del trabajo en Santiago aquella vez, a las cuatro semanas de iniciado el programa, yo no era nadie, la gente no me conocía ni sabía qué hacía yo frente a la cámara.

Pero al venirme a Miami, yo me la había jugado y además había comentado con todos los que quisieran escuchar, que iba a trabajar en la televisión en Estados Unidos. Le había asegurado al director ejecutivo de Canal 13 que necesitaba hacerlo y que él no debía preocuparse, pues cumpliría en ambas partes.

Aunque la prensa se había mostrado parca, en algún momento destacó el hecho de que Don Francisco hacía su programa en Norteamérica. Pensé, pues, con razones, que en el momento mismo que se supiera que me habían cancelado en Miami, eso se convertiría en un boomerang para mi imagen, y en algo muy malo para mi espíritu. No sabía si lograría recuperarme pronto de este revés.

Al borde del mediodía decidí despertar a mi señora. La toqué suavemente. Reaccionó de inmediato y se acomodó para escucharme.

—Me cancelaron el programa —dije apesadumbrado, señalándole que pese a que había puesto todo el empeño posible, que todos hicimos el mayor de los esfuerzos, habíamos fracasado—. ¡Que le vamos a hacer! Fallé no más.

Temy, restregándose los ojos, no entendía bien todavía lo que le estaba diciendo. Incrédula, me miraba fijo, escuchando hasta los silencios que se producían entre mis palabras. Sabía mejor que nadie todo lo que habíamos hecho por materializar la idea, peregrina quizá, de llevar *Sábados Gigantes* más allá de nuestras fronteras.

Sentía un dolor en el alma, como lo había sentido 25 años antes, sólo que en aquella ocasión mi mujer me convenció de que debía tomar el despido con tranquilidad y dedicar mi mente a otra cosa. En ese entonces la receta dio resultado. Pero frente a la realidad presente, fui yo quien propuso una fórmula:

—Me voy a Miami —le dije—. Así podré concluir todo como debe hacerse, es decir, como me enseñó mi padre.

Papá siempre me decía que las cosas había que empezarlas bien y terminarlas bien. Por eso pensé en la necesidad de hablar con toda la gente, juntar en una cena al equipo de trabajo que habíamos formado, para despedirnos. Mi padre también me decía que no hay nada que dé mejor suerte para el éxito, o para después de la derrota, que conversarlo alrededor de una mesa y frente a una botella. La verdad es que era como una superstición.

¿Qué artista no es supersticioso? Todos lo son, y es la inseguridad del mundo del espectáculo la que produce las supercherías entre sus miembros. No encuentro otra explicación. Los amuletos son verdaderas muletas con las cuales apoyarse cuando nos sentimos inseguros, y las supersticiones se acumulan como la ropa en un clóset: alguna usamos más y otra menos, pero sabemos que toda está ahí.

Hay oportunidades en que al salir de casa me doy cuenta de que he olvidado algo; trato de no volver y procuro que alguien lo haga por mí. Si soy yo el que debe regresar, una vez dentro de casa tomo asiento en una silla cualquiera y con eso rompo el hechizo. Hasta llego a decir: "¡Ufff, qué alivio!" Con lo olvidadizo que soy y en medio de toda esta parafernalia de la superstición, calcúlese el tiempo que he perdido.

También practico varias creencias de corte popular. Jamás pongo un sombrero sobre la mesa o la cama. Nunca tomo asiento en la cabecera de una mesa, ni paso por debajo de una escalera. Considero de mala suerte esos adornos botánicos que llaman "palo de agua", tan populares en México y Centroamérica. Ni me hablen de los gatos negros que se cruzan en el camino.

Lo mismo ocurre con un animalejo que se arrastra y al que no puedo ver, ni nombrar, ni escribir. No uso prenda alguna de tal origen, ya sea cinturón, zapatos o cartera, y si ese ofidio aparece en un programa de la televisión, cambio de canal. No tengo animales en jaula, ni mucho menos una pecera en casa. Y si vistiendo determinada ropa me ha ido mal un par de veces, no vuelvo a usarla.

Como amuleto llevo siempre un palillo, parecido a un mondadientes, aprisionado dentro de la mano, sujeto con la argolla de matrimonio. Me da seguridad. No puedo extraviarlo ni sacármelo. Si alguna vez se me ha caído, he debido buscar con prontitud otro pequeño trozo de madera, y ponérmelo bajo el dedo anular para volver a sentirme seguro.

Muchos dirán que son tonterías. Yo opino igual y trato de no cargar ese palillo, pero no puedo sacármelo. Como tampoco he podido cambiar la billetera en la cual guardé mi primer sueldo. Es la que uso hasta hoy. ¡Qué puedo decir! Pienso que me da suerte. ¿Que cómo puedo creer estas cosas? Después de más de 30 años, no tengo respuesta. Sé que es demencial, pero así me ocurre.

Volviendo a lo de Miami, había que hacer esa cena de despedida, íntima, sólo entre quienes alcanzamos a ser compañeros de trabajo. Nadie más. Es de caballeros reunirnos. Y quizás hasta dé buena suerte dentro de la mala noticia.

—Acompáñame —le insinué a Temy—. Aprovecharé para hablar en persona con Blaya y le voy a devolver el contrato que firmamos por dos años. Tenemos recién cuatro meses de trabajo y un mes en el aire. No voy a cobrar un centavo más, pese a que me quedan 20 meses.

Medio minuto después, seguí hablándole para darle valor. Y para dármelo a mí.

—¿Sabes una cosa más? De Miami nos iremos a dar ese gran paseo que soñamos desde hace tantos años y que nunca hemos podido cumplir por falta de tiempo.

Le gustó la invitación. Temy ha sido siempre como un soldado listo y dispuesto para cualquier cosa que signifique divertirse.

—Vamos a ir a las Cataratas del Niágara —le dije.

Viajamos a Miami el miércoles en la noche. Conversamos mucho durante el vuelo, dándole vueltas al frustrado proyecto, a la cena de despedida que tendríamos con nuestra gente, a lo que les diríamos. Discutimos también lo que íbamos a plantear en Chile, al regreso, frente a este fracaso. Y fijamos el día en que partiríamos hacia Niágara. Incluso programamos las actividades a realizar allá.

Yo conocía las cataratas, pues en una ocasión viajé para hacer un reportaje. Varias veces le había contado a Temy lo hermoso que resultaba ese paseo para las parejas en luna de miel, pero creía que también era una buena diversión para los que llevaban algunos años de casados, como nosotros. ¡Idílico!

El viernes invitamos a todos a una cena de despedida en el restaurante Los Ranchos. Hay cuentas que a uno nunca se le olvidan, no por el monto sino por lo que significan. 1,440 dólares. Mucho dinero para la época. Por lo menos dos semanas del salario de *Sábado Gigante*.

No faltó nadie. Se llenó la mesa y en medio de saludos y de brindis les expresé a todos que se había tratado de un proyecto muy bonito, en el cual puse mi esfuerzo y experiencia, con la eficiente colaboración de cada uno de ellos. El fracaso no era atribuible a nadie, yo más bien quería agradecerles su apoyo entusiasta y su ayuda. Algún día quizá tendríamos una nueva oportunidad.

—¡Salud! Muchas gracias, buenas noches y hasta la próxima —me despedí.

Caras tristes, melancólicas. Una que otra lágrima rodando. Varios no se convencían de que esto se hubiera terminado. ¡Tanta ilusión, tanta esperanza, tanto optimismo! Para algunos había sido una experiencia fascinante en un campo desconocido, pero justo cuando empezaban a entender, a trabajar con gusto... ¡plash!, todo se iba al diablo. Esa noche vi cómo el golpe no sólo me lo habían asestado a mí, sino que los demás también lo sentían en carne propia. Estábamos muy acongojados y la despedida, ya en la calle, fue de largos y apretados abrazos, nudos en la garganta, pocas palabras, fuertes apretones de mano. ¡Hasta la vista!

El sábado vimos con Temy, en el hotel, el último de nuestros programas miamenses que salía al aire. Para las posibilidades y los recursos con que contábamos, me pareció bastante digno. Por primera vez el público local había sido invitado a "mover la colita". Debut y despedida también para el baile, pese a que al día siguiente dos señoras jóvenes que me reconocieron en el supermercado me movieron muy coquetas la colita, mientras avanzaban con el carro de compras.

Temprano el lunes, junto a mi esposa, visitamos las oficinas de Canal 23. Como es habitual en los negocios y citas de trabajo, entré solo al despacho de Joaquín Blaya.

—Espérame un momentito. En cinco minutos me despido y después nos vamos a la línea aérea por los pasajes a Niágara —le propuse a Temy.

Blaya me recibió muy afable y sin preámbulos, ya que todo estaba dicho y resuelto.

—Agradezco la oportunidad que me brindaste, Joaquín —comencé diciendo—. Cuando creas que exista una nueva posibilidad, avísame, estaré listo.

Él permaneció en silencio.

—Pero quiero devolverte este contrato —seguí—. Nunca he cobrado por cosas que no hice. Te agradezco la confianza —terminé, suponiendo que esto de "nada me debes, nada te debo" podría abrir las puertas para una próxima ocasión.

Sentado tras su escritorio, Blaya ni parpadeó. Elegante, como siempre, se mostraba imperturbable. No se le movió un músculo del rostro. Me escuchó silencioso.

Estaba a punto de despedirme, cuando me dijo:

—Mario, te quiero mostrar algo que no conoces ni te imaginas. Tengo el *rating* del sábado pasado. Tu programa subió mucho. Ha pegado un alza de sintonía casi al doble. No quisiera cancelarlo, pero me están obligando a hacerlo.

Se me pusieron los pelos de punta y la piel de gallina. Sentía frío y calor a la vez. Esos términos nuevos de calificación que él me estaba diciendo no dejaban de ser excitantes, aunque no se vislumbrara un paso siguiente. Lo escuchaba muy sereno. El impacto de la cancelación yo lo había recibido en Santiago, por lo que estas explicaciones no me debían alterar, no me servían. No podía creer lo que estaba escuchando. Pasaban por mi cabeza otras mil ideas.

¿Para qué tanto comentario si el programa ya estaba cancelado? ¿Serían acaso palabras para que me fuera contento? ¿Quería colmarme el corazón para luego estrujármelo? Son los momentos en que a uno deberían tomarle la presión.

Blaya se puso de pie. Caminó tres pasos como pensando detenidamente lo que me tenía que decir, regresó, apoyó las manos en el respaldo de su silla y me miró de frente.

—Como debes saber, Mario, la compañía está en venta. Necesitamos reducir de manera drástica los gastos en Canal 23 como fórmula para aumentar el valor a la empresa.

Tomó asiento nuevamente.

—No te digo esto para conformarte ante el término del contrato. La verdad es que quisiera mantener el programa, pues tengo fe en que aquí hay fama, hay un futuro que no deberíamos dejar ir. Mi percepción me dice que *Sábado Gigante* puede crecer. Esta medición de anteayer me confirma que estamos avanzando, y avanzando bien.

Yo perplejo, por decir lo menos. Tragaba y tragaba saliva. Se me secaron los labios. Como en pocas oportunidades en la vida, no sabía qué hacer ni qué decir. Había un silencio tenso y expectante.

En un gesto informal poco habitual en él, Blaya se desabrochó el botón superior de la camisa, aflojó un poco el nudo de la corbata, y entonces explicó, entusiasmado, la idea a la que había estado dándole vueltas:

—Quiero pedirte que hagamos todos un esfuerzo por mantener el programa, haciéndote una propuesta: que todos se rebajen su sueldo en un 50 por ciento. Que todos, incluido tú, cobren la mitad de lo que habíamos ofrecido pagarles y que sigamos así como prueba hasta fin de año. Si para entonces la sintonía es buena y el programa se mantiene, lo podríamos extender al plano nacional. Y si pudiéramos hacer un *Sábado Gigante* para todo Estados Unidos, otros serían los valores de la publicidad y el monto de salario para toda la gente. Ahí nos resultaría bien.

Quedé mudo. No podía hablar, paralizado como estaba, pegado a la silla. Asentí con un pequeño movimiento de cabeza y llegó otra vez la adrenalina del artista, que brota con rapidez. Repuesto para prolongar el diálogo, salté como empujado por un resorte.

—Cuenta con mi disposición —le dije ansioso—. Siempre la he tenido, siempre la tengo.

—¿Y los demás? ¿Crees que aceptarán? —preguntó Blaya.

—Conozco a Antonio y a Valentín y apuesto que estarán de acuerdo.

Poco antes, al entrar a las oficinas del canal, había divisado a la distancia a las tres modelos que recogían sus cosas, ya prestas para marcharse. Lo mismo vi que hacían Rolando Barral y Pedro De Pool. Como estaban ahí, lo mejor era plantearles la oferta de inmediato y conocer su opinión.

No hubo ningún problema. Acuerdo unánime. Ni una sola deserción.

Pero lo más increíble para mí se produjo apenas terminó esa conversación con Joaquín Blaya. Salí, cerré la puerta, me despedí de la secretaria y cuando enfrenté a mi esposa, sin que yo abriera la boca, ella me dijo:

—Ya no vamos a las Cataratas del Niágara, ¿verdad?

La miré sorprendido.

—Hicimos un buen arreglo —le fui explicando para que me disculpara—. Se trata de una nueva oportunidad y creo que no deberíamos perderla. ¿Qué tal si dejamos el viaje a las Cataratas para más adelante? —dije mirándola fijamente.

Ella no alteró la suave expresión de su rostro, pero en sus ojos fue visible el fulgor de una satisfacción profunda. Yo estaba otra vez donde ella quería verme, desarrollando mi sueño de hacer televisión en Estados Unidos.

Como siempre, aceptó.

(La verdad es que nunca se dio una nueva fecha para ir a las Cataratas del Niágara. Para ser sincero, creo que no iremos nunca. Las famosas cataratas entraron a formar también parte de mi larga lista de supersticiones.)

Las modelos

Con los costos reducidos a la mitad y un eficiente trabajo en ventas de publicidad, el programa cobró fuerza y vigor. Comenzó a tener éxito económico, a pesar de ser una producción sólo para Miami.

Contábamos siempre con casi un centenar de personas en las graderías, pues el estudio que arrendábamos no tenía más capacidad. Todos llegaban entusiasmados, listos para colaborar, con deseos de participar, concursar y ganar.

Nuestro equipo no cejaba en el empeño de ir mejorando cada vez el contenido del programa. Con la experiencia de los primeros meses en el aire, y superado el trago amargo de la cancelación, fuimos ajustando el molde que habíamos traído de Chile, ya que los temas que abordábamos no podían ser ahora de absoluta actualidad, pues en Miami no transmitíamos en vivo.

La estructura general consistía en mezclar concursos, humor, entrevistas y música. Esa forma de hacer *Sábado Gigante* era lo que dominábamos. Y dentro de lo que dominábamos, producíamos lo más simple, lo más fácil y lo más exitoso a la vez, pues estaba claro que no teníamos muchos recursos.

¿Qué personas aparecíamos en pantalla? Un locutor comercial, tres modelos y el coanimador junto a mí, exigencia que nos hizo alterar el tradicional esquema del libreto. Como nunca habíamos tenido un coanimador, tuvimos que inventar la forma de repartir espacios y la manera de estar juntos en cámara, creando una rutina en la que participáramos ambos sin atropellarnos, pues no podíamos estar hablando como los sobrinos de Donald, que arman una frase diciendo una palabra cada uno. Entonces, un espacio lo hacía yo y el siguiente lo hacía Barral. Me resultaba extraño, pues el programa siempre estuvo hecho a mi medida y conforme a mi experiencia, pero...

A los cinco meses, el canal captó que *Sábado Gigante* estaba estructurado para ser conducido por un solo animador. El propio Rolando así lo consideró también y de esa forma quedé solo en la animación central. Barral tendría pronto su propio programa en Canal 23.

Poco tiempo después nos dimos cuenta de que las modelos tendrían un papel diferente del que tuvieron en Chile. Allá trabajaban en forma más improvisada y resultaba simpático contar en el equipo con una modelo china y

Al cumplir un año, acompañado de mis padres.

¿Qué me dicen a los 13?

En 1964, por primera vez aparecí en la portada de una revista: *Ecran*, un prestigioso semanario chileno de la época.

Mi hermano René, mamá, papá y yo, cuando cumplí 16 años.

Debutando en las tablas del Club Macabbi, donde comencé a conocer el aplauso.

Trabajaba (¿o descansaba?) en el taller American Tex de mi padre.

Regresé desde Nueva York, con un televisor en el corazón. ¡Me gustó la idea!

Llegó el momento de contraer matrimonio. Nuestra boda fue a la antigua, sin apuro.

Visité en la televisión
argentina a Pipo Mancera
(a mi izquierda).

Los primeros concursos fueron
elementales, pero siempre
entretenidos para el público.

Los tres más antiguos "espadachines" de *Sábado Gigante* comenzamos a abrirnos paso en Miami: Antonio Menchaca, el maestro Valentín Trujillo y yo.

Mandolino y yo hicimos un dueto que consiguió mucho éxito en la actuación humorística.

Partimos con el programa en Miami coanimando con Rolando Barral. Lo hicimos bien.

Merecidos aplausos recibe "El Puma" Rodríguez y, además, nos da buena suerte en el show.

otra yugoslava, que hablaban mal el español, pero que aportaban parte de humor en la publicidad. En Estados Unidos, por cuestiones legales, teníamos que ser muy cautelosos con la parte publicitaria frente a la cámara. No podía yo saltar de una cosa a otra en los "comerciales", sino más bien tenía que seguir las pautas que me daban.

Por esa razón las modelos fueron cobrando una especial importancia. En la primera época usamos logotipos de los anunciantes como emblemas al fondo de nuestro *set*, colgando en la pared: en Chile unos, en Miami otros. Con el tiempo y el crecimiento del programa en Estados Unidos, tuvimos que retirar los logotipos y darle más participación a las modelos en la presentación de los anuncios publicitarios. Así, las chicas se profesionalizaron en protagonizar *spots*.

Su entrenamiento consistió, entonces, en aprender a hablar bien, transformándose poco a poco en locutoras comerciales que dialogarían conmigo. A estas jóvenes inexpertas seguramente esto no les resultaba fácil. Unas podían conversar más y otras menos. Cuando buscamos las primeras modelos en Miami, pensamos que deberían ser, en lo posible, representativas de ese 80 por ciento de nuestros telespectadores locales, que eran cubanos.

Al inicio, dos de nuestras tres modelos, si bien eran hijas de latinos, habían nacido en Estados Unidos y educadas en inglés, por lo que no tenían un dominio pleno del español, idioma que sólo hablaban en casa. Muchas veces se equivocaban en el uso de los artículos: "el mueblería", "las pañales".

Maty Morfort lucía una imagen bastante norteamericana. Cuando debía improvisar un diálogo conmigo frente a la cámara, lo hacía en un español con acento gringo que a veces resultaba muy gracioso, porque yo la corregía en pantalla.

Jacqueline Nespral, que llegó al programa inmediatamente después de haber sido coronada reina de la fiesta anual del Orange Bowl de Miami, fue muy empeñosa en lo del idioma. Hizo cursos para mejorar su español, el que hablaba casi perfecto. Sólo una que otra vez dejó traslucir alguna falla en su acento.

Ambas muy bonitas, soñaban con tener un contrato para televisión en inglés. Hay matices entre la televisión hispana y la televisión en inglés en Estados Unidos, y ésos son los que provocan la diferencia frente al telespectador. Los hispanos nos relacionamos de una manera bastante afectuosa con nuestro público, casi familiar, con muchos chistes de doble sentido, siempre bromas en torno al sexo. Los estadounidenses toman todas las cosas en forma más profesional, más fría. Para ellos, las actuaciones son actuaciones, y nada más. La vida privada es la vida privada. Maty y Jacqueline, al dejar nuestro programa, destacaron en la televisión norteamericana como animadoras gracias a la experiencia que habían ganado, al tener muchas condiciones artísticas y de comunicación, y porque eran más americanas que latinas en su cultura de vida, lo que quedó demostrado cuando tuvieron sus oportunidades en la televisión en inglés.

La tercera modelo, absolutamente hispana, era Lily Estefan, con un apellido que ya "sonaba" en el mundo del espectáculo, gracias a su tío Emilio, reconocido músico y empresario, y a la esposa de éste, la afamada y prestigiosa cantante Gloria Estefan.

Debo decir aquí que siento un gran aprecio por Emilio Estefan, a quien considero una excelente persona, siempre dispuesto a dar una mano. Nos visitó en el estudio varias veces cuando comenzábamos en Miami y noté su simpatía por lo que hacíamos. Sentí su apoyo. Si bien no hemos hecho una amistad profunda, lo considero un amigo y pienso que él me conoce bastante más de lo que yo pueda conocerlo a él. Se dio cuenta de algo que muy poca gente ha observado en mí: que soy tímido, que fuera de las cámaras no soy ese hombre seguro y pujante que todos ven en la televisión. Él me lo comentó y con eso me ayudó.

Más alta que sus compañeras, con facciones medio egipcias, ojos muy grandes, con personalidad más hipercinética que las otras, Lily Estefan hablaba poco inglés y demostraba un don innato para la comunicación, cualidad que poca gente tiene.

De risa fácil, sus movimientos eran muy naturales. Una muchacha alegre de 19 años, entusiasta, con tales condiciones que nadie podía olvidarse de ella, ya fuera por sus expresiones, o su boca grande, por su risa contagiosa o su rostro. Incluso cuando la gente preguntaba por las modelos, la definían diciendo:

—¿Qué es de la flaca?

—¿Qué fue de la grandota?

Lily era la que quedaba en la retina y en el recuerdo del público.

Se fue encariñando con el programa y dándose cuenta, a la vez, que podía ser su gran escuela. En *Sábado Gigante* comenzó a hacer de todo: bailar, cantar, entrevistar, viajar, reír, llorar, actuar, leer comerciales.

Todas las modelos tienen oportunidad de pequeñas participaciones y según el resultado, van teniendo más y más espacio. En este punto, Lily, que se podía expresar mejor en español, destacó y yo le fui tomando un afecto muy especial. La veía más desvalida que las demás. Una joven llegada de Cuba hacía cinco años, que intentaba abrirse paso, que había perdido a su madre siendo muy niña, que vivía con el padre que se había casado nuevamente. Ella me contaba sus congojas, conocí de sus primeros amores y me fui transformando en su confidente. La aconsejaba. Alguna vez hice bromas sobre ella. ¿Le habrán molestado?

* * *

Un día llamé por teléfono a Lily para explicarle mi interés por conocer su propia versión sobre la experiencia en *Sábado Gigante* y eso bastó para quedar de reunirnos a la tarde siguiente. No es difícil pedirle que hable.

Conversábamos acerca de mis bromas, cuando mirándome y señalándome con su índice derecho, agregó con apasionamiento:

—Una tarde, en plena grabación, hiciste un chiste con relación al tamaño de mi boca. El público rió y yo casi me muero. "Este hombre está loco", pensé. En los días siguientes, algunas personas me reclamaron en la calle para que no permitiera bromas sobre el tamaño de mi boca. Yo les decía que Don Francisco estaba algo confuso, pues no era que yo tuviera la boca grande, sino que más bien tenía la cara estrecha.

—"¡Qué pesado ese tipo que trabaja contigo! Mira que reírse tanto de ti. No te dejes", me repetían. Yo me aguantaba las ganas de hablar sobre esto contigo, hasta que lo hablé, ¿te acuerdas?

Claro que me acordaba. Una tarde, luego de grabar durante varias horas, Lily entró a mi camarín cuando me servía un plato de ensalada. Dijo que quería comentarme algo, pero antes de hablar le afloraron sus lagrimitas. Era común en ella, así que permanecí atento, mirándola mientras comía. Haciendo un esfuerzo, pudo decirme entre sollozos:

—Mario, me estás perjudicando. Te ríes de mi boca, de mi nariz, de mi estatura. Voy a pasar a ser un payaso.

—Lily —le respondí muy tranquilo, casi como un padre que aconseja a su hija—. Lo hago por una sola razón y trata de entenderme. Considero que tú eres la modelo que más recuerda el público. Tienes un "don" que se destaca. Mi experiencia con otras personas a las cuales les he hecho bromas similares es que les han servido, y las han usado en su carrera artística. Debes pensar que quizás esto puede ser lo que más se recuerde de ti en la televisión. Sácale provecho.

Me hizo caso.

Desde entonces se reía mucho cada vez que le hacía un chiste y notó que el público lo aceptaba de buen humor. Empezó pues a sacarle partido.

—Oye, ¿sabes? —le dije pasando a otro tema—. Recién estoy pensando que nunca te pregunté cómo llegaste a Miami.

—Bueno, mi historia creo que daría para una película.

Se acomodó mejor en el sillón. Continuó:

—Durante el éxodo de cubanos a través del puerto del Mariel en los ochenta, mi tío Emilio, que vivía en Miami, decidió partir en busca de mi padre, de mi hermano y de mí. En un receso de las actuaciones de su banda, *Miami Sound Machine*, arrendó un barquito y llegó hasta la isla. Pero las autorida-

83

des cubanas, con el pretexto de que faltaban papeles o qué sé yo, no nos dejaron salir. En medio de su frustración, mi tío tuvo que regresar con el yate lleno de gente que no conocía. De ahí es que siempre decimos que el tío Emilio es el primer "marielito" de la familia.

—Con lo dinámico y ejecutivo que es Emilio, tiene que haber insistido hasta que consiguió traerlos —afirmé.

—Él siguió moviéndose y logró una transacción comercial a través de Costa Rica. Muy propio de su temperamento tenaz. El gobierno de San José fletó a La Habana un avión cargado con llantas nuevas de vehículos, que mi tío financió, a cambio de tres permisos temporales de salida: los nuestros.

—O sea, un trueque: te canjearon por llantas.

—Sííí, un canje. ¿Te imaginas? Cada uno de nosotros valía tantas llantas. Nos dieron un permiso para salir de Cuba por unos días a Costa Rica y nunca más regresamos.

Siempre hubo entre Lily y yo una buena química. Ella recordó la impresión que le causé el día en que nos conocimos:

—Te vi tan serio, siempre tan pensativo, que me pareciste una persona de muy mal genio. El primer día, te encontré hundido en una silla. Nos presentaron, subiste la mano para saludarme, casi como haciéndome un favor. Me miraste revisándome de pies a cabeza. Ni un solo comentario. ¡Qué horror! "A éste señor no le gusté nada", me dije.

Con el tiempo, Lily Estefan llegó a convertirse en figura importante para *Sábado Gigante*, hasta el día en que nosotros mismos la empezamos a empujar para que se fuera de nuestro lado. No queríamos perderla, pero ella tenía capacidad para brillar con luz propia. Finalmente partió a conducir, junto a Raúl de Molina, un programa con noticias y chismes sobre espectáculos y sus protagonistas, *El Gordo y la Flaca*, que se transmite por la cadena Univisión.

Sus ojos se nublan al recordar que lloró una semana seguida. Sale del paso preguntándome:

—¿Te acuerdas, Mario, de la primera grabación? Hoy parecería un ensayo general. El grupito de cubanos no lográbamos entender lo que esos chilenos experimentados nos pedían. Una locura de carreras y nervios. Nadie se entendía con nadie. La gente gritaba. Llegaba el momento de grabar y faltaban cosas. Una torre de babel.

Lily toma aire y me agrega:

—No existía producción en español en Miami hasta que llegó el programa tuyo —sigue—. Yo creo que por algo la cadena se llamaba SIN. SIN producción, SIN instalaciones, SIN presupuesto, SIN facilidades...

Recordamos las "comodidades" que disfrutábamos, como el uso "democrático" de los camerinos.

—"Pongan la ropa ahí, junto a la de Don Francisco", nos indicaron esos primeros días, mostrándonos un clóset desarmado —dice—. Entonces yo me atreví a preguntar: ¿y la que traemos puesta dónde la colgamos? "No importa, no la cuelguen", me contestaron.

Vistiéndose y desvistiéndose todas y todos juntos en esos miniespacios, apretujados y apurados, ya era habitual que yo las viera semidesnudas.

—Y nosotras también a ti, pero la verdad es que no había mucho que verte —dice Lily con tono de decepción.

Reímos con ganas. Qué bueno, porque durante la conversación Lily hace un gran esfuerzo para contener las lágrimas, hasta que no puede seguir reteniéndose y deja caer una, dos, tres. A la cuarta lágrima busca un pañuelito en su bolso.

—Sabes muy bien que soy una llorona profesional —balbucea mirándome—. Es que me fue dificilísimo dejarlos, con todas las oportunidades que ustedes me dieron durante 13 años.

—¿Qué concurso recuerdas de entonces? —pregunto para romper la tensión.

—Los que hoy se verían elementales, casi sin escenografía: la carrera de bebés gateando con las mamás que querían meterse a ayudar; el de las sillas que se van sacando cuando se detiene la música para que los participantes se sienten, y queda uno afuera. La gente se entusiasmaba con los premios en dinero, ¡para qué decir cuando empezamos a regalar un automóvil!

Lily sigue recordando:

—Debido a que en cierta ocasión desaparecieron algunos billetes de la bandeja donde se exhibían, nunca más se entregó en cámara dinero de verdad, sino uno simulado que más tarde el concursante canjeaba por efectivo. Nació así el "dólar gigante", que nunca se devalúa ni gana intereses.

—Nos reíamos muchísimo las veces en que usabas palabras a las cuales los cubanos les damos otro sentido. Una tarde concursó un señor que te dijo haber corrido en su automóvil a más de 120 kilómetros por hora, para llegar a tiempo al canal, y que un policía lo multó. Y tú le preguntaste: "¿Así que usted se vino a 120 por hora?" La gente se dobló de la risa y tú frente a la cámara sin saber qué ocurría, porque para los cubanos "venirse" es eyacular.

—¿Y qué tal sentías tu relación con las demás modelos? —le pregunté.

—Éramos muy distintas entre nosotras, y eso hacía que cuajáramos bien. Acuérdate que Maty era una mezcla de hispana y americana, muy nivelada, sufrida por la pérdida de su hermana, muerta jugando a la ruleta rusa. Jacky era la más sexy, una americana completa. Y yo, la hispana, la modelo cómica, casi una caricatura. Con la llegada de Lorena, de México, y Ana, que venía de California, se equilibró más la hispanidad en el grupo.

Hizo una pausa en el relato. Con seguridad por su mente pasó un torrente de sucesos, comentarios, especulaciones. Me miró, interesada en saber mi opinión:

—No sé si tú quieres que hable de ella, Mario. O sencillamente no la menciono.

—Habla de quien quieras —respondí sin titubear.

—Sólo quiero decir —añadió— que con Ana nos hicimos muy amigas, aunque después me decepcionó. Ya sabes por qué, ¿no?

Cómo no lo iba a saber. ¿Qué puede darle a uno más rabia que una acusación que comprometa tantos aspectos de la vida, el familiar, el del trabajo, el de la relación con la gente? Parecía mentira que en esos momentos altos de mi carrera, me encontrara en una oficina de Coral Gables tratando de imaginar lo que venía, temblando por dentro de susto y rabia, ajustándome a cada rato la corbata, divisando pasar a un sujeto viejo, de pelo blanco y anteojos, que me culpa indignado con la mirada. De repente veo que cruza en la escena una cámara grabadora de televisión, de esas que se apoyan sobre el hombro, como una que tenemos en el estudio. ¿Para qué esa cámara ahí? ¿Sería capaz de mantenerme calmado, pensando en las preguntas que ese abogado me va a disparar para acosarme? ¡Qué momentos! Quizá no pueda decir que en otras ocasiones haya sido inocente como una paloma, pero acoso, nunca. Me pregunto otra vez ¿qué hace esa cámara?

La buena memoria de Lily agita nuestro ambiente privado. Aprovecho que hace una pausa, se queda muy seria, y propongo que mejor dejemos hasta aquí nuestra charla de hoy.

* * *

El recuerdo de aquella cámara sobre el hombro y la mención de Lily de los primitivos concursos, me hace revivir el hecho de que no podíamos cejar de ir siempre revitalizando con energía el programa, sacándole el jugo a la creatividad, incorporando secciones de costo bajo y poca producción. Así nació el concurso de la frase, donde el público se paraba y se sentaba ganando o perdiendo dinero; o la simple sección "Cantemos a coro", en la que, con el acompañamiento de la orquesta, el público y yo entonábamos canciones populares.

Había buen ambiente en el estudio, y nunca faltaba el matiz de algún hecho insólito. Una tarde, en plena grabación, una señora ubicada en primera fila cantaba y bailaba desde su asiento. De pronto se desmayó. La amiga que la acompañaba lanzó un grito de pánico. Otra corrió a tomarle el pulso y dijo aterrada: "Está muerta. No tiene palpitaciones". Un guardia llamó al 911, servicio de emergencia. Los paramédicos llegaron en dos minutos y desalojaron toda la gradería. Se suspendió la grabación. El estudio se transformó en clínica.

Sobre el cuerpo de la señora, postrado en una camilla, pusieron los electrodos para medir su ritmo cardiaco. Una pantalla mostraba que la línea de impulsos estaba inactiva. Los enfermeros recibían instrucciones de un doctor desde el hospital, a través de su equipo de radio. Le colocaron una mascarilla de oxígeno sobre la cara, el corazón comenzó a responder, y la línea del instrumento a subir y bajar. El médico, a lo lejos, también seguía las reacciones "en vivo y en directo", comunicándose por "radio-teléfono". El cuerpo se reactivaba, alcanzando una respiración regular. Al cabo de un minuto o minuto y medio, el indicador digital del monitor estaba en posición normal.

Nosotros, unos metros más allá, mirábamos asombrados. Esto sólo lo habíamos visto en las películas. Llevábamos recién cuatro meses y se nos moría una persona del público... pero la resucitaban. ¡Ésa sí que era prueba! A la semana siguiente, la entusiasta señora estuvo otra vez en nuestra primera fila, lista para "mover la colita". ¡Qué experiencia! Aunque el programa que estábamos haciendo era muy modesto de recursos, el mundo que nos rodeaba parecía distinto, más avanzado, y todos los días íbamos aprendiendo algo nuevo.

"A mover la colita" encontró un arrollador éxito en Miami. Poco después veríamos cómo en todo el continente lo bailaban, produciendo un vital entusiasmo colectivo.

La idea de "mover la colita" la propuso un amigo argentino, productor de televisión, quien vio algo por ahí y pensó que podía servir. Me lo explicó mientras golpeaba las manos, diciendo rítmicamente:

"Así, así, como mueve la colita, si no la mueve es que la tiene pasmadita."

Enseguida le compuse una música que a mi amigo no le gustó, aunque creo que justo en eso estuvo el golpe. Después me robaron el tema, le pusieron otra música y grabaron un disco que se vendió por todas partes.

En el curso del programa, yo entusiasmaba al público para que todos juntos "moviéramos la colita", e invitaba a los telespectadores para que lo hicieran también en sus casas. Se popularizaron harto la letra y el ritmo. Lo bailábamos cada sábado unas diez veces. En Chile nunca lo habíamos probado siquiera.

Lo cierto es que el público de Miami jamás supo que en un momento el programa había sido cancelado. Siempre nos vio en la pantalla, sin que falláramos ni una semana. En 38 años tan sólo en una ocasión falté a la cita. El programa era en vivo y había fallecido mi madre.

Mis padres

El hecho de que hoy sea animador y pertenezca al mundo del espectáculo se lo debo fundamentalmente a mi madre, Anni Blumenfeld, porque ella fue la artista de la familia, aunque el nazismo le cortó su gran aspiración: ser cantante de ópera. Había estudiado música en su pueblo natal, Breslau (hoy Broslaw, en Polonia). Era soprano lírica. Su iniciación en el arte coincidió con la prohibición de contratar judíos para esas actividades. Esa frustración hizo que intentara, de alguna manera, cumplir su deseo a través de su hijo mayor.

Dos años antes de que yo naciera, mis padres fueron obligados a salir de Alemania y tuvieron que hacerlo en forma separada. Tras la tristemente recordada "noche de cristal" en que los nazis apedrearon todas las casas y negocios de los judíos, mi madre alcanzó a huir, junto a mi abuela, en la madrugada siguiente, hacia el puerto de Hamburgo. Allí obtuvieron visas para un país lejano y desconocido llamado Chile. Mi padre, Erich, y mi tío Erwin, hermano de mi madre, no corrieron la misma suerte y cayeron prisioneros en un campo de concentración. Las dos mujeres abordaron uno de los últimos barcos que lograron salir de Hamburgo transportando refugiados, sin saber si alguna vez en la vida se irían a reencontrar con mi padre. La motonave *Copiapó* era un mercante chileno cuyo capitán se jugó entero por sacar de ese infierno de la Segunda Guerra Mundial a mucha gente que de otra manera no hubiese sobrevivido.

Otro hermano de mi mamá, mi tío Arturo, ingeniero eléctrico y también pianista que amenizaba películas mudas en dos salas de cine propiedad de mi abuelo, había sido contratado en Argentina en 1935 como técnico en radios. Fue él quien gestionó en Chile las visas para mis padres, viajando una y otra vez entre Buenos Aires y Santiago, en un tren que demoraba una eternidad en cruzar la Cordillera de Los Andes.

Primero obtuvo las visas para mi madre y mi abuela, y luego la de mi padre. Éste, al lograr salir del campo de concentración y antes de emigrar, fue hasta su antiguo barrio a dar una última mirada. Las hordas nazis habían destrozado todo en su departamento, pero el dueño del edificio, un hombre católico, lo sorprendió con un gesto de amor en medio de tanto odio: había recogido los pedazos de los muebles destrozados con hachas, pegándolos uno por uno, artesanalmente, en una muestra de que no todo en Alemania era demencia. Mi padre le agradeció emocionado y se despidió. Realizando diversos trabajos en forma clandestina, llegó a Inglaterra, donde fue acogido en un centro de refugiados. Durante casi un año intentó tomar un barco que lo llevara a Chile, hasta que se cumplió su deseo.

Durante la navegación, entre los centenares que huían, hizo amistad con un compañero de infortunio. Decidieron crear un pequeño negocio cuando llegasen a su destino. Sería en el mismo ramo de confecciones que con satisfacción mi papá había mantenido en Naisse, la antigua ciudad alemana que hoy pertenece a Polonia con el nombre de Nysa. Allí en una fiesta donde los jóvenes judíos se reunían en secreto, desafiando los riesgos de la discriminación, conoció a mi madre. "Esa joven que está sentada allá abajo, la segunda de esa mesa, será mi esposa", le vaticinó a un amigo. Y lo fue por más de cuarenta años, hasta su muerte.

Chile recibió cerca de 30 mil exiliados. Escaseaba el trabajo a tal punto, que entre los cientos de personas que a diario concurrían a la Plaza de Armas de Santiago, sitio habitual de encuentro para charlar, se escuchaba hablar más alemán que castellano. El gobierno decidió trasladar de la capital a un alto porcentaje de refugiados, distribuyéndolos por varias ciudades del sur del país.

A mis padres les correspondió Talca, una ciudad pequeña a 250 kilómetros de Santiago. Llegaron en diciembre de 1939 a recomenzar su vida, sabiendo que como todo emigrante en tierra extraña, enfrentarían momentos muy duros al encontrarse en un medio desconocido y sin hablar el idioma del lugar. Pero la libertad era preferible a cualquier cosa. En Chile se sentían libres, sin el peso de la persecución. Y la actitud solidaria y humanitaria del pueblo, que entendía que los refugiados habían sufrido sobremanera, les hizo la vida más fácil y les ayudó a integrarse.

Los primeros días vivieron en una pensión, donde debían hacer malabares para poder comunicarse con los dueños de casa, Lucía y Alejandro, que no hablaban una palabra de alemán. Mi padre tenía un pequeño diccionario alemán-castellano y lograba hacerse entender, al menos en las cosas básicas. Pero, por sobre todo, papá y mamá sentían que esta pareja quería ayudarlos y hacerlos olvidar los horrores de la guerra que aún no cesaba en Europa. Doña Lucía los invitaba los fines de semana a tomar té, a media tarde, y para amenizar un poco este encuentro cantaba temas tradicionales acompañándose con su guitarra. A modo de reciprocidad, mi mamá le respondía entonado *a capella* canciones líricas en alemán. Esto llamaba la atención de los vecinos, que escuchaban los cantos y se acercaban a disfrutar de esos improvisados *shows* a la hora de onces, como conocieron que se llamaba esa vieja usanza en Chile para tomar té alrededor de las cinco de la tarde.

Mi papá muchas veces me dijo que a él esto le resultaba un cambio increíble. Llegó a considerar que Talca era "lo más cercano al paraíso", como haber pasado del odio al amor. Sentían a su alrededor el afecto de la comunidad. Doña Lucía y don Alejandro, lejos de aprovecharse económicamente, se preocupaban mucho de sus pensionistas extranjeros, que todavía saltaban de temor cuando se autogolpeaba muy fuerte una puerta, por efecto del viento, o al escuchar desde la calle el estampido de un tubo de escape de un camión. Incluso, ayudaron a mis padres a buscar una casa para instalarse y se responsabilizaron por la garantía del alquiler, pues los nuevos inquilinos no tenían dinero para esos efectos.

En general, en Talca se brindó mucho apoyo a los extranjeros refugiados. También hubo solidaridad de parte de la colonia judía local. Mi padre empezó a trabajar con su amigo del barco y a asentar las bases para inaugurar esa pequeña tienda de ropa que se llamó *Americantex*. Mi papá sólo era vendedor, nada sabía sobre confección de trajes, pero el socio algo conocía de sastrería.

Papá y mamá llegaron a sentirse tan a gusto que pensaron en algo que nunca antes habían tratado: tener un hijo. Fue así como "me mandaron a hacer" rápidamente y nací en Talca el 28 de diciembre de 1940. Mi madre, que recién aprendía sus primeras palabras en español, pidió que en la maternidad del hospital pusieran a su lado una enfermera que hablara alemán. Cómo iba a imaginar que la mujer que llegó para auxiliarla fuera una fanática simpatizante nazi que intentaría liquidarme, quizá como su contribución a la causa antisemita. La fría mañana de mi nacimiento me sacó de la pieza y me dejó abandonado en un helado pasillo, al aire libre. Cuando mi papá se percató de que su hijo no estaba donde debía estar, se hizo entender a través de señas y gestos, salvándome la vida.

Después de tres años, los socios en la confección de ropa resolvieron separarse, debido a que su actividad no prosperaba lo suficiente. Casi al cuarto año de estar en Talca, mi padre decidió que emigráramos a Santiago, desafiando la olvidada reglamentación de no salir de la ciudad. Pero él quería buscar mejores oportunidades para su emergente negocio. Así llegamos a la capital, al modesto barrio de la calle Tocornal con Diez de Julio, uno de los más antiguos. Arrendamos un par de piezas en un segundo piso. Mi papá se instaló por cuenta propia y él mismo comenzó a cortar sacos y pantalones, que luego mandaba a coser. Le quedaban pésimo. Hacía muy estrechas las mangas y a veces los brazos no cabían. ¡Qué diablos! Pero así era la cosa. ¡Con tal que no le faltaran o sobraran piernas!

Durante mis primeros años, mientras papá y mamá trabajaban, fue la vieja querendona de mi abuela quien me cuidó en casa, como sólo las abuelas saben hacerlo con quienes son su segunda reencarnación. Ella tampoco hablaba español, por eso mi lengua inicial fue el alemán.[6] Recién aprendí el español cuando fui a la escuela, época que coincide con el nacimiento de mi hermano René.

Nuestra vida, muy sencilla, la recuerdo como hermosa y grata, a pesar de que vivíamos en barrios y casas modestos. Mis padres hacían muy buena combinación: ella, artista innata, extrovertida, aficionada a pasarlo bien; él, deportista, ex campeón aficionado de boxeo en su tierra natal, de carácter introvertido, enérgico, meditativo y de gran apego al trabajo. Con los años, advierto que yo heredé un poco de ambos.

Mis padres hacían cualquier esfuerzo para que mi hermano y yo estuviéramos bien y disfrutásemos nuestra niñez. Por lo demás, con René siempre fuimos muy fraternos. Compartíamos los juguetes y los regalos de *Chanuka*, la pascua judía que más o menos coincide con la Navidad. Como esta fecha era celebrada por todo nuestro entorno, nosotros felices de "agarrar" regalos por los dos lados.

En Europa la guerra terminaba. En la escuela me comportaba como un niño muy tímido. Había ingresado al Instituto Hebreo, recién creado en Santiago, pero estuve sólo un año, pues ahí sufrí el gran estrés de mi vida. Por ser zurdo, una profesora torpe me amarraba la mano izquierda para obligarme a usar la derecha. Mis padres decidieron cambiarme e ingresé a un liceo público.

Al cumplir ocho años recibí el primer regalo importante: una bicicleta. Para mi padre, comprarla tiene que haber sido un gran esfuerzo, pues su condición económica era aún muy precaria. Y precisamente porque yo no desconocía nuestra situación, la sorpresa fue inmensa cuando me reveló lo que pensaba regalarme.

No cabía en mí de felicidad. Un cosquilleo me recorrió todo el cuerpo. Me imaginé montado en una hermosa bicicleta, mientras todos me miraban recorrer las calles del barrio. Sentí orgullo al saber que iba a tener una bicicleta propia para trasladarme de un lado a otro y pasear.

—Vamos, acompáñame a buscarla —me invitó mi papá, observando la felicidad inocultable en mi rostro. No había terminado de decírmelo y yo ya estaba listo para salir. No fuera a ser cosa que se arrepintiera.

Fuimos en tranvía hasta un viejo taller de bicicletas, a unas 30 cuadras de la casa. Mi padre la tenía reservada y medio pagada, pero igual me preguntó si me gustaba la que había reservado.

---

[6] Yo sigo hasta el día de hoy hablando el alemán, aunque admito que he perdido la práctica. Al radicar en Estados Unidos me vi precisado a mejorar mi inglés. He olvidado parte del vocabulario alemán, pero he enriquecido mi vocabulario anglo. Dominar el alemán me sirvió mucho en mis comienzos en la televisión chilena, donde pocos eran bilingües. Y esta característica me ayudó a aprender otras lenguas con cierta facilidad.

—¿O prefieres otra?

¡No podía creerlo cuando el dueño del taller la acercó para que yo la recibiera! Nunca había pasado por un momento así. Sentía que la vida se dividía en dos épocas: antes y después de ese instante. Me invadía una mezcla de alegría, impaciencia y profundo agradecimiento. Tenía en mis manos lo que siempre había deseado. La miré detalladamente 20 veces en 10 segundos. Era una bicicleta sólida, de color azul, buenas llantas. Ninguna importancia que fuese de segunda mano. La encontré hermosa.

—No, papá... ésta, ésta —le respondí todo nervioso por la emoción, sin poder terminar la frase. Y sin poder contenerme, me acerqué a darle un abrazo—. ¡Muchas gracias, papá! —le dije, pero no fue un "gracias" más. Era un "gracias" desde lo más profundo del corazón de un niño que se sentía en el día más increíble de su vida.

Regresamos a pie, empujando la bicicleta, ya que no podíamos subirla al tranvía. Fuimos caminando por las 30 calles hasta la casa, contentos los dos, orgullosos, conversando. ¡Qué gusto mostrársela a mamá!, aunque ella anduvo reprochando a mi padre por hacerme caminar tanto y me preguntó si no estaba agotado por la caminata.

¿Yo? ¿Ese día? No había una sola célula en mi cuerpo que reclamara descanso. Todas estaban fascinadas con el regalazo. Dudo que en mi infancia, que fue muy feliz, haya tenido un día más luminoso.

Mi papá dedicaba los fines de semana a darnos a mi hermano y a mí lecciones prácticas de amor por la tierra y el deporte. Nos enseñaba a boxear, la pasión de su juventud. En un pequeño *ring* nos instruía sobre cómo defendernos. Y cuando vivimos en una casa más grande, cultivamos una pequeña chacra y construimos un gallinero para tener huevos frescos.

Mi mamá estaba en otra. A ella le preocupaban los muebles de la sala, deseaba una linda alfombra y un buen piano donde pudiera tocar. Quizá por su frustración artística, hizo que yo estudiase cuanto instrumento musical existía. No aprendí ninguno. La verdad es que tenía cierta inclinación musical, pero escasos talentos manuales.

Cuando tuve la edad suficiente, mi madre se las ingenió para conseguirme una beca en el Conservatorio Nacional de Música, alentándome a cantar e incitándome también a la actuación. A los diez años, con la voz finita y aguda de un niño, yo cantaba en la escuela hermosas canciones tradicionales chilenas:

—Allá en la parva de paja, ¡ay!...

—¡Maricón! —me gritaron más de una vez los compañeros de cursos superiores.

Alcancé a hacerlo tres veces. Nunca más canté.

A papá le iba mejor con su taller de confecciones y nos comenzó a sonreír la vida. Nos mudamos de casa y por 1949 él llegó un día con su primer automóvil. ¡Qué contentos nos sentíamos! Era un Ford 42, gracias al cual ya no tendríamos que usar el tranvía. Desde entonces salíamos a almorzar a un restaurante algunos domingos y en verano los fines ·de semana hasta podíamos ir a la playa.

En esta etapa mi mamá se dedicó por entero a sus hijos. Ya no necesitaba ayudarle a papá en el taller. Nunca olvidaré cuando se acostaba en un colchón en el suelo, junto a mi cama, la vez que enfermé de tifus. Todavía no existían los antibióticos y el método de curación era a través de la sulfa. Fueron muchas noches sin dormir, velando por su hijo, sin dejar que el cansancio y el insomnio la afectaran. Cuando salí de ésa, me encontraron una sombra en el pulmón y bajé muchísimo de peso. Para que me recuperara, mi madre me llevó unos días al recinto cordillerano de San Alfonso, próximo a Santiago, donde muchísima gente iba a convalecer de enfermedades broncopulmonares.

En 1952 salimos por primera vez de vacaciones. Recién había cumplido 11 años y partimos en tren al balneario de Llolleo, a una residencial. Fue todo un acontecimiento llegar hasta ese pequeño sector costero, próximo a Santiago. Con mi papá íbamos todas las mañanas a mirar el paso del tren a la estación, y yo observaba extasiado los malabares que debía hacer el maquinista para dejar una inmensa argolla de cuero colgando de un poste y, metros más allá, sacar otra en cuyo interior estaba la llave que le significaba "vía libre" al tren.

Éramos lo que se podía llamar una familia tradicional, afiatada en lo espiritual y progresando en lo material. Siempre comíamos juntos. Mi hermano y yo participábamos en todas las actividades de la casa, preguntábamos, opinábamos, lo que nos permitió adquirir cierto desplante en las conversaciones. Esto me proyectó y siempre quise tener un núcleo familiar como ése. Me infundieron mucha disciplina, pero al mismo tiempo me dieron espacio para los juegos, para los sueños. El hogar se manejaba como se manejan casi todos los hogares hasta el día de hoy: se hacía lo que mi padre decía... si es que mi mamá quería.

Desde niño mi papá me contó muchas anécdotas de su vida, no sólo las alegres y fiesteras, sino también algunas tristes. Siempre me conmovieron las viscisitudes que papá y mamá vivieron en Alemania.

Por fortuna, en Chile casi no se producían situaciones racistas. Yo me pude integrar sin problemas a todas las actividades. Participaba en un club de fútbol, jugaba con mis vecinos. Los ciudadanos teníamos todos los mismos derechos y la vida era bastante igualitaria. Durante la Segunda Guerra Mundial, el país se había dividido casi por partes iguales entre quienes apoyaban al Eje y quienes simpatizaban con los Aliados. Como a todas partes, había llegado al país mucha publicidad antisemita, y eso originó que me ocurrieran algunos hechos desagradables que me marcaron. Yo vivía feliz y contento, pero esas pocas situaciones discriminatorias contribuyeron a moldear mi personalidad.

La primera se produjo una vez que acompañaba a mi papá a dejar ropa donde las pantaloneras, en las poblaciones que circundan Santiago. Pasábamos frente a un templo evangélico que instalaba parlantes hacia la calle. Yo tenía alrededor de nueve años y escuché parte del sermón sobre "el momento en que los judíos mataron a Cristo". Me llegó el mensaje, me conmovió lo que se decía. Era como si yo tuviera la culpa. Tragué saliva y no dije nada.

De esa manera empecé a registrar una serie de situaciones que me indignaban, me echaban un peso en los hombros. ¿Era tan malo ser judío?

Una vez en la escuela, me tocó compartir poco a poco un trabajo manual con un compañero que contaba con menos recursos para comprar materiales. Los compré yo y el trabajo lo hicimos juntos. Él mostraba muchas condiciones para el dibujo y el diseño, así es que la tarea se nos hizo fácil. De repente, por cosas de niños, discutimos en clases a quién le pertenecían el cartón y el papel. Vino la profesora, cada uno le contó su versión, ella sacó de su cartera dos o tres monedas y me las arrojó.

—Ahí está la parte que falta para devolverte —dijo—. Después de todo lo que ha hecho este otro niño. ¡Ustedes los judíos son siempre así!

La actitud de esa maestra me hizo perder seguridad.

Cierta mañana llegué a una peluquería del barrio donde vivíamos. El peluquero era pronazi. Mientras me atendía, conversaba con el cliente que esperaba turno y le comentaba que los judíos eran gente "física y espiritualmente dañada". Con mis 12 años recién cumplidos, no pude aguantarme y le dije:

—Señor, me está ofendiendo.

Se negó a seguir atendiéndome y me echó de la peluquería.

A estas alturas yo me decía para mis adentros: "¿Por qué vine a nacer yo judío, si parece que son unos hombres tan perversos?"

Durante mucho tiempo, cada vez que pasaba frente a aquella peluquería, solía pararme en la puerta y gritar cuatro o cinco majaderías de niño. Cuando los garabatos comenzaron a ser más gruesos, el viejo peluquero veía que me aproximaba a su salón y se escondía de inmediato. Me tenía terror. Lo cierto es que estas cosas jamás las pude olvidar. Yo iba a clase de religión judía y nunca me atreví a contárselas al rabino. La timidez de mi etapa preadolescente se intensificó.

Pero había otros aspectos de la vida, en el colegio o fuera de él, que me ayudaban y me hacían sentir bien. El *Bar-Mitzva*, por ejemplo, que podía ser como la primera comunión de los católicos. En la tradición judía es el reconocimiento de la adultez, a los 13 años, con todos los derechos frente a Dios. Al terminar aquella ceremonia en la sinagoga, recibí un regalo de mis padres: ¡mi primer reloj! Importante. Tener reloj otorgaba estatus. Hoy, al que pregunta la hora le regalan un reloj.

De esos momentos claves en la adolescencia, hay uno que siempre recuerdo con especial estremecimiento que me provoca sensaciones encontradas. No podría ser de otra manera, ya que fue como el milagro, la fuerza que emana de la debilidad, la varilla mágica de un hada. El impacto más fuerte de mi vida que me remeció y marcó para siempre. Sus consecuencias provocaron un giro de 180 grados en mi carácter, en mi desenvolvimiento frente a los demás. Salí de esa situación como un Mario Kreutzberger muy distinto y, además, determinó mi entrada en el mundo del espectáculo. Nada menos que un cambio de destino.

Tenía 14 años. Cursaba el cuarto de secundaria y una de esas tardes en que se aglomeran las nubes y hacen presagiar lluvias maléficas, salí del Liceo de Ñuñoa con una sensación de incomodidad en el alma, como temiendo algo malo, sin saber qué. En la vereda de enfrente, estaban como siempre los "caseros" que vendían pasteles, caramelos, camotillos, maní, manzanas y otras frutas. Iba a cruzar la calle, palpando las monedas que llevaba en el bolsillo, cuando varios muchachos más grandes, de último curso, hicieron un círculo a mi alrededor y empezaron a hostilizarme. Primero me hacían burlas. "A ver, poco hombre, defiéndete", y me daban un bofetón en la boca. Me sentía dentro de una pesadilla. No sabía de qué podía tratarse todo eso. La tarde venía cayendo de un gris negro y de pronto sentí miedo. Un miedo asfixiante, químicamente puro. Quizá de lo desconocido, de lo absurdo, de las posibilidades que tiene la maldad. Entre dos, me quitaron el bolso con mis cuadernos y libros. Traté de impedirlo, pero uno de ellos, un flaco largo al que le decían "Tecla", me lanzó una patada justo ahí, entre las piernas, y recuerdo que lancé un grito y eché maldiciones que se llevó el viento que empezaba a soplar. A golpes y empujones me fui al suelo. Sentí un azote de patadas en todo el cuerpo. Uno que pude ver bien quién era se montó sobre mí y me hizo saltar varios botones de la camisa de un tirón muy violento.

—¿Así es que eres judío? Ya vas a ver —me gritó otro, mientras sentí que me arrancaban el cabello.

Sumido en las tinieblas, se me hizo un poco de luz y entendí de qué podría tratarse el asunto. La Segunda Guerra Mundial había terminado, pero quedaban dispersos algunos grupos juveniles pronazis, como seguramente ocurría en muchas otras partes. Se me salía el corazón de susto. Sentí náuseas y tuve que hacer un gran esfuerzo para no largar el vómito encima de uno de mis atacantes, lo que de seguro habría empeorado las cosas.

Nadie me ayudó. Era como si no estuviera pasando nada. O como si todos los que miraban estaban de acuerdo con los golpes, insultos y humillaciones. Un rato después, los rufianes se alejaron entre burlas y carcajadas. Quedé solo, tirado sobre la tierra. Logré sentarme. De la nariz me brotaba la sangre a borbotones. Me pasé una mano por los labios, y también quedó manchada de sangre. Llorando todavía, me puse de pie y limpié mi ropa como pude. El pantalón se había rasgado a la altura de la rodilla. Mis cuadernos habían quedado dispersos en el suelo, sucios, llenos de polvo, arrugados. ¿Qué mundo era éste? No me explicaba la razón de esa golpiza. Me pegaron entre varios, no pude defenderme y nadie salió en mi defensa.

Entre sollozos que intentaba controlar, caminé de regreso a casa, humillado, con el cuerpo y el alma adoloridos, choqueado profundamente por los minutos traumatizantes que me había tocado padecer.

Sin decir palabra, entré a mi hogar, con el miedo todavía comiéndose mis nervios. Nada dije a mis padres. Pasé directo al baño a lavarme y tratar de cubrir las magulladuras. Esa noche, llorando de impotencia y rabia, no logré dormir. A la mañana siguiente, como todos los días, salí hacia el colegio, pero no llegué a clases. Deambulé. Me puse a vagar por las calles adyacentes a la plaza Ñuñoa y terminé en el parque donde iban los alumnos que hacían la "cimarra", como llamaban al hecho de faltar a la escuela sin permiso. A la hora que correspondía el término de clases, regresé a casa.

Seguí haciendo lo mismo toda la semana, saliendo en las mañanas como que asistía a clases... Hasta que un día, al abrir la puerta para salir, me encontré cara a cara con el rector del colegio, que me esperaba apoyado en su "miniauto" de tres ruedas. ¡Qué miedo! Vestía su clásico traje gris con chaleco, y al verlo temí lo peor. Pero "El Pirata", como lo apodábamos por tener un ojo más pequeño que el otro, que sabía muy bien que su presencia me iba a atemorizar, hizo un gesto tranquilizador con la mano.

—Mario, no temas —dijo con tono suave—. No vengo a hablar con tus padres. Quiero hablar sólo contigo.

Lo sentí afectuoso. Hasta le vi una leve sonrisa amable, algo que jamás nadie le había visto cuando se paseaba por los patios y pasillos del colegio. Me acerqué a él, siempre asustado, y lo saludé.

—Ven —me dijo—. Conversemos. Sé que tuviste un problema con algunos alumnos mayores. ¿Sabes por qué no he venido a hablar con tus padres? Porque se trata de un problema que tú tienes que solucionar. Nadie puede hacerlo por ti. Eres tú quien debe tomar la decisión de sobreponerse a una dificultad de ese calibre.

Yo lo escuchaba atento y nervioso.

—Sé que es injusto lo que te hicieron esos muchachos. Pero quiero que sepas que yo te apoyo. Si quieres salir adelante, lo vas a lograr y yo te puedo ayudar. Si deseas volver a clases mañana, hazlo. Si no quieres ir, no vayas. Decídelo tú.

Me parecía increíble que el "viejo" hubiera llegado hasta la puerta de mi casa para hablarme así. No atiné a decirle palabra. Él dejó de hablar esperando quizá mi reacción, que le dijese algo frente a su propuesta. Pero no pude y él tampoco me lo exigió. Un minuto después se despidió, subió a su vehículo tan especial y agitó la mano en un gesto cálido de adiós o hasta pronto, no sé. Puso en marcha el motor y desapareció al virar en la esquina.

Me quedé unos minutos repasando los hechos, comencé a caminar lento y casi llorando decidí irme otra vez a la plaza. Después de la conmoción y la frustración provocadas por aquella golpiza, recibía el apoyo de la máxima autoridad del colegio, con quien nunca antes había cruzado palabra. ¡Extraordinario! ¡Qué importante me sentía!

El consejo del principal me dejó más pensativo aún. ¿Dónde quedaba todo lo que había meditado en esos días? ¿De qué me servía seguir asistiendo al colegio? ¿Sería que los estudiantes no me querían o sólo era un grupo? Por la noche otra vez pasé largas horas despierto. Pero a la mañana siguiente, como por arte de magia, me levanté con bríos y con una decisión tomada. Se había encendido una chispa en mi mente. Me sentía tan bien que al salir a la calle tuve la impresión de que el sol iluminaba más, que los colores eran más fuertes y que una banda de músicos iba tras de mí, acompañándome. Hasta me sentía más grande.

Fui a clases. Entré al aula y al cruzar miradas con mis compañeros, me noté dueño de una firme seguridad. Nadie mencionó palabra de lo sucedido. Me hablaron poco y como si nada hubiera ocurrido, lo que resultó beneficioso para mí. Sin siquiera saberlo iniciaba una nueva y trascendental etapa en mi vida.

Decidí sobreponerme y mi personalidad dejó de ser opaca. Empecé a responder cuanta broma me hacían. Contaba chistes que a todos les parecían divertidos y reían. Antes también se me ocurrían chistes, pero no me atrevía a contarlos por "corto de genio". Ahora la cosa era diferente.

A los pocos días, un muchacho de origen alemán, compañero de curso que en ocasiones me molestaba y al que temía un poco porque era más alto, me dijo en tono burlón:

—Así es que te pegaron y casi te matan.

Le contesté en alemán, soltándole todas las groserías que recordaba, algo que nunca antes me habría atrevido a hacer. Y al final le agregué:

—Tienes razón, pero tú no eres capaz de pegarme solo.

—¿Que no? ¡Te mato! —afirmó, acercándose.

—Inténtalo. Te espero afuera —contesté.

Nos citamos en la calle al finalizar las clases, como se acostumbraba. El anuncio de que iba a haber pelea se esparció entre el alumnado y cuando nos enfrentamos, decenas de compañeros nos rodeaban, gritando a favor de uno o de otro. Esta vez el resultado de la pelea fue diferente. No sólo le pegué como me había enseñado mi papá, rompiéndole la cara, las cejas y los labios, hasta que sus dientes chasquearon en la mandíbula, sino que aproveché también de darle unos cuantos puntapiés con mis duras botas engrasadas, hasta verlo en el suelo derrotado. Él me miraba incrédulo, con los ojos cada vez más abiertos. Estaba hecho pedazos y sin entender qué había ocurrido.

Ese combate reforzó mi autoestima y elevó mi imagen ante los compañeros, ayudando a transformarme al poco tiempo en un líder del curso, condición que ostenté unas semanas después de pelear con otro niño por el amor de Sonia, una chica del colegio vecino. Diría que gané por muerte. Ya todo el alumnado del liceo comentaba mis hazañas y los grandotes que me habían propinado la primera paliza, se cruzaban ahora conmigo y bajaban la mirada.

Me había convertido en "héroe" y también en el cómico que a todos hacía reír con mil chistes y bromas. Unos meses antes de concluir el periodo me eligieron presidente de curso, y al año siguiente, presidente de todos los alumnos del colegio. En esta condición realicé cuanta actividad artística y recreativa se podía. Colaboré con entusiasmo en el arreglo de canchas y patios. Comencé a actuar en parodias humorísticas sobre el escenario, con muy buen resultado. Al final del año me entregaron la más grande condecoración que he recibido en mi vida y hasta hoy la recuerdo con orgullo: fui designado Mejor Compañero. Premio: un clásico de la literatura chilena *Subterra, Subsole*, de Baldomero Lillo.

De ahí en adelante todo cambió para mí. Empecé a considerar la posibilidad de dedicarme al escenario como afición. Por lo demás, sentía poca inclinación por los estudios y no quería saber nada de estambres, pistilos, ni de química. Aseguraba que lo que me estaban enseñando nunca me iba a servir en la vida. Pensé que mi camino sería otro. Le pedí frontalmente a mis padres que me sacaran del colegio. A regañadientes aceptaron, haciéndome prometer que después de vacaciones ingresaría a un curso vespertino de contabilidad.

Lo cumplí y a los 16 años comencé a trabajar junto a mi padre, con mucho entusiasmo, aunque al poco tiempo me di cuenta de que me estaba faltando algo que en el colegio tenía: alguna actividad arriba del escenario. Entonces decidí estudiar teatro en el Club Maccabi. Mi papá me reprendía al verme dormir poco, pues los ensayos eran hasta tarde y tenía que levantarme temprano para estar en el taller de ropa. Mi mamá me daba ánimos para seguir en lo artístico. Fui ganando posiciones en el grupo de teatro, convirtiéndome en una pequeña estrella del humor. Estudié cinco años, con un solo intervalo, cuando viajé para aprender diseño de trajes en Nueva York.

Hugo Miller, mi profesor de arte dramático, me proporcionó siempre sabias lecciones. El primer día me pidió que subiera al escenario y me sentara allí sin hacer nada, siendo observado durante un minuto por los compañeros. Bajé y pasándome un libro, me indicó ahora que subiera otra vez, que acercara una silla a la mesa, abriera el libro y leyera en voz alta la página 37 durante un minuto. Y que a continuación me pusiera de pie, ordenara la silla y bajara del proscenio.

Al concluir la escena me preguntó:

—¿En qué momento te sentiste mejor?

—La segunda vez, por supuesto —respondí.

—Ésa es tu primera lección. Nunca subas al escenario sin saber qué vas a hacer, cómo empezar, cómo te vas a desarrollar y cómo vas a terminar.

Esto me ha servido siempre, tanto en mi actividad artística como en la vida. Cada vez que tengo que enfrentar algo importante, me preparo, no improviso. En el programa, sé lo que voy hacer al comienzo y al final. Claro, entremedio muchas veces juego, improvisando.

Miller impartía sus recomendaciones siguiendo el método del famoso director de teatro Stanislavsky y eso me proporcionó las bases que me permitieron ser polifacético en la animación: contar chistes, bailar, actuar y, a veces, hasta cantar. Reafirmé la idea que tenía sobre lo que debía ser un animador, y que había aprendido asistiendo a las actuaciones anuales que realizaban los artesanos judío-alemanes en el teatro Marconi de Santiago, donde había siempre un animador que hacía de todo un poco, repitiendo la fórmula de los espectáculos europeos de antes de la guerra.

Cuando estaba por cumplir los 17 años, mis padres viajaron a conocer Buenos Aires y me dejaron a cargo de la fábrica/taller. Era un alto honor y me sentí con una gran responsabilidad. Pero ocurrió algo terrible: se incendió parte de la fábrica. ¡Impresionante! Me propuse superar la situación sin avisarles a ellos, para no afectarles el paseo. Cumplí con una serie de diligencias complicadas para mi edad, cobré el seguro, arreglé el local y seguimos trabajando, como si nada hubiese ocurrido.

Un par de años después de ese evento bastante traumático, mi padre consideró que yo estaba preparado para ir a Nueva York a estudiar y prepararme para ser técnico de nuestra pequeña industria, que se veía repotenciada con mis nuevos conocimientos. Es decir, tendría una verdadera profesión y, lo más importante, que siempre quieren los padres, un cartón con el título que la respaldara. Al principio me asustó la idea. Luego me produjo excitación, considerando que sería una aventura a mis 19 años. Mi novia me esperaba y a mí se me abriría el mundo.

Antes de viajar tomé unas clases rápidas de inglés, que no me sirvieron mucho. De eso me di cuenta apenas bajé en el aeropuerto Idlewild (así se llamaba el actual aeropuerto John F. Kennedy). Si no es por el papelito donde mi papá escribió la dirección del hotel, con el inglés que yo manejaba me pudieron haber llevado a Australia.

Una fría mañana de enero, 1960, llegué al antiguo hotel *Stanford*, en el centro de Manhattan, calle 32 y Broadway, cargando una maleta —ya entonces no era original la frase, pero sí la pura verdad— y un bolso imaginario lleno de ilusiones.

Era un buen desafío: vivir solo, a esa edad. Toda mi vida había vivido con mis padres, y ni siquiera me imaginaba cómo me las iba arreglar para la comida, transporte, lavado de ropa, estudios. Lo único claro era que me hospedaría en ese hotel. Y que tenía que manejármelas con la modesta suma de 100 dólares semanales, que debía alcanzar para todo.

Un viejo portero del hotel salió a mi encuentro para cargar el equipaje y llevarlo a un destartalado ascensor, mientras yo me registraba.

—Séptimo piso, joven, pieza 702 —me dijo en un español medio agringado el recepcionista, pasándome la llave.

No tardé mucho en recorrer con la mirada la pequeña habitación que por 32 dólares a la semana, iba a ser "mi casa" por bastante tiempo. Me encontré con una cama tamaño estándar, un velador y una mesita, junto al calentador eléctrico; debajo de ella, un refrigerador. Al fondo, la puerta entreabierta dejaba ver la ducha de un diminuto baño.

Lo que no cuadraba con el mobiliario era esa antigua y enorme radio, con una especie de ventana al medio, un gran vidrio negro. Me acerqué curioso, y advertí que al costado, sobre un paño de aluminio, había dos perillas grandes y varios botones. Hice girar, con cierto temor, una de las perillas, como si se tratara de algo prohibido. Durante un minuto escuché un desagradable chirrido. Para mi sorpresa, el vidrio empezó a aclararse, el chirrido desapareció y yo, sin poder darle crédito a mis sentidos, comencé a escuchar cosas claras y a ver imágenes al mismo tiempo.

Estaba absolutamente deslumbrado. Moví la otra perilla y apareció una película distinta, con otro sonido. La giré de nuevo, y la misma cosa. ¿Sería esto a lo que se referían mis compañeros de curso cuando hablaban de un nuevo sistema? ¿Cine a domicilio? ¿Una radio para ver? Estas interrogantes pueden resultar hoy algo estúpidas, pero enfrentarse por primera vez a un televisor —la imagen metida ahí mismo, en la intimidad de la pieza— fue una experiencia sorprendente y deslumbrante. Algo así como pisar otro planeta. No me lo pude explicar de inmediato, pero puedo decir, con total franqueza, que se trató de amor a primera vista.

Sin quitar los ojos de la pantalla, dije en voz alta unas palabras que recuerdo en tono más o menos solemne:

—Papá, estás equivocado. Éste es el futuro. ¡Qué es eso de técnico modelista! ¡Qué es eso de hacer ropa! El futuro es esta caja mágica.

Yo, que gracias a mis actuaciones en el colegio y en el Club Maccabi ya sabía lo que era el aplauso, pensé con entusiasmo que no sólo era el futuro: además me gustaba.

La "tele" pasó a ser mi gran compañera. Primero, para aprender inglés y, después, para sacar ideas y llevarlas más adelante a las veladas artísticas del Maccabi. Capté que ahí estaba el porvenir del entretenimiento. Otro mundo, sin duda, en el que me gustaría mucho participar. No sabía cómo ni cuándo, pero alguna vez lo intentaría.

Pocas semanas después me informé de que toda esta tecnología de la televisión se desarrollaba a pasos agigantados, a tal punto que habían aparecido nuevos aparatos, bastante caros, que transmitían ¡increíble! a color.

Mi permanencia en Nueva York siempre me deparó buenas sorpresas, aunque al principio también ciertos temores. Era la "ciudad de conquistas", el símbolo vertical de lo moderno. El siglo XX mismo. Una escuela de vida donde se aprendía a circular bajo el acecho de la violencia pero que daba, además, lecciones muy positivas. Aprendí, por ejemplo, que la vida no era como yo la conocía en mi país. Acá la gente respetaba mucho la ley y ésta se aplicaba. Donde decía "no entrar", nadie entraba; si se abría a las ocho y se cerraba a las cinco, quería decir que a las ocho en punto se abría y que exactamente a las cinco se cerraba.

Así pasé casi dos años. Cuando llegó el momento de regresar a Santiago, lo hice llevando un título bajo el brazo, cumpliendo el anhelo de mi padre y, además, una pantalla de televisor en el corazón. Pero no era lo único que llevaba en el corazón. La verdad es que llegué a casa no sólo pensando en esa caja animada que tanto me deslumbró, sino también con decisión de casarme.

El matrimonio no alteró en absoluto la muy buena relación que siempre tuve con mis padres. En un comienzo, Temy y yo vivimos en el mismo edificio de ellos, en un departamento más pequeño, de dos habitaciones. Por lo tanto, estábamos cerca en todo momento, quizá demasiado para mi señora que, como recién casada, no asimilaba bien el hecho de estar en forma constante bajo la mirada atenta de su suegra.

Muchas veces esto lo echamos a la broma. Nos reíamos y yo les hacía a ambas el chiste de siempre, diciendo que mamá se refería a Temy como "nuera", porque "n'uera lo que quería para mi hijo".

En esos momentos de 1962, Chile tenía el compromiso de organizar el Campeonato Mundial de Fútbol. Tremendo honor para un país pequeño, tan lejano en el mapa. Se hizo un esfuerzo con mucho entusiasmo para cumplir tamaño acuerdo internacional. La televisión, aún en fase experimental para nosotros, se estaba alistando para su primer gran desafío y trajo del exterior, en préstamo, mucha maquinaria y aparatos técnicos para la transmisión de los partidos.

El Estadio Nacional se había ampliado a una capacidad de 100 mil espectadores sentados, pero eso no daría abasto para el interés de la afición. Las tiendas comenzaron a vender, por primera vez, televisores por miles. La gen-

101

te echó mano de sus ahorros y se dedicó a comprar el atrayente aparato. Por gran parte de Santiago se veían antenas sobre los techos de casas y edificios. Todo restaurante de prestigio instaló un televisor para atraer al público que no lograría entrar al estadio. También las cafeterías y los bares. Otros locales pusieron sus nuevos artefactos en vitrinas, donde la gente se arremolinaba para ver los partidos.

Con la llegada de la TV como resultado del torneo mundial (en el que Chile conquistó un histórico tercer lugar), empezó también mi afán por trabajar en televisión. Un día, un compañero del grupo de teatro del Club Maccabi me invitó a que lo acompañara como panelista al programa *Sala de Jurados*, en el cual se discutiría sobre boxeo. Entusiasmado integré el equipo defensor de ese deporte, que me gustaba desde pequeño.

Me maravilló estar en una sala donde se transmitía televisión. ¡Esto sí que era novedoso! Me sentía bien ahí, como si hubiera nacido para eso. Estaba loco de gusto. De regreso a casa se lo comenté a mis padres y a Temy. Mi papá casi se vuelve loco también pero no de gusto: de enojo. No podía imaginar a un hijo suyo dedicado a la televisión. Él me había mandado a Nueva York a estudiar otra cosa. Resultaba un fracaso para sus aspiraciones. Yo lo comprendía, pero en silencio, con el apoyo de mi madre y de Temy, comencé a buscar la forma de ingresar a la "tele".

Hice una antesala de un año en Canal 13, hasta que logré la pequeña oportunidad. Sin embargo, mi padre me reclamaba que era más el dinero que dejaba de ganar en la fábrica, que el que ganaba en televisión. Decidí cumplir un turno doble para poder satisfacer los anhelos de mi papá y hacer a la vez lo que me gustaba: en el taller de 8 de la mañana a 6 de la tarde, pero entre la 1 y las 4 me iba al canal. Y después de las 6, regresaba otra vez para quedarme hasta las 2 o 3 de la madrugada.

Poco a poco —dividido en mis dos trabajos—, con el paso de los años me fueron dando más posibilidades en el canal y fui avanzando. A pesar de la prohibición que existía para los comerciales, me las ingeniaba para pasar algunos avisos escondidos. Hasta que la norma se fue flexibilizando y se permitió la publicidad indirecta. Se ponía un cartel diciendo: "Esta hora llega a ustedes por la gentileza de..."

Sin embargo, el proceso era lento. El "negocio" de la televisión se estancaba en lo que a ingresos se refiere. Tenía claro que había que hacer algo más. Al menos, crecer en nuestro taller, pensé. Conversé con mi padre y con mi hermano y solicitamos un crédito bancario con el que pudimos levantar una fábrica como siempre la habíamos soñado: con salas de corte, ubicación de la maquinaria conforme a la línea de producción, bodegas... Estábamos dichosos. Llegamos a dar trabajo a 120 operarios, elaborando confecciones para nuestra marca Crosston Clothes.

En 1968 el país comenzó a sumergirse en una honda crisis económica que se agudizó en los años siguientes. Las industrias vivían en la zozobra de que en cualquier momento los trabajadores podían ocupar las instalaciones, o de que éstas fuesen estatizadas. En 1970 asumió el gobierno una coalición izquierdista. Mis padres prefirieron irse a Alemania. Cuando regresaron a Chile, tres años después, bajo un régimen militar, se encontraron con la ingrata sorpresa de que no existía la fábrica de ropa. Había quedado muy disminuida y nos vimos obligados a hacer confecciones para terceros. Uniformes militares, por ejemplo. Lo cierto es que no logramos recuperar el capital, luego de los años malos. Mis padres estaban todavía en Europa cuando a René y a mí se nos ocurrió cerrar la fábrica y transformar todo el taller de ropa en estudio de televisión. Para suerte nuestra y desgracia de Canal 13, a ellos se les incendió el único estudio que tenían. Con mucho pesar, pues al fin y al cabo se trataba de la profesión que yo había estudiado y de la empresa que nos había dado trabajo por varios años, vendimos toda la maquinaria para transformar ese lugar en el Estudio de Televisión KV (Kreutzberger y Ventura, un socio), que logró en poco tiempo un rápido crecimiento, desarrolló muchas producciones e incluso se grabaron en él varias telenovelas triunfadoras.

Mi papá casi se murió de la impresión al enterarse que no había nada de su taller, pero aceptó la realidad y nos mantuvimos muy bien durante un tiempo, hasta que —varios meses después— Canal 13 construyó sus propios estudios y nos declaró la guerra comercial, dejándonos sin trabajo.

Mi hermano, que administraba este negocio, llegó a enfrentar una situación tan difícil con Estudio KV, que un buen día decidió demoler el estudio de televisión con la idea de levantar allí un supermercado. Pero se acercaron unos empresarios —entre ellos mi yerno— a ofrecerle financiamiento para construir Estudio Gigante, el primer restaurante interactivo para el mundo de la televisión.

Mis padres habían decidido tomarse unas vacaciones para visitar otra vez Alemania. Querían agradecer a los amigos que los atendieron en los años anteriores. En 1974, estando ellos en Europa, falleció mi mamá.

La desaparición de mi madre ha sido uno de los momentos más dolorosos de mi vida, y me costó mucho superarlo. Durante largo tiempo viví sin asimilar la idea. Su deceso fue muy repentino, inesperado, incomprensible. Ella gozaba de buena salud, aunque sufría de diabetes (como yo) y un poco de presión alta (a donde parece que también voy a llegar yo).

Anni fue una mujer bondadosa y tuvo siempre una gran carga de amor que nos vivía transmitiendo. Conservo muy viva su tierna mirada penetrando mis ojos. Su trato cálido me dio el calor justo para desempeñarme en la vida. Sus besos en la mejilla, a veces en la frente, me causaban una sensación de paz y me llenaban de gusto. Sus gestos eran plácidos y ella tenía en todo momento un sabio consejo a flor de labios. Me estremece recordar que mis hijos casi no alcanzaron a conocer a su abuela.

Se la veía vital y con muchos deseos de vivir. Tenía apenas 59 años cuando nos dejó. (La misma edad que tengo yo al comenzar a escribir estos recuerdos.) Ese día me encontraba trabajando en Antofagasta, una ciudad portuaria a 1,500 kilómetros al norte de Santiago. Temy llamó para darme la noticia ocurrida tan sólo hacía dos horas en Wieswaden. Mi dolor fue tan grande que caí de bruces al suelo. ¡Me caí de verdad! Jamás me había ocurrido algo así. ¡Qué horrible sensación de impotencia, no vería más a mi madre!

Volé inmediatamente de regreso a casa para seguir el viaje a Alemania y acompañar a mi padre a trasladar los restos embalsamados que cruzarían el mar para descansar en Chile. No la quise ver en su descanso infinito. Estaba yo muy perturbado y no podía convencerme de que mi madre se nos había ido. Por eso preferí guardar en la memoria la imagen de mi madre erguida.

Aquella tarde, al ir al consulado chileno en Francfort a solicitar que autorizaran los documentos que permitirían trasladar los restos, recién pude llorar. Y lloré todo el viaje en el bus, ida y vuelta. Me secaba las lágrimas y seguía llorando. La gente me miraba y yo lloraba y lloraba sin parar. En mi mente se repetían las últimas imágenes con ella.

En el vuelo a Chile, largo y triste, por primera vez vi llorar a mi padre. El avión atravesó una tormenta, moviéndose mucho, con fuertes caídas en los baches de aire. Yo sólo pensaba en la soledad de mi madre, que iba dentro de un cajón en la bodega, quizá dándose tumbos.

Gracias a mi madre he obtenido tantos aplausos en mi vida. Y si bien ella alcanzó a sentirse orgullosa de que yo fuese un personaje en la televisión de Chile, no logró ver mi desarrollo internacional, conocer los premios y los honores que me han otorgado y que tanto me hubiera gustado compartir con ella.

La partida de mamá ocurrió pocos días antes de que yo tuviera que viajar a Japón y a otros países en una gran gira fijada con mucha antelación. En cada una de las ciudades que visité, busqué una sinagoga para ir a rezar en su recuerdo.

Regresando a Chile, tuve que pasar una noche en Panamá por la conexión de vuelos y en mis desvelos, pensando en mi madre fallecida hacía tan poco, otra vez con lágrimas como un niño, con el impulso y la imaginación que me ha dado mi oficio de artista, escribí en un trozo de papel un sencillo poema que se transformó en canción y que bauticé "Si volviera a ser niño".

Si volviera a ser niño otra vez,
caminar con mi vieja del brazo,
descubrir rincones queridos
y volver al recuerdo de antaño.
Detener el reloj,
y que el tiempo volviera...
unas ganas de volar
y empezar de la misma manera.

Tengo un niño en el alma,
tengo el alma como un niño.
Y otra vez así soñar
sobre el tiempo recorrido.

Varias veces la hemos cantado en el programa y también me la han cantado a mí. La última vez que la escuché tuve una grata sorpresa que me brindó Cristina Saralegui en su programa *El Show de Cristina* de Univisión. La verdad es que no sé cómo supo ella de esta canción y del significado que tiene para mí, pero en medio de la entrevista, en la que yo era su invitado, apareció de pronto un coro de niños cantando mi tema.

El tiempo nunca redujo el dolor por la pérdida de mamá. Más bien, las heridas parecían inflamarse.

Durante muchos años, cada vez que ocurría algo importante en mi carrera, me iba hasta el cementerio israelita de Santiago para dejar en memoria de mi madre —conforme a la tradición judía— una piedrecita en su tumba. Le conversaba, le contaba las cosas que estaba haciendo, dónde y cómo vivía, a qué grandes estrellas del espectáculo había conocido.

La muerte de mi madre casi termina con mi papá. Muchos años juntos. Varias veces lo divisé caminando, solo por las calles de Santiago, lloroso, cabizbajo, deprimido. Nunca se lo dije. Lo visitaba con mucha frecuencia. Conversábamos bastante, le daba ánimos.

Un buen tiempo después, una tarde que nos juntamos, me habló de su soledad.

—Me siento muy solo, hijo —confesó—. No puedo seguir viviendo así. ¿Sabes? Conocí a una mujer, se llama Rosalinda y creo que es ideal para mí, a estas alturas de mi vida. Hemos pensado en casarnos.

Mi hermano y yo le dijimos que lo hiciera. Mi papá necesitaba compañía. Sin embargo, no puedo negar que fue muy impactante para mí llegar un día hasta su dormitorio y ver que en la cama donde había dormido mi mamá, ahora había otra mujer.

Estoy seguro de que mi padre nunca olvidó los años compartidos con mi madre, pero tener una nueva pareja lo ayudó a seguir viviendo, en un época en que, con más de 70 años, se había acogido al merecido descanso de la jubilación. Nos visitaba de vez en cuando en el estudio y también iba a vernos a casa. Le gustaba estar con sus nietos, tanto con mis hijos como los de René. Y así pasaban sus días, sus meses, sus años.

Al cumplir 80, le hicimos una gran fiesta con asistencia de todos sus descendientes y de muchos amigos suyos de siempre. Nos acompañó también el maestro Valentín Trujillo, quien gracias a la enciclopedia musical que tiene en su cabeza tocó todas las canciones que a ellos les recordaba la juventud en Europa. La reunión resultó tan hermosa y mi padre estuvo tan contento, que con mi hermano comenzamos a pensar en la tremenda celebración que le haríamos cuando llegara a los 85.

Esta fiesta, en 1990, fue también inolvidable, con aquellos de sus amigos que aún vivían. Otra vez el maestro Valentín puso su importante cuota musical y resultó todo un gran festejo.

De pronto —la fiesta se realizó en mi casa— mi padre me tomó del brazo y me condujo hasta el jardín. Nos sentamos por ahí, en medio de la noche. El brillo de sus ojos revelaba su gran felicidad. Estaba, de verdad, lúcido y muy contento.

—Mario —me dijo—. ¿Recuerdas que cuando eras chico yo te exigía que fueras perseverante y responsable? Pues hoy, que cumplo 85, te quiero decir que no vale tanto la pena. La vida es muy efímera. Hay que vivir más y trabajar menos. Si persigues mucho el éxito, perderás mucho de la vida, hijo.

Yo no daba crédito a lo que estaba escuchando. Jamás imaginé que mi padre me pudiera decir una cosa así. Sin embargo, mientras él hablaba tuve una de esas premoniciones que tantas veces he sentido. Percibí que esa conversación era una especie de despedida.

Tomé su mano, le agradecí lo dicho y lo besé con todo mi amor en cada mejilla, como siempre hacía cuando lo saludaba.

—No sé, papá —le contesté—. Ya tengo puesta la vacuna de "trabajólico" y parece que su efecto dura muchos años. Haré lo posible, pero si no lo consigo, espero de todas maneras tener un día un cumpleaños como el tuyo.

Me acosté esa noche pensando en los consejos que me acababa de dar. Cómo cambian los tiempos, pensaba. Si me parecía que era ayer no más cuando me insistía en que asumiera más responsabilidad con el taller y me reclamaba falta de perseverancia en esa actividad debido a mi pasión por el escenario. Sonreí al recordar a mi padre desaprobando que mi madre, en esa época, me incentivara el amor por el espectáculo.

—¿Cómo crees tú que va a mantener a una familia, siendo un payaso de circo? —le preguntó muchas veces.

Menos de un año después de aquella reunión, mi padre se operó por segunda vez de la próstata y comencé a ver en él los primeros síntomas del Alzheimer. El proceso de la enfermedad fue muy rápido. Papá dejó de ser lo que había sido.

A todo dar

Aquella conversación con mi padre la tuve justo en el tiempo más complicado para que pudiera hacerle caso y aplicar su receta. Estaba en la máxima expresión del "trabajólico". Viajaba 52 veces al año a Miami, ida y regreso. Estábamos preparando un programa trascendental de 25 horas de duración para celebrar el cuarto de siglo de *Sábados Gigantes* en Chile; recién terminaba de revisar y pulir los originales de mi libro *¿Quién soy?*, donde de alguna manera contaba la telebiografía de mis primeros 25 años en la televisión; estaba haciendo un programa en Chile y otro en Estados Unidos; cumplía actuaciones personales en un dueto humorístico; además, desarrollaba un ciclo del programa televisivo *Noche de Gigantes*. Y tenía el compromiso de hacer la *Teletón* todos los años.

Prácticamente estaba enloquecido de trabajo cuando mi padre me hizo el comentario. "Estoy haciendo mucho, pero no quiero parar mi actividad", me dije. La verdad es que me sentía feliz en esa vorágine. Era el momento más brillante de mi carrera. La vida en Estados Unidos se hacía excitante, temeraria, quizá parecida a lo que llaman "vida de gitanos". Pero, a la vez, era una vida loca de gusto, con novedades a cada rato, con sorpresas, y eso me agradaba más aún.

En Santiago tenía una amplia oficina y varias secretarias, pero que en Miami nos hubieran dado un cubículo con teléfono para nuestro uso, ya me parecía muy importante. Haber salido una vez al aire en Estados Unidos lo considerábamos maravilloso. ¡Para qué decir cuando nos entregaron tarjetas personales de presentación! Todavía guardo algunas de recuerdo. La mía decía:

MARIO KREUTZBERGER
ANIMADOR

¡Ni siquiera le agregaron "de *Sábado Gigante*"! Las repartíamos donde fuera posible y con mucho gusto. Todo era inesperado, nuevo, venturoso, y aunque el ritmo resultaba bastante agotador, estábamos contentos. Nadie nos reconocía en la calle ni en los restaurantes que frecuentábamos buscando saber más de los cubanos y sus costumbres. No importaba, igual de contentos.

Al comienzo, quienes viajábamos cada semana desde Chile, entrábamos a Estados Unidos con visa de turista. Después obtuvimos una visa de trabajo que nos asignaba un determinado número de días al año para laborar en Miami, por lo que apenas concluíamos las grabaciones, teníamos que partir hacia el aeropuerto para viajar de regreso a casa.

Una mañana, al llegar al aeropuerto Internacional de Miami, hice la acostumbrada fila de inmigración. El agente revisó pasaporte y papeles, y me preguntó:

—¿Por qué viene tanto a Estados Unidos?

—Trabajo en la televisión en español —respondí orgulloso.

—¿Televisión en español? En este país no necesitamos televisión en español, señor. Esto es América y aquí se habla inglés. ¿Hasta cuándo van a meter gente que habla en español?

No hice comentario alguno. ¿Qué le podía decir? Mis documentos estaban en regla, por lo que me estampó el sello y pasé. (Menciono esto como muestra de lo difícil que ha sido para la televisión en español abrirse paso en Estados Unidos. Más difícil todavía aceptar la existencia de un mercado hispano.)

Cada viaje a Miami era una grata improvisación. No conocíamos la ciudad y tuvimos que empezar a recorrer sus calles para establecer la vía más corta y expedita entre el hotel y el estudio de grabación. Como nos cambiaban de hotel con frecuencia, había que repetir continuamente la operación.

Los domingos, al llegar, tomábamos en el aeropuerto un taxi hasta la empresa Siboney, que nos rentaba un automóvil usado. El presupuesto del canal no daba para un vehículo nuevo. A veces el coche nos desconocía y quedábamos botados en el camino, debiendo pedir auxilio para que nos transportaran.

Grabábamos con frecuencia hasta las tres de la madrugada, debido al absoluto desconocimiento técnico que había. Todo era un desorden. No se contaba con los equipos suficientes y más de una vez los que había se dañaron. Así se daban las cosas, pero nosotros seguíamos dichosos, aunque fuese en esas condiciones. Nos considerábamos "artistas internacionales" y estábamos formando los recursos humanos locales, que iban aprendiendo de las necesidades del programa, hasta saber cómo implementarlas. Había interés en participar en esta nueva experiencia de producción. La mayoría de quienes integraban nuestro grupo de trabajo estaba formada por jóvenes cubanos exiliados.

Se incorporaron al equipo personas de mucho valor en el área administrativa-empresarial. Entre ellos llegó Cuco Arias, para asumir como Productor Ejecutivo. Fue un importante aporte, por su carácter equilibrado. Venía de la radio y tenía experiencia en administración, la que contrastaba con nuestra fogosidad creativa, que nunca consideraba la billetera como un elemento importante de cuidar. Cuco se responsabilizó en manejar con sumo cuidado las necesidades creativas con las posibilidades económicas, tomando decisiones adecuadas para una mayor aceptación del programa.

Preparamos internamente a ejecutivos de producción. Así se incorporaron María Elena González y Leyda Pérez-Jácome, ambas de origen cubano y con muy buenos antecedentes laborales en radio, aunque su especialidad no era producir este tipo de programas de televisión. Se entrenaron y se acomodaron muy bien al estilo de *Sábado Gigante* y continúan hasta hoy ocupando importantes responsabilidades: María Elena es coordinadora artística y Leyda, productora de concursos.

Cuando llevábamos casi un año en Miami, ya nos dejaban más tiempo en cada hotel y con eso todo nos resultaba más cómodo. Íbamos asimilando muy rápido el conocimiento del medio —o al menos así lo creíamos— y buscábamos una mayor sistematización en el trabajo.

Vivíamos en un mundo distinto, donde a cada momento se producían situaciones nuevas. Nosotros, que en nuestros comerciales hablábamos de promociones, quedábamos sorprendidos al ver cómo estaban desarrolladas aquí. Una vez fui al estadio y al entrar me preguntaron si tenía determinada tarjeta de crédito. La mostré y me obsequiaron 50 dólares. ¡No lo podía creer! En otra ocasión compré un perfume y me regalaron un paraguas. En un viaje a Nueva York, compré por encargo de mi esposa una caja de productos de belleza y me dieron una bicicleta. Resultó incómodo. No estaba preparado para regresarme en el avión con una bicicleta aro 28.

Nuestra vida siempre alocada era placentera, y el clima ayudaba bastante. Como nunca había vivido en una ciudad costera, una mañana agradable, de sol radiante, se me ocurrió arrendar un bote con motor fuera de borda para distraerme durante un rato. No tenía mucha experiencia como marino y no me atreví a salir a mar abierto, sino que me moví por la bahía de Biscayne, metiéndome por las aguas del río Miami, donde me sentía más seguro. Sabía que por donde entrara tenía que salir.

La segunda vez que hice lo mismo, navegué un poco más adentro de la ciudad, siempre por el río, mirando bodegas y barracas levantadas a ambos lados, quizá fábricas o talleres marinos. Veía callejuelas, puentes, enormes fardos de carga, contenedores vacíos y abandonados, uno que otro restaurante ofreciendo pescado fresco, caseríos diversos. De pronto escuché que me llamaban a gritos desde uno de los edificios que se yerguen al costado.

—Eh, Don Francisco, óyeme, ven acá, chico... ¡bájate un momento!

Les hice señas, saludándolos. Me contestaron con gestos amistosos para que me acercara y así lo hice, enrumbando el bote hacia un pequeño atracadero, donde tuve que hacer de mago para lograr colocarme bien, amarrar, asegurar y bajarme. Toda una prueba divertida.

Los dos hombres eran para mí desconocidos. Al verlos más de cerca, uno de ellos me pareció un joyero ambulante. Del cuello y las muñecas le colgaban joyas de oro, cadenas, brazaletes, pulseras, una costumbre poco común para alguien que venía de Chile, pero que en Miami se observaba con frecuencia. Además, este hombre lucía una imagen de oro de San Lázaro, que me llamó la atención pues se trataba de un santo con muleta.

Me dieron una mano para bajar del bote, caminé unos cuantos metros conversando con ellos y me invitaron a pasar a un local semejante a una pequeña tienda, aunque sin mercaderías a la vista. Me recibieron sonrientes y amables. Parecían buena gente.

—Don Francisco, qué bueno conocerte, chico. ¿Por qué no almuerzas con nosotros? —me dijo el "joyero", en tono muy cubano.

—Encantado —respondí.

—Chico, te vas a comer un plato típico nuestro.

Nos acomodamos en una mesa ya dispuesta y con varias botellas de cerveza abiertas. Me sirvieron un plato de carne frita, como una delgada hoja de papel, que llaman "bistec de palomilla". En ese momento, el nombre me pareció un chiste, pues en Chile le decimos "palomilla" a la persona que vive molestando con bromas a los demás. La carne fue servida con arroz y plátano frito, acompañada con una taza de frijoles negros (porotos o chícharos también les dicen). Uno me ofreció una cerveza. La acepté. Con mi poca costumbre, el sol que había recibido, el calor sofocante y el movimiento del bote, que me seguía, la encontré muy fuerte, mareadora.

—Mira, nosotros te vemos siempre en la tele. Tus concursos y juegos son una gran compañía para mí, para la mujer mía, para todo el mundo —enfatizó el "joyero".

Hablamos un poco del programa, de cómo lo sentían los cubanos, hicimos chistes, recordaron algunos concursos que estimaban más divertidos, en fin. Conversamos bastante.

—Sí, nos gustaría mucho que nos dieras unas papeletas —comentó el otro amigo.

Ahí supe que le decían "papeleta" a los boletos para asistir al *show*.

—Las que necesiten, sin problema —aseguré y, aprovechando el momento para indagar un poco más, les lancé la pregunta de siempre:

—Ustedes ¿a qué se dedican?

—Bueno... la verdad es que somos marimberos, tú sabes.

—¡Aaahh, son marimberos!... ¡Qué bueno!

Los hombres se miraron. El "joyero", con una facilidad extraordinaria, despachó una segunda cerveza, demostrando luego sonoramente su satisfacción.

—Sí, vamos a Cuba y regresamos al día siguiente.

Me pareció raro que viajaran a Cuba a tocar marimba y regresaran a Miami al otro día. Todo tan rápido, un sacrificio tremendo. Usarán lanchas muy veloces, pensé. No me imaginaba bien cómo sería la cosa, ni menos me detuve a pensar en la distancia. Pero me pareció que sería simpático mostrar en mi programa a estos músicos que vivían junto al río tocando marimba, un instrumento tan divulgado en Centroamérica y el Caribe. Mal que mal, en esa época nos costaba mucho encontrar artistas. Al despedirme, les dije, pues, que no dejaran de ir a *Sábado Gigante*.

Bajé hasta la orilla, desamarré el bote, encendí el motor y conduje hacia la boca del río, para regresar a la bahía. El viento pegaba un poco más fuerte y debí sortear las pequeñas olas que se formaban a esa hora.

Alrededor de una semana después, durante una reunión con Joaquín Blaya y otros ejecutivos, hablé muy orgulloso sobre mi acoplamiento a la vida en Miami, a la comida rápida, a ponerle uno mismo la gasolina al automóvil, a los restaurantes cubanos y sus platos típicos, y conté, en medio de todo, que a veces arrendaba una lancha para distraerme y que me había encontrado con dos marimberos, a quienes había invitado al programa.

—Es muy posible que el próximo sábado vengan a tocar marimba —dije, convencido de lo bien que me estaba involucrando en la ciudad. Iba a contar más detalles y uno que otro chiste que aprendí con ellos, cuando veo que Joaquín me mira con cara de sorprendido.

—Mario, ¿dónde te metiste? ¿Quién te dijo que los marimberos son los que tocan marimba? Los marimberos son otra cosa —dijo—, son traficantes de drogas.

Silencio sepulcral en la sala. ¡No tendría palabras para describir el aire frío que me recorrió el cuerpo!

¡Tamaña sorpresa me llevé! Tremendo numerito que me había mandado.

Blaya siguió:

—Enfrentamos una temporada complicada en Miami, debido al tráfico de drogas. La policía está encima del problema. Si te hubiesen visto con esa gente, te detienen y se acabó tu carrera. Debes tener mucho cuidado.

Los "marimberos" se habían confesado conmigo sin problema. Demostré no conocer del tema y con seguridad imaginaron que nunca más nos volveríamos a ver. No supe cómo se llamaban, ni quiénes eran. Nunca más los vi. Tampoco sé si fueron alguna vez al canal.

Descubrí que mis recorridos por Miami, tanto en automóvil como en lancha, no eran suficientes para conocer bien la ciudad, ya que si uno se equivoca y dobla a la derecha en lugar de ir a la izquierda, se puede encontrar de repente en el seno de un sector peligroso, y hasta ser víctima de un asalto.

En otra oportunidad, mientras cenaba en un restaurante con algunos amigos mexicanos, un señor se puso de pie en medio de la concurrencia y pidió silencio golpeando sus manos hasta notar que la mayoría de los comensales le escuchaba.

—¡Aquí todos son mis invitados. El único que paga soy yo! —dijo entonces, medio gritando y visiblemente alterado por unas copas de más.

Uno de mis amigos, que vivía en Miami desde hacía cuatro años, comentó:

—Creo que habla en serio. Habrá que hacerle caso. En esto es mejor no discutir. Si quiere pagar, que pague. No nos hagamos líos y vámonos pronto.

El desconocido e improvisado anfitrión pagó la cuenta de más de 80 personas que ocupábamos casi la totalidad del restaurante. No tuvimos ni que darle las gracias. Pagó y se fue. Nunca supe quién era.

De otro caso de mucho dinero gastado con rapidez, me enteré en una elegante tienda de Coral Gables, que comenzaba a frecuentar para comprar camisas. El dueño me reconocía, nos saludábamos y conversábamos siempre un poco. Una vez me comentó que acababa de vender 35 trajes a un cliente que pagó en *cash*. Un billete encima de otro.

Se "olía" en el ambiente que circulaba bastante dinero de origen dudoso en la ciudad, y se comentaba que debía ser gastado a como diera lugar. La televisión había popularizado en el continente la serie *Miami Vice*. Surgían nuevos sectores comerciales, se construían por todos lados grandes edificios para oficinas, hoteles, viviendas, centros de convenciones.

Nos recomendaron tener mucho cuidado en las salidas nocturnas. Era una época difícil, con mucha droga circulando, mientras la policía se esforzaba por combatirla. Había redadas y enfrentamientos. Ésos eran los comentarios pero no se veía violencia por ninguna parte, por lo que no nos preocupábamos demasiado de lo que nos decían, aunque en el fondo estuviéramos algo intranquilos.

Una mañana, al llegar al aeropuerto de Miami, entré al baño mientras aparecían las maletas en la cinta transportadora. Al regresar, mi bolso portaterno estaba junto a otros, al lado de la muralla. Un funcionario los iba sacando para que no se rompieran. Lo arrastré para salir, pero me tocó una de esas revisiones rutinarias. La oficial de aduanas me pidió verlo. "No hay problema", pensé. Al abrirlo, me sorprendió ver una pequeña bolsa roja que no conocía.

—Un momento, eso no es mío —dije asustado.

—¿Cómo que no, si está en su equipaje? —preguntó la agente, mostrando mayor interés en revisar.

—Alguien lo puso ahí. Revíselo. Eso no es mío —insistí.

La misteriosa bolsa contenía dos vírgenes de plástico. Con un cuchillo, la funcionaria desbarató las piezas artesanales. Para mi buena suerte, no había nada adentro. ¿Qué pudo haber ocurrido? Las figuras plásticas cayeron desde una valija, y alguien las echó dentro de lo primero que encontró sin llave.

La anécdota la conté esa misma tarde entre risas, pero el hecho es que el asunto me asustó lo suficiente como para decidir que tendría ropa en Santiago y en Miami, evitando así esos bochornos con las valijas.

En todo caso, la actividad del tráfico de drogas terminó siendo muy controlada por las autoridades de Miami y al parecer la gente dedicada a esa tarea se retiró a otros lugares, lo que ayudó a que la ciudad cambiara en forma vertiginosa. El turismo siguió siendo el rubro más fuerte, pero también Miami comenzó a ser un punto de atracción para muchos artistas. Entre otros, residían aquí: Julio Iglesias, Emilio y Gloria Estefan, Raphael, José Luis Rodríguez El Puma, Libertad Lamarque, María Marta Serra Lima, Emmanuel.

La ciudad se transformó en un centro artístico vital para despegar hacia Latinoamérica y el Caribe. Se instalaron productoras de televisión, de cine, centros de modelaje, famosos fotógrafos, agencias de talentos, compañías disqueras. Cantantes mexicanos, venezolanos, colombianos, dominicanos, incluso españoles, resuelven lanzar sus nuevos discos al mercado latino desde Miami y ojalá mediante una entrevista con la locutora de origen ecuatoriano Betty Pino, reina indiscutible en el mundo radial miamense.

Un día recibí una invitación a cenar en casa del astro español Raphael. Todo un honor, pues se trataba de una estrella mundial del espectáculo. Vivía en una residencia que perteneció al ex presidente Richard Nixon, en Key Biscayne, un sector muy elegante vecino a Miami. Casa amplia, bonita, bien equipada, al lado del mar. También estuvo invitada Betty Pino. Lo que me sorprendió esa vez fue encontrarme con dos policías custodiando el acceso a la casa de Raphael. "¡Qué importancia le da la ciudad a estos artistas!", me dije, recordando que en nuestros países sólo la gente muy importante tiene custodia policial.

Cenamos en medio de una grata velada. Fue la oportunidad de conocer a Natalia, su dinámica e inteligente esposa, periodista y escritora que ha logrado mantener a su familia estable alrededor de Raphael, que vuela por el mundo, cantando, actuando y que, como buen artista, viaja enloquecido buscando el aplauso.

Cuando salí, ahí seguían los policías. Partí en el auto, pero 100 metros más allá me percaté de que había equivocado el camino y di media vuelta. ¡Vaya sorpresa! Los agentes se estaban despidiendo, arreglaban sus cosas y se marchaban, dejando la casa sola, como todas las demás. Me enteré después de que en Estados Unidos los policías arriendan sus servicios, fuera de horas de trabajo, para custodiar fiestas, funerales, restaurantes, supermercados. El que quiera tres o cinco guardias frente a lo suyo, a tanto por hora, es cuestión de que pague en la estación policial más próxima y asunto arreglado. Los agentes logran de esta forma recibir hasta dos salarios extras al mes.

Camiseta nacional

Teníamos poco más de un año con el programa en Miami, cuando Blaya me llamó, diciéndome que necesitaba hablar urgente conmigo y pensé que se daría otra coincidencia en mi vida. "¿Qué será ahora?", me pregunté. Imposible suponerlo esta vez. Imaginé mil y una posibilidades. Recordé cuando en Chile me cambiaron de domingo a sábado por "poco profesional". Quizá me podrían cambiar la hora, o el día, o el concepto del programa, pero... ojalá no fuera nada de eso. En todo caso, el llamado me daba mala espina.

Otra vez frente a Blaya. Estaba en mangas de camisa, luciendo unas llamativas colleras de oro, y con una mirada sonriente me habló, antes de que se alterara mi humor.

—Tengo que darte una noticia. Algo que mantuvimos muy en reserva —comenzó diciéndome.

Me picaba la piel de impaciencia: "apúrate, Joaquín". ¿Por qué se demoraba en hablar? Con increíble tranquilidad, él continuó ante un Kreutzberger a punto de cortarse las venas.

—Llevamos 14 meses probando la sintonía de *Sábado Gigante* en Arizona, que tiene una importante población mexicana y mexicoamericana, con una cultura distinta —dijo con toda la parsimonia del mundo.

Con las experiencias que había tenido, la inseguridad que muchas veces me presiona, lo escuchaba atento y pensaba: "Ya sé... no les gustó... no sirvo... no podemos seguir... el programa no funciona".

Una vez más, empecé a perseguirme a mí mismo, lo que me pasa muy a menudo.

Estuve a punto de ponerme de pie y preguntarle de golpe: "Bueno, ¿terminamos este sábado o la semana próxima?" Yo reventaba. Pero Blaya, inmutable, siguió hablándome:

—Queríamos que ese público de Arizona viera el programa, se metiera en él de alguna manera, que comenzara a buscarlo cada semana. Debo confesarte, Mario, que hicimos el "testeo" temerosos de que *Sábado Gigante* no prendiera en la costa oeste.

El gusto televisivo de los millones de hispanos que residen en ciudades del oeste de Estados Unidos —próximos a la costa del Pacífico— ha sido siempre

114

"hueso duro de roer" para los programas emitidos en las cadenas de televisión en español desde la costa este. Hay costumbres distintas, ya que los inmigrantes son otro tipo de gente. Y hay además una diferencia de tres horas en el reloj.

Se produjo una pausa. Yo no hablaba, y me parecía que el silencio estaba prolongándose demasiado. Joaquín volvió a tomar la palabra.

—Mario, la prueba dio excelentes resultados. Resultó tal como siempre pensamos que debía ser. Gustó mucho el programa. ¡Te felicito!

Me quedé primero frío, casi incrédulo, como si se tratara de una broma. La sorpresa era tan contundente que necesité tiempo para "paladearla". Hacía mucho que no recibía una inyección de optimismo de esta envergadura, algo que me mostrara que podíamos sentirnos tranquilos, alegres. ¡Qué buena cosa!

—Te felicito —repitió Joaquín—. Dale mis felicitaciones a toda tu gente. Pero diles también que como esto es muy vertiginoso y hay que aprovechar cada momento, tendrán que recargarse rápidamente las pilas. Dentro de tres semanas el programa dejará de ser sólo para Miami, y pasará a difundirse de costa a costa en Estados Unidos. ¿Qué te parece?

Se quedó mirándome, en espera de mi respuesta.

—Por favor, ¿cómo me va a parecer? —atiné a decir—. Me parece estupendo.

Salí de su oficina sintiendo el rostro iluminado, sin caber en mi pellejo, pero procurando mantenerme sereno, para poder recapacitar sobre el nuevo paso. "Dentro de tres semanas", había dicho, por lo que nuevamente debíamos enfrascarnos en los preparativos para el cambio. No era fácil.

Tendríamos que satisfacer a un público diferente del que recién estábamos conociendo. Este compromiso sí que era gigante: llegar a los latinos de la costa este y de la costa oeste, que forman comunidades bastante disímiles. Era otro cantar. ¿Cómo hacerlo?

Palabras mayores, otro desafío enorme y excitante. En tan sólo tres semanas. Nos verían los millones de inmigrantes de México que se asientan en ciudades como Los Ángeles, San Antonio, Houston, San Francisco, Phoenix, Corpus Christi, Laredo y Austin. También llegaríamos a Chicago y a Nueva York, donde hay grandes colonias de hispanos, con un alto porcentaje de puertorriqueños. Una populosa teleaudiencia que nos comenzaba a ver y que tiene costumbres y gustos distintos de los cubanos, nicaragüenses, dominicanos, colombianos o venezolanos radicados en el sur de Florida.

"Los conocimientos adquiridos durante esos meses en Miami no serían suficientes", pensé. Debía realizar una investigación mucho más profunda sobre nuestros telespectadores: cómo son, cuántos son, qué sienten, a qué aspiran, qué problemas tienen, qué frustraciones, qué deseos, qué pensamientos. Considerar, para efectos del contenido, que estos hispanos que llegan a Estados Unidos, en su gran mayoría, se sienten solos y por lo tanto hay que ayudarlos, darles compañía y hablarles en lenguaje sencillo.

Mientras todo el aparato y el sistema internos comenzaron a prepararse, surgió un concepto interesante, sintetizado en una frase publicitaria que empezamos a usar como nuestro eslogan de cabecera: "Separados por la distancia, unidos por el mismo idioma". Ya antes habíamos pegado: "¿Cómo dice que dijo?", y el público respondía: *Sábado Gigante*.

Conceptualmente, aquella frase encerraba la idea de que lo que íbamos a hacer —sin importar la distancia— era aprovechar nuestro lenguaje, lo que nos comunica, para conocernos mejor, acercarnos y aprender los unos de los otros. Tenemos una cultura en común.

En el equipo de creatividad y producción resolvimos que, como el programa se produce en la región este (Miami), el contenido debería enfocarse hacia el oeste (Los Ángeles, por ejemplo) como punto de equilibrio. Y que deberíamos traer al estudio a concursantes de todos los rincones del país y también de Latinoamérica, poniendo el énfasis en nuestros telespectadores mexicanos, en razón de su mayoría. Así lo hemos hecho desde entonces.

El auspicio de los diversos espacios comenzó a ofrecerse con el nuevo atractivo de que serían vistos en todo el país, aplicándose tarifas con su valor triplicado. Los anunciantes "locales" ya no nos servían, pues al llegar a todo el territorio estadounidense, la publicidad debía considerar a aquellos clientes cuyos productos tuvieran alcance nacional, ya que ellos podrían absorber los costos publicitarios más altos.

Había sido tanto nuestro éxito en Miami, que algunos anunciantes locales determinaron quedarse en el programa nacional, sin importarles el costo. Sin embargo, la gerencia de la cadena lo consideró poco ético, ya que el público se iba a sentir sorprendido y molesto al ver "comerciales" de productos a los que no podía acceder.

El gran cambio también debería reflejarse en los salarios, pues conforme a tácitos compromisos, esfuerzos y sacrificios, tendría que llegar para todos una compensación por aquellos meses "flacos".

A diferencia de cuando arrancamos "sólo para Miami", oportunidad en que se celebró una reunión-almuerzo de promoción, Blaya esta vez organizó un desayuno de trabajo con los responsables de una de las empresas internacionales más grandes y prestigiadas en la distribución masiva de productos de consumo, Procter and Gamble. Era la que más invertía entonces en la televisión en español, y Joaquín quería interesarlos para que fuesen los auspiciadores de una parte del nuevo programa nacional.

Los dos principales ejecutivos llegaron a la cita. Uno era chileno, quien dijo conocer el programa "de toda la vida" y vaticinó que "pegará muy bien en todo el país". Esto entusiasmó al otro, que era su jefe, y en el acto resolvieron comprar los 12 segmentos que se producirían.

—Queremos todo el paquete —dijeron casi a coro.

Salté de la silla, de puro gusto. No sabía si correr a abrazarlos y besarlos. "Todo solucionado. Se acabaron los problemas", pensé, feliz.

—Lo siento —dijo Blaya muy tranquilo, mientras yo lo miraba asombrado e incrédulo—. Me gustaría que así fuera, pero no puedo venderles más que cuatro segmentos.

"¿Se habrá vuelto loco Joaquín? —me pregunté—. Pero si no tenemos todavía ningún segmento vendido."

Sus palabras me dejaron perplejo. No podía creer que rechazara esa venta. ¡Si para eso era la cita! Afloró, entonces, mi delirio de persecución. ¿Será que no quiere que hagamos el programa y está fingiendo? ¿Cómo podía dejar escapar esta posibilidad tan buena de financiar todo de una vez?

Cuando estuvimos solos, me explicó su lógica:

—Si le vendemos a una sola empresa el programa entero, esa compañía te comienza a manejar. Más tarde te dice que no puede comprar los 12 espacios y te pide rebaja de precio. Por eso, basta con que compren cuatro y todos contentos.

Con el tiempo aprendí que esa estrategia era la correcta. Cuando aparecimos en todo Estados Unidos, en noviembre de 1987, los primeros anuncios comerciales fueron de grandes compañías norteamericanas, algunas de las cuales todavía están con nosotros.

Viajé por varias ciudades del oeste para ir conociendo poco a poco a mi nuevo público. Al llegar una vez a Los Ángeles, arrendé un coche y, tras varias reuniones y citas, decidí recorrer algunos de sus barrios. Me llamó la atención un centro comercial, así que me detuve en un edificio de estacionamientos y dejé el vehículo guardado, para entrar a una tienda de ropa. Cuando intenté regresar al auto, no lo pude encontrar. Se me había perdido. Nunca imaginé que hubiera tantos edificios iguales cada uno con tres o cuatro mil automóviles. Recordaba que lo había dejado en el piso 5, pero ahora me sorprendí de ver que había 5a, 5b, 5c, 5d. No logré encontrar el automóvil arrendado a la compañía Hertz. Los llamé, les expliqué y me mandaron otro. Supongo que ellos lo hallaron.

Así eran las vivencias que teníamos al ir asimilando Estados Unidos. Me gustaba encontrarme con la gente y conversar con ella. Comencé a entender a los inmigrantes que llegaban a Texas o a California con el poco de dinero que habían logrado reunir, pero con muchos sueños, esperando criar y educar mejor a sus hijos, la mayoría viviendo con miedo por no tener permiso de trabajo. Y si lograban conseguir un empleo, a veces eran explotados, recibiendo bajos salarios por su condición de ilegales. Situaciones distintas, aunque con algunas similitudes a la de los puertorriqueños que había conocido en Nueva York, en mi época de estudiante de sastrería. Ellos vivían con todos sus documentos legales, pero también se sentían discriminados.

En algunos casos, cuando intentaba entablar conversación con personas en los parques o en las plazas, me daba cuenta de que eran muy parcas. Después de contestar tres o cuatro preguntas, se iban. Tenían miedo. Yo era poco conocido y quizá pensaban que podía ser un agente encubierto de la "migra", como le llaman popularmente a los oficiales del Servicio de Inmigración. Eso me indicó que uno de los principales problemas de mi nuevo público era el de obtener su permanencia legal en el país. Por eso, en nuestros primeros programas a nivel nacional, incluimos mucha información sobre los derechos y deberes de las personas ilegales. Porque si bien eran ilegales, también tenían derechos. Y dábamos una orientación sobre cómo podían regularizar su situación. Mostrábamos en pantalla los riesgos de cruzar la frontera en forma clandestina y las precauciones que se debían tomar para no ser esquilmados por esos contrabandistas de seres humanos que llaman "coyotes".

En una ocasión hicimos que una de nuestras nuevas reporteras, de origen mexicano, cruzara la frontera como si fuese ilegal, con todas las vicisitudes del caso. Lo filmamos, lo difundimos y resultó de un gran impacto. Así íbamos adaptando nuestro contenido a estos telespectadores de la costa oeste.

También programamos la presentación de varios artistas puertorriqueños y destacamos manifestaciones de su cultura, en especial la de los *newrican*, personas de origen puertorriqueño nacidas en Nueva York. Todos ellos representaban al nuevo público que teníamos en la costa este.

Creamos una nueva sección de *Sábado Gigante*, "El ejemplo hispano", para destacar a dirigentes y personas que desarrollaban trabajo comunitario y voluntario. Hicimos campaña para que los hispanos con calidad de ciudadanos en Estados Unidos concurrieran a votar en el momento que correspondiera y se hicieran representar y respetar como comunidad.

La sintonía del programa subió y pasamos a ser el primero de la red, a mucha distancia de las teleseries y otros productos. La audiencia se medía a través de un sistema recordatorio que consistía en preguntar a la gente sobre aquello que vio en la televisión la semana anterior: "¿Qué programa recuerda?"

Llegamos a ser los abanderados de la programación en español en Estados Unidos. En un periodo fuimos LA GRAN producción. Éramos EL GRAN programa. El canal comenzó a registrar utilidades con un fuerte ingreso proveniente de los auspiciadores de *Sábado Gigante*. Generábamos casi el 25 por ciento de las ventas de la cadena.

Nuestra buena estrella siguió iluminando. Estando en la cima del *rating*, se divulgó muy rápido la noticia sobre la existencia del programa y varios canales centroamericanos —incluso el cable— recurrieron a una costumbre muy común en esos años, el "pirateo": retransmitían *Sábado Gigante* sin autorización alguna y sin pagar derechos. Al menos eso revelaba el gran interés que había por nuestro producto.

A los dos años de haber llegado a Miami, la gente nos conocía bastante y era bien comentado. Las televisoras de países centroamericanos disponían ya de licencia para retransmitir. Al llegar al tercer año, cubríamos a toda Latinoamérica, con excepción de Argentina, en donde el Canal 9 de Buenos Aires programó en una oportunidad la transmisión de *Sábado Gigante*, pero tres meses después lo retiró, argumentando falta de interés por parte del público.

Una experiencia que viví en Bolivia me "transmitió en vivo" la popularidad que el programa había alcanzado en el continente y, de paso, me hizo escuchar un toque de atención al dejarme claro que Don Francisco ya no era el mismo de antes y que, por ende, debía adoptar algunas medidas de orden doméstico.

Ocurrió cuando fui a grabar un capítulo de "La cámara viajera". Al descender del avión y entrar al edificio terminal de El Alto, en La Paz, se me acercó el gerente del aeropuerto, muy ceremonioso y con cara de preocupación. En forma muy reservada preguntó:

—Perdón, Don Francisco, ¿cuál es su equipo de seguridad?

No sabía que contestarle. Nunca había tenido guardias para mi seguridad, en ningún aeropuerto. Tuve que improvisar una respuesta, con esa rapidez que a veces nos presta la vida:

—Vea usted, se trata de una visita tan privada, que viajo sin equipo de seguridad —dije muy convincente.

Tuve la impresión de que no me creía, sino que más bien pensó que mi "servicio secreto" era tan confidencial y sigiloso, que yo no quería revelarlo.

Una influyente funcionaria de la televisión boliviana, María Luisa Calderón Zeballos, me esperaba en El Alto. La conocía porque había ido varias veces a Chile como Directora Ejecutiva de la red ATB, interesada por conocer nuestro avanzado sistema de producción. María Luisa se presentó ante el jefe del aeropuerto, explicándole que estaba ahí para recibir a Don Francisco. Esta sobria razón fue un genial pretexto para sacarme rápido del lugar y llevarme a un corto pero interesante paseo por la ciudad, mientras cumplía otras diligencias relacionadas con mi visita, dejándome luego a bordo del vuelo que debía conducirme a Sucre, destino final de mi viaje.

En Sucre, llegué a un hotel pequeño pero bastante cómodo, frente a la Plaza 25 de Mayo. A la mañana siguiente, al despertar alrededor de las ocho, escuché una gran algarabía en la calle. Al asomarme a través de las cortinas, pude ver que justo en esa plaza se habían reunido unas cinco mil personas. De algún movimiento sindical, pensé.

"¡Una huelga, qué mala suerte! Será muy difícil abrirse paso para grabar en esos edificios históricos", me dije.

Pero no había huelga alguna. Esa gente me estaba esperando a mí. Lo que querían era conocerme y saludarme. Jamás me lo hubiera imaginado, después de tan pocos meses de transmisión, tanta popularidad. Esto más bien complicó la grabación programada, al punto que mi carácter se alteró y en varias oportunidades me vi obligado a gritar para sacar al público del lugar de la escena.

Les pedía que se retiraran, pero a los pocos minutos la gente nuevamente me rodeaba, queriendo estrecharme la mano, y volvían a colocarse donde no debían, una y otra vez, hasta que la situación me sacó de quicio. Sin dar explicación, decidí cambiar de escenario y me fui al sector donde vivían los indios tarabucos, para producir una nota diferente.

Por la tarde, al regresar al hotel, cansado, mientras me sacaba la ropa para darme un baño, encendí el televisor. Para mi sorpresa, en todos los canales se referían a mi visita y me trataban pésimo.

—¡Qué se ha creído este chileno!

—¡Qué mal educado que es!

—¿Cree que porque trabaja en la televisión...?

—¿Por qué desprecia a los bolivianos?

Eran las frases más cariñosas, mientras mostraban escenas de los momentos en que yo gritaba a la gente: "¡Salgan de ahí... muévanse para allá... déjenme filmaaaaar!"

Ese bochornoso incidente sirvió para que me diera cuenta de que debía cuidar mi imagen, pues ya no era el personaje conocido sólo en mi país, sino que ahora mi popularidad había trascendido y eso requería una organización distinta y otro comportamiento. También debería manejar mejor mi tiempo, entre tantos viajes y compromisos.

Por lo general el público no sabe cómo se reparten las horas de una persona dentro del mundo del espectáculo y las comunicaciones. Quien escucha a un animador radial, temprano en la mañana, se preguntará qué hace ese señor el resto del día. En mi caso, mucho peor. "¿Qué más hará Don Francisco, si sólo trabaja cuatro horas los sábados?" "¡Qué suerte! ¡Tiene toda la semana desocupada!"...

Quizás algunos se imaginen que debo ocupar otro par de horas, los jueves o viernes, para preparar el programa. "¿Y qué hace los lunes, martes y miércoles? ¿Se la pasa descansando?"

La vida artística, mirada desde afuera, se ve fantástica, fascinante, con horarios placenteros, ropa elegante, muchas luces, deslumbramiento, viajes, premios. Una vida de primera. La llamada "prensa del corazón" se dedica a destacar la entrega del premio no sé cuánto, el galardón de no sé dónde. A murmurar que se vio a fulano acompañado de la estrella mengana en tal restaurante. A describir la luna de miel que tuvieron sutano y perengana. Que los vieron en un balneario. Que la fulanita lucía un vestido que sugería bastante, comprado en la boutique equis. O que la tal llegó hasta el club nocturno junto a qué sé yo quién y se retiró a las 6 de la mañana. Y que en tal fiesta hicieron abrir decenas de botellas de champaña.

Todo eso puede existir en el espectáculo, pero no es el común denominador. Son más bien comportamientos excepcionales, y en muchos casos se trata de estrellas efímeras que duran poco tiempo bajo las luces. Se acuestan todos los días a las cinco de la mañana y se levantan a medio dormir o en estado de mareo a las tres de la tarde.

Dedicar una vida con seriedad a ser artista es como dedicarse en cuerpo entero a cualquiera otra actividad profesional. De repente es aún más difícil, pues al salir al escenario, o conceder una entrevista en televisión, o al estrenar la película, viven la suerte de los toreros cuando salen al ruedo: un riesgo cada vez. Yo, por ejemplo, salgo al ruedo todos los sábados, cada semana, y dependo de un factor básico, que es el público, paralelamente con el aplauso. La verdadera medición que nosotros conocemos es el aplauso. En el caso de la televisión, el aplauso es electrónico y se llama *rating*.

La vocación artística requiere un trabajo de tiempo completo. Se trata de las 24 horas del día todos los días. Hay que estar siempre creando para ir a la vanguardia. Pocos se imaginan que un animador de televisión debe estar a las 8 de la mañana en determinado lugar, a las 9:30 en otro, a las 11 en un tercer punto; almorzar en cualquier parte y rápido, pues viene otra reunión, grabaciones, análisis de lo hecho, estudio del libreto, además de la preparación física para mantener el nivel. Es un tremendo esfuerzo, porque nadie quiere perder un centímetro de su gloria, sino más bien aumentarla.

El artista vive todo esto con intensidad y muy pronto se da cuenta de que si quiere seguir en el tiempo y en el trabajo, tiene que darle absoluta prioridad a su actividad, que le va exigiendo más y más. Y comprende también que la disciplina es fundamental para el éxito.

—¿Ha sido derrotado alguna vez? —me preguntó una reportera en una conferencia de prensa.

¿Cómo que no? La derrota está siempre al acecho del artista. Es un largo camino. En lo personal, puedo decir que para mí ha sido hermoso, pero duro; exitoso, pero difícil. Una tarea mayúscula, de disciplina sin límite, de mucha fuerza de voluntad y constancia.

El público ve al artista rodeado de luces, pero esto es sólo como la fachada de un restaurante o de un hotel. ¿Ha entrado en un restaurante por la cocina? ¿Ha estado alguna vez por los pasadizos donde trabaja el personal de un hotel? ¿Ha pensado cómo es Disneyworld por atrás, o por debajo? La magia se hace presente sólo por delante. Igual que en las grandes tiendas, se ve todo colorido, bonito, muy bien colocado, muy iluminado, muebles, vajillas, cristalería. Pero si se entra a la bodega, se encontrará todo amontonado, paredes sin pintar, gente en ropa de trabajo que se mueve sudorosa de un lado a otro. En esta clase de vida sucede igual. El público sólo alcanza a ver los brillos, pero para llegar a ese escenario el artista se prepara, ensaya y crea, camina por los pasillos de la trastienda del espectáculo, comprobando que es como los de cualquiera otra actividad, donde se requiere perseverancia, cumplimiento, puntualidad.

Ocurre también que el público se siente un poco dueño del artista, y no guarda límites en su deseo de demostrarle su afecto porque lo hizo muy bien o a veces su descontento porque lo hizo muy mal. Por otro lado, el ejercicio profesional del artista requiere de la colaboración de otras personas ya que muchas veces el trabajo es tan complicado, tiene tantas aristas y el profesionalismo le exige esfuerzos para campos tan distintos, que si no existe una buena organización a su alrededor, no logra avanzar. De ahí que muchas estrellas se ven rodeadas de personas que las apoyan, al igual que la asistencia que recibe un gerente o presidente de una empresa en su oficina. La diferencia está en que los asesores o secretarias de estos últimos por lo general se mantienen inmóviles tras los escritorios, mientras que con un artista el séquito es más bien nómada, se traslada junto a él, trabaja hasta en los aeropuertos, en los aviones, en las salas de conferencias, en los hoteles, en los estudios de televisión, en las radios.

Dándole vueltas a todas esas consideraciones y a lo sucedido en Bolivia, pensé que era el momento de organizarme y recordé el eficiente desempeño de María Luisa Calderón al encontrarnos en La Paz. Necesitaba a alguien con sus características para que me ayudara, por lo que pocos días después, desde Santiago, la llamé para ofrecerle trabajar con nosotros. No fue fácil sacarla de lo suyo, pero finalmente aceptó y desde entonces es, además de nuestra Coordinadora Internacional, la encargada de manejar mi tiempo, una persona clave en mis actividades diarias.

Con la internacionalización del programa, en este torbellino de citas, viajes, visitas, entrevistas, grabaciones, reuniones, estábamos siempre corriendo, apurados, cortos de tiempo. Esto hacía que en algunos casos contagiásemos de nerviosismo a los demás. Le ocurría al propio productor general, Antonio Menchaca, quien empezó a exasperarse al ver que teníamos dos o tres compromisos que cumplir al mismo tiempo.

La gota de rebase se produjo una noche en que invité a todo el equipo técnico a cenar a un restaurante de Coral Gables. Hacía varios meses que había ofrecido la invitación, hasta que encontré la fecha apropiada, les propuse la cita y nos comprometimos. Minutos antes de salir al punto de encuentro, una secretaria me llama por el teléfono interno, para decirme: "Ya están en el hotel, esperando por usted, los señores de Puerto Rico".

¡Ayayay! Se me había olvidado por completo la visita de un grupo de empresarios boricuas, a los que varios días antes había asegurado que sostendríamos una reunión en Miami, buscando concretar algunos proyectos que ellos tenían. ¿Qué hacer? ¿O los empresarios o mi gente invitada a la cena? Cuando estaba en esas cavilaciones urgentes, entró a mi oficina un ejecutivo de ventas para decirme que estaban llegando al aeropuerto los tres clientes potenciales que venían desde Nueva York a cenar conmigo.

¡Qué relajo! Tres citas simultáneas. Y todos los visitantes partirían de regreso a la mañana siguiente. ¿Cómo arreglar el entuerto? Los puertorriqueños aceptaron desayunar conmigo, muy temprano en la mañana. Y con los de Nueva York no me quedó otra que reunirme esa misma noche, tardísimo, después de la cena de camaradería, en la cual estuve tensionado por esa preocupación.

Con la llegada de María Luisa, ¡por fin una agenda!

Para confeccionar mi horario y calendario —y esto puede resultar difícil de entender—, debe existir absoluto respeto por fechas inamovibles, que son los 17 días que debo pasar cada mes en Estados Unidos mientras se graban los programas (y que en el último tiempo han subido a 21, debido a los días de descanso que necesito entre medio). También inamovibles son los viajes a Chile, para otras grabaciones. Puede sonar a fanfarronería cuando alguien me invita a su cumpleaños "en dos meses más" y tengo que responder "gracias, te confirmo", cuando cualquier persona diría "sí, encantado asisto". La verdad es que no puedo saber a ciencia cierta si acaso en esa fecha estaré en Miami, en Los Ángeles, viajando para un reportaje con "La cámara viajera", o en Chile. Todo está planificado con mucha anterioridad.

Cada 24 horas, esté yo donde esté, María Luisa me hace llegar un memorandum con los compromisos que debo cumplir. El papelito de marras siempre aparecerá sobre la cama de mi casa o debajo de la puerta en la habitación del hotel. Necesito además un "memo" a principios del mes y otro que me prepara al comienzo de cada trimestre. Mi agenda debe incluir sesiones de gimnasia, reuniones, entrevistas, grabaciones, viajes, visitas de cada día y compromisos "intangibles". Cuando no hay grabaciones, serán citas de trabajo y reportajes.

Los puntos "intangibles", María Luisa también me los recuerda a diario. Por ejemplo:

Pendiente para hoy:

1. Resolver regalo para el Sr. Leclerc.
2. Canal 7 "Corazón Partido", respuesta para entrevista.
3. Invitar al programa a María Martha Serra Lima.
4. "Humanamente hablando", respuesta entrevista en Chile.
5. Padre Pepe, respuesta a solicitud de ayuda.
6. Resolver especiales, evento prensa, mes aniversario, para promover en programa que irá en vivo.
7. Carlos Sanhueza está en Nueva York el fin de semana con su esposa. Posible invitación al restaurante de los famosos.

Al despertar cada día, pienso que hay que levantarse optimista, con el pie derecho sobre todo si la jornada anterior no ha tenido muy buenos resultados. Con seguridad tendré que darme yo mismo un empujoncito, para llegar a las ocho de la mañana a la cancha de tenis, con la ropa adecuada y golpear los cientos de pelotas que el entrenador me lanza hacia todos los rincones de la pista. Al término de ese ejercicio, bebo una botella de agua mineral antes de subir al gimnasio para continuar, bajo las órdenes de un entrenador personal, durante una hora, levantando pesas para vigorizar las piernas, darle elasticidad a la cintura, fortalecer el pecho y dotar de movilidad a hombros, brazos y a lo que haga falta.

Esa etapa concluye cerca de las 10 de la mañana. Aparecen entonces las endorfinas, que me hacen sentir bien y a las que considero una recompensa por el deber cumplido y, también, porque pude cumplir con el deber. Me cambio camiseta, para evitar que se me pegue en el cuerpo la transpiración helada. Los 20 minutos de regreso a casa me abren lo suficiente el apetito como para llegar derecho y sin titubeos a la mesa para servirme un desayuno "sano": dos claras de huevo con pavo picado o panqueques de avena.

Viene por fin el baño, durante el cual me sumerjo en un periodo de meditación breve pero profundo que cumplo siempre. Converso conmigo mismo y me preparo para la jornada de trabajo, pongo en orden mis pensamientos, reviso mi agenda y mis compromisos.

Cerca de las 11:30 subo a mi automóvil/oficina. El viaje hasta el canal me toma alrededor de una hora, tiempo que casi no siento, pues voy pegado al teléfono. Primero converso con mis hijos —dos de ellos viven en Chile y el mayor en Estados Unidos— y luego hablo a mi oficina, para informarme de cómo van las cosas para la grabación. Enseguida, realizo varios otros contactos, conforme compromisos pendientes. Llego a los estudios de Univisión y allí vienen algunos saludos, una que otra broma o bien algún problema, como es la vida.

A la una de la tarde nos reunimos por casi hora y media todos los miembros del equipo de producción de *Sábado Gigante*, para discutir, leer el libreto y aprender cada uno de los segmentos que se grabarán en el resto del día. Concluida esta importante cita, el coanimador Javier Romero y las modelos van a "maquillaje y peinado", mientras yo me dirijo a abrir la "lonchera" para servirme un almuerzo que llevé desde casa.

Lo hago en el camarín, donde me atiende la señora Gloria, encargada desde hace años de mi vestuario —para que éste no se confunda— y quien además me apoya en todas mis necesidades durante la jornada. Como hay que vigilar las calorías, el almuerzo será una pechuga de pollo a la plancha, arroz integral con arvejas, una ensalada que incluye dos "chiles jalapeños", o sea ají, y un café con leche descremada.

Desde el umbral de la puerta del camarín, ya me está mirando mi estilista Antoine Marie, para decirme:

—Magrrrrió, alé, alé... Son las tgres de la tagrde.

Hay que estirar el pelo y peinar. Hacer un recorte y luchar contra las ondas naturales del cabello.

Son las 15:30 y paso a maquillarme. Dentro del estudio, hace ya más de 30 minutos que el público ha pasado por el control de seguridad para tomar asiento, luego de que a cada uno le han escrito y colocado su nombre a la vista. En ese momento, varios compañeros de trabajo —a quienes se conoce por sus apodos, con los que a veces juego frente a la cámara, o detrás de ella— entran en acción. *Doctor Mortis* le enseña al público a cantar los jingles y les explica cómo se desarrollará la grabación y la forma en que deben reaccionar. También les cuenta algunos chistes y chascarros a fin de que cuando ingrese Don Francisco, "el respetable" esté suelto y alegre para enfrentar las horas del programa. Entre bambalinas, *Cantinflas* me coloca el micrófono en la corbata y me da otro, que llevo en la mano. Me esperan cinco camarógrafos con sus respectivos ayudantes. Además están *Jirafales* y *Natacha* en los "torpedos", *Condorito* y *Piruleta* con las pautas de ayudamemoria. Y tantos otros que sería largo nombrar.

Al escuchar que carraspeo para probar el micrófono, *Doctor Mortis* me anuncia:

—Señoras y señores.... ¡Con ustedes el animador número uno, Doooon Fraaaanciscooo!

Como por arte de magia, en ese momento desaparece Mario Kreutzberger y surge el juvenil Don Francisco, que de entrada, frente a los telespectadores, cuenta alguna anécdota, saluda al público, agrega uno que otro chiste. El productor general, Antonio Menchaca, tablilla en mano, con fonos y micrófono interno, ya está listo y su orden es tajante:

—Vamos a grabar.

Escuchamos todos en el estudio al director, quien desde algún lugar que no vemos, en lo que se llama *control master*, anuncia contando en inglés y en forma regresiva, el momento en que las cámaras se echarán a rodar:

—*On five... four... three... two... one.*

Surge la cortina musical característica del programa y la voz del locutor oficial de la estación televisiva que anuncia el inicio de *Sábado Gigante*.

Los segmentos musicales, cómicos, dramáticos y de concursos comienzan a mezclarse. El público participa, ríe, canta junto a la orquesta, y se emociona o discute con las notas periodísticas.

Así hemos llegado alrededor de las seis y media de la tarde, hora en que suspendemos la grabación. Descanso general de una hora. Casi todos usamos ese tiempo para ir a comer. Las modelos y Javier corren buscando la "comida rápida" más sana que puedan conseguir en los alrededores del canal. Yo me quedaré en mi camarín, donde me espera un pan pita con atún, chiles jalapeños y una taza de café. Quizás alcance hasta dormir una breve siesta. El público asistente al estudio participa en un bingo con diversos premios y, a la salida, recibirán un *hot dog* y una bebida.

Es la oportunidad de repasar el peinado y el maquillaje. Cerca de las ocho, el *Doctor Mortis* me anuncia otra vez. Entro y cuento la misma anécdota y el mismo chiste de unas horas antes. No hay problema: el público ha cambiado y de él elegiremos al azar a dos personas que tendrán la posibilidad de llevarse a casa un automóvil nuevo.

La rutina se desarrolla en forma similar a la descrita. Han pasado varias horas y unos cuantos segmentos. Aproximadamente a las diez y media de la noche, sólo falta sortear el vehículo. La suerte quizás esté hoy de parte del concursante, lo que me hará gritar:

—¡Se lo llevóóóó... se lo llevóóó!

Ha ganado un automóvil cero kilómetros, "de paquete", más 5,000 dólares en efectivo. El concursante salta de felicidad. Su esposa, que permanecía sentada en las graderías, aparece corriendo a abrazarlo y besarlo. Todos estamos contentos. Del techo del estudio caen serpentinas y confeti. El público se pone de pie y aplaude. Junto a Javier y a las modelos, me despido:

—Será hasta el próximo sábado, a la misma hora y en el mismo canal.

Mientras me retiro del escenario, algunas personas que han viajado de otros estados o países piden fotografiarse conmigo, lo que acepto con gusto. El resto del público no se mueve de sus asientos. Para ellos habrá otro bingo y otros premios, por lo que el *Doctor Mortis* y Moraima, su ayudante, instalan presurosos los elementos para comenzar a cantar los números de la suerte.

Entretanto, yo me dirijo al camarín. Ahora lo que me espera sobre la mesa es un trozo de salmón con ensalada y un vaso de leche. Son más de las 11 de la noche. Me quito la ropa usada en el programa y me pongo la que traje ese día. Hacia casa, en mi auto, escucho radio en español y juego con el dial entre Radio Única y el *Show de Marta Flores* en Radio Mambí, una conocida estación cubana de Miami.

Es medianoche cuando entro a mi casa y veo que, dándome la bienvenida, me esperan medio vaso con hielo, dos porciones de proteínas y seis fresas, los ingredientes para un batido muy especial, que acompañaré con dos galletas de arroz. La licuadora protesta mientras parte los trozos de hielo. Termino de beber todo el jugo, y es el momento de subir... al "Everest", es decir, al segundo piso, donde está el dormitorio.

Me imagino que más de alguien se preguntará por qué con tanta dieta no logro ser más delgado. Respuesta: es que hoy me ha ido bien. Cuando me va mal, cae sobre mí lo que llamo "la depresión del éxito", y sin pensarlo dos veces, voy al restaurante de un amigo uruguayo, "Las vacas gordas", donde me sirvo de todo y lo acompaño de varios vasos de buen vino tinto. ¿Qué tal?

Menos mal que hoy fue un buen día, pienso mientras voy subiendo. Me faltan... sólo... dos... escalones... ¡llegué!

Ahí está esperándome mi amante esposa de 39 años... de matrimonio. Me mira, mientras se saca los anteojos, y me dice:

—No hay caso contigo, Marito. Son más de las 12 de la noche. ¿Cuándo vas a cambiar? Debes descansar más temprano.

Sentado a un costado de la cama, y con gran esfuerzo, me saco los zapatos. Ella no pierde un minuto:

—Llegas hecho un guiñapo. Todas las sonrisas y las carcajadas se quedaron allá con Don Francisco, y yo me tengo que conformar con un Mario Kreutzberger medio destruido. ¡Te vieran tus admiradoras!

Al ponerme el pijama, doy una mirada de reojo al espejo. Me parece que desde que salí del camarín hasta este momento tengo como 20 años más. Esto me trae a la memoria el viejo cuento aquel del marido que le dice a su mujer, temprano en el baño: "Mi amor, cada vez que me rasuro me siento 20 años más joven". Ella lo mira de arriba abajo y le responde: "Mi vida, ¿por qué no te rasuras en las noches, entonces?"

Temy sigue a la carga y me plantea:

—Estamos invitados a dos matrimonios y no me has dicho todavía si en agosto, o sea en tres meses más, vas a tener unos días libres.

La miro y quiero contestarle, pero sólo me sale una imploración:

—Te ruego que... me preguntes todo... mañana.

—Contigo no hay ningún mañana, Marito —responde en el momento en que yo apago la luz. Nos damos un beso en las tinieblas.

—Buenas noches, mi amor —agrega.

—Bue-nas...

Con los ojos cerrados, en el primer intento por dormirme, pienso que mañana será otro día... ojalá tan bueno como el de hoy.

* * *

Así es mi actividad en un día de grabaciones. Si con esto estoy destruyendo la magia artística que la gente se imagina sobre las luces y el espectáculo, doy desde ya las excusas del caso. Pero es así y la agenda me salvó y me permitió cumplir con todo, pues de otra manera el tiempo no me alcanzaría y quedaría mal con mucha gente. Ordené mis quehaceres y se duplicó mi tiempo útil. Temy no piensa igual, ya que hace poco me reclamó:

—Esa famosa agenda que te tienen todos los días está cada vez más terrible. Siempre me dices: "el próximo mes tendré menos que hacer". Pero veo que pasan y pasan los sábados y domingos ocupados. Ahora es el libro, otras veces que Houston, que Orlando, que Los Ángeles. Se te mete una cosa, se te mete otra. Una vorágine que te come. Esto es muy difícil, Marito.

Hace poco, una muy atractiva periodista mexicana me preguntó:

—¿Qué hace usted de lunes a viernes, Don Francisco? ¿No se aburre?

Casi le contesto:

—Pregúntele a mi señora.

Sueño gitano

Llevábamos casi tres años al aire en Estados Unidos y *Sábado Gigante* iba ganando público, mantenía buena sintonía e importantes anunciantes de publicidad. Había satisfacción por lo que estábamos haciendo y, si bien mi actividad estaba más programada, "agendada" como a veces le llaman, lo cierto es que "dentro de casa" el preocupado era yo. Tres años viajando para poder cumplir en Chile y en Estados Unidos, pero ya era físicamente imposible hacer ambas cosas a la vez.

Pese al éxito que comenzábamos a palpar, me preocupaba mucho el cansancio. No dábamos más. Nuestro desplazamiento semanal entre Santiago y Miami, ida y vuelta, nos tenía muy exhaustos. La visa de trabajo con restricciones de días, que obligaba a una "vida de gitanos" —llegar, trabajar y partir— nos llevaba a un agotamiento general.

—¿Cuándo te vas a calmar, Marito? Sólo te veo trabajando, corriendo —me preguntaba Temy, en medio de sus acostumbrados y dulces llamados de atención—. Estás poniendo en juego tu salud.

Claro que lo que llamábamos "vida de gitanos" era sólo un decir romántico, pues en lugar de carromato, como la usanza zíngara, me movilizaba ahora en un moderno y cómodo Lincoln Continental, modelo diseñado por Pierre Cardin, que contrataba Univisión para mi uso personal. Ese modelo tan elegante no existía en Chile. Los viejos Siboney de aquella agencia sólo quedaban en el recuerdo. Lo renovaba cada año y era como manejar un sueño. Tenía tantos recursos en su interior que me parecía cada vez más increíble. Entre otras gracias, disponía de control remoto para encender el motor, y también para hacer funcionar el aire acondicionado; por lo tanto, cuando me subía al coche, éste ya estaba fresco por adentro. Era un lujo hacer arrancar el motor a distancia y prender el aire anticipadamente. Lo último en tecnología. Poca gente lo conocía. En una ocasión, al salir de un supermercado, vi desde lejos que un policía estaba apoyado en él. Sin acercarme, encendí el motor. El agente casi sufrió un infarto. Saltó de susto, pensando quizá que se trataba de una bomba.

Pero el sistema no era infalible. Una de las veces que me fui a Chile y dejé el automóvil estacionado en el hotel, me llamaron a Santiago para decirme que el control remoto se había disparado solo y el motor estaba funcionando. No había nada que hacer, sino dejarlo hasta que consumiera toda la gasolina.

Sí que se podía hablar de vida gitana asomándose al maletero del Lincoln Continental, ya que mis pertenencias no estaban de acuerdo ni al año ni a la calidad del auto: una cocinilla portátil, un juego de platos y cubiertos, una tostadora de pan, una botella con revestimiento especial para mantener el agua a la temperatura deseada, una lonchera, café y leche en polvo. ¡Me hubiera visto Pierre Cardin!

Desde que salía del aeropuerto, cada domingo alrededor de las 5:30 de la mañana, con el bolso portaternos al hombro, llevando tres trajes para las grabaciones, hacía lo posible por atenerme a la rutina establecida, con el fin de alcanzar a cumplir todo lo que debía hacer.

Llegaba al automóvil, que casi siempre había dejado estacionado en el mismo aeropuerto, manejaba hacia el hotel y me detenía en la tradicional House of Pancakes, cuyo desayuno dominical consideraba poco menos que un amuleto para la buena suerte. ¡Otra superstición más!

Después del desayuno pasaba por un pequeño supermercado a comprar pan negro, salchichas, tomates y otras cosas. Me hospedaba en lujosas suites de los más modernos hoteles de Miami, con los cuales Univisión tenía convenio de intercambio publicitario. Los hoteles iban variando, recorrí casi todas las suites presidenciales. En uno de ellos, la suite principal tenía cinco habitaciones, además de una sala y un comedor para 15 personas. ¿Qué hacía yo con tanto espacio? Pues una vez instalado, sacaba y estiraba los trajes del bolso, pedía que no me pasaran llamadas para dormir hasta el mediodía. Ponía el despertador justo a las 12 y a esa hora saltaba de la cama, cortaba el pan, rebanaba el tomate, calentaba las salchichas, me comía todo y salía hacia el estudio de grabación. Mi suite debió haber sido la única del mundo en donde se cocinaba tan rústicamente. Nada de estar pidiendo al *room-service*.

De esa forma vivimos durante tres años quienes veníamos cada semana a Miami para hacer *Sábado Gigante*. Una vida como nunca la habíamos imaginado. La hamburguesa había pasado a reemplazar mi famosa y tan cuidada dieta balanceada, mientras el cansancio extremo ocupó el lugar del deporte que practicaba a diario. En consecuencia, al segundo año ya había subido alrededor de 12 kilos de peso (unas 26 libras). Y al tercero, incluso más. La satisfacción de estar haciendo un programa con popularidad me hacía a ratos olvidar el estado físico.

He vivido haciendo todo tipo de dietas, pues mi problema de siempre ha sido el peso. No hay sistema para reducir que no haya intentado. Podía subir y bajar 10 o más kilos en dos semanas si me lo proponía. En uno de los viajes que hice a la India con "La cámara viajera", vi que la gente era naturista y me hice naturista varios años.

Pero así como fui naturista por una "Cámara viajera", por otra dejé de serlo. Ocurrió cuando viajé a Hammerfest, la ciudad de las mujeres, el último rincón portuario de Noruega, cerca del Polo Norte. Los hombres viajan durante seis meses a pescar y quedan todas las mujeres solas en la ciudad. Es curioso advertir que cuando uno camina por la calle, las mujeres le silban, igual que los obreros de la construcción cuando una chica pasa al frente. En los bailes, son ellas quienes invitan a bailar. Y los bares están llenos de mujeres solas que le hablan a todo hombre que entre. En esa ciudad no hay verduras y como yo sólo comía vegetales, tuve que empezar a comer pescado y finalmente fui comiendo de todo.

¡Para qué decir cuando llegué a Miami! Le dije adiós al naturismo y me lancé a la vida sibarita, después de tanto esfuerzo por ser delgado.

El trabajo seguía siendo duro. Grabábamos hasta muy tarde. El paciente público se mantenía acompañándonos, aplaudiendo, dándonos combustible para seguir en lo nuestro. La gente quería participar en los concursos, disfrutar del *show*, pasar un rato divirtiéndose. Era la única oportunidad que tenía en la televisión en español de asistir y luego verse a sí misma, ya que el resto de los programas venía de México u otros países. Consciente de ello, trabajábamos y trabajábamos sin parar para no decepcionar al público.

Una noche en que terminamos como siempre tarde, salí muy cansado, deseoso de llegar a dormir. Manejaba el Lincoln Continental por la autopista hacia el hotel en Miami Beach. Al cruzar la bahía, me pareció que unas luces giratorias azules y rojas muy intensas, fuera de lo normal, parpadeaban detrás de mí. Miré por el espejo retrovisor. Era la policía. Reduje la velocidad y avancé casi a la vuelta de la rueda. No sabía qué iba a ocurrir ni lo que tenía que hacer. Nunca había estado en semejante situación. A través de un parlante escuché una potente voz en inglés. Puse atención a lo que me decían, en medio del silencio de la noche.

—Deténgase. Estaciónese a un costado. Salga del auto y ponga las manos sobre la maletera del vehículo.

Así lo hice, asustado a tal punto que se me espantó el sueño. El policía seguía adentro de su patrullero. Después supe que estaba ingresando los datos de mi vehículo en la computadora que en Estados Unidos todo agente lleva en su coche. Pensé con pánico que mi visa de trabajo podía verse restringida, estaba en un país extraño y no tenía conocimientos de la ley local. Además mi inglés era poco para comunicarme bien. En esos momentos imaginé que la computadora policial estaba conectada el FBI, ésta a la de inmigración, la de inmigración a los aeropuertos, donde una picadora electrónica estaba haciendo picadillo mi visa estadounidense.

Jamás había conversado siquiera con un policía. Al rato el agente bajó de su patrulla, me preguntó el nombre, seguramente para comprobar si coincidía con el que figuraba en su computadora. Los minutos pasaban lentos, mientras yo intentaba dominar los nervios.

El agente había visto el vehículo zigzagueando por la carretera y pensó que yo manejaba borracho. Le expliqué, como pude, que no había bebido una gota de alcohol y que todo era producto de mi agotamiento por el trabajo y la tensión de todos lo días. El oficial me observó y entendió lo sucedido, hizo algunas recomendaciones que le agradecí y se fue. ¡Tremendo lío que me saqué de encima!

Me recuperé y poco a poco volví a sentir el agrado de estar en Miami, contento de hacer el trabajo que me gusta. Pero eso de ir y venir entre dos países por tanto tiempo, me producía un gran cansancio, y éste me causaba distracciones peligrosas. En una ocasión me senté en el asiento trasero del automóvil y no podía encontrar el volante. Parece chiste de gallegos, pero me sucedió a mí que soy de Talca.

En otra oportunidad llegué a una estación de gasolina —en Estados Unidos son autoservicios y, por lo tanto, se paga antes de atenderse uno mismo—, me bajé a pagar, y cuando regresé al coche a cargar el combustible, alguien me abordó para pedirme un autógrafo, me saludó, hablamos. Se me provocó tal confusión, que subí al auto y partí. Tres cuadras más allá me di cuenta de que no había cargado la gasolina, pero sentí vergüenza de regresar y preferí buscar otra estación.

Como el programa alcanzaba cada día más popularidad entre los millones de hispanos que residen en Estados Unidos, decidimos darle más apoyo al equipo de producción. Tito Olave, nuestro editor periodístico, nos había anunciado su intención de regresar a Chile para dirigir un periódico, por lo que ofrecimos el cargo a Marcelo Amunátegui, periodista que llevaba más de 10 años trabajando con nosotros en Santiago, muy experimentado y especializado en lo nuestro. Marcelo aceptó la propuesta y se vino a Miami. Él es quien supervisa y coordina parte del trabajo de producción, en especial en el área periodística de la cual está a cargo. Además, es responsable del libreto general de cada sábado.

También vino Maitén Montenegro, que estaba relacionada con el programa desde 1966. La primera vez actuó como bailarina. Más adelante, su actuación, sus chistes y su canto la convirtieron en la primera *show-woman* de Chile. Como actriz tuvo una destacada participación con sus personajes *La Estelita* y *La señorita Olivia*. El público todavía ríe cuando la recuerda. Maitén terminó integrándose por completo con nosotros, dejando el escenario donde brillaba como estrella para dedicarse a la producción artística, y en especial a crear los segmentos infantiles y de humor de *Sábado Gigante*. Ha sido grande su aporte al programa en Estados Unidos.

El periodista más joven que alguna vez se haya incorporado a *Sábado Gigante* es Eduardo Fuentes. Llegó para realizar su práctica profesional, cursando segundo año de Periodismo en la Universidad Católica. Su corta edad y su rostro de niño impidieron que Canal 13 lo contratara, pero él no se amilanó. Trabajaba los reportajes e investigaciones en la calle y mandaba el material, sin entrar al estudio. Su desempeño resultó excelente. Lleva ya 20 años con nosotros, aunque sigue con su cara de niño. Eduardo aceptó venir a Estados Unidos, y aquí se enamoró y se casó. Hoy es coordinador-productor de concursos y nos apoya en la gestión periodística. También asesora voluntaria y eficientemente, como extraordinario catador, todo compromiso social que tenga una botella de vino de por medio. No bebe mucho, pero se las sabe todas.

Todos estos compañeros de trabajo chilenos eran "especialistas" en *Sábado Gigante*, llevaban muchos años en esto y sabían bien qué hacer, cómo hacerlo y cuándo hacerlo. A muchos otros hubo que enseñarles producción de televisión debido a que el programa es *sui generis*, tiene características muy propias y complejas, y no cualquier productor puede servir.

Cabe mencionar también el excelente papel que desempeñó nuestro primer director, Errol Falcon. Lo contratamos *freelance*, como se hizo con la mayoría de quienes trabajaron con nosotros en la primera época, ya que Canal 23 no disponía de gente para lo nuestro. Junto con "arrendar" estudios, "arrendábamos" el trabajo de personal independiente durante los días de nuestra grabación. Falcon, de origen cubano, se había formado como profesional en Miami, tenía una pequeña empresa de producción y había dirigido varios programas muy populares en los canales en inglés. Con el tiempo, prefirió continuar creciendo en su desempeño particular. Entonces la posta en la dirección la tomó Vicente Riesgo, hasta hoy nuestro muy eficiente director, cuya colaboración ha resultado fundamental para alcanzar el triunfo.

En esa época implementamos también la idea de traer personas con cierta notoriedad para que participasen en el programa como jurados en los paneles de diversos concursos, como "El juego de los mentirosos". Destacó allí, muy por sobre los demás, una niña actriz mexicana, Lucerito. Era muy aplaudida y la invitamos varias veces. La pequeña se fue transformando en una gran estrella de la canción y en gran actriz. Hoy es Lucero, una de las profesionales más destacadas en el ambiente artístico de México.

¿Qué sensación tuvo esa jovencita al participar en *Sábado Gigante*? ¿Qué la movió, en realidad, a visitarnos entonces?

* * *

Linda, juvenil y diáfana, seguida muy de cerca por la madre —su productora y representante, además de su *fan* número uno—, pocos meses antes de concluir estos escritos, en un alto de la grabación le propuse a Lucero recordar algo sobre esos días iniciales.

—Tengo muy grabados en la memoria esos primeros viajes míos a Miami. Intuía que la televisión iba a crecer mucho y me interesaba estar allí, para acercarme al público hispano de Estados Unidos, que en esos días era muy distinto de lo que es hoy. Tuve la impresión, en esa época, de que quienes hablaban español, en su gran mayoría mexicanos, eran tímidos y vivían asustados.

—¿Cómo lo podías apreciar, si en el estudio de Univisión sólo teníamos 100 personas?

—Es que yo no sólo venía a Univisión. Además de concurrir a *Sábado Gigante*, participaba en unas caravanas —así se llamaban— junto a Vicente Fernández, al *Chavo*, a la *Chilindrina*, recorriendo ciudades donde había comunidades que hablaban español. Advertíamos claramente la timidez del público. Con decirte que en algunas partes ni siquiera se atrevían a aplaudirnos.

—¿Desde entonces hasta ahora notas algún cambio, o siguen siendo tímidos, crees tú?

—Hoy es muy diferente. Aparte de la televisión, veo que se vive un *boom* artístico-musical hispano en Estados Unidos. Al menos en mi caso pienso que el público, al verme en la pantalla en su casa, me sintió más cerca y cambió. Tengo la certeza de que tu programa ayudó mucho a ese cambio. La comunidad de origen latino se vio reflejada, interpretada en la televisión, y hoy son muy cariñosos, expresivos, distintos de cómo eran hace 15 años.

Esta bella mujer, a la que conozco desde niña, irradia lozanía, alegría. Me regala una linda sonrisa y le pido que me cuente los sueños artísticos que tenía cuando comenzó a visitarnos.

—Tenía los mismos sueños que tengo ahora, sólo que he ido agregando otros. Algunos se han cumplido con creces, otros están pendientes y en su momento se cumplirán.

Llevo una muy buena relación con Lucero. He seguido de cerca su carrera, su vida, sus películas, sus telenovelas, sus canciones, sus discos, sus amores, su matrimonio y su gran inquietud por participar en campañas sociales como la *Teletón*.

—Siempre estoy soñando con llegar a públicos diferentes, cantar en varios idiomas y, si es posible, darme a conocer en otros continentes. También me encanta hacer cosas nuevas. Creo que éste fue el principal factor del triunfo de *Sábado Gigante*: un programa distinto, que ha tenido de todo un poco, pero que, en mi opinión, tiene mucho corazón y las cosas que tienen corazón, Mario, no se olvidan nunca. Perduran.

Guarda silencio unos segundos, piensa y continúa:

—Yo hablo con la gente y sé cómo agradecen tu programa. Los que ven *Sábado Gigante* y algo no les gusta, se van, pero saben que al rato pueden volver y tú todavía estarás ahí. ¿No es ése tu secreto?

—La verdad es que no lo sé, pero me gusta escucharlo —respondí—. No sé si ése es el secreto, como dices tú. Te puedo asegurar que somos muchos, muchos, los que ponemos todo de nuestra parte y el mayor esfuerzo para conseguir ese aplauso electrónico cada sábado.

* * *

Hasta ese momento, el humor en el programa sólo lo ponía yo, a través de chistes y bromas en los concursos, todos muy elementales, provenientes de los años 1964 y 1965: "Quién le pone la cola al burro"; "Quién revienta más globos"; "No diga sí, no diga no". Pero había que mejorar y nos propusimos renovar segmentos con concursos como "Traiga su disco y báilelo", "El chacal de la trompeta" (que habíamos integrado al programa el año anterior), "Las modelos", "Miss Chiquitita", "El mejor de los mejores", "El amor después de los 60" (espacio en el cual una vez incluso se celebró el matrimonio de una pareja bastante mayor), "Quién tiene más", "Miss Terio", "Yo soy único", "Modelos maduras" y "Los niños modelos". A través de este último nos dimos cuenta del enorme interés del público, al comprobar que los padres hispanos, influidos por la televisión norteamericana, preparaban cuidadosamente al niño que invitábamos, le compraban vestuario y ensayaban con él.

Con "El chacal de la trompeta" tuvimos desde un principio mucho cuidado, por cuanto el personaje podía resultarle agresivo al público y provocar rechazo, más aún si la gente desconocía la intención. *El Chacal* —que venía de lograr tremenda fama en Chile— es el personaje más malo, un ser despreciable que utiliza su trompeta para descalificar concursantes y viste encapuchado para que la gente no lo reconozca en la calle.

En el "papel" de *Chacal*, en Miami, probamos primero con un trompetista cubano que apareció en el estudio con un traje brillante hecho a la medida. Aparte de tocar su instrumento, hacía ademanes y daba gritos guturales. Después de él, importamos otro *chacal*, pero al cabo de un tiempo, decidimos retirarlo de la pantalla, pues no podíamos basar el programa entero en el vil personaje de la trompeta. Más adelante, frente a un problema de audiencia, consideramos su retorno. Así llegó un tercer *chacal* —el actual— que ya cumplió nueve años de actuación.

En medio del concurso "La gran oportunidad", donde los cantantes aficionados desafían a *El Chacal*, se me ocurrió una vez ponerme un sombrero. Nunca lo había hecho. El público, el ver esta novedad, comenzó a enviarme sombreros de regalo. Los recibí de todo Estados Unidos y yo iba diciendo "este sombrero es de Texas... este otro es de Chicago". Llegué a tener 450.

Nos propusimos incorporar más humor, intentando llegar a todas las personas que hablan español en el continente, pero que usan tonalidades distintas, expresiones diferentes. Era una tarea difícil. Además, el sentido del humor es la facultad más increíble del ser humano, y sabemos muy bien que la única medicina contra el estrés, sin efectos secundarios, es la risa.

Creamos una familia humorística, *Cuquito* y *Vitico*, que actuaban dentro del concurso "¿Quién tiene la razón?" La pareja exponía un tema del diario vivir en un hogar, el público lo discutía y el bando que ganaba se llevaba los premios.

En nuestro permanente esfuerzo por variar los segmentos para lograr que el público no se fuera ni un momento, pensé que también en Estados Unidos podríamos hacer humor a través de un personaje de fantasía ya probado en Chile: *Mandolino*, un hombre que de tan humano y simple era capaz de hacerle todo tipo de preguntas y bromas a Don Francisco, porque no alcanzaba a darse cuenta de que éste era una gran personalidad, y que él algo menos que su valet.

Mandolino había representado una etapa muy importante del programa. Su participación estelar le dio peso a *Sábado Gigante*. Él me enseñó a trabajar a dúo y aprendimos mucho el uno del otro. Sin embargo, fuera de cámaras, éramos muy distintos.

Un día me enteré de que *Mandolino* había resuelto irse de *Sábado Gigante* sin avisarme, de la noche a la mañana, para hacer un programa en la cadena competidora, Telemundo. Quizá presionado por algo o por alguien. Yo he preferido guardar hasta hoy el recuerdo de nuestra época de logros.

Al abandonarnos *Mandolino*, no podíamos quedar sin alguien que representara humorísticamente al público. Recordé a la actriz Gloria Benavides, cuyo personaje muy querido por la gente, *La Cuatro*, también había nacido en *Sábados Gigantes*. La llamamos y aceptó. Vino a Miami y con su papel logró muy rápido el efecto deseado: aplausos a rabiar.

La Cuatro es una irreverente mujer de edad indefinida, modesta, que llega ante el poderoso animador y lo molesta, haciéndole y diciéndole cosas que muchos del público desearían decirle, pero no se atreven. Se burla porque es cabezón, gordo, tiene doble papada. Y lo enamora. A la gente le encanta. Se divierten con lo que hace *La Cuatro*, nombre que se originó en su antiguo seudónimo de humorista: "La Cuatro Dientes". En Miami le suprimimos el "apellido" debido a que ese segmento lo patrocinaría... un dentrífico.

Apareció también "El Indio Cambianombre" y en su momento pusimos otro componente humorístico que dio resultado favorable: una "Oficina de

136

Producción" en la cual el 99 por ciento de los que trabajan son hispanos, excepto el jefe, que es norteamericano. Todos se ríen de él y hay una agresividad simpática contra el gringo. Aquí hay otros personajes irreales, como la voluptuosa secretaria *Karina*, o el utilero *Ñañito*, o la propia *Cuatro*, encargada del aseo. Protagonizan escenas que ocurren en la vida diaria de los hispanos en Estados Unidos: el jefe no los entiende y ellos tampoco entienden al jefe. Por lo general, los gringos se extrañan de ciertas características y hábitos del latino, como su impuntualidad o la facilidad que tienen para decirle a su jefe:

—Mañana no puedo venir a trabajar porque es el bautizo de una sobrina de mi mujer.

—*What?*...

* * *

Otra importante contribución al programa fue la llegada de Javier Romero, quien se ha transformado en una voz característica como nuestro tradicional animador comercial.

En esta actividad, Javier es quien se ha integrado al equipo por más tiempo. Lleva 10 años. Su antecesor, Pedro De Pool, se sintió frustrado siendo coanimador y decidió dedicarse al teatro.

Guardo por Javier un gran cariño. Lo conocí muy jovencito, soltero, más delgado, cuando se unió a nosotros. Me hacía recordar mis comienzos en la televisión, pues tenía más o menos la misma edad que yo cuando empecé. Me imaginaba sus temores y sus deseos de establecerse, como los tuve yo. Él ahora está casado, tiene un hijo, sigue siendo un hombre cumplidor, trabajador empedernido, muy perseverante y, sobre todo, un caballero a carta cabal. Somos de generaciones diferentes. Podría decirse que soy casi como "el papá" de él, pues tengo hijos de su misma edad. Al compartir ambos una actividad en común, hay muchas cosas que le puedo prevenir, ya que su carrera es similar a la mía. No igual, él hace más radio que televisión, pero como empezó muy temprano a formar una familia, ha comenzado a tener los mismos problemas que tuve yo en mi juventud para compatibilizar la exigencia de los horarios con mi vida familiar. Hay noches en que grabamos hasta muy tarde y él debe llegar a su hogar de madrugada, para saltar de la cama antes de las cinco y partir a su programa radial.

Javier y yo tenemos características y personalidades distintas y eso ha sido bueno, porque así no chocamos, lo que nos ha permitido tener mucho diálogo. Yo he visto sus avances y sé que su éxito se ha acrecentado.

137

* * *

Ya en varias ciudades de Estados Unidos el público disfrutaba bailando y cantando *A mover la colita*, y también con *El bailongo*, ritmos que nosotros impusimos a través de la pantalla. La gente se entretenía mucho con *Sábado Gigante* y esto generaba la popularidad del conductor, que de pronto se veía en situaciones sorprendentes. Me resultaba increíble ver cómo la gente me reconocía en la calle y en otros sitios públicos.

En octubre de 1989 recibí uno de los honores más grandes: me invitaron a encabezar, como Gran Mariscal, el Desfile de la Hispanidad, que por 25 años consecutivos se venía realizando en Nueva York. Sería el primer chileno en recibir esta distinción otorgada por la comunidad hispana de esa ciudad. A pesar del protocolo, de la tradición y de estar convaleciente de una fuerte neumonía, me negué a hacer el recorrido en el tradicional automóvil descubierto, pues quería cubrir el trayecto a pie por la Quinta Avenida, entre las calles 24 y 69, unos tres kilómetros. Caminé con el abrigo puesto, con mucha energía y gran entusiasmo. La gente, feliz, me gritaba:

—Mueva la colita, Don Francisco.

—¡Qué bueno que no trajo al *Chacal*!

—¿Cómo dice que dijo?

—¿Dónde dejó a *Mandolino*?

Cuando salí hacia el desfile aquella mañana, desde el hotel Plaza, alguien me llamó de un restaurante cercano golpeando el vidrio para llamar mi atención y haciéndome señas para que entrara. Entré. Era el actor de cine Telly Savallas, a quien reconocí inmediatamente. "El teniente Kojak" en persona y su hija (o una novia muy joven), estaban tomando café y sirviéndose tostadas.

—Lo he visto en la televisión. Usted hace una cosa interesante —me dijo.

Le agradecí, intercambiamos dos frases más de cortesía, y salí. Afuera, una persona me pidió un autógrafo. Después, otra más. Se juntaron muchas y todas pedían autógrafos y fotos conmigo. Incluso algunos americanos, que quizá no sabían de qué se trataba. Se produjo un embotellamiento de tránsito. Efectivamente, el programa había ganado mucha popularidad.

No podía dejar de pensar que de joven había caminado tantas veces por la vereda de la Quinta Avenida. No hubiera podido imaginar entonces que años más tarde marcharía por el medio de la calle, con una banda de músicos abriendo paso, como Gran Mariscal de La Parada hispana, frente a medio millón de personas que saludaban gritando ¡DON FRAN-CIS-CO!

En algunas ocasiones el público sobrepasó las barreras policiales para saludarme. A medida que avanzaba el día la temperatura iba bajando, pero el ánimo de la gente nunca decayó. Partí con un saludo personal del alcalde

138

de Nueva York, y al pasar frente a la Catedral de San Patricio me saludó el Cardenal John O'Connor.

Era la coronación de una carrera de muchos años, de mucha dedicación y esfuerzo. Un esfuerzo que a veces rompió los límites de lo aceptable para la familia y para la propia salud. Los organizadores estimaron que habían participado 57 instituciones de la comunidad y representantes de 21 países a los que nos unía la historia, la cultura y, sobre todo, el idioma, aunque este último lazo a veces pareciera discutible.

Porque la frase acuñada por nosotros: "Separados por la distancia, unidos por el mismo idioma" no dejaba de tener sus bemoles. Para poder enlazar tan diversas variantes del español, debí aprender el vocabulario regional de los pueblos latinos. Si hablaba de "rasca" para definir a alguien o algo de mala calidad, debía agregar los sinónimos regionales: naco, cobarde, cafre, hortera, mersa. Por supuesto que si un concursante chileno decía "micro", yo explicaba que se trataba del bus, autobús, buseta, camión, guagua, y que esta última no tenía nada que ver con lo que significaba en Chile, es decir bebé.

No era ejercicio fácil hablar el mismo idioma, pero nos íbamos entendiendo y *Sábado Gigante* hacía su aporte para consolidar a la comunidad.

Políticamente correcto

¡Qué gusto me dio ver, escuchar y saludar a tantos hispanos y entre ellos a los chilenos! El entusiasmo patrio emociona más cuando se da al otro lado de la frontera. En esos momentos, al interior de Chile eran otras las emociones: una fuerte presión social demandaba una apertura política después de más de 15 años de gobierno militar. El general Augusto Pinochet resuelve convocar a un plebiscito para consultar a la población sobre la posibilidad de mantenerse al mando de la nación o llamar a elecciones. Ganó la segunda opción y el país entero empezó a pensar en eventuales candidatos para suceder a Pinochet.

No faltaron los que imaginaron que un candidato con opciones de triunfo podría ser yo.

El que se haya considerado a un animador de televisión como posible presidente de la República era índice de que, con tanto tiempo sin actividades políticas, no existían líderes que la gente conociera ampliamente, o si existían, se contaban con los dedos de una mano y no les era permitido mostrarse.

—¿Yo? ¿Yo, presidente de Chile? No pasa de ser una idea disparatada— les insistí a quienes me visitaron para el efecto—. No tengo ni la vocación ni la preparación necesaria. No entiendo qué es hacer política. No sé lo que significa.

Siento cierto rubor al contar esto, pero como es algo que ocurrió y que publicó la prensa nacional, puedo comentarlo. Un momento oscuro de la política chilena donde sin duda hubo confusión. Algunos pensaron que el lanzamiento de la *Teletón* tenía ribetes políticos, al convocar yo en el programa a que todos los chilenos se pusieran en una misma fila y se estrecharan la mano solidaria, aunque fuesen adversarios ideológicos.

Más bien yo siempre había hecho el quite a la política pues intuía que sólo lograría polarizar a mi público, y un animador de programas de entretenimiento busca la imparcialidad. Lo que siempre entendí, claro, es que los políticos tienen una gran similitud con los artistas, pues ambas actividades son absolutamente vocacionales, con un factor común: el aplauso como resultado del éxito. Para los artistas, éste llega unido a la venta de un disco o a la entrega de un premio; para los políticos, mezclado con los votos, con una distinción o la elección para el cargo al que aspiran.

Sábado Gigante ha mantenido la costumbre, en todo caso, de tomar contacto con el gobierno de turno. Nos necesitamos mutuamente para transmitir las inquietudes de nuestros telespectadores o para servir de puente entre las autoridades y el pueblo, ante una plaga, una emergencia o una vacunación masiva. Nuestro programa es de orientación y el actor principal es el propio público.

Recuerdo muy bien mi primer encuentro personal, en 1964, con el presidente de Chile, Eduardo Frei Montalva. Fue a raíz de la visita a Santiago del célebre actor cómico Cantinflas, para el estreno de la película *Su Excelencia*. Yo había entrevistado antes al bufo mexicano y quedé muy reconocido con él, pues me pareció un hombre fuera de lo común, de gran humanismo y conceptos claros y firmes sobre temas como la pobreza, la paz y el futuro del mundo. Me habló en términos convincentes sobre la responsabilidad de los comunicadores para ayudar a construir un mañana mejor, y del interés y dedicación que deberíamos dar a los niños con este propósito.

Sus palabras me calaron hondo y me dejaron pensando. Hoy creo que esa entrevista con Mario Moreno, Cantinflas, fue la antesala de mi inquietud, años después, por hacer algo para los niños de mi país, que se materializó en la *Teletón*. Él fue muy agradable y me dedicó bastante tiempo, considerando que se trataba de una figura mundial del cine frente a alguien que recién comenzaba en la televisión chilena.

El estreno de *Su Excelencia* fue tan anunciado y concurrido, que decidí ir esa noche a hacer un reportaje sobre el ambiente alrededor del espectáculo. "Una nota de colorido", dirían los periodistas. Me encontraba en el *hall* del teatro, que bullía de público, cuando se acercó alguien a decirme:

—Su Excelencia desea verlo.

—Ya —respondí—. Voy lueguito.

Al poco rato, otra vez el funcionario vino y me repitió la frase.

—Sí, ya sé —le contesté—. Ya voy. ¿No ve que estoy filmando?

—Pero es una descortesía con el Presidente —dijo indignado, casi gritándome.

—De ninguna manera, a Cantinflas lo conozco y él sabe que así es mi trabajo.

—No, señor, se trata del presidente de Chile. El presidente Frei es quien lo llama —terminó aclarándome.

Dejé todo de lado y me acerqué al palco donde estaba el gobernante, acompañado de su esposa, doña María Ruiz-Tagle.

—Quería decirle que con mi señora vemos todos los sábados su programa. Nos entretiene mucho. Lo felicito.

Era la primera vez que hablábamos y fue también el primer halago que recibí de tan alto magistrado.

A Frei nunca más lo vi en persona, aunque me hubiera gustado. Pero, como es obvio, él andaba en actividades diferentes a las mías y el manejo del país se le complicaba. En 1970 le entregó el gobierno a su sucesor, el socialista Salvador Allende.

Mi relación con Allende tuvo un sabor distinto. Creo que nunca le caí bien. Para él mi programa era alienante y no le agradaba. Tuve además en mi contra el hecho de que Canal 13, donde trabajaba, fuera considerado opositor a su gestión, y que incluso parte de la comunidad lo calificara de canal "momio", como llamaban los izquierdistas despectivamente a los de derecha. En más de una ocasión, en la calle, fui víctima de epítetos e insultos por esa "razón". Una vez hasta me escupieron. Sin embargo, con la primera dama, doña Hortensia Bussi, simpaticé más. En varias ocasiones me invitó a colaborar en la promoción de campañas sociales que ella dirigía, lo que siempre hice con agrado.

Allende tuvo un gobierno muy diferente del de sus antecesores. Quiso realizar cambios profundos. Pensaba que al país le convenía más una economía socialista que una de corte capitalista. Fracasó en su intento y la nación cayó en crisis. Una parte de la sociedad chilena odiaba a la otra parte y eso contribuyó para que a mediados de 1973 se volviera casi imposible la convivencia nacional.

En cuanto al canal —entre otros aspectos— éste no contaba con facilidades para importar accesorios técnicos y enfrentaba mil dificultades a la hora de adquirir las cuotas de dólares para la importación, que eran reguladas por el Banco Central. Se transmitía en muy malas condiciones, pagando el alto precio de ese calificativo de opositor.

En cierta oportunidad, ejecutivos de la televisora me pidieron que, aprovechando los frecuentes viajes que cumplía por mi programa, lo hiciese esta vez a Panamá para comprar unas lámparas que necesitaban en su departamento técnico. Panamá era entonces el gran supermercado de la electrónica para Sudamérica, donde se conseguían equipos y repuestos más baratos. (Con el tiempo surgió la competencia de Miami y otras ciudades norteamericanas.)

En la ciudad de Panamá, un viernes por la mañana, mientras esperaba frente a la ventanilla del banco que me cambiaran el cheque en dólares que había sido comprado en Santiago, noté que el cajero me miró repetidas veces, regresando su vista al documento. Hablaba por teléfono y me volvía a mirar. Al poco rato se me acercaron dos corpulentos morenos, agentes de policía, a decirme que el cheque era falso.

—¿Falso? ¿Cómo puede ser? —atiné a decir, muy sorprendido.

Traté de explicarles que tenía que haber un error y que yo era un conocido animador de la televisión chilena, pero no me escucharon. Me puse nervioso, estaba muy asustado. Los agentes, tomándome cada uno de un brazo, me llevaron detenido. Al llegar a la estación policial vi un cartel en la pared interior, con instrucciones a los oficiales. Entre ellas decía que no se dejaran sorprender por los detenidos, pues éstos generalmente aseguraban ser personajes importantes, artistas o multimillonarios.

Bastante tarde logré avisarle a Temy, que aún esperaba sola en el hotel a que yo regresara del banco.

Pasé el fin de semana preso. Mis compañeros de celda no eran artistas. O al menos era en otro tipo de espectáculo en el que ellos se desenvolvían. Me tocó compartir la primera noche de calabozo con un carterista y una prostituta. Fumamos y conversamos hasta el amanecer. Conocí en detalle las historias de sus vidas y cómo manejaban "profesionalmente" esto de estar presos unos días y en libertad otros. Eran viejos camaradas de esas celdas, a las cuales entraban con frecuencia. Me dieron ánimo ante la demora que tendría el trámite judicial al que sería sometido.

Gracias a las gestiones y a las urgentes y repetidas llamadas que hizo Temy a Santiago, al canal, a la Cancillería, a la Embajada, a medio mundo, salí en libertad el lunes, después de una gestión del embajador de Allende en Panamá, Mario Quinzio, quien a su vez había recibido instrucciones del subsecretario de Relaciones Exteriores, Aníbal "Pibe" Palma. Para suerte mía, tanto el embajador como Palma eran militantes del Partido Radical; es decir, no tan "cabezas-calientes" como otros izquierdistas que me calificaban de "burgués, contaminado, reaccionario y momio".

Sábados Gigantes se mantenía como podía sin recursos, pero siempre arriba. Pese a los tiempos confusos, yo seguía desarrollando algunas acciones sociales en mi programa. En cierta ocasión, a raíz de inundaciones en diversas ciudades, realicé por televisión una cruzada pidiendo a la población donar zapatos. Reuní casi 10 mil pares, pero al final los opositores a Allende hicieron correr el rumor de que todos los zapatos habían ido a dar a Cuba. Me acusaron de estar vendido al gobierno. No sabía a quién darle gusto, pues a todo esto la prensa de izquierda me trataba pésimo. Para qué decir el periódico matutino *Puro Chile*, que me calificaba de "torturador telegénico" y me otorgaba con frecuencia un premio simbólico de castigo: "el huevo de oro". Pude haber llenado una canasta.

En el país se respiraba un ambiente muy tenso. Yo mismo, al pensar que ya no había futuro en Chile, consideré la posibilidad de irme a Costa Rica, idea que no prosperó. Todos presumían —y unos cuantos lo deseaban— que "algo" tenía que ocurrir para que acabara esa situación anómala. El país no podía continuar así, casi en un desgobierno. Era un secreto a voces que los militares se disponían a actuar.

Hasta que actuaron y se produjo el golpe de Estado. El presidente Allende rechazó la oferta de los generales para abandonar el país y murió pocas horas después en su despacho del palacio presidencial La Moneda.

Ni camarógrafo ni locutor

El 11 de septiembre de 1973 despertamos con música marcial en las radios, helicópteros sobrevolando la ciudad, un decreto o bando militar dando las primeras instrucciones a la población a las nueve de la mañana y aviones de guerra en vuelo rasante sobre Santiago.

Enterado por las radioemisoras de lo que ocurría, salí de inmediato de casa con mi cámara filmadora, pensando que podría obtener una nota de interés internacional y por primera vez lograr vendérsela a la televisión extranjera. Llegué hasta el frente de la La Moneda. La poca gente que se veía por ahí comentaba que se aproximaban las fuerzas militares y que iban a bombardear. De repente, desde lo alto de un edificio vecino, sonó un disparo. Y otro. Y otro más. Una serie de balazos retumbaron en mis oídos. Francotiradores hicieron fuego desde varios puntos. Los militares respondieron disparando hacia los edificios. ¡No, no! Eso no era para mí (y creo que para nadie). Partí como loco de regreso a casa. ¡Ni me acordé que quería filmar para vender una nota!

Al llegar a casa les dije a mi mujer y a mis hijos que debíamos "acuartelarnos" y permanecer encerrados por varios días, ya que nadie tenía la certeza de cómo serían las cosas. Salimos al supermercado más próximo a comprar lo que hubiera y así apertrecharnos... pero llegamos tarde. No quedaba nada. A muchos se les había ocurrido lo mismo antes que a nosotros. En casa teníamos algo de harina y granos de centeno, porque como en las últimas semanas se había puesto difícil comprar pan y a mí me gustaba el pan negro, me transformé en un experto panadero y ahora amasábamos el pan.

Nos quedamos —toda la familia reunida— sin siquiera asomarnos a la ventana, escuchando con miedo en la radio marchas militares y noticias. Conscientes de que viviendo a dos cuadras de la Escuela Militar era pertinente tomar ciertas precauciones, pusimos colchones en puertas y ventanas, pensando que así podríamos amortiguar el recorrido de alguna bala perdida.

Eran casi las dos de la tarde de ese martes. Acatando el toque de queda dispuesto por las fuerzas armadas, nadie circulaba por las calles. En eso, escuchamos que golpeaban en la puerta. ¿Quién podría estar desafiando la prohibición?, me pregunté. Nada bueno presagiaban esos llamados. Miré desde el segundo piso y vi que todo el frente estaba cubierto con militares armados hasta los dientes.

144

Lili Estefan permaneció muchos años con nosotros. Aprendió a soportar mis bromas.

Cada semana un automóvil nuevo para que alguien del público se lo lleve a casa.

Un espacio de éxito permanente: los niños del Clan Infantil. Sus opiniones sorprenden.

Los telespectadores se identifican con *La Cuatro*, ríen y aplauden largamente sus ocurrencias.

Con tal de tener La Gran Oportunidad, los concursantes soportan el duro veredicto de El Chacal de la Trompeta.

Siempre refresca y atrae el aire juvenil que aportan las modelos y el coanimador.
En la foto con Rashel, Sissi y Javier Romero.

La participación del público es parte vital de *Sábado Gigante*. Es un programa interactivo.

Varias jornadas grabamos en el famoso Palladium de Los Ángeles. El público, como siempre, nos respaldó.

Una constelación en el programa: Olga Tañón, Daniela Romo, Carlos Vives, Sofía Vergara y Sissi.

Con una recepción muy concurrida, celebramos los 10 años de *Sábado Gigante Internacional*.

El astro Ricky Martin nos visita para conversar, reír y cantar.

Junto a la belleza y el talento de Thalía y Chabeli Iglesias. Nos acompaña Emilio Azcárraga Jean.

Vivi decidió abrirse paso en la televisión. La apoyo en todo cuanto pueda.

La vida de Don Francisco está retratada y guardada por Temy en el Museo del Alma.

—Don Mario —gritaron desde afuera—. Venimos de parte de mi coronel Labbé.

Abrí la puerta, temeroso y dubitativo.

—Sí, dígame no más.

—Mi coronel desea que usted vaya a la Escuela Militar y que lleve su cámara filmadora, por favor.

—Sí, sí, claro. La fil-ma-do-ra... sí, claro, pueden llevársela no más —respondí tartamudeando—. Ya se la traigo.

—No, don Mario. Tiene que venir usted, porque su cámara tiene un dispositivo especial y nadie más la puede usar.

En efecto, a mi pequeña filmadora le había adaptado un micrófono, pues el modelo original no lo traía, y tenía que enhebrar el celuloide en la cámara de una manera determinada a fin de que pudiera grabar bien el sonido.

Fui, asustadísimo y preguntándome cómo los militares podían saber del dispositivo particular de mi cámara. Nunca me lo expliqué ni tuve la oportunidad de preguntárselo al coronel Labbé, a quien jamás logré ver. Me quedó muy claro, eso sí, que si querían impresionarme por lo enterado que estaban hasta de los más pequeños detalles, lo habían conseguido.

Al llegar al cuartel, me asombró ver cómo gran parte del patio interior de la Escuela Militar estaba ocupado por unos 500 hombres sentados en el suelo, con las manos entrecruzadas tras sus cabezas. Un frío me recorrió la espalda y los pies empezaron a pesarme como costales de plomo. Caminaba como zombi y las rodillas me dolían como si hubiera caminado kilómetros. Primera vez en mi vida que veía prisioneros. Me parecía estar mirando una película sobre la Segunda Guerra Mundial. Imaginé lo que no quería imaginar. De pronto, escuché que decían que se estaba entregando un personaje importante del gobierno derrocado acatando el llamado que los militares hicieron a muchas figuras civiles. No lo vi, pero supe que se trataba de Aníbal "Pibe" Palma, con cuya ayuda yo había podido salir de aquel serio problema del cheque-dólar en Panamá.

Estuve largo rato solo, en un pasillo, sin saber qué hacer. Me preguntaba una y otra vez: ¿qué hago yo metido en un cuartel militar?, ¿para qué me necesitan?, ¿por qué quieren mi camarita? Sentí tanto susto que me dieron deseos de ir al baño, pero todas las puertas a mi alrededor estaban cerradas. ¿Cuál podría ser la del baño? Había demasiadas. ¿Será la tercera puerta? Me decidí por la cuarta, la abro... y aparece un uniformado en ropa de campaña.

—¿Qué anda haciendo usted por aquí? —me dice.

Su tono alto, engolado, lo escucharía de ahí en adelante por muchos años. Había abierto nada menos que la puerta de la sala donde se encontraba la Junta Militar, constituida esa mañana y reunida en ese momento. Quien me habló era el general Augusto Pinochet, a quien ya había conocido cuando él era jefe militar de Santiago. Pero en este momento no lo recordó.

Minutos después vino un militar a mi encuentro y me ordenó ir a la residencia que ocupaba el derrocado presidente Allende "donde lo estará esperando gente del Canal 13 para operar su cámara", me dijo. El oficial miró hacia atrás, gritó unas órdenes, giró nuevamente hacia mí y me pidió que lo siguiera. Ahí iba yo, caminando, abrazado a mi cámara filmadora como si fuera una mascota.

Partimos en un jeep del ejército. Escuchaba balazos por todos lados. Por si acaso, me senté en medio de dos soldados. Iba aterrado. Nadie hablaba. Pasaron cinco larguísimos minutos. "Hace frío", dije mientras me soplaba las manos, un poco porque en verdad que sentía frío, y otro poco para que no se notara que si apretaba la mandíbula, me castañeteaban los dientes. No hubo respuesta, pero me consoló ver que los uniformados, que miraban hacia la calle con cara de mal aspecto, también sudaban. No era yo, entonces, el único con miedo.

Llegamos a la famosa casa en la avenida Tomás Moro, en el municipio de Las Condes, uno de los más elegantes y bien cuidados del Gran Santiago. La residencia se veía bastante averiada, con todos los vidrios rotos en su caseta de vigilancia, junto a la vereda. Al entrar, vi dos, tres, cuatro cadáveres en el suelo, por lo que no me fue difícil suponer lo que había pasado. ¡No daba crédito a lo que estaba viendo! Eran miembros de la guardia personal de Allende, cuyos restos aún no levantaban, me dijeron. En el interior de la residencia estaba todo desordenado, como si hubiese pasado un huracán sin dejar nada en pie.

Muchos uniformados caminaban de un lado para otro llevando y trayendo cajas, papeles, cajones sacados de sus muebles, rozándome sin preocuparse. También se encontraban allí algunos agentes de la Policía Política, apodados "los guatones de la pé pé", que vestían camisas floreadas como para que nadie sospechara que tenían algo que ver con la policía, motivo por el cual eran fácilmente reconocibles. Yo quería pasar inadvertido, no tropezar con nadie, que nadie se fijara en mí (mucho menos los agentes). Escuché que leían con acuciosidad un archivo de correspondencia enviada al exterior en los últimos meses por el ex presidente Eduardo Frei Montalva. Es decir, algún organismo gubernamental había interceptado las cartas de Frei —presidente del Senado hasta ese día— y ahora el archivo, guardado en un mueble, en medio de un pasillo, estaba siendo revisado y fotografiado. Alcancé a oír un comentario que entre ellos se hicieron, sobre las cartas de Frei. También tuve la impresión de que fueron los mismos "guatones de la pé pé" quienes habían desparramado fotos pornográficas por todos lados en esa residencia.

146

Si antes estuve asustado, ahora me invadía el terror. En pocas horas y por primera vez, había visto fuego cruzado, prisioneros, cadáveres. ¿Qué sentido tenía mi presencia? Yo no soy político, no soy violento, me repetía. Ni siquiera había llegado a conocer bien al ex dueño de casa, mucho menos su residencia.

Media hora después, lo que me pareció una eternidad, se me acercó un capitán y me dijo:

—Bueno, Don Francisco. Queremos que usted lea al país un comunicado del gobierno militar. Y que pueda además hacer un recorrido por la casa para que vea los cajones de whisky, la comida, los helados importados. Verá también que todavía está el polvo en los cajones donde llegaron las armas de Cuba.

¡Eso era! Yo, que cada sábado hacía cantar al público los *jingles* de los anunciantes en *Sábados Gigantes*, ahora debía informar las órdenes del régimen militar. ¡Nunca se me hubiera ocurrido!

Había que reaccionar rápido. En una fracción de segundo supe que si tras todos esos años luchando por no verme envuelto en actividades políticas, a pesar de que siempre me habían querido involucrar, ahora aparecía en cámara, perdería para siempre y sin remedio aquella independencia de la que tanto me ufanaba.

—Mire, capitán —le dije mientras intentaba leer su nombre en la identificación que pendía de su pecho, tratando de ser lo más convincente posible—. Ésta es una acción militar y no es lógico que aparezca un civil explicándola. ¿No le parece?

Durante tres o cuatro minutos desarrollé una idea en el sentido de que mi intervención podría confundir más la situación en lugar de aclararla. Ni sé cómo, pero alguna broma hice de mí mismo, con lo que incluso me gané una risa de él. Pensé que sólo Don Francisco podía salvar a Don Francisco. Creaba frase tras frase con una agilidad mental que yo mismo no me explicaba, bajo esas circunstancias, procurando no dar la más mínima ocasión para que mi interlocutor pensara que yo podría ser útil de alguna manera. Ni ahora, ni mañana, ni nunca.

Hablé y hablé, expuse una razón y otra, hasta lograr que el oficial aceptara mis razones. Así fue cómo esa tarde todo Chile y el mundo entero conocieron la versión oficial de lo ocurrido a través de una explicación militar, pero no por labios de Don Francisco. ¡De sólo imaginarme!

A todo esto, llegó el equipo de transmisión de exteriores de Canal 13, por lo que consideré que mi aporte como "camarógrafo" no era ya necesario. Entonces le pedí al oficial que me llevaran de regreso a casa. Para no ver, ni sentir, ni escuchar nada durante el trayecto, mantuve la mente en mi familia, que desde que salí de casa buscado por una patrulla militar no sabía nada de mí.

Al llegar, mi señora me informó que me habían llamado por teléfono para decirme que al día siguiente, alrededor de las nueve, pasarían a recogerme para unas filmaciones que el canal necesitaba.

Me levanté temprano, me arreglé para salir y esperé. Eran más de las 12 y no llegaban.

Según me enteré después, los militares que patrullaban las calles confundieron el vehículo del canal con uno que estaban buscando, supuestamente ocupado por extremistas armados. Cuando lo vieron, las ráfagas no se hicieron esperar. ¡Terrible error! Quienes iban ahí eran los técnicos de Canal 13, recién recogidos en sus respectivos hogares. Murieron todos menos uno, que aún trabaja en el canal. Lo llamamos con cariño "El siete balas", pues recibió ese número de impactos y ahí sigue.

Pese a las restricciones de movimiento y control de los medios de comunicación, nuestro programa no dejó de aparecer. Cuatro días después del golpe salimos al aire sólo hasta las siete de la tarde en lugar de las nueve, a consecuencia del toque de queda. Muchos de los que trabajaban en el equipo no llegaron más. Era gente de izquierda que se asiló o se escondió, temerosa de su suerte. A mí nunca me había preocupado la condición política de quienes trabajaban con nosotros. De hecho, jamás me importó la opinión que pudieran tener las personas. No tocábamos la política contigente en el programa. Ni antes ni ahora. Por eso, cuando tuvimos que contratar personal nuevo, pedí que no se le preguntara por sus ideas políticas, aunque era difícil mantener ese principio, ya que el canal, presionado a su vez por el gobierno, dispuso un estricto control ideológico de las personas.

Con los años, fuimos convirtiéndonos en uno de los pocos programas que le tomaba el pulso al pueblo. Tratábamos de que el gobierno conociera las violaciones que se cometían y que no estaban relacionadas con la política. Fuimos pioneros en dar voz a los que no la tenían y a quienes iban al programa a contar lo que pasaba en sus barrios.

—Oiga, Don Francisco, en mi población están robándose las cosas.

Estas denuncias también le servían al gobierno militar, pues en muchas oportunidades —creo— no sabían que esas barbaridades ocurrían; o si las conocían, ésta era una forma de frenarlas. La prensa comenzó a comentar los días lunes que Sábados Gigantes se estaba convirtiendo en el "noticiero abierto" de cada fin de semana.

Algunos eran casos personales, como el que presentamos un sábado, ocurrido en Puerto Montt, pintoresca ciudad a mil kilómetros al sur de Santiago. Recibimos una muy grave denuncia y enviamos a un reportero a investigar y preparar una nota especial basada en la situación. Un profesor había maltratado a un alumno, golpeándolo y dejándole un ojo en muy mal estado. Fuimos allá, estuvimos en el colegio, visitamos la casa del menor.

La madre se sorprendió de que llegásemos a ver a su hijo, que estaba con la cara hinchada y el ojo casi perdido, ante la brutalidad del maestro. Ella, una señora muy modesta, tenía miedo de contar lo ocurrido. Pero nosotros informamos sobre los hechos, mostramos al niño, atamos los testimonios de otros padres y el silencio de los demás profesores. ¿Cómo es posible, qué tipo de convivencia tenemos en el país si un maestro comete una irregularidad como ésta y ninguno de sus colegas lo denuncia? El caso lo habíamos conocido por casualidad, a raíz de un llamado que nos hicieran los alarmados vecinos. Ante el escándalo que armamos, a las dos horas nos telefoneó el Subsecretario de Educación para decirnos que había ordenado una inmediata investigación, por cuanto la ley y las reiteradas instrucciones indicaban que a los escolares no se les podía golpear. Una semana después, un comunicado de prensa del Ministerio informaba que el abusivo profesor había sido expulsado del colegio.

En otra ocasión, a raíz de uno de esos terremotos que con tanta frecuencia asolan a mi país, hubo reclamos de que el alcalde de un pueblo y otras personas se habían quedado con ropa que llegó de ayuda para los damnificados. Otro escándalo. Sanción para los culpables, que además tuvieron que devolver lo robado.

Tuvimos un segmento llamado "Sábados Gigantes a sus órdenes", que cobró mucha popularidad. La gente iba a quejarse. Nos decía, por ejemplo:

—Anoche fui a tal hospital y no me atendieron.

Al día siguiente, era el propio Ministro de Salud quien se preocupaba de llamarnos para informar que se habían adoptado las medidas pertinentes. Nosotros lo confirmábamos luego.

Esta estupenda ventana para el público, que funcionó por años, la vimos después reproducida en varios canales de televisión.

Teníamos fuerza, aunque tampoco intentábamos cruzar la frontera de lo que no nos competía, porque debo reconocer que si Canal 13 decía "fulano de tal no puede cantar o no puede actuar", y lo vetaba, nosotros teníamos que acatar esa disposición. Eran las reglas del juego a las que estábamos supeditados. *Sábados Gigantes* era parte de la historia de Chile en momentos muy difíciles; fuimos el bálsamo del entretenimiento familiar en duras jornadas de la república, época de divisiones.

Una de las primeras medidas de control y censura adoptada por la Junta de Gobierno, apenas producido el golpe, fue el cierre de diversos medios de prensa que manifestaban ideas de izquierda. Entre los diarios cuyas instalaciones fueron requisadas estuvo el matutino *Clarín*, el que siempre mantuvo en su portada el eslogan "El pensamiento no se multa ni se encarcela. Volpone". Volpone era el seudónimo del principal accionista del diario, Darío Saint Marie. La reflexión-emblema no sirvió para mucho. *Clarín* fue clausurado. Su director, el hábil periodista Alberto "El Gato" Gamboa, detenido y enviado a un campo de prisioneros.

Se trataba de uno de los periódicos más mordaces e incisivos del país. Ágil, pintoresco y sarcástico tabloide de mucho alcance, su portada en tinta roja contenía titulares atrevidos e ingeniosos. Sus críticas de arte y crónicas del espectáculo, que el periódico revolvía a veces con la política, me atacaban de manera implacable. Me hacían trizas por aquella equivocada etiqueta ideológica que nos ponían a quienes trabajábamos en Canal 13. "¿Quién le dijo a este guatón, más pesado que un elefante enyesado, que era animador de televisión?", pudo haber sido el más suave de los tratamientos que me aplicó el popular matutino.

En esos años, yo viajaba mucho al desértico norte de Chile, a 1,000 o 1,500 kilómetros de Santiago, movido por asuntos comerciales, pues además de llevar un buen tiempo animando *Sábados Gigantes*, durante una década recorrí gran parte del país vendiendo confecciones de la fábrica-taller de mi padre, ofreciendo al por mayor y al detalle ternos, chaquetas, pantalones. Arrendaba algunas veces un modesto vehículo que llamábamos "citroneta" y en ella me desplazaba por el desierto y sus poblados, donde la gente me reconocía y me saludaba como Don Francisco.

El desierto chileno tiene para mí una fascinación especial, inexplicable, una magia única. Ir por ahí en citroneta era un pretexto para soñar gozando su paisaje, pues todos los que iban a vender a esos pueblos se movilizaban en avión. Cruzar las extendidas planicies de esa vasta región bautizada como "el norte grande" de Chile constituía una ensoñación que me brindaba fuerza y garra, una emoción que me nutría el espíritu. Conocí no sólo su geografía, sino sus historias, sus leyendas y la vida de los "calicheros", los mineros que rompían la piedra para sacar el salitre. Ver y penetrar sus oasis me provocaba un placer indescriptible.

Cierto día, a comienzos de 1974, aproximándome al desaparecido pueblo de Chacabuco, en medio del polvo que lleva el viento cuando sacude al desierto, hice un alto en el camino, frente a la estación de gasolina El Oasis, que además atendía como cafetería. Era un típico punto en medio de kilómetros y kilómetros de carretera que cruzaba el desierto de Atacama, para reabastecerse de combustible, descansar un rato, saborear un sándwich, beber una cerveza o un café, y pasar al baño. Nada más.

Chacabuco, que sirvió de abrigo y morada a quienes trabajaban en los ricos yacimientos salitreros, estaba abandonado desde la década de los años 30. Había sido construido por empresarios ingleses con toda la magnificencia de los prósperos años dorados del salitre, a comienzos de siglo XX. En 1973, sus viejas y desoladas instalaciones fueron adaptadas para que sirviera como campo de prisioneros.

Estacioné la citroneta en El Oasis y entré a servirme una taza de café y un sándwich. Mientras lo preparaban, salí a mirar el paisaje, cuando a pocos metros de la puerta se detuvo una camioneta del ejército y vi que en la parte posterior, abierta, iba sentado alguien que sin duda no era un militar, un hombre de abundante barba que me observaba silencioso. Supe de inmediato que era un preso al que llevaban amarrado de pies y manos. Sus ojos apenas se alcanzaban a distinguir a través del pelo revuelto. No sé por qué tuve el pálpito de que lo conocía, aunque me resultaba difícil identificarlo. Me acerqué más al vehículo, en cuya cabina viajaban militares armados. Uno de ellos descendió para dirigirse al restaurante.

Mirando al hombre maniatado, se me ocurrió que podía ser El Gato Gamboa. Se lo pregunté. Movió la cabeza en señal afirmativa y balbuceó un inexpresivo "Hola".

—Hola, ¿cómo estás? —dije.

Gamboa se miró a sí mismo y respondió:

—¡Cómo voy a estar!

Me sentí pésimo.

—¿Qué te puedo ofrecer? —le dije.

Su mirada se perdió hacia el cielo. No esperé su respuesta y sin vacilar un segundo entré a la cafetería y ordené unos cigarrillos y dos sándwiches "completos" para él, mientras pensaba en cómo ayudarle, en qué forma darle una mano solidaria. ¡Qué inútil me sentí! Salí a hablar con los soldados que lo cuidaban. Capté que se asombraron al tener frente a ellos, en esa soledad del desierto, a Don Francisco, a quien sin duda estaban acostumbrados a ver cada sábado desde sus hogares.

—Me parece que no hay ninguna razón para tener a una persona en esas condiciones —les señalé. Y antes de que tuvieran tiempo de responderme lo evidente para cualquier guardia que tiene a su cargo a un prisionero, les dije:

—¡Si de aquí es imposible huir! —mientras con la mirada hice que observaran el desierto que nos rodeaba. Conseguí convencerlos y le soltaron las amarras.

Regresé al interior de la cafetería. Me tenían listos los sándwiches en un pan francés doble, con mantequilla, jamón, queso, tomate y mayonesa. Los revisé, incluso, para que tuvieran todo lo que pedí. Una Coca-Cola y un paquete de cigarrillos.

—Gracias, Mario, cigarrillos es lo que más falta me hace —me dijo El Gato. Ni hablar, volví adentro y pedí dos cajetillas más.

Cruzábamos miradas El Gato y yo. Intentó varias veces dibujar una sonrisa, en medio de su espesa barba. Tengo muy claro el recuerdo de sus ojos clavados en los míos. Casi no hubo conversación. Tampoco se podía. Los militares me informaron, en pocas palabras, que el preso era trasladado desde Chacabuco a un juzgado de Antofagasta.

Minutos después, la camioneta del ejército se fue con El Gato y no supe más de él. Yo seguí mi camino, mis ventas, mi trabajo. Cuando habían pasado dos o tres años de ese fortuito encuentro, y mientras preparábamos en Canal 13 una pauta de producción de *Sábados Gigantes*, mis compañeros comentaron que el periodista Alberto Gamboa, ya en libertad y sin cargo alguno en su contra, estaba publicando un libro por capítulos en una revista, donde narraba su vida en prisión: *Un viaje por el infierno*. Al saber esto, conté por primera vez lo que me había sucedido con él en medio del desierto de Atacama. La verdad es que ninguno del grupo creyó en mi relato. Pero ese mismo fin de semana se produjo una increíble coincidencia con el capítulo *"Vida de perros"* publicado por la revista *Hoy*, donde Gamboa hacía referencia a aquel cruce que tuvo conmigo.

El Gato escribió en su libro:

¡La maldad humana! ¡La bondad humana! ¿Existen? Yo puedo afirmar que existen, sobre todo después de mis viajes de Chacabuco hasta Antofagasta, donde fui actor y testigo de hechos tan especiales, donde la maldad y la bondad aparecieron con perfiles tan nítidos que me siento incapaz de calibrarlos.

[...]

Salí del campo de prisioneros Chacabuco como a las tres de la tarde. El sol era implacable en esos momentos. Un teniente joven iba a cargo del piquete de seguridad. —¿Éste es el miserable al que hay que llevar? —fue lo primero que dijo, a manera de saludo.

Con una gruesa cuerda, me amarró personalmente las manos a la espalda. Lo hizo con furia, con brutalidad. La cuerda mordió mi piel, aún cuando las mangas de la chaqueta me protegieron un poco. Me hizo subir a la parte de atrás de la camioneta.

—¡Siéntate!

—No puedo hacerlo con las manos amarradas —dije.

—¡Tírate de hocico!

No le hice caso. Caminé hasta la cabina, afirmé mi espalda en ella, y me deslicé hasta el piso. Abrió la puerta trasera y subió de un salto. Con otra cuerda me amarró las piernas a la altura de los tobillos. Se bajó y ordenó a dos conscriptos armados de metralletas que subieran al vehículo.

—Corran a este huevón hasta el fondo y ustedes se sientan detrás de la cabina. Allí no les pegará el viento. ¡No lo pierdan de vista! Es pájaro peligroso.

Subió a la cabina con su ayudante, el chofer puso en marcha el motor y partimos... Hacía un calor sofocante. La camioneta volaba. El viento casi me cortaba la cara. En un cruce de la carretera con el camino a Calama, la camioneta se detuvo en el servicentro El Oasis. Se bajaron el teniente, su ayudante y el chofer y se dirigieron al restaurante, mientras un empleado ponía bencina, aceite y agua.

Fue entonces cuando divisé a Don Francisco.

¡Síííí... Don Francisco, en vivo y en directo!

El famoso e insuperable animador de televisión estaba a 20 o 30 metros de distancia. Se había bajado de su citroneta cargada de pantalones, chaquetas y otras prendas de vestir. Mientras esperaba su turno, comenzó a pasearse distraídamente por los alrededores y se fue aproximando a la camioneta. De pronto, me miró con fijeza y avanzó sin quitarme los ojos de encima. Apuró el paso y, colocándose frente a mí, me dijo con angustia y con cariño:

—¡Gato, por Dios! ¿Qué haces aquí?

—Me llevan a Antofagasta.

—¿Así? —agregó atónito, mirando las amarras de mis pies.

Me dio la impresión de que quería alargar sus manos para saludarme. Le dije:

—No puedo responderte, tengo las manos amarradas.

—¿Pero, por qué?

Dirigiéndose a los conscriptos, les preguntó:

—¿Por qué lo amarran? Si el Gato no es peligroso... nunca le ha hecho mal a nadie. Además, lo conozco. ¿Cómo le convido un sándwich? ¿Cómo le convido cigarrillos?

—Mi teniente ordenó amarrarlo —le respondieron.

—Desamárrenlo no más. Déjenme saludarlo... ¡Yo le explico todo al teniente!

Todavía no puedo entender cómo Don Francisco resultó tan convincente para que uno de los soldados me soltara la amarras. Nos dimos un fuerte apretón de manos. Me ofreció un sándwich. Se lo agradecí, pero no acepté. Me ofreció cigarrillos, que le agradecí y me los guardé. Ofreció comprarme más, fue al bar y volvió con ellos.

Durante esos cortos minutos, fui otra vez un hombre normal al lado de otro hombre excepcional que me rodeó de cariño y de ternura.

Regresó el teniente y Don Francisco salió a su encuentro, conversó con él, volvió a mi lado y se despidió. Estrechó mis manos y palmoteó suavemente mi espalda.

—¡Que te vaya bien, Gato! ¡Que tengas suerte! Ojalá nos veamos pronto en Santiago.

Lo miré alejarse con los ojos húmedos. Me había estremecido su tremenda y espontánea generosidad. El teniente me sacó de mi ensimismamiento, dirigiéndose a los guardianes:

—¡Dejen desamarrado a este huevón! Si quiere fumar, que fume.

Zumbó el motor y partió la camioneta. Don Francisco, que estaba ya junto a su citroneta, agitó la mano. Yo también pude, gracias a él, agitar la mía.

Me emocionó conocer cómo El Gato Gamboa vivió, en su corazón y en su piel, nuestro encuentro aquella tarde. Cómo él, que estaba preso, esposado, ofendido, amarrado, solitario, lo interpretó.

Leer su relato fue toda una enseñanza para mí. Una misma situación se ve tan diferente, según el lado en que uno se encuentre. Para mí este hecho quizás esa misma tarde pasó al olvido. Pero Gamboa, ese momento lo retuvo, porque sintió que no estaba solo, sino que se le había acercado una persona que ni siquiera conocía y a la que el diario había tratado mal. La mayor conclusión que saqué de esto es que siempre vale ponerse en el lugar del otro. Que hay que tener mucho cuidado con lo que se hace y con lo que se dice. Con las actitudes que se tienen, por pequeñas que sean. Por otro lado, un pequeño gesto puede significar mucho para la otra persona. Un tipo que se cayó y no se puede levantar, y otro que con afecto lo ayuda, lo levanta y lo pone de pie. Para este último, esa actitud no le cuesta nada, pero para el otro ha significado mucho. Y mucho más al estar privado de su libertad; deprimido y humillado frente al que tiene la fuerza; y con temor por no saber a dónde va, ni qué le ocurrirá mañana.

Quince años después, radicado ya en Estados Unidos, durante uno de mis viajes a Santiago me encontré de nuevo con Gamboa, esta vez acompañado de su esposa, en el momento en que salían de un consultorio médico. No lo veía desde aquella oportunidad en el desierto. Brotaron sus lágrimas al saludarme, y yo experimenté un gran gusto al verlo tan repuesto.

Un presidente y otros más

En los días del plebiscito de Pinochet preferí quedarme en Miami, huyendo así de la presión que intentaban ejercer sobre mí las partes en disputa. Tanto los partidos del SÍ como los adherentes al NO querían que yo participara en la campaña promocional de una y otra posiciones. Fue tanta la insistencia, que decidí irme durante esas semanas previas. Por lo tanto, no voté.

La consulta se realizó con tranquilidad y su resultado produjo un hecho curioso, entre las tantos que ha generado nuestro país y que califico como atípico: un hombre que asumiera el gobierno de facto, lo entregó democráticamente una mañana de marzo de 1990. En la testera del Salón de Honor del Congreso Nacional, ante autoridades civiles, el cuerpo diplomático y decenas de delegaciones de todo el mundo, el general Pinochet estrechó la mano de su sucesor, el político opositor demócratacristiano Patricio Aylwin, elegido a través de votación popular, libre y secreta.

Lo cierto es que no ha habido muchas transmisiones del mando en mi país en los últimos 35 años, pero he seguido asistiendo a ellas desde aquella ocasión en que asumió Frei Montalva. He ido a esas ceremonias usando diferentes categorías: entrometido, acreditado, invitado. En 1964, con Frei, entré confundiéndome con la gente de televisión. Después, con Allende en 1970, asistí con credenciales de prensa. Al asumir Aylwin, recibí invitación. ¡Cómo me ha ido cambiando el perfil![7]

Pretendo seguir participando de ellas como observador, porque aunque ya no viva en Chile, me llena de orgullo ver que cada ciertos años los chilenos podemos elegir al dirigente que consideramos más indicado para guiar los destinos de nuestra patria. Me imagino que ése es el deseo de todos los ciudadanos, vivan en el país que vivan. Uno siempre sueña que su tierra sea un ejemplo de democracia, rectitud y oportunidades.

* * *

Ya llevaba más de 200 programas en Estados Unidos, con varios años en el aire, y no sólo los políticos chilenos se mostraban interesados en

---

[7] También estuve invitado en las respectivas posesiones presidenciales de Eduardo Frei hijo, en 1994, y Ricardo Lagos, en el 2000.

él, sino también muchas figuras de la alta política y la diplomacia de países donde se transmite comenzaron a invitarnos a visitar sus naciones para realizar entrevistas y reportajes con "La cámara viajera".

Muchas veces, para mi sorpresa, han sido los propios presidentes quienes nos han hablado y extendido su cordial invitación a visitar Quito, Montevideo, Managua, San Salvador, Asunción... En algunas oportunidades hemos aceptado esas invitaciones, sin que ello involucre compromiso de ningún tipo.

Centroamérica, una región tan golpeada por la naturaleza en los últimos tiempos, siempre me ha provocado una especial atención, y por eso voy cada vez que puedo a conocer sus lugares y su gente, para mostrarlo a todas las comunidades hispanoamericanas donde llega nuestro programa.

Estando en El Salvador, al tercer día de grabar diversos reportajes, tuve que concurrir a la Casa de Gobierno para una entrevista con el presidente Armando Calderón Sol.

En la antesala del despacho presidencial le pedí a una graciosa secretaria que me diera algunos datos biográficos del mandatario. Me reveló que dentro de dos días cumpliría 50 años. De inmediato solicité a María Luisa, nuestra Coordinadora Internacional, que trajera urgente de mi habitación del hotel la última botella de vino Don Francisco, cosecha particular, que nos quedaba.

El presidente me recibió. Muchas fotos, apretones de mano, saludos mutuos y pasamos a la entrevista. Al terminar, le obsequié un fino adorno de cristal y le dije:

—Como su cumpleaños será pasado mañana, aquí tiene esta botella de mi colección privada para su brindis del medio siglo.

Detrás del presidente, su secretario observaba nervioso, con un paquetito de regalo bajo el brazo. Alcancé a reconocer que se trataba de un libro turístico salvadoreño, elegante publicación oficial, del cual ya había recibido como cinco copias en esos días.

Cada vez que el asistente se le acercaba para entregarle el paquete, Calderón lo rechazaba con la mano. El secretario no entendía qué ocurría y volvía a la carga. Parece que el presidente consideró en ese momento que el obsequio protocolar que había dispuesto era poco, así que caminó hasta la sala contigua y trajo de obsequio una medalla de oro —de las cuatro que le quedaban— acuñada en conmemoración de la histórica firma de la paz en el país, hecho que se había producido en enero de 1992, durante una solemne ceremonia celebrada en el Castillo de Chapultepec, en la ciudad de México.

Cuando voy saliendo de su despacho, Armando Calderón todavía consideraba poca su atención, por lo que sacándose del ojal su insignia presidencial de oro macizo, me la obsequió de recuerdo.

Los centroamericanos son así, cálidos, impetuosos, siempre dispuestos a demostrar su afecto. Cuando hace poco viajamos a Nicaragua para una serie de reportajes, tuve oportunidad de recibir otra lección de las que nunca se olvidan.

La visita la iniciamos en la residencia presidencial, donde el mandatario Arnoldo Alemán nos recibió en compañía de su familia y de su joven novia, María Fernanda Flores, con quien contrajo matrimonio unas semanas después. Desde ahí salimos en helicóptero a recorrer la zona occidental nicaragüense, lo que fuimos haciendo en bus, en automóvil, en bote, a pie, para grabar diversas vivencias de sus pueblos.

Pero llegó el momento en que tuvimos que pedir auxilio al Ministerio de Turismo. La prensa y, sobre todo, la radio, habían divulgado en detalle nuestro programa de visitas a Managua, León, Granada, Matagalpa, como si fuésemos un grupo artístico en gira de promoción. La gente, cariñosa, salía a saludarnos, sin imaginar que su presencia masiva perturbaba nuestras grabaciones, haciendo que el tiempo estimado de dos o tres horas para grabar una nota, se transformara casi en un día.

Los habitantes de León estuvieron cuatro horas esperando nuestra llegada a la plaza principal, frente a la Catedral, con un gran despliegue de muñecos danzantes, músicos, bocadillos, muchos fotógrafos y camarógrafos, radio-emisoras transmitiendo en directo, lienzos que cruzaban la calle dándonos la bienvenida. Toda una fiesta popular. La multitud, apretujada, nos impidió caminar hacia el portal de la iglesia, donde entrevistaríamos a un conocido y malgeniado historiador. El esfuerzo policial por controlar la situación fue insuficiente. Tuvimos que irnos a otro sitio.

En otra ocasión, una tarde llegué solo a San José de Costa Rica para asistir a una telemaratón. Aunque era algo temprano, me fui al teatro y tuve así la oportunidad de sentarme donde se me ocurrió. Al poco rato, tomó asiento a mi lado un hombre también solo, afable, que resultó buen conversador. Tras una breve charla, me preguntó:

—¿Y cómo lo han atendido, Don Francisco?

—Excelente, gracias —respondí—. Supongo que la sala se llenará.

—Ojalá. Es primera vez que vengo a esto.

—Ah, vaya. ¿Y a qué se dedica usted?

—Soy el presidente de la República.

Fue una singular y grata ocasión para conocer a Luis Alberto Monge. Creo que esto puede pasar sólo en Costa Rica, un país pacifista, tranquilo, sin ejércitos.

Conversando con Cristina

El interés que mostraban los estadistas y políticos se transformó también en interés de la prensa internacional. Reporteros de diversos países vinieron a Miami a preparar notas sobre *Sábado Gigante* para distintos periódicos y revistas de la región. Era una prueba fehaciente de que el programa estaba más sólido, internacionalmente hablando.

Joaquín Blaya, el principal ejecutivo del Canal 23 de Miami y segundo de la cadena Univisión, consideró que para crecer aún más debíamos contar con estudios propios, modernos, amplios y cómodos para recibir público y desarrollar la producción en forma más adecuada. En unos meses logró que el directorio aprobara la construcción de un estudio, cuya inauguración, en 1990, resultó la culminación de un anhelado deseo. Junto con el noticiero, fuimos los primeros en utilizarlo.

Como era evidente que el programa no pasaba inadvertido para el público, sino que ya tenía cierta importancia, decidimos crear también nuevos espacios, porque en esa dinámica teníamos que irnos renovando. Nos dábamos cuenta de que las conversaciones sobre temas familiares interesaban mucho, en especial a los inmigrantes, porque se sentían muy solos, no tenían con quién consultar problemas de pareja, la relación padres-hijos, y otros temas atingentes a la familia.

Así fue como creamos un espacio para dialogar sobre asuntos matrimoniales. Invitamos a una conocida periodista cubano-americana que nos habían recomendado mucho, directora en esa época de la revista femenina *Cosmopolitan en Español*, para que, acompañada de su esposo, participara en un debate sobre *"El marido es bastante más joven que su mujer"*. El público intervino y aplaudió a rabiar. Me gustó tanto el desempeño de la periodista Cristina Saralegui —y como estábamos buscando un personaje para hacer un ciclo más largo de conversaciones— decidí invitarla ocho semanas seguidas. Fue muy concisa, amplia, simpática, graciosa, con gran facilidad de palabra. Habló de los hombres, de las mujeres, del machismo, del sexo y de tantas cosas que le gustaban e interesaban al público.

Al término de ese periodo, le comenté a Blaya algo que quizás él ya había captado, pero que resultaba necesario enfatizar.

—Ésa es la persona que tú necesitas para hacer el programa que tienes en mente —le aseguré—. Puede que le falte práctica de televisión, pero es muy desenvuelta, buena conversadora.

Univisión estaba en pleno crecimiento y necesitaba montar un programa de conversación. Joaquín habló con Cristina, ella hizo unos programas pilotos, le ayudé con algunas sugerencias, y su gran capacidad la hizo volar sola muy rápido. Tenía aptitudes innatas para esto, qué duda cabe. A los tres o cuatro meses, *El Show de Cristina* iba en ascenso con una buena sintonía que mantiene hasta hoy. ¿Tenía ella como meta llegar a la televisión?

—Nunca lo pensé antes. A mis 40 años, era la directora de revistas mejor pagada de Latinoamérica y tenía muy clara la idea de que debía ir a todos los programas de televisión que me invitasen, ya que eso podía servir para proyectar la imagen de mi publicación y vender así más ejemplares. Además, hacía tiempo que quería conocerte y cuando me llamó una productora tuya para invitarnos, aceptamos gustosos.

Es Cristina Saralegui quien habla, muy rápido, muy suelta, segura de lo que dice. Me ha recibido en su residencia con su esposo Marcos Ávila, su *manager* y productor. Recuerda muy bien que, al concluir ese debut, le pedí que me visitara al día siguiente, a las 10 a.m. en mi oficina. Llegó —me cuenta— con su libreta y su revista bajo el brazo, dispuesta a venderme lo que fuera. La dejé hablar tranquila, para después decirle que nada de lo que me había ofrecido me interesaba, que más bien lo que deseaba es que participara en *Sábado Gigante* durante ocho semanas consecutivas.

—Es que consideré que tenías mucho talento en la comunicación por televisión —le digo.

—Acepté tu oferta de venir esas semanas, pero para la vez siguiente, como yo no disponía de mucho tiempo, en el auto anoté algunas ideas para desarrollarlas frente a la cámara cuando estuviera contigo. Llegué, nos saludamos y casi al iniciar el diálogo me pediste el papelito con mis ideas anotadas, lo leíste en voz alta y no tuve más nada que decir. ¡A éste lo mato en la próxima!, pensé. Nunca más llevé papel ni anotación alguna para conversar contigo.

—Me pareció que ese juego, lejos de perjudicarte, te daría más soltura y tendrías la oportunidad de usar tu gran capacidad de improvisación —me defiendo.

—Después del susto del primer momento, comencé a divertirme y a entretenerme con el estilo del programa y me pareció que lo mismo le pasaba al público. Me fascinó ver cómo incorporabas siempre algo nuevo para mantener vivo el interés. Yo me decía: *"¡Qué astuto este hombre! Saca ideas del mundo entero para aplicarlas a la mentalidad latinoamericana"*.

—Eran tiempos difíciles. Nuestra comunidad hispana no era reconocida como un grupo consumidor importante por el mercado anglo —interrumpo.

—Déjame decirte que Univisión ha llegado a estar donde está, gracias principalmente a *Sábado Gigante*. Con tus anuncios integrados y tus buenas relaciones con los clientes, ayudaste a desarrollar el mercado, a tal punto que anunciantes que nunca quisieron estar en la televisión en español entraron a tu programa, a Univisión y por ende al *Show de Cristina* y al resto de la programación.

—¿Qué sacaste en limpio de esos ocho segmentos que hiciste en *Sábado Gigante*?

—Como que había nacido para hacer eso. A mí me encanta escribir, no creo que escriba mal, pero me cuesta mucho trabajo hacerlo; escribir es algo muy serio. Llegué a la televisión, dije lo que me salía y me sentí como pez en el agua. Sorprendente. ¡Qué fácil me resultó!

—Ha pasado más de una década y los años siguen pasando— le comento.

—Tengo 52 años y estoy en una edad divina. Marcos tiene diez menos. Si alguien me hubiera contado cómo iba a ser esto, no lo habría creído. Es verdad que se pierden facultades físicas, a veces no tengo la mente tan rápida como antes, cuando estoy haciendo mi programa. Yo siempre lo digo en voz alta: la menopausia para una mujer profesional "es de madre". Pero yo toda mi vida he sido demasiado joven para mi cuerpo.

A Cristina le encanta el tema. Podría seguir hablando mucho más, sobre todo acerca de su buena experiencia de pareja. Se sienta sobre el sofá, en posición de loto, según la técnica yoga, respira profundo y mirándome con sus picarescos ojos azules, me dice:

—Mi cerebro es el de una chica de 12 años y este señor —indicando con el dedo a su esposo— es el maduro, el mesurado. Cuando me siento cansada, él quiere seguir, me empuja. En cuanto a los negocios, quiere comerse el mundo. Estoy segura de que él va a ser multimillonario.

A ambos les va muy bien. La familia vive en una de las lindas y exclusivas islas que tiene Miami: Palm Island. Hermosa residencia, decorada muy a lo artista, usando una atractiva combinación de colores. Está bastante representado el origen cubano de los dueños de casa: ambos son artistas y de tierra tropical. Una casa que tiene que estar en Miami y que nunca podría estar en una tierra fría como Santiago de Chile.

—Pero te quiero agregar algo que el público debería saber de ti, Mario, y de mí. Es en lo que los dos nos parecemos: no nos gusta salir de noche, ni ir a fiestas, y somos supertímidos, sólo que yo lo disimulo mejor.

Tiene razón. Se abre una botella y hacemos varios brindis, mientras nos lamentamos otro poco de nuestras dificultades y frustraciones en la televisión, otra característica que tenemos en común.

* * *

Mientras ya casi cruzábamos la barrera del primer quinquenio en Estados Unidos, el resultado halagador que habíamos alcanzado llegó a oídos de la competencia. Corría 1990, cuando un día me llamó uno de los ejecutivos de la cadena Telemundo. Ante su solicitud, convinimos en encontrarnos en el hotel donde me hospedaba. Un café entre saludos, bromas y anécdotas, y entramos en materia. Me propusieron cambiarme a la red de la competencia. Hablándome en "portuñol", una mezcla de portugués y español, el principal del grupo me dijo:

—Lo que le ofrezca Univisión no me importa. Yo le ofrezco más. Lo queremos en Telemundo.

El ego se me había trepado al techo, pero ni siquiera lo consideré como una posibilidad, pues me sentía unido a Blaya y comprometido con su gestión. Él me había dado la oportunidad y tenía que seguir. Lo que hice en cambio fue contarle de esa oferta, y él se mostró dispuesto a reconsiderar mi salario. Me sirvió para cambiar de "pelo económico". Tanto, que resolvimos Temy y yo comprar un departamento en Miami para terminar con la vida de hoteles. Encontramos uno que nos gustó en un tranquilo sector de Coconut Grove, en Grove Island, desde donde mirábamos la majestuosidad y apreciábamos el silencio del mar. Recuerdo haber leído alguna vez que en Ciudad del Cabo se dice que no ha triunfado quien no ve la montaña desde su ventana. ¡Eso será en Sudáfrica!

Al estilo (latino) americano

Estábamos aprendiendo a vivir en esta nación. Nuestro programa era el primer medio masivo que intentaba representar en la pantalla a todos los hispanos, interpretando sus emociones, sus gustos, sus conversaciones, sus frustraciones. No importaba el país del que viniera. Para eso, había que empaparse más y más de cómo funciona la vida en Estados Unidos. Asimilar su planificación, la puntualidad, el respeto a las normas establecidas.

Fuimos enterándonos, por ejemplo, de que todo el mundo en este gran país vive repleto de pólizas de seguros, para lo que sea. Nuestras costumbres podrán decir que conviene asegurar el automóvil, o la casa. O tener un seguro médico para la familia. Otros cuantos comprarán un seguro de vida. En Estados Unidos la gente teme a todo y se siente tranquila rodeándose de seguros. Si se compra un departamento en el piso 14 de un edificio en la playa, el banco le exigirá seguro... contra inundaciones. A nadie se le ocurrirá subirse a un vehículo que no esté asegurado. Las empresas se aseguran ante una posible resbalada y caída de alguien que visite sus instalaciones. Para el buen mantenimiento de los artículos electrodomésticos en el hogar, mejor es asegurarse, incluso con la plomería. Al comprar un equipo de música o una licuadora, la tienda trata de venderle un seguro extra a la garantía que ese aparato conlleva de fábrica.

Al consultar por primera vez a un médico, por un dolor de espalda que me afectaba desde hacía algunas semanas, viví otra realidad... en carne propia. Conocí el sistema de atención médica en Estados Unidos. Comienza cuando el paciente —yo— entra a una pequeña oficina donde le piden sus datos personales; luego pasa —otra vez yo— a otra pieza, donde le revisan su seguro de salud; en seguida, accede —yo accedo— a una tercera, en la cual una enfermera le controla la presión, temperatura y peso. Finalmente, en otra sala aparece el médico que ya tiene todo el historial. Lo ve —me ve— ¡por tres minutos! y hasta luego.

¡Increíble! En Chile, cuando iba al doctor, éste me ofrecía asiento, conversaba un buen rato, me preguntaba por mi esposa, por mi mamá, por los hijos, y luego me examinaba largo.

Toda la normativa es distinta de la que vivimos en Latinoamérica. Hasta para instalar una antena hay que hacer un trámite. Para qué decir si pretendemos hacer una modificación en nuestra casa. Entonces recordamos que allá, donde vivíamos, casi siempre nos arreglábamos "a lo compadre" o —en algunas partes más que en otras— pasándole un billete al agente policial o a cualquier otro funcionario público. Acá el inmigrante descubre que la luz roja del semáforo significa que hay que detener el vehículo.

Los inmigrantes latinoamericanos se mudan por lo general con "mañas" que aquí no les sirven y eso termina molestando al norteamericano, que con justa razón desea que todos se adapten a la vida como es en Estados Unidos y no anden pensando siempre en "torcerle la mano" a la norma establecida.

La tradición arraigada en nuestra tierra de recurrir a una "palanca" (contacto, compadre, conocido, cuña) para agilizar un trámite, me vino a la mente cuando necesité mi licencia de conducir. Solicité varias citas para el examen, pero éstas siempre coincidían con mis viajes a Chile o con horarios en que no podía ir por mis compromisos de grabación. Hasta que el portero de un restaurante en La Pequeña Habana me dio la fórmula:

—Mira tú, chico: anda a la calle siete del *saugüe*, detrá de un *mol*, ahí te dan licencia y *todo* son *hispano*.

Seguí la recomendación del amigo cubano. Entré en el lugar y cuál no sería mi sorpresa cuando una mujer que atendía desde un mesón, me reconoce y grita:

—Oye tú, Francisco, aquí está tu cita de las diez y media. Ven acá, chico.

Miré la hora. Eran las 10:20. ¡Qué suerte la puntualidad! Pero a medida que me iba acercando al mostrador de aquella empleada tan amable, recordé que esta vez yo no había pedido cita. ¿Cómo entonces tenía reservado un turno?

—Quiero que sepas que estoy muy enamorada de Pedro De Pool —me advirtió casi como para que no fuera yo a hacerme ideas—. Dile que María lo saluda. Me hizo un guiño de ojos, me entregó un paquete de papeles y me indicó un pupitre donde sentarme.

¡Conque la funcionaria estaba enamorada de nuestro locutor comercial! Genial.

María me explicó que esos papeles los debía llenar respondiendo un cuestionario sobre normas de tránsito, a lo que me dirigí raudo y confiado. Abrí el cuestionario con una sonrisa de par en par por mi buena suerte, pero... resultó imposible de contestar. Las preguntas utilizaban medidas de longitud en pies y velocidades en millas por hora. Ni idea de eso, yo calculo en metros y kilómetros por hora.

—¿A cuántas millas por hora se puede rebasar a otro vehículo en una zona residencial?

—Ehhhh...

163

Marqué las respuestas que me parecieron más lógicas o menos complicadas. Entregué el formulario a María, que miró la primera hoja y en tres segundos, con la misma vehemencia del saludo inicial, me dijo:

—Oye, chico, tú estás reprobado, pasa a darlo otra vez.

Ante mi asombro, me alcanzó otra hoja en blanco, así que fui al pupitre, me senté y, obvio, cambié las alternativas.

—Chico, estás reprobado otra vez. Fíjate bien en lo que escribes, Francisco, por tu vida. Estás tú mal. Fíjate más.

Mostrándome mi hoja de respuestas, me indicó:

—Aquí, aquí y aquí, está mal. En cambio acá y acá lo hiciste tú bien.

Me dio una tercera hoja y acepté su consejo. Leí con toda atención y cuidado cada pregunta y, bueno, la verdad es que como cada pregunta tenía tres posibles respuestas y ya había descalificado dos, esta vez me aprobaron y pasé al siguiente examen, el de conducir.

Al salir a la calle para rendir esa prueba, un hombre de tez muy blanca me abordó, diciendo que me conocía, que era profesor de choferes. Me hizo una recomendación:

—Don Francisco, cuando tú vayas hasta la esquina, si la mujer que va contigo te dice que pases no más, por tu madre, no pases. No te dejes sorprender. ¡Para, chico!

Me explicó una o dos cosas más. "Cuídate de las trampas", me quería decir. Ese día aprobé el examen y salí con mi licencia en menos de media hora.

Cuento esta anécdota sólo como graciosa excepción, ya que pienso que la generalidad de los hispanos se ha integrado y ha significado un gran aporte a Estados Unidos en todos los campos.

El hecho de que una gran mayoría de esta comunidad no tuviera con quién hablar de temas como el amor, la familia, sus derechos, la problemática de los ilegales y tantas otras cosas, nos fue orientando el contenido de *Sábado Gigante*. Por esa razón nos propusimos no sólo abarcar la temática del entretenimiento, sino que además percibimos que había otros temas que era preciso incluir, ya que podíamos dar cierto tipo de orientación en español a través de la pantalla chica.

Nos descubrieron los periodistas norteamericanos. *Sábado Gigante* suena para los estadounidenses como un fenómeno, algo que ha ido creciendo y que permanece, que dura tantos años y que además dispone de grandes compañías que lo patrocinan. Llama poderosamente la atención el hecho de que el público cante los anuncios comerciales. Causamos tanto revuelo que nos piden citas para entrevistas y notas especiales en periódicos y revistas importantes como *The New York Times, Washington Post, The Miami Herald, The Chicago Tribune*, USA *Today, Los Angeles*

Times, Newsweek, Village Voice, Fortune, Manhattan Magazine. También empezaron a invitarnos a dialogar en prestigiados espacios de la televisión estadounidense.

Honrado por las invitaciones, concurrí a programas de gran éxito como *West Fiftynine, The Tonight Show*, conducido por el famosísimo Jay Leno en la red NBC; *Live with Regis and Kathie Lee, Good Morning America*, un programa matinal de la cadena ABC con los conductores Diane Sawyer y Charles Gibson; *The Roseanne Show* y *The Jerry Lewis MDA Telethon*.

Todo eso provocó un efecto dominó: las agencias internacionales hablaron también de nosotros desde Estados Unidos y la prensa chilena, al leer esos despachos, sintió curiosidad y envió a periodistas desde Santiago para saber qué ocurría en Miami con *Sábado Gigante* y con Don Francisco.

El único que había venido antes de esa ola fue el director del semanario chileno *Vea*, quien en medio de la entrevista me preguntó sobre algo que no podía entender.

—¿Cómo es esto, Don Francisco? Usted que es una estrella en Chile, viene a Miami arrastrando tres o cuatro trajes, comiendo salchichas con pan tostado en la pieza del hotel, se cambia de ropa en los pasillos del canal y sale de ahí cansado como perro. ¿Qué sentido tiene todo eso?

—Tiene un solo sentido —le respondí—, y una respuesta doble: el desafío y la incógnita del resultado. Es como jugar a cara y cruz con una moneda. Por un lado está la posibilidad del triunfo; por el otro, un eventual fracaso.

Entre quienes llamaron desde Santiago para concertar citas de prensa, estuvo una periodista que escribía en un prestigioso medio del país. *"Una entrevista humana, algo diferente"*, me pidió. Le dije que viajase en dos días más y podríamos conversar un rato al término de la grabación. En esas semanas el canal nos había proporcionado, para residir, unas cabañas independientes, muy simpáticas, al lado del mar, en Key Biscayne. Cada uno de nosotros —Antonio Menchaca, Valentín Trujillo y yo— tenía la suya. Hasta esa cabaña vino la reportera, me entrevistó, conversamos largamente, nos reímos un poco. Sacó unas cuantas fotos y antes de retirarse hacia el aeropuerto, pues regresaba esa misma noche, me preguntó si podía usar el baño para una rápida ducha.

—Por supuesto, adelante —respondí.

La joven se duchó, se despidió y partió a abordar su avión. Esa misma noche, desde Santiago, viajaba mi esposa a pasar unos cuantos días conmigo en Miami. Conforme nuestra costumbre conyugal, el que espera, espera en cama. Además ya contábamos con un sistema de ayuda en el aeropuerto a través de Meidy Mendoza, una compañera de trabajo encargada de la recepción de las figuras y concursantes invitados y de llevarlos a las grabaciones y al hotel. Ella recogería a Temy para acompañarla hasta la cabaña de Key Biscayne.

Mi señora, algo cansada con el viaje y la llegada a las seis de la mañana, prefirió darse un baño antes de meterse a la cama. A los pocos minutos escuché que cerraba la ducha. Yo estaba medio dormido, pero me acomodé y abrí los brazos para recibirla como se debe. ¡Cuál sería mi sorpresa al ver su cara de indignación! Fuera de sí, levantó su mano y agitó ante mis ojos un objeto, diciéndome casi a gritos:

—¿Qué hace aquí este sostén?

—No tengo idea —atiné a murmurar, seguramente con cara de inocencia.

Hasta el día de hoy me pregunto qué mujer aceptaría que su marido, ante semejante prueba, le contestara "No tengo idea". Sigo dándole explicaciones sobre el asunto y ella aún no cree que soy inocente. Jamás le reclamé tampoco a la joven periodista por lo olvidadiza que fue y el pedazo de lío en que me metió gratis. Si ella lee estas líneas, podrá pasar cuando quiera a retirar el *brassiere*, o sujetador, como quieran llamarle.

Museo del Alma

Con este ir y venir entre Santiago y Miami, siendo un esposo y padre a medio tiempo, en mi familia comenzó a producirse un profundo cambio. Jamás imaginé que la salida de nuestro hogar de mi hija Vivian, debido a su matrimonio hace año y medio, me afectaría tanto. Si bien yo permanecía poco en casa, sabía que al menos ella estaba ahí. Ahora cada noche que pasaba frente a su dormitorio, el hecho de no verla me impactaba.

Empezamos a vivir en el hogar —y yo muy en el corazón— lo que llamo "síndrome del nido vacío". Nuestra casa, siempre tan llena de gente, de vida, de jóvenes, iba quedándose sola. Al poco tiempo (1990), el síndrome se hizo más intenso cuando también se casó Patricio, mi hijo mayor.

Si bien quedaba con nosotros el hijo menor, Francisco, él llegaba por lo regular muy tarde en la noche, pues iba a visitar a su novia y tenía sus propios intereses. Como le reclamamos por las continuas llegadas de madrugada, que impedían muchas veces que su madre pudiera dormir tranquila, decidió vivir solo, así que tuvimos que afrontar, con Temy, el duro golpe del "nido vacío".

Vivi y su marido decidieron mudarse a Miami, donde tuvieron su primer hijo. Mi mujer comenzó entonces a viajar más entre ambos puntos, para acompañar a la hija en su embarazo y más tarde para disfrutar a su nieto.

Todo esto provocó que mi mujer quedara cesante de su primera y principal actividad: ser mamá a tiempo completo, aunque su nueva función de abuela la llenaba bastante. Pero también tenía una mayor necesidad de su marido, y resulta que éste estaba más ocupado que nunca, sin aprender bien aún a ser marido y papá. Temy se encontró sola y esa soledad la resintió y la enfermó. Estuvo largo tiempo hospitalizada, con diferentes problemas broncopulmonares y varias úlceras en el estómago. Por suerte, mejoró y salió airosa.

Esa enfermedad me sirvió para descubrir que Temy, más que medicina, había necesitado de mucho cariño para mejorar. Estábamos nuevamente los dos solos en casa, por lo que intentamos desarrollar formas diferentes de disfrutar nuestro poco tiempo libre, una especie de adaptación a esta nueva experiencia de ir avanzando hacia la tercera edad y un reencuentro, conversando más, conociendo nuevos lugares, viajando mucho juntos. Esto nos ayudó a acercarnos, lo que nunca antes habíamos podido hacer, ya que cuando los niños estaban pequeños, ella se quedaba cuidándolos mientras yo viajaba.

Nos ocupamos entonces de ayudar a construir la nueva vida de nuestros hijos, lo que quizá no dejó de ser un gran error, pues nunca sabemos dónde está el equilibrio: si nos preocupamos poco, es malo; si nos preocupamos mucho, también es malo. Se haga lo que se haga por los hijos, siempre se irán y harán su propia vida, tendrán sus propias experiencias. Nosotros también lo hicimos cuando fuimos jóvenes y recién casados, pero uno se va olvidando y nos parece que los hijos no crecen, que tienen siempre la misma edad.

Temy también llenaba su tiempo avanzando en su afán de mantener actualizada la biblioteca-museo del Alma de Don Francisco. Esto ha sido su gran inspiración y tenaz trabajo durante una vida entera: ha ido archivando las notas de prensa en donde aparezco mencionado o fotografiado, recortes de diarios y revistas provenientes del mundo entero a los que ha tenido acceso, clasificándolos por año, por mes, por idioma. En grandes estanterías guarda cerca de 60 mil páginas de recortes que involucran los treinta y tantos años de crítica o elogios al programa. Ella ha documentado la historia de mi otro amor, para que el día que ya no lo tenga, no lo extrañe tanto y pueda mirar y tocar su recuerdo en papel, en blanco y negro, a colores, en fotografías y videos, en medallas y diplomas. Es una obra de amor, paciencia y perseverancia.

Junto a esas decenas de tomos muy bien empastados y rotulados, están los 23 pasaportes que he usado para dar varias veces la vuelta al mundo. También a la vista se exhiben los premios y reconocimientos de gobiernos, estadistas, organizaciones, medios de comunicación y público en general. Ahí está guardada la credencial del más modesto club deportivo que lleva mi nombre, en una cárcel, pasando por un galvano que una vez me regaló el público en forma espontánea en el estudio, el Primer Micrófono que me concedieron mis compañeros de *Sábado Gigante*, hasta la Condecoración Papal y la Medalla de la Paz de Naciones Unidas.

Ha conservado y protegido los detalles y mil recuerdos recibidos en los países que he recorrido. Todo está a la vista en una pieza especial de nuestra residencia, como si fuese un museo vivo que se construye todos los días y que siempre muestra novedades y sorpresas.

Cada persona que nos visita y conoce ese trabajo de Temy, lo califica como el mejor y verdadero gesto de amor contra el más grande de los competidores, el que le robó la mitad de la vida. Pero ella está segura de que llegará el día en que aquel otro amor ya no va a estar, como tampoco estarán Don Francisco ni la televisión. Sólo Temy y Mario Kreutzberger. Y para que éste no se sienta tan solo, contará en su entorno con toda la historia.

Ella es, además, la coleccionista de la vida familiar. Guarda más de 50 mil fotografías. No exagero. Y todo muy bien archivado y clasificado. Fotos que ha sacado en todas las partes del mundo con sus hijos, sus nietos, sus amistades. La imagen que se le pida, la tiene.

Esa amorosa actitud de todos lo días y de siempre la vivimos también mientras atravesamos esta nueva etapa en la relación matrimonial, con algunas dificultades, visitando más de una vez al psicólogo, al psiquiatra, preguntándole a los amigos, con un espíritu amplio de comprensión y tolerancia, renunciando cada uno a un poco de sus cosas, sus gustos y sus manías. Sin duda mi mujer, que es más generosa, renuncia más que yo, pero ambos vamos compartiendo y disfrutando juntos el éxito, que es tan efímero. Yo disfruto de él saboreándolo en el momento que se pueda. El éxito de un programa grabado el martes puede que lo disfrute esa misma noche, cuando voy camino a casa. O en casa. Pero sin duda que el miércoles, al levantarme, ya estaré pensando en la grabación del jueves.

Vamos deleitándonos con la sensación momentánea de placer, tomando decisiones. Por ejemplo, nos habíamos propuesto que al cumplir mis 50 años, íbamos a rehacer la ruta de mis padres por Alemania. Estaba por cumplir 54 y no lo habíamos hecho aún. Por eso, dentro de esa agenda tan apretada, pensé que debía programar juntar unos cuantos días libres, para poder disfrutar de un viaje sin compromisos de trabajo. Sería un poco más adelante.

Partes iguales

Viajar por turismo resulta bastante grato, pero en el ambiente laboral —y también familiar de cada uno del equipo de trabajo— había mucho cansancio de esos viajes tan seguidos entre Chile y Estados Unidos, siempre apurados y en continua carrera contra el tiempo, que lo único que queríamos era frenar ese impetuoso recorrido y encontrar una fórmula para tranquilizarnos, sin que decayera la producción.

Hablé con mis compañeros, y cuál más, cuál menos, me contaron que también habían recibido conyugales tirones de oreja, como me ocurría a mí cuando Temy se quejaba de mi estilo de vida, entrar y salir, entrar y salir.

Buscando un paliativo a la situación, resolvimos hacer el vuelo Santiago-Miami-Santiago cada 15 días en lugar de semanalmente, para tranquilizarnos un poco y lograr una vida más normal, dándole mayor atención a nuestras familias, que bien se lo merecían.

Para lograr el calendario quincenal de viajes, realizamos unos cuantos ajustes "administrativos" en el programa, de los cuales surgieron dos inventos paralelos, que bien vale la pena explicar: nuestra organización internacional y la integración del *show*.

La iniciativa consistió en producir el programa por mitades. Cincuenta por ciento se haría utilizando el estudio del Canal 13 de Santiago y otro 50 por ciento el del Canal 23 de Miami. Después, ambas partes se juntarían y quedaría el programa completo. Sería toda una obra de ingeniería lograr esta doble producción.

Para conseguirlo hubo que contar con dos escenografías exactamente iguales, una en cada país, con el objeto de que, con un buen trabajo de laboratorio, al pegar ambas mitades nadie notara la sutura. Los vestuarios eran similares y para no tener duda alguna de lo que estábamos haciendo, cruzábamos fotografías entre un estudio y otro a fin de que también los peinados, pañuelos y detalles de quienes aparecíamos en pantalla lucieran semejantes. Los estudios estaban equipados con iguales graderías, y lo mismo ocurría con los asientos y micrófonos. Esta característica del doble escenario resultó tan singular que apareció registrada en el *Libro Guinness de los Records*.

Para reducir un poco el estrés de vivir en dos partes distintas, mis casas en Miami y en Santiago fueron amuebladas y arregladas en su interior en forma casi idéntica. Como consecuencia, muchas veces me despertaba sin saber en cuál de ellas estaba.

Sólo los cortes comerciales se hicieron diferentes, conforme las necesidades, siempre con algunos elementos integrados, lo que ha sido nuestro emblema.

En Chile, donde habíamos bajado las horas de transmisión de ocho a seis, otra vez las acortamos, dejándolas en cuatro, mientras en Miami, en donde aparecíamos cada sábado durante tres horas, decidimos subirlas a cuatro. Así sería más fácil pegar el 50 por ciento chileno con el 50 por ciento miamense.

Sin embargo, en todo esto cometimos un mayúsculo error de cálculo. En Estados Unidos, como el programa era relativamente nuevo, la gente casi no lo notaba, pensaba en que así tenía que ser y nada extrañaban, pero la verdad es que lo que estábamos lanzando al aire cada semana era un engendro que para el público chileno resultaba inexplicable, porque si bien parecía igual, no habíamos tomado en cuenta algo muy diferente: el clima.

El problema era el cambio de hemisferio. Es cuestión de imaginarse los meses de junio y julio, en pleno y crudo invierno en Chile, con mucho frío, temporada en que la gente se abriga a más no poder, con gruesos chalecos de lana, gorros pasamontañas y guantes. En Miami en cambio gozan de un verano ardiente, lo que hace al público ir al estudio en *short* y camiseta. A los chilenos que participaban en los concursos les sacábamos el abrigo y les subíamos las mangas para que se vieran como en clima cálido, pero no resultaba. Se veían distintos hasta en su actitud. Las mujeres de clima tropical, como es el caso de Florida, acostumbran ir con frecuencia a la peluquería a "enlacarse" el pelo, situación que en Chile no se da. Además, el público habla diferente y reacciona de otro modo. ¿Cómo traer el invierno de Santiago al verano de Miami?

Al final, producir el programa por mitades resultó un fracaso y tuvo su costo. Hubo entonces que tomar la GRAN DECISIÓN: hacer todo el programa en Estados Unidos. Fue el momento (1992) en que no me quedó otra alternativa que la de caminar hacia la oficina de Eleodoro Rodríguez, en el Canal 13 de Santiago, y enfrentarlo.

—Hasta aquí no más llego. Le agradezco mucho —le dije.

Adoptando su actitud de siempre, me miró inexpresivamente, como si nada le importara lo que acababa de comunicarle.

—Avíseme entonces cuándo sería el último programa —respondió.

Salí con el ánimo "bajoneado" de su oficina. Con esta decisión estaba terminando un capítulo importante de mi vida profesional, treinta años en que, de la nada, habíamos transformado a *Sábados Gigantes* en una institución. Parecía como un divorcio, una ruptura después de tanto tiempo juntos. Metas logradas y un público fiel que siempre nos acompañó.

"Tonterías —pensé—. Es sólo un sentimentalismo mío. Si Don Eleodoro lo tomó como si nada, es posible entonces que el programa no tenga la importancia que yo le atribuyo."

Lo mejor era bajar a mi oficina y conversar con el equipo de trabajo para comunicarles lo que ya les había anticipado: debíamos preparar el último programa en Chile. En eso, sonó el teléfono. Cada vez que hay un momento de expectación, suena el teléfono. Era la secretaria del director ejecutivo. Don Eleodoro pedía que regresase a su despacho, pues deseaba hablar conmigo.

—Mire, Mario —comenzó—. ¿Usted no encuentra que hay alguna otra posibilidad? ¿Por qué esto tendría que terminar ahora? ¿No podrá haber un tiempo para hacerlo?

Fue entonces que se me ocurrió decirle:

—Creo que desde Miami podríamos hacer una versión comercializada para Chile. Ya inventaremos cómo.

Quien al inicio me había parecido tan poco interesado en mi proposición, me la aceptó en el acto.

—Hagámoslo —respondió sin dudar—. Estoy seguro de que usted va a encontrar la fórmula que le permita triunfar en los dos lugares.

Empezamos a prepararnos para la partida, que resolvimos debería producirse en diciembre. Ahora, durante estos días participaríamos en la magna celebración de los 30 años de *Sábados Gigantes* en Chile.

Este trigésimo cumpleaños fue también un hasta luego para varios miembros del grupo de trabajo. Un suceso inolvidable, el 6 de agosto de 1992, por lo increíble y fastuoso de cada uno de los aspectos que se consideraron en su organización. Le encargamos a Ximena Casarejos, nuestra coordinadora de la *Teletón*, que nos ayudara a que la fiesta fuese, de verdad, gigante. No descuidó detalle alguno para hacer grande nuestra cita de confraternidad, en los salones del recién inaugurado hotel Hyatt, en Las Condes.

Asistimos exclusivamente los que hacíamos *Sábados Gigantes*, con pareja al brazo. Alrededor de unas 200 personas. La vajilla, la cuchillería, la mantelería, todo se mandó a elaborar en forma especial, con el logotipo y la frase "Treinta Años de *Sábados Gigantes*". Hasta el paté de ganso fue traído desde no sé dónde para que cada elemento fuese único y de la mejor calidad.

Hubo alfombras rojas para el ingreso de los invitados al gran salón. Un ramillete de atractivas jóvenes recibió a los convidados, que éramos sólo nosotros. En un rincón, un *set* para que cada uno tuviera de recuerdo la respectiva fotografía personalizada del evento. Además, quien lo quisiera, podía llevarse a casa, como *souvenir*, los tenedores, los vasos, los cuchillos, las servilletas, lo que deseara. Todo estaba así considerado.

Un equipo de camarógrafos nos permitió editar una película de esta noche inolvidable. Se repartieron regalos de jerarquía para cada persona.

Quienes tenían 15 años en el programa recibieron un reloj Rolex de plata. Para los que habían cumplido 20, el Rolex fue de oro.

Lamentablemente, dos días antes de la fiesta, el sur de la Florida fue azotado por el huracán Andrew, que a su paso dejó destrucción, heridos y pérdidas lamentables. El desastre impidió que pudiesen viajar desde Miami a compartir nuestra alegría Marcelo Amunátegui, Cuco Arias y Vicente Riesgo, quien perdió además su casa. Muy lejos de celebrar el evento en Chile, quienes quedaron anclados en Estados Unidos dedicaron con mucha abnegación y voluntad su tiempo y sus energías a brindar ayuda y asistencia a los damnificados. Pocas semanas después, todos aportamos nuestro entusiasta trabajo en una telemaratón miamense, bajo el lema "Los hispanos dan la mano", para ir en ayuda de las víctimas del Andrew.

Terminada aquella fastuosa fiesta de los 30 años y de vuelta al quehacer diario, fuimos concluyendo el trabajo en Canal 13 de Santiago. En diciembre hicimos un programa de despedida en el que nuestra propia gente tomó asiento en las graderías, como público, y grabamos por última vez en mi país. Penas y alegrías en el corazón.

La decisión resultó, sin duda alguna, muy severa, pero había que tomarla. *Sábados Gigantes* era parte importante en la historia de la televisión chilena y por muchos años fue EL PROGRAMA en todo el país. Aunque el recuerdo pueda molestar a alguien, ya que entonces existían varios *shows* de entretenimiento, la verdad es que quien no veía *Sábados Gigantes* estaba fuera del acontecer nacional.

Varios de los nuestros, llegados de Chile, debieron comenzar en Miami una nueva vida profesional. Otros prefirieron no mudarse de Santiago, pues tenían hijos estudiando y diversos compromisos adquiridos. A algunos ni se lo ofrecimos, siquiera, ya que las plazas eran pocas y no podíamos traerlos a todos a Estados Unidos. Se reubicó en nuevas asignaciones a quienes permanecerían en Canal 13. Todos quedaron bien, pues tenían experiencia y eran eficientes. Algunos se convirtieron pronto en productores de nuevos programas.

Ya volvemos... comerciales

Pese a nuestra alta audiencia en constante crecimiento en Estados Unidos y a la variedad de productos que se anunciaban en *Sábado Gigante*, costaba mucho convencer a los auspiciadores de la necesidad de dignificar el programa para mantener cierto nivel.

Los ejecutivos de publicidad de las empresas, o de las propias agencias, conocían muy poco sobre los hispanos. Tenían la idea de que había que proyectarles una publicidad muy fácil, sencilla, para que la entendieran. Estaban convencidos de que a los consumidores hispanos no les importaba lo que les dieran, ya que igual lo consumían.

Tan despreciado estaba el mercado hispano frente a los costos del mercado general que, en una ocasión, durante una visita que hizo un vendedor de publicidad de Univisión al gerente general de una tienda por departamentos, éste le lanzó una discriminatoria acusación:

—¿Usted quiere venderme publicidad en español? ¿Acaso no sabe que sus telespectadores son los que vienen a robarnos todos los días?

Existía la opinión, sostenida casi como dogma por la mayoría de los publicistas estadounidenses, de que la mujer hispana no usaba maquillaje. Sin embargo, hoy está demostrado que usa más maquillaje que la norteamericana. Tampoco nunca antes se pensó que de los millones de llamadas telefónicas internacionales hechas desde Estados Unidos, el porcentaje más elevado lo iban a tener los usuarios latinoamericanos.

En cierta oportunidad, el ejecutivo de una empresa norteamericana nos dijo:

—Lo que me interesa es que el programa haga un concurso que vi alguna vez en Cuba: "El palo ensebado".

Al escucharlo en una reunión de promoción, me puse de pie y le pedí a Joaquín Blaya, quien dirigía la reunión, que saliera un momento.

—Oye, no estoy de acuerdo con "El palo ensebado" —afirmé resuelto.

Muy tranquilo, me respondió:

—Correcto, si no estás de acuerdo, dilo.

Entonces entramos y dije:

—Señores, no puedo hacer "El palo ensebado" porque pienso que, en un alto porcentaje, los hispanos que nos ven pasan "ensebados" todo el día. Trabajan en cocinas, baños, restaurantes, mecánica, sacando tomates de la tierra, y si nosotros además le presentamos un concurso donde tenemos que ponerles grasa para ganar un premio, estamos perdiendo el tiempo.

El potencial cliente, asombrado con mi planteamiento, me respondió:

—Bueno... pero también hay que hacer lo que los clientes queremos, ¿o no?

—Sí, pero yo también soy productor de este programa, y no estoy de acuerdo con ese concurso.

Entre dimes y diretes, al final aceptaron mi punto de vista.

Los patrocinadores anglos estaban convencidos de que ésa era la forma de hacer publicidad con productos para hispanos. Traté con firmeza de no permitirlo, aunque más de una vez tuve que hacer concesiones por exigencia comercial.

Por fortuna, aquel viejo concepto del mercado fue cambiado. Poco a poco se fue reconociendo, sobre todo, su potencial a futuro. *Sábado Gigante* comenzó a ser respetado como un gran vendedor de productos de consumo masivo, subieron los precios de los auspicios y ahora sí que comenzamos a hacer un buen negocio con el programa.

Tanto así que me llamó un inversionista norteamericano, dueño de compañías de seguros, para pedirme una reunión lo más pronto posible. Era el nuevo jefe supremo de Telemundo y quería llevarme a su cadena. Otra vez al tema.

Lo invité a desayunar a mi departamento. El hombre lucía elegante y tenía un trato muy fino. Llevó una orquídea de obsequio a mi mujer. Como vestía corbata de lazo yo, por quedar bien con él, me confundí y le dije en inglés que estaba muy bonita su *fly*, en vez de decirle su *bow tie*. O sea, le dije "bonito su marrueco" (braguета). Él, como todo un caballero, agradeció el cumplido y seguimos nuestra charla hasta que me hizo la oferta.

Me tuve que agarrar a dos manos por debajo de la mesa frente a tamaña propuesta económica. Ante el muy jugoso ofrecimiento, no me quedó otra que ir a conversar con Blaya.

—Tengo que serte muy sincero. Ustedes me arreglaron algo el sueldo, pero esto es diferente...

Creo que ha sido la primera y única vez que he visto a Joaquín algo nervioso. Me ofreció hablar con el principal hombre de la empresa para tratar de pagarme lo que me estaba ofreciendo Telemundo, pero me adelantó que sería muy difícil.

Para pasar el estrés causado por esas tentaciones, me tomé unos días de vacaciones y fui con mi señora y mi hijo Pancho a Phoenix, Arizona, y luego hasta El Paso, Texas. En Phoenix quise ir a conocer la estación local de Univisión, lo que me significó una discusión con mi esposa.

—Siempre que salimos de vacaciones es lo mismo, ¡caemos en la televisión! —me reclamó.

Ella quería que fuesen vacaciones de verdad. Pero la convencí, fui y de pura casualidad me encontré con que allí estaba Bill Grimes, el principal de

Univisión, el hombre que estaba por encima de Blaya, un ejecutivo de mucho prestigio en las comunicaciones de Estados Unidos. Me saludó muy afectuoso y debí excusarme por no poder aceptar una invitación a cenar, ya que seguíamos viaje a El Paso y en un par de días volaríamos a Nueva York.

—Yo también estaré allá. ¿A qué hotel llegarán? —inquirió.

—Al Plaza —contesté, sin decirle que ahí yo siempre reservaba la habitación más pequeña y económica.

Llegamos a Nueva York en un vuelo de madrugada, cansados, con deseos de dormir. En el Plaza, el recepcionista, vestido de uniforme elegante, muy atento pero impersonal pidió mi tarjeta de crédito, leyó mi nombre, apretó un timbre, sonó una campanilla, vino el capitán de botones, nos hicieron pasar a una sala VIP de espera, trajeron café, champaña, galletas. ¡Se volvieron locos! Nunca me había ocurrido esto. Un señor muy serio, que parecía el gerente, nos pidió disculpas por estar atareados terminando de recibir a la familia real Grimaldi, del Principado de Mónaco, que acababa de llegar. Ése era el motivo por el cual el hall estaba ocupado por elegantísimas maletas francesas Louis Vuitton. Rendidos, a muy mal traer, con ganas de dormir, esperamos 15 o 20 minutos para que nos condujeran a la habitación.

—Ésta no puede ser nuestra pieza —exclamé al entrar, sorprendido ante la grandiosidad.

La suite tenía una sala como tres veces más grande que la de mi casa, un comedor para 24 personas, dos dormitorios, sauna, jacuzzi y una terraza hacia el Parque Central.

En ese momento, alguien golpeó la puerta. Abrimos y entró un botones ofreciendo excusas.

—Señor, tengo que devolverle el formulario de recepción que usted nos ha firmado, porque esto es invitación del señor Bill Grimes.

Recuperé la factura en blanco que en medio de mi cansancio y la sorpresa, había visto de reojo. Ahora, más atento, la leí mejor: 4,400 dólares. ¡Y a Grimes le habían dado un precio especial, pues ese piso costaba más de 10 mil!

Mi mujer y mi hijo me preguntaron:

—¿Cómo nos pudo hacer una invitación así?

—De buena persona, no más —respondí, cometiendo el error económico del día—. Vayan pensando además que nos tiene invitados a cenar mañana en el más famoso restaurante de la Quinta Avenida.

De inmediato Temy me dijo:

—No tengo ropa para ir a ese restaurante.

¿Hay algún marido que pueda jurar que su esposa nunca le ha dicho algo así? Salimos al día siguiente a comprar el vestido. Esta vez, yo también aproveché para un buen traje y otro para mi hijo Pancho.

¿Qué había ocurrido, en realidad, con tantas atenciones y agasajos de parte de mister Grimes?

Al regresar a Miami, Blaya me dio una luz:

—Si no me equivoco, el presidente de la cadena Telemundo se encontraba también en Phoenix el mismo día que llegaron ustedes allá —comentó.

Estaba claro. Grimes tiró líneas y debe haber pensado: "Si este hombre está aquí, y Mario también, es que pretende llevárselo".

En un esfuerzo desesperado de relaciones públicas, arremetió con esas invitaciones, para no perder contacto y seguir conversando, pero lo cierto es que, antes de salir esos días de vacaciones, yo ya estaba resuelto a suscribir nuevo acuerdo económico con Univisión. Al final, la compañía reconsideró los términos de mi contratación, decidiendo firmar conmigo un compromiso por cinco años (1991-1996). Eso sí que fueron palabras mayores. Siempre lo habíamos hecho año tras año. Esta vez el contrato me dio más estabilidad.

Tranquilo ya por fin en mi trabajo, con una seguridad firme, busqué casa para mudarnos y empecé a vestirme con ropa de mejor calidad, aunque debo reconocer que para eso necesité un empujón inicial de mi mujer. En horas libres, iba a mirar las grandes tiendas recién abiertas en el Centro Comercial Omni, pero consideraba que sus precios eran muy altos y no me atrevía a pagarlos. Mi origen modesto me frenaba de dar esos saltos.

Un día me detuve frente a las vitrinas de la casa Florsheim, una de la más elegantes cadenas de zapaterías de Estados Unidos. Vi unos zapatos que me gustaron mucho. Vacilé un poco, pero me decidí y entré a preguntar el precio. Casi me caigo de la impresión y creo que hasta me dio dolor de estómago: 130 dólares por un par de zapatos. ¿Era posible? No me cabía en la cabeza, si en Santiago me compraba el confortable calzado Guante por un precio que no pasaba de 25 dólares.

"¡Ni loco voy a pagar por un par lo que me cuesta media docena en Chile!", me dije. Igual los miré y los volví a mirar. Me imaginaba con ellos puestos.

En un viaje a Los Ángeles, caminando una tarde por las tiendas de Rodeo Drive, me detuve frente a una zapatería y vi un par bastante parecido al que me había deslumbrado en Miami. Costaba 105 dólares. Me pareció también un precio excesivo y con el dolor de mi alma, me contuve. Durante un tiempo estuve soñando con los zapatos, dormido y despierto. Me tenían casi obsesionado. Una noche, en Santiago, antes de dormirme, comenté esto con Temy. Como siempre, ella me puso en la realidad.

—Pero, Marito —partió diciéndome—, creo que estás un poco equivocado. Si lo quisieras, podrías comprarte toda la tienda de zapatos en este momento. Te va muy bien en Santiago y en Miami, ¿cuál es tu problema?

Mi mujer tenía razón. Quizás yo necesitaba que me lo dijera. Apenas regresé a Miami fui derecho a la zapatería, resuelto a comprarlos. Habían subido de precio y no me animé. Sin embargo, Temy me insistió y decidí que los compraría en el viaje siguiente, costaran lo que costaran. Entonces entré resueltamente a la tienda del Omni y un vendedor colombiano me convenció de que debía probarme otros pares más. Salí de la zapatería con una cuenta de 1,400 dólares y seis pares de los mejores zapatos que podían haberse fabricado.

Me los llevé a Chile, guardados en esas bolsas de franela amarillas en que los entregaban. Durante varias semanas no quise usarlos. No quería que se ensuciaran y menos en días de lluvia, por lo que no me los ponía, aunque fuese una locura tener tantos zapatos sin usar. Hasta que Temy poco menos que me obligó. Me los empecé a poner y el tema "zapatos" se fue transformando en una fijación mental en mi vida. Curiosamente, pasó a ser mi unidad monetaria. Si invitaba a cenar a unos amigos, al pedir la cuenta calculaba su equivalente en pares de zapatos. Leía los avisos en el diario y me sorprendía calcular cuántos zapatos estaban costando los refrigeradores, cuántos el pase del jugador tal, y todos los pares que la deuda externa de mi país podía cubrir. Todo lo veía en términos de zapatos. Hasta que se produjo una situación curiosa.

Alguien por ahí sostuvo que el modelo Royal Imperial de Florsheim que yo tanto lucía no era el mejor, que los zapatos Bally, suizos, eran superiores. ¡No podría ser! Molesto con la información, fui a una zapatería, me armé de valor, compré un par de 200 dólares sin chistar y salí a la calle con nuevo calzado. Estaba lloviendo. Al llegar a casa noté que los zapatos me quedaban muy apretados, incómodos. Esa noche casi no duermo pensando que no me los cambiarían por haberlos usado. Pero me aceptaron el cambio.

Pocas semanas después, tuve que viajar a Nueva York con mi esposa y decidimos pasar por Saks, una elegante tienda por departamentos, a ver una ropa que queríamos comprar. Yo andaba feliz con mis estupendos zapatos suizos, de cuero finísimo.

—No creo que ustedes tengan unos así. Son lo mejor que hay —le comenté orgulloso al vendedor que nos atendía.

—¿Qué marca usa? —me preguntó.

—Bally —dije.

—No, señor. Los mejores son éstos —me respondió, pasándome un par de Salvattore Ferragamo—. Los compré y desde entonces, hace casi diez años, estoy en lucha permanente por encontrar los zapatos perfectos. Me he paseado por todas las marcas que me han recomendado y al cabo de los años puedo ufanarme de ser un experto en la materia. Coleccionar calzado, visitar las zapaterías, conocer los nuevos modelos y reconocerlos por las calles se ha transformado en un *hobby* obsesivo para mí, casi el único que tengo, por lo demás.

Cambios de mando

Muy preocupado por los zapatos podría estar, pero lo cierto es que dentro del Canal 23 de Miami, donde nos desempeñábamos, había una fuerte tensión debido a que estábamos a punto de un nuevo impacto empresarial, que nadie sospechaba cómo vendría y que nos tenía a todos en suspenso: la casa televisora debía cambiar de dueños.

Se comentaba que el omnipotente Emilio "El Tigre" Azcárraga, que a su vez era propietario de la red Televisa de México, se veía precisado a vender, pues la ley estadounidense determina que la propiedad de los medios de comunicación sea mayoritariamente nacional.

En lo personal lamentaba este paso, ya que tenía un deseo no cumplido que ahora se iba a hacer más difícil de alcanzar: conocer a Emilio Azcárraga Milmo, saludarlo, conversar con él.

Se produjo la transacción y Hallmark Cards Inc., célebre por sus tarjetas y una de las 50 empresas *top* de Estados Unidos, pasó a ser propietaria de Univisión. Al conocer este traspaso, tuvimos una gran ilusión, al pensar que mejoraría el apretado presupuesto con que producíamos todo. Llegamos a imaginar, con mucha esperanza, que con el cambio patronal se abrirían las posibilidades de hacer más cosas. En pocas palabras, estábamos felices de participar en esta nueva compañía.

Con Hallmark de empresario y Blaya como COO (el principal de las operaciones, por sus siglas en inglés), Univisión creció mucho y se fortaleció la idea de Joaquín de tener una televisión en español "hecha en Estados Unidos, con corazón y sentimiento hispano". Fue él quien convenció al directorio de la necesidad de implementar facilidades de producción. Hallmark las creó y eso cambió la calidad de los dos programas continuos que se hacían para la cadena, en especial de *Sábado Gigante*.

En esos momentos mi vida empezó también a cambiar. Obtuve la visa de residente en Estados Unidos, con lo que mis viajes a Chile se hicieron más esporádicos. Desde entonces voy a producir la *Teletón* y uno que otro segmento que luego incorporamos a la versión de *Sábado Gigante* grabada en Estados Unidos. Me mantengo vinculado al público chileno, porque allá está siempre un trozo importante de mi corazón.

Disponiendo el canal de más recursos y de esas nuevas ventajas de producción, le propuse a Univisión hacer el programa *Noche de Gigantes*. Era un espacio de conversación —al estilo de lo que hacía Johnny Carson en inglés— que yo había realizado en Chile durante unas 15 temporadas con mucho éxito. La gran diferencia con el de Carson —que en ese momento arrasaba con la sintonía en inglés— era que yo incluía una mezcla de personajes del mundo del espectáculo con personas desconocidas. Ésa era su principal característica, además de la gran categoría del *show*. El programa lo hice desde Miami durante 13 semanas en dos ciclos (1991 y 1992). Arrojó menos utilidades que *Sábado Gigante*, pero le dio mucho prestigio a Univisión.

Así como *Sábado Gigante* cosechaba aplausos, a varios otros programas del canal les iba mal. Se ensayaron nuevas producciones y se incrementaron los espacios propios, pero el negocio no tenía la proyección que la compañía esperaba. Hallmark registraba una muy lenta recuperación del dinero. Se hacía evidente que los propietarios no querían seguir poniendo billetes, sino recogerlos.

En un momento determinado hubo pérdidas, tantas que se llegó a escuchar que la cadena se acogería a lo que en Estados Unidos se llama "Capítulo 11"; es decir, a la protección de bancarrota. De sólo pensarlo me recorrió un aire frío por el cuerpo. Yo estaba apostando a la opción de Estados Unidos y el riesgo de quedar sin trabajo era artística y económicamente peligroso.

El rumor generalizado era que si bien Univisión podía lucir muy buen pie de sintonía frente a la cadena Telemundo, la fuerte inversión la hacía remecer. Y se decía que Hallmark había resuelto no seguir perdiendo y por lo tanto vendería. (Esto de la venta me sonó bastante mejor que hablar de bancarrota.) Se consideraba que el mercado hispano no tenía fuerza para transformar un canal de televisión en español con producción hecha en Estados Unidos en un verdadero negocio.

En medio de los temores e incertidumbres propios de un nuevo traspaso, recibo, a comienzos de 1992 y por tercera ocasión, una oferta para irme a Telemundo. No dejaba de ser ésta una tabla salvadora, por lo que no dudé en tener una nueva reunión con el mismo empresario dueño de esa cadena. El ofrecimiento fue aún mejor que el anterior.

Sin embargo, una actitud sorpresiva y curiosa detuvo algo que por momentos me avivó la llama. Integrando la delegación de esa empresa había un señor que desde atrás me hacía un gesto con el dedo índice, como diciéndome que no aceptara. "¡Qué raro! —pensé—. Viene con el grupo a contratarme, y en secreto me está diciendo que no lo haga." Me hizo dudar, y pedí a los ejecutivos algunos días para madurar la oferta.

Al poco tiempo supe que el desconocido "señor del dedo" estaba enterado de que Univisión se vendería, y sabía no sólo quienes la iban a comprar, sino que él mismo iba a integrar el equipo de los nuevos jefes principales. Y esperaba contar conmigo.

En esos días viajé a Chile y en la calle me crucé con un ejecutivo de mucho peso en la red mexicana Televisa. Pidiéndome guardar reserva de su nombre, me confió que su empresa estaba muy adelantada en las negociaciones para comprar Univisión. Eso me confirmó toda la ola de rumores, por lo que apenas regresé a Miami fui a decirle a Joaquín Blaya lo que ocurría.

—Puede que tú ya estés enterado, pero pasa esto —le conté.

—Imposible —me aseguró, restándole importancia al asunto y diciéndome que eso no podía ocurrir debido a las trabas legales vigentes en Estados Unidos.

Días más tarde se supo que Hallmark había vendido la cadena. Joaquín, en un esfuerzo desesperado de última hora, trató de reunir un grupo de inversionistas para adquirir Univisión, pero fue tarde. El negocio estaba resuelto desde mucho antes.

Blaya me llamó para contarme que se había hecho pública la compraventa de la cadena y me sorprendió con su decisión de alejarse de su puesto para irse a Telemundo. Consideraba que en Univisión no se darían las cosas como a él le gustaban y que no tendría el poder de decisión que siempre tuvo.

—Me voy, aunque me han hecho una muy buena oferta para quedarme —agregó.

Le sugerí que se quedara, pero él tenía la resolución tomada y más bien me propuso que me fuera con él. Sin embargo, Telemundo no tenía la fuerza para llevarse a *Sábado Gigante*, y no era sólo por cuestión económica, sino que carecían de las condiciones técnicas adecuadas para producir el programa que hacíamos.

Una mudanza en esos términos significaba un riesgo muy grande. Si bien tenía con él un gran compromiso y mucho agradecimiento, pues me había dado la oportunidad y apoyado en todos estos años, irme me parecía una irresponsabilidad, considerando que el trabajo de muchísima gente dependía de nuestro programa. Yo mismo había convencido a algunos para acompañarme en la aventura inicial, y mi decisión los afectaría.

Fue difícil, pero tuve que resolver en este sentido. En una carta llena de sentimiento, le di mis razones para no acompañarlo, agradecí su ayuda, le deseé la mejor de las suertes y me despedí, pues debía viajar en los días siguientes a España. Aunque él aceptó mi explicación, de todos modos se resintió y esto causó entre nosotros un leve distanciamiento, que no dejé de lamentar. Pero no podía arriesgarme.

En esa época también tuve que decir no a la oferta de un productor de la cadena norteamericana Fox, quien al verme ya afincado en Estados Unidos pensó que se podía hacer mi programa en inglés. Me ofreció un largo contrato, con los dos primeros años dedicados sólo a profundizar el idioma. La variante económica era espectacular.

No tardé un minuto en decir que no. Le expliqué al productor que tendría que cambiar todo mi método de vida. Habría tenido que irme a vivir a un barrio netamente estadounidense y entrar en el espíritu y en la forma de vida de los norteamericanos. Lo podría haber intentado, pero el resultado iba a ser mediocre, nunca óptimo, porque siempre sería un trasplantado, y nunca dominaría el idioma como el de origen.

Dos veces recibí la oferta y dos veces la rechacé, siempre con el mismo fundamento: un proyecto de ese tipo requería un cambio muy grande, una fusión con otra cultura. Uno no puede liderar un programa si no conoce la cultura de la gente, sus deseos, frustraciones, debilidades, aspiraciones. Me pareció muy difícil, y muy tarde en mi vida. Si el caballero llega 15 años antes, o quizá 10, capaz que aceptaba el reto.

Para alejarme de las tentaciones "inglesas", decidí poner tierra de por medio —o agua, si se quiere— y emprendí viaje a la cuna de mi idioma: España.

El Eco de El Tigre

Mi viaje a España (a mediados de 1992) fue planificado con mucha anticipación. Quería hacer para "La cámara viajera" un reportaje de la muy anunciada Expo de Sevilla, cuya inauguración formaba parte de los actos para conmemorar los 500 años de la llegada de Cristóbal Colón a América. Había tanta inquietud por lo que estaba ocurriendo en Univisión, que en algún momento pensé cancelar el viaje. No teníamos muy claro cuáles eran los lineamientos de la nueva administración. Circulaban muchos rumores. Como fuese, el ambiente no estaba como para salir de viaje. Se hablaba de un gran recorte económico y de la cancelación de muchos programas.

Medité al respecto, lo conversé con algunos de mis compañeros, y resolví viajar, pues mal que mal estaba todo preparado con mucho tiempo: citas pedidas, visitas concertadas, entrevistas confirmadas. Así es que partí a Madrid, para continuar al día siguiente hasta Sevilla.

Pero, obvio, no me podía sacar de encima la preocupación permanente por lo que estaría ocurriendo en Univisión. Tanto fue así, que estando en el hotel Meliá de Madrid, luego de un agotador día, me recogí al descanso cerca de la medianoche. Subí en el elevador hasta mi habitación, la que encontré extrañamente con la puerta entreabierta. "Debe haber sido olvido de la mucama", pensé. Entré, me quité los zapatos, luego los pantalones, y mientras me desabotonaba la camisa, fui hacia el baño, pasando por el clóset a sacar el pijama. ¡Y ahí sí que fue todo raro! Había ropa de hombre y de mujer que no me pertenecía. De pronto, escuché ruido y conversación en la suite. Tomé las cosas en la mano, rápido, y corrí hacia el pasillo, como desesperado. Una vez afuera —si alguien me hubiera visto habría dicho "como un loco"—, recién capté que mi pieza estaba un piso más arriba.

Al tercer o cuarto día de estar en Sevilla, mientras dormía profundamente, tras acostarme tarde y muy cansado, me despertó una llamada telefónica. Miré la hora y me sobresalté. Si alguien llama a las tres de la madrugada, por lo general se piensa en lo peor, una emergencia. Contesté medio dormido todavía, sin siquiera encender la luz, y escuché una voz masculina, gruesa, que con evidente acento mexicano me dijo, como pisando las palabras:

—Maaario, te habla Emilio Azcáááárraga, desde Miami.

Salté de la cama, encendí la luz y me puse de pie, todo casi en un solo acto. Me parecía increíble que este señor me pudiera estar llamando. Respondí con tono lacónico:

—Aaaahh, sí, ¿cómo está? —lo que no decía nada sobre la impresión que me causó, de la que aún no me recuperaba.

—Mira, Mario, quizá te desperté, por la diferencia de horas. Pero te llamo porque quiero informarte sobre algo que quizás habrás escuchado en los últimos días. La cadena Univisión se está vendiendo, y la estamos comprando un grupo de accionistas donde estoy yo, los hermanos Gustavo y Ricardo Cisneros y Jerrold Perenchio.

Traté de componerme, pero la emoción era muy fuerte. Con el aparato telefónico en la oreja, mirándome a la vez en el inmenso espejo de la pared, me vi en pijama, despeinado, medio aturdido todavía, tratando de ser coherente a esa hora de la madrugada.

—Un agrado saberlo, don Emilio. Le agradezco la deferencia de informarme.

—Sí... oye... sabes que Jerry está muy nervioso y quiere hablar contigo, personalmente, claro.

—Será un gusto conocerlo y conversar con él, como con usted —contesté, todavía atragantado con la sorpresa.

—¿Qué te parece que nos encontremos el próximo fin de semana en mi yate? Estoy en Fort Lauderdale, Florida. Me encantaría que vinieras a verme para conversar tranquilos.

—Encantado, don Emilio. Mañana termino aquí y vuelo a Miami. Iré en mi yate a verlo.

—Cómo no, Mario, eso será mucho más divertido.

No volví a pegar las pestañas esa noche. La verdad es que era como alcanzar una quimera escuchar en el teléfono al famosísimo "Tigre Azcárraga". El solo hecho de que me hubiera llamado y me invitara a visitarlo significaba todo un honor. No daba crédito. ¡La figura más grande e influyente de la televisión en español! El hombre que más cosas había logrado en este campo, el que durante años impuso el sello de la televisión mexicana a toda la televisión de habla española. El que promovía artistas y exportaba telenovelas a muchísimos países alrededor del mundo. ¡El hombre cuya gestión incluso había hecho variar la música mexicana!

Además de un empresario involucrado en la radio y el cine, Azcárraga era un potentado en las telecomunicaciones. Siempre escuché muchísimo hablar de él, que se trataba de una persona cautivante, poseedor de un magnetismo especial. Alguien que se enamoraba de su gente y con la misma rapidez se desenamoraba.

Terminé de grabar las notas que habíamos venido a hacer en Sevilla y emprendí rápido y nervioso regreso. Antes, llamé a Herman González, el capitán de mi yate, para que dispusiese todo para una corta navegación hasta Fort Lauderdale, puerto vecino al norte de Miami. Le pedí que ese día luciera su uniforme de gala para la visita que debíamos cumplir donde este nuevo jefe.

Zarpamos al mediodía. Era la primera vez que me encontraba a Herman vestido de capitán, todo de blanco, con sus charreteras y galones. Según las instrucciones, había hecho lavar el yate por arriba y por abajo, y la verdad es que brillaba. Al llegar a la bahía de Fort Lauderdale se me hizo claro que, de todos los yates, el mío era uno de los más pequeños, apenas 48 pies (16 metros), con dos habitaciones. Algunos amigos lo consideraban grande, pero yo sabía muy bien que no era tanto. La mayoría de los que estaban ahí empequeñecían mi embarcación, y yo imaginaba que el yate *Eco* de Emilio Azcárraga tenía que ser un barco más grande que el mío, pero nadie estaba compitiendo en esto.

Llegamos a la marina, buscando con atención cuál podría ser el *Eco*, entre los muchos que se encontraban atracados en varios espigones. Me fijé en uno inmenso que parecía —por lo grandioso— de la armada inglesa. Lo descarté de plano, era demasiado.

—¿Qué tan grande es el barco que buscamos, Mario? —me preguntó Herman.

—Bueno, Azcárraga es rico, pero no creo que tenga un trasatlántico como ése —comenté, mientras intentaba ubicar al *Eco* entre la gran cantidad de yates y veleros.

El capitán esta vez no me respondió. Iba muy concentrado en su actividad por el permanente cruce con otras embarcaciones. Me pasó sus binoculares para facilitarme la labor, y yo le iba comentando de los yates que encontrábamos, hermosos, elegantes, bien tenidos. Pero nuestro objetivo no aparecía. Hasta que él me dijo, asombrado.

—Ahí está. Es el grandote.

—¿Sí? Acércate más —le dije a mi capitán mirando el yate que aparecía a mi derecha, hacia el cual Herman enrumbó. Estaba a punto de levantar la vista cuando por los binoculares alcancé a leer el nombre de la nave, sobre su casco.

No podía creerlo: el *Eco* de El Tigre estaba ante mis ojos. El que parecía un trasatlántico, el mismo que asigné a la armada británica, era el yate de Emilio Azcárraga. Con 270 pies de eslora (90 metros de largo), se veía imponente. Después supe que era el quinto yate privado más grande del mundo en capacidad. En la popa del *Eco*, tapados con una gruesa lona, había dos yates iguales que el mío, para salir a pasear. Y estacionado en medio de ambos, un avión anfibio.

¡Estaba tan entusiasmado con ir a conocer a Azcárraga que en ese momento no sentí bochorno alguno por mi barco tan pequeñito! Y mi capitán tampoco. Ni pestañeó.

Nos observaban desde el *Eco*, por lo que fue fácil el saludo. Toda su tripulación, alertada de que nosotros llegaríamos, estaba lista para ayudarnos en las maniobras de atraque de un yate a otro.

Subimos al *Eco* y entramos a la recámara principal. Llevaba conmigo dos grabaciones en videotapes, "por si acaso". Ahí estaba Emilio Azcárraga. No había visto una fotografía suya, pues él jamás permitía que se publicaran. Sin embargo, lo identifiqué de inmediato cuando avanzó a saludarme. Noté que cojeaba levemente. Mirada penetrante, tez morena, un mechón blanco al frente de su cabellera, en el mejor estilo del recordado cantante ranchero Miguel Aceves Mejía. Un hombre imponente. Me extendió la mano.

—¿Cómo te va, Mario? —dijo con fuerte entonación mexicana.

—Le agradezco que me diera esta oportunidad de conocerlo —dije.

Tomamos asiento en una amplia sala, bellamente decorada. Sofás y sillones tapizados en cuero. Muebles de exquisito lujo y gran influencia azteca. La gruesa alfombra de pared a pared en tono crema. Mesas de cristal. De un muro pendía una hermosa pintura. Intercambiamos frases de buena crianza y él entró pronto en materia.

—Nos gustaría mucho que siguieras trabajando con nosotros, con tu programa en Univisión, contando con todo nuestro apoyo. Te aseguro, Mario, que vamos a hacer juntos grandes cosas —afirmó con su voz firme y grave.

—Muchas gracias por la confianza, don Emilio —atiné a decir.

—No tienes que dármelas. Yo sé muy bien que eres bueno, cabrón —me dijo, con la familiaridad que le imprimía a esa palabra en todo momento. La usaba con todas las personas, en señal de amistad así como en medio de una discusión.

A todo esto, mi ego ya había rebotado en la punta de la antena del barco. Me sentía muy distinguido por la atención de Azcárraga. No dejaba ni un minuto de observar su yate en detalle. Nunca había estado en un barco privado de tales características. Sólo el cuarto de cocina era más grande que toda la planta baja de mi casa. ¡Estaba asombrado!

Conversábamos, cuando entró su esposa de entonces (porque sabido era que Emilio Azcárraga Milmo tuvo varias parejas). Luego de las presentaciones, nos invitó a que pasáramos a almorzar, junto con unos sobrinos suyos que la visitaban. Entramos al comedor, otra inmensidad. Charlamos de todo un poco y él hizo descorchar y servir los mejores vinos. Café, licores y cigarros fueron ofrecidos en una sala contigua.

—¿Qué trajiste para ver? Veámoslo —me pidió.

Fuimos a otra sala, apretó un botón y una falsa estantería se deslizó a un costado, dejando frente a nosotros una gigantesca pantalla. Alcancé a creer que me estaba mareando. Me parecía vivir una película de ciencia ficción. Le pasé uno de mis videos: *Noche de Gigantes*, el entrañable programa de conversación que hice en Chile durante algunos años y por ciclos en Miami. Lo quería relanzar.

Vio un minuto, o menos.

—Mala iluminación —dijo.

El comentario me sonó a "querer decir algo y no tener qué decir", por lo que nada respondí. Pero Azcárraga, usando el control remoto desde su mullido sofá, apagó la pantalla y dijo:

—Vamos a trabajar muy bien. No te preocupes. Mira, Jerry no pudo estar aquí, pero me pidió que te dijese lo mismo: que esperamos verte muy pronto.

Iba ya a agradecerle la invitación, sus atenciones, el hecho de que me hubiese recibido en confianza, cuando él se adelantó:

—No te he dicho, Mario, pero yo quiero que entres a México con tu programa.

Ésta sí que fue una tremenda noticia para mí. Otro gran sueño. Porque si algo importante me faltaba por hacer era llegar a México, el país con la mayor cantidad de telespectadores hispanos. *Sábado Gigante* se veía en todo Latinoamérica, pero no en México. El esfuerzo de regresar apurado desde España y navegar a Fort Lauderdale estaba siendo recompensado por partida doble: conocer a El Tigre Azcárraga y saber que tendría la posibilidad de que millones de mexicanos pudieran ver cada semana mi programa.

Horas después salimos con Herman del yate *Eco*, para embarcarnos en nuestro pequeño pero fiel *Okie Memuchi 1*. Respondimos con la mano unos gestos de despedida desde la cubierta, y emprendimos el regreso a casa, en Grove Island. No cabía en mi ropa de lo hinchado de gusto que estaba, aunque todavía no asimilaba el bochorno de haberme presentado ante Emilio Azcárraga con mi pequeño bote. Pero él me había causado una muy buena impresión. Lo comenté al capitán:

—Tremendo hombre este Azcárraga. Denota ser enérgico y duro, pero es afable a la vez.

Llegué sobrecogido a hablarle a Temy sobre esta nueva experiencia en mi vida profesional y las perspectivas mexicanas. Nunca antes me había relacionado con este nivel de empresarios. El único a quien tuve acceso siempre en Miami fue el amigo Blaya.

La prensa informó que la transacción de Univisión fue autorizada y registrada en diciembre de 1992 por 550 millones de dólares, un poco menos de lo que años antes había pagado Hallmark. Perenchio, el único estadounidense dentro de la sociedad, asumió como presidente de la red y su principal jefe ejecutivo. El hasta entonces ejecutivo a cargo de Proyectos Especiales de Univisión, Ray Rodríguez, accedió a la posición de Blaya como presidente y COO de la cadena.

Existía preocupación entre los empleados sobre lo que significaría para la seguridad laboral de cada uno el "cambio de manos". Los días siguientes fueron terribles al interior de la compañía, algo que hasta el momento no me había tocado vivir. Como consecuencia de la imperativa orden de ahorrar, la cadena dispuso el corte inmediato de los programas que no daban utilidades. Sólo quedamos *El Show de Cristina, Primer Impacto, Sábado Gigante* y, por presión de los ejecutivos recién designados, los noticieros. Se transmitirían programas de Televisa y de Venevisión.

Esta situación provocó la intempestiva salida de al menos el 60 por ciento de los empleados. El sistema de despido me impactó: llamaban al funcionario a la gerencia, le avisaban que cesaba en sus funciones y le daban un cheque con su pago. Luego, empacaba sus pertenencias personales, el guardia lo acompañaba hasta el automóvil, y adiós. No importaba cuánto tiempo tuviera en la empresa.

Ray Rodríguez, con quien me tocaba ahora entenderme, era distinto de Blaya. Hombre de números, con gran conocimiento del mundo del espectáculo. Había trabajado muchos años con Julio Iglesias, organizándole su vida artística. Iniciamos una buena relación personal, aunque con el correr de los meses se limitó a cifras y resultados. Entendí que así tenía que ser. Sin embargo, cada vez que yo necesité de algún tipo de apoyo de parte de Ray para un trabajo televisivo lo obtuve, así como también su buena disposición a aceptar todas mis nuevas ideas e inquietudes. Poco a poco nuestra relación se fue equilibrando de muy buena forma. Su eficiente desempeño profesional fue reconocido por la compañía, donde merecidamente en agosto del 2001 lo nombraron presidente y jefe de operaciones de Univision Network. O sea de las operaciones de todas las compañías que tiene Univisión.

Conocí a Jerry Perenchio y me encontré con un hombre agradable de trato, gran vendedor, ese tipo de personas que transmiten seguridad. Expresó su satisfacción por seguir contando con *Sábado Gigante* y me dio una cuota de confianza para continuar en lo mío. Había escuchado mucho de su gran nivel en asuntos empresariales, su fácil comunicación y buena relación con los artistas. Me contó que en una época había sido agente de Elizabeth Taylor y Richard Burton y, además, promotor de los encuentros del ex campeón mundial de boxeo Muhammed Alí. Un ejecutivo de muy buen nivel, perteneciente al mundo de Hollywood y del espectáculo.

Tantas fueron sus deferencias conmigo que, al enterarse de que me habían invitado a Los Ángeles para participar en un programa de televisión en inglés, puso a mi disposición su jet privado, un DC-9. Acepté ese gentil gesto y concurrí al *show* de Jay Leno, un comediante y animador americano que recién comenzaba en la cadena de televisión NBC y que era lanzado al firmamento de la pantalla chica como el sucesor de Johnny Carson, la gloria más grande de los programas estadounidenses nocturnos de conversación y entretenimiento, conocidos como *talk-show*.

Debido a que era primera vez que participaría en un programa estelar de televisión en inglés, invité a ocho de mis compañeros de trabajo a que viajasen conmigo a Los Ángeles. Fuimos muy bien atendidos en este DC-9 diseñado en su interior para proporcionar todas las comodidades posibles en un vuelo: sala, comedor, dormitorio...

Era el cuarto o quinto programa de Jay Leno. La gente que me vio se debe haber extrañado, preguntándose inmediatamente "¿qué hace Don Francisco ahí?" Lo que había sucedido fue curioso y simpático a la vez. Leno quería alcanzar pronto una alta audiencia de la comunidad hispana bilingüe, numerosa y poderosa en California, y conversó el tema en su casa con la empleada doméstica, una inmigrante mexicana.

—Debería invitar a Don Francisco, que lo ven millones de personas todos los sábados —le aconsejó ella—. El próximo sábado en la tarde se lo voy a mostrar, para que sepa quién es.

Esa sencilla mujer, sin proponérselo, permitió que yo asistiera al *show* de Jay Leno una noche en que también fueron invitados la actriz Sigourney Weaver y el actor Mel Gibson. Conversamos y reímos durante una hora. Resultó muy grato. Incluso, durante la entrevista bailamos "a mover la colita" y montamos en broma un comercial integrado, con un producto inexistente al que llamábamos "Suavecito", y que usábamos para un concurso de modelos. En el comercial, Leno ocupó el papel de Don Francisco y Lily Estefan, que me acompañaba, fungió como aspirante a modelo.

Aunque nos reímos a morir esa noche, al día siguiente se produjo una situación que mis compañeros de viaje consideraron más graciosa todavía: el DC-9 ya no estaba y tuvimos que regresarnos en un vuelo comercial, después de que mi tarjeta de crédito aceptara el cargo de ocho pasajes.

A las pocas semanas, quien me llamó fue el tercer nuevo socio importante de Univisión, el venezolano Gustavo Cisneros. Tuvo palabras muy cordiales y me invitó a que lo visitase a su residencia de descanso en el balneario La Romana, en República Dominicana.

—Perfecto, don Gustavo, entonces su avión me lleva y me trae, ¿no es así? —dije, haciéndome el desentendido al despedirme telefónicamente.

—Por supuesto, por supuesto.

Acepté gustoso y él envió su avión a recogerme a Miami. Por si acaso, llevé mi tarjeta de crédito.

Con la nueva administración, Univisión comenzó a funcionar bajo el concepto de una eficaz empresa americana, sólo que producía en español. La fórmula fue dando resultado y al poco tiempo se profesionalizaron más las ventas y la compañía logró utilidades. Perenchio, que era promotor interesado en crear, planificar e inventar a futuro, poco a poco fue convenciendo al mundo angloamericano de que sí existía en Estados Unidos un importante mercado de los hispanos y para los hispanos. El trabajo hecho durante años por artistas y ejecutivos de televisión fue base del salto adelante, pues hasta ese entonces había empresas que en voz baja decían "démosle dos o tres millones a la televisión en español para que no digan que somos racistas, aunque sabemos que en español la televisión no vende; sólo vende en inglés".

Sábado Gigante era un programa con alta sintonía y un facturador muy importante para Univisión. En el canal lo apodaban *"four hundred pound gorilla"* ("el gorila de las 400 libras"). Yo captaba que los nuevos dueños se preocupaban de que no me fuera con la competencia. Pero también me di cuenta de que por mucho tiempo no habría nuevas oportunidades para mí y de que sólo me necesitaban para conducir lo más eficientemente posible las cuatro horas de *Sábado Gigante*, que se mostraba más sólido en lo económico y en su contenido, al punto que ya comenzaba a ser nominado para varios premios.

Recibimos un Emmy, varias veces un A.C.E., después un Galvano de la Academia Nacional de Ciencias y Artes de la Televisión; la Asociación de Cronistas de Espectáculos de Nueva York por varios años premió el trabajo de *Sábado Gigante*; varias revistas internacionales nos concedieron honores; también el Commonwealth de Massachusetts, la gobernación del estado de New York, la ciudades de Los Ángeles, Santa Ana, Huntington, Miami, Hialeah, Tampa, Orlando, New Jersey, los condados de Miami-Dade y de Orange (Florida).

En forma simultánea la oferta de El Tigre Azcárraga comenzó a concretarse y pasamos a ser el primer programa grabado fuera de los estudios de Televisa que llegaba al Canal 2, el Canal de las Estrellas, que ya lo anunciaba dentro de su programación habitual de los sábados. Yo tenía los amuletos y mis supersticiones trabajando a tiempo completo para que todo me resultara bien ahí y, justo cuando ya estaba dudando de su efectividad, El Tigre me hizo avisar que necesitaba hablar conmigo personalmente, antes del lanzamiento oficial en México.

Llegué a las oficinas ejecutivas de Televisa en el Distrito Federal y, para no perder la costumbre, di tres golpes en la puerta de madera. ¡Suerte!, me dije. Increíble lo nervioso que iba a la cita. Me llamaba mucho la atención la forma de ser de Azcárraga. Era un empresario todopoderoso pero también, de alguna manera, un artista, y deseaba no sólo que hiciese *Sábado Gigante*, sino que filmara una película para él y lo asesorara en nuevos programas.

—Quiero que hagamos una película, cabrón. No para ganarte el Óscar, sino para que nos vaya bien a todos. ¿Qué te parece esta trama? Tú vas por un pueblo muy pobre, caminando en el barro...

En ese instante entró uno de sus funcionarios a preguntarle:

—Don Emilio, ¿qué hago con las acciones de la compañía equis?

—Dile a Fulano que las venda... entonces, te decía Mario, vas por el barro, la gente pobre te mira...

—Señor Azcárraga, necesitamos pagar el arrendamiento del muelle de Nueva York —le dicen por citófono.

—Sí, págalo de la cuenta 23... OK, Mario, entonces la gente te mira, estás en contacto con los pobladores —sigue relatándome.

Una locura. El hombre me hablaba de un guión de cine mientras atendía muchos de sus negocios, en una combinación de tiempo y diálogos que manejaba con lucidez, aunque nunca terminamos el tema de la película.

Azcárraga me recibió tal como la primera vez, afectuoso, deseándome mucha suerte. Me contó que estaba considerando la idea de comprarse un portaaviones para transformarlo en centro comercial y llevarlo a diversos puertos del mundo, dejarlo "a la gira" para que la gente lo visite y compre. Mezclaba las cosas. Un gran soñador. Me gustaba esa forma de ser, aunque no ignoraba que si bien la gente se sentía motivada por él, al mismo tiempo le temía cuando se enojaba.

Me pidió que le dijera qué necesitaría yo para lograr éxito con mi programa en México.

—Dos cosas simultáneas —contesté en el acto—. La primera, anunciantes mexicanos; la segunda, concursantes. Con esos dos elementos me sentiré seguro de triunfar.

Estábamos en lo mejor de nuestra conversación sobre el futuro del programa en México, cuando entró a su oficina un "bolero" a lustrarle los zapatos. Según supe después, era el mismo que siempre había atendido en este oficio al padre de El Tigre, Emilio Azcárraga Vidaurreta, "El León", fundador del imperio. El lustrabotas era un hombre ya mayor, al que el mismo Azcárraga debió auxiliar cuando tuvo que ponerse de pie después de la "boleada". Nuestra entrevista finalizó y salí junto con el "bolero", que me contó cómo don Emilio lo había ayudado a comprarse una casa. Me dijo que, en otra oportunidad, le dio una mano para que tuviera su automóvil propio. Este magnate tenía muchos gestos de humanidad con su gente, la mayoría de ellos sin publicidad. Era un personaje curioso: por un lado imponía respeto, miedo, y por otro era afable. Un déspota en algunos casos, generoso y alegre en otros.

Cuentan sus biógrafos que Azcárraga era muy quisquilloso con respecto al uso del gafete que identifica a cada empleado en sus empresas. Todos, incluso él, debían llevarlo siempre prendido a la altura del pecho y lucirlo con orgullo. En una ocasión entró a un elevador en los edificios de Televisa, donde se encontró con un grupo de técnicos del canal y vio que uno de ellos portaba su identificación colgando de la cintura. Todos se quedaron fríos esperando la reacción del jefe. Éste no perdió un segundo:

—No te pago para que lleves el gafete en los huevos —le reclamó.

El empleado se permitió responder, con evidente nerviosismo:

—No, señor. Los huevos los tengo aquí —dijo, llevando sus manos al cuello.

El Tigre soltó una sonora carcajada. Los técnicos no sabían si reír también. Hasta que el ascensor se detuvo y Azcárraga, despojándose de su Rolex de oro, se lo obsequió al ocurrente empleado.

—Te lo mereces, cabrón.

A la conquista de México

Preparamos el lanzamiento en México y decidimos que en las semanas siguientes era conveniente anunciar "con bombos y platillos" el nuevo programa del Canal de las Estrellas. Se organizó una conferencia de prensa a la que invitamos a cuanto medio de comunicación existía en el país. Ilusionado como estaba, pedí a mis dos hijos que vivían en Estados Unidos, Patricio y Vivi, que me acompañasen en este debut.

Muy pocos periodistas concurrieron a la convocatoria. Al parecer, no gustaba a la prensa del espectáculo el que un programa producido fuera de México ocupara horario preferencial en el principal canal de la televisión mexicana. El tenso ambiente de la sala se cortaba con cuchillo. De todos modos, sorteamos un automóvil de regalo entre los asistentes.

A la salida de la rueda de prensa, vi en la cara de mi hijo mayor que estaba muy dolido por el resultado del encuentro.

—Papá —me dijo con tristeza— ¿qué necesidad tenías tú de someterte a esto después de casi 30 años de triunfos?

—Es un reto muy importante para mí, Patricio —le dije tanto a él como a su hermana, que me escuchaban con mucha atención—. Siempre hay que tener desafíos en la vida, grandes y pequeños, de lo contrario nunca se avanza. Cuando nos quedamos parados, retrocedemos. Este desafío lo he soñado por años. Hoy me fue mal y ni yo ni ustedes quedamos contentos, pero se trata sólo de una batalla, y la guerra tiene muchas batallas.

Nuestra noticia no tuvo en la prensa mexicana la trascendencia que habíamos planificado. Sentí la frustración de un fracaso. Las cosas empezaron a cambiar cuando aparecimos con el primer programa, el sábado 5 de diciembre de 1992. Gustó, le fue bien, y así nos fuimos introduciendo en los hogares de México. Estábamos complacidos con el resultado. A los pocos meses el canal de la competencia, que carecía de audiencia frente a Televisa, programó para la misma hora un *show* de concursos de la televisión española, *El juego de la oca*, que acaparó transitoriamente la sintonía.

Esta situación me dio la oportunidad de enfrentarme con un "Tigre" que no había tenido ocasión de tratar. Lo encontré molesto, alterado. Me llamó la atención, asegurándome que era primera vez que Televisa perdía frente a la competencia.

—No se preocupe, don Emilio —le dije en tono conciliador—. Esto puede ocurrir por unas semanas, más no. *Sábado Gigante* es diferente, siempre sale adelante, sobrevive.

—Más te vale, cabrón —respondió.

Me mostré tranquilo e inmutable frente a su reacción, pero lo cierto es que me golpeó muy duro en mi orgullo. Me anduvo desmoronando cuando a los pocos segundos agregó: "parece que a ti ya nadie te sigue, dejaste de ser entretenido".

Entendía que Azcárraga me increpaba sólo para picarme el ego. Creo que notó que había sido implacable, por lo que al salir de su despacho se acercó a despedirme y me dio un palmotazo de afecto en el hombro.

—No importa, cabrón —dijo—. Siempre se puede salir adelante. Yo lo sé y tú también lo sabes.

Nos recuperamos. *Sábado Gigante*, integrado ya a la comunidad mexicana, se ubicó entre los diez programas de mayor sintonía y aceptación en Televisa, reportándole un buen ingreso económico al canal. Lanzamos un concurso en busca de "La voz de oro" de la canción ranchera que hizo gran impacto en el público. Los medios de prensa destacaron el hecho de que se promoviera esta música por todo el continente. Un crítico en la ciudad de México escribió en su muy leída columna: "la tarde del sábado es cada vez más y más de Don Francisco".

La Asociación de Periodistas de Radio y Televisión de México nos distinguió otorgándonos el "Calendario Azteca de Oro" al mejor programa de variedades, y algunos municipios, como los de Guadalajara, Veracruz y Puebla, nos declararon "Huésped Ilustre". En la Plaza de Toros de la ciudad de México, a la que asistí una tarde de domingo con "La cámara viajera", me fue brindada una corrida.

Al cumplir un año con nuestra transmisión en territorio mexicano, convocamos a una nueva conferencia de prensa. Esta vez el lugar se abarrotó de periodistas. Muchísimas cámaras, *flashes*, fotografías, luces, micrófonos, grabadoras, preguntas afectuosas. Un aplauso coronó la cita. Me sentí muy satisfecho, lamentando que en esta oportunidad no me hubieran acompañado mis hijos.

"Bueno —me dije— un desafío cumplido."

El cariño del público

La verdad es que me sentía orgulloso de ser uno de los medios de unión entre los pueblos latinoamericanos. Y también feliz, dado que el programa se consolidaba como un entretenimiento familiar y, como siempre hemos dicho, el mejor pretexto para quedarse los sábados en casa. Además de Estados Unidos, México y Chile, nos veían cada semana en Bolivia, Colombia, Costa Rica, Ecuador, El Salvador, Guatemala, Honduras, Nicaragua, Paraguay, Perú, Puerto Rico, República Dominicana, Uruguay y Venezuela. En Argentina, ahora a través del canal de cable de Televisa. El *Libro Guinness de los Records* nos registró, en 1993, como el *show* de televisión de más larga existencia en las Américas.

Ya con la seguridad del programa afianzado en México y yo percibiendo mejores ingresos, con Temy decidimos vender nuestra casa en Chile. Fue una decisión que nos costó adoptar. La habíamos construido con tanto amor y fue nuestro hogar por muchos años; pero no valía la pena mantenerla para habitarla sólo cuatro o cinco días al mes.

En Miami nos mudamos a una casa que nos gustó en un sector junto a Miami Beach, en el barrio exclusivo de Indian Creek (1993). Una pequeña isla donde cada residencia dispone de un lindo jardín y de muelle particular. La compramos, y el día que firmé la escritura me di cuenta de que jamás había soñado en llegar a vivir en una casa de esas características. El éxito estaba agregando beneficios materiales a nuestra vida en Estados Unidos. También satisfacciones honoríficas.

En marzo de 1994, el Fondo de las Naciones Unidas para la Infancia, Unicef, me designó Embajador de Buena Voluntad, lo que constituyó para mí un alto honor que acepté con mucho gusto. En esta condición, viajé por diferentes países latinoamericanos promoviendo e inaugurando diversos proyectos liderados por ese organismo. En Estados Unidos, me dirigí a la comunidad hispana, exhortándola a que, dentro de sus posibilidades, aportasen recursos para esta institución que tanto hace por los niños desprotegidos del mundo entero. Lo cierto es que me sentí muy contento de participar en esta cruzada y, al mismo tiempo, frustrado de no haber podido realizar suficientes actividades para la infancia de América Latina.

Mi agitada agenda no cesaba. Hacía una cosa mientras iba pensando en la siguiente. Supuse que esto me causaba los errores que solía cometer por "despistado", pero me di cuenta de que éstos no se debían ni al cansancio ni a la edad, sino que eran parte de mi personalidad y debía vivir con ellos. Mis amigos y conocidos deben aceptarlos.

Un día nos visitó en la nueva casa un arquitecto a quien le habíamos pedido cierto trabajo profesional. Conversábamos Temy, una amiga, el arquitecto y yo, cuando vi que se aproximaba mi hora de grabación y decidí retirarme, por lo cual me despedí del grupo, que continuó charlando. Tomé el saco de encima del sofá y me fui. Mientras encendía mi automóvil, el arquitecto salió de la casa, corriendo hacia mí.

—Señor, disculpe, ese saco es mío —me dijo muy angustiado.

En la familia, a todo esto, había entretenimiento propio: cuatro nietos. Temy se desempeñaba como superabuela y yo pasé a tener el mismo problema que como papá, sólo que ahora en la siguiente generación: poca paciencia, abuelo por cinco minutos, ausente, lejano, retraído. Si parezco un anacoreta. La gente no lo sabe, pero yo por lo general almuerzo o como solo. ¡Qué contrasentido! Me junto con mil personas todos los días y no quiero hablar con nadie en privado. Es una curiosa sensación que se me va acrecentando con el paso de los años en el contacto con el público. Recuerdo que mi padre era también un poco así.

Pero en mi profesión puede resultar una incongruencia. Uno siempre desea tener más telespectadores, más audiencia, más público. Poco a poco, esa gente que uno no sabe quién es, lo va admirando, respetando cada vez más y comienza a darse la condición personal de poder percibir al público. Las graderías reflejan con fidelidad, en el caso de un programa como el mío, lo que ocurre en las casas. Cuando ese público presente en el estudio, que no son más de 250 a 300 personas, se inquieta, tose, se mueve, conversa, nos damos cuenta de que estamos haciendo algo equivocado. Entonces hay que enmendar rumbo, enfrentarlo de una forma distinta.

Al comienzo, cuando no tenía esa percepción ni sabía cómo era la gente, ni lo que la gente pensaba de mí, tampoco tenía noción de la responsabilidad de un comunicador, que ejerce tanta influencia, positiva o negativa. Debo decir que hice cosas terribles de las que hoy, mirando hacia atrás, me avergüenzo. Por ejemplo, en uno de mis primeros programas, pedí que trajeran al estudio el árbol más grande que pudieran. Llegaron como 200 arbolitos, la mayoría recién plantados, que habían sido arrancados de un parque cercano al canal.

En otra ocasión —en medio de una crisis económica—, organicé una promoción en un supermercado, donde se vendería todo con 50 por ciento de descuento. Llegaron más de 10 mil personas hasta el lugar, donde no teníamos el control policial adecuado, y casi se produce una masacre por aglomeración. Recuerdo que el matutino *La Tercera* tituló en su portada "Heridos, desmayos y destrozos en venta benéfica de *Sábado Gigante*".

Con el tiempo, el público va tomando rostro. Se hace amigo de uno, pero también exige y esto produce una división, que va creciendo, entre la persona y el personaje público. Los telespectadores van exigiendo más y el animador tiene que entregar más a través del personaje. En mi caso, Don Francisco se va quedando con lo mejor de Mario Kreutzberger, que pasa a ser un empleado-productor del personaje. Don Francisco es simpático, ocurrente, rápido, jovial, picarón, enamoradizo. Mario tiene que ser equilibrado, formal, más serio, inteligente y, sobre todo, trabajador, para entregar en todo momento más y más combustible a Don Francisco, para que viva. Mario se vuelve cada vez más taciturno y reflexivo, mientras Don Francisco se va transformando en el líder que la gente quiere que sea: presidente honorario de un club, de un centro deportivo, miembro importante de una institución benéfica, consejero personal al que se le preguntan miles de cosas: ¿cómo traigo a mi marido de vuelta a casa? ¿Qué me aconseja para poner un negocio? Tantísimas consultas para cuyas respuestas en muchas ocasiones uno no está capacitado.

El público podrá preguntarse ¿cuándo aparece Mario y cuándo Don Francisco? Y esto sí que es mágico: se produce solo, sin esfuerzo. Así como se separan, con la misma facilidad se unen. Se enciende la luz de la cámara, se levanta el telón del escenario, brota el aplauso espontáneo, y aparece Don Francisco, que cambia de actitud, aumenta su sonrisa, la velocidad de sus palabras, obtiene un movimiento corporal más activo. Se apaga la luz, cae el telón, se termina el aplauso y surge Mario, que es el que se tiñe el pelo (Don Francisco tiene el pelo negro), el que se toma las tabletas para la presión y el ácido úrico; el que decide hacerse la cirugía estética (Don Francisco no tiene arrugas). Mario no puede frenar el paso del tiempo, va perdiendo fuerzas, mientras Don Francisco sigue viviendo igual.

En todo caso, la doble condición ha sido quizá mi mayor dificultad para comunicarme con la gente. Muchas veces voy por la calle, vestido de Mario, con las preocupaciones de Mario, y alguien me saluda pensando que en ese momento soy Don Francisco. En el fragor del saludo al pasar, mi personaje no alcanza a aparecer y esa persona se frustra, pensando: "Qué aburrido y qué poco amable es Don Francisco cuando no está en la tele. Un engreído".

Y además, hace una reflexión: cómo puede ser así, en circunstancias que ha sido el público quien le ha permitido ser lo que es. Aquí las explicaciones de Mario no sirven y será un punto menos para la imagen de Don Francisco.

Ésta es la eterna lucha entre ambos, aunque el público no lo capte. ¿Seguirá Mario con vida cuando muera Don Francisco? La incógnita es quién sepultará a quién. El ideal sería que los dos murieran al mismo tiempo.

Por ahora, es Don Francisco el que da la cara en lugares públicos, porque la gente siempre trata de demostrarle su afecto de diferentes maneras. Esto ha originado un sinnúmero de situaciones simpáticas, divertidas, curiosas, producto de esta permanente interactividad con el público.

Un día viajé a Los Ángeles para participar en la inauguración de una gran mueblería. En un principio me negué a ir, pero alguien del Departamento de Ventas me embarcó en el asunto, al vender algunos comerciales conmigo incluido. Me consideré envuelto en algo que no me correspondía, pero me convencieron de que era verdaderamente importante: la empresa comercial aseguraba que a la inauguración asistirían por lo menos 3,000 personas, todas telespectadoras de *Sábado Gigante*, las que al parecer esperaban verme y saludarme. Teníamos cinco años produciendo el programa en Estados Unidos y después de tanto luchar para ganar audiencia, no era el caso dejarla abandonada.

Llegué allá muy de madrugada. Fui al hotel, me registré y pedí que me despertaran a las 12 del mediodía. Según lo acordado con los organizadores, la ceremonia en la mueblería se llevaría a cabo a las dos de la tarde, así que tendría tiempo para llegar a la hora. Pero alrededor de las 10 sonó el teléfono. Rugí al atender la llamada. Al otro lado de la línea alguien se disculpó, mientras me solicitaba que fuese al lugar de la cita antes de la hora acordada, en vista de que las 3,000 personas estimadas ya estaban ahí, esperando algo impacientes, y se temía que aumentaran a unas 7,000.

Me levanté al poco rato, salí, y al aproximarme a la mueblería vi que unos helicópteros sobrevolaban el lugar y que habían cerrado las calles y autopistas cercanas, desviando al tránsito. La policía estimó una concentración de 20,000 personas, pese a que allí no se repartía ni se regalaba nada. La gente fue estrictamente por su voluntad a saludarme.

Es el corazón generoso del público que trata de hacerme llegar un gesto de cariño, aunque al principio no se sabe cómo reaccionar y uno puede llegar hasta a desequilibrarse si no se maneja bien. Son momentos difíciles de digerir. Así lo siento. Aquella vez fue la primera muestra colectiva de afecto que recibí de parte del público hispano de Estados Unidos, por *Sábado Gigante*. Más que colectivo, podría llamarle multitudinario. En otras oportunidades, no ha sido necesario que se reúnan miles.

Por ejemplo, en Chicago, fuimos con dos colegas de la televisión a cenar a un acreditado restaurante. Me sorprendió que en una ciudad con tanta presencia latina no encontrase, entre el personal que atendía, a ningún hispano, salvo el que estaba afuera estacionando los vehículos de los clientes. Cenamos muy bien, con un excelente vino tinto. Cuando llegó el momento de irnos, pedí la cuenta y se acercó el *maitre* a decirme que estaba pagada.

—No puede ser. ¿Quién pagó? —pregunté mirando a mis amigos, muy sorprendido.

Ninguno de ellos lo había hecho, lo que estaba muy bien, porque eran mis invitados.

—¿No será un error? —insistí.

—Pagó la gente de la cocina —respondió el *maitre*.

—¿Cómo que la gente de la cocina? No lo puedo aceptar. Imposible. ¿Por qué pagaron ellos?

—Sí, señor. Ellos pagaron la cuenta. No se preocupe.

—¡Cómo no me voy a preocupar! Permítame ir a la cocina.

Fui hasta el interior del restaurante y me encontré con que allí trabajaban 22 personas, en su mayoría hispanos. Los saludé con el brazo en alto, y acto seguido les estreché la mano a uno por uno.

—Mucho gusto, Don Francisco. Usted y sus amigos son nuestros invitados esta noche —me dijo el *chef*, vestido de impecable blancura.

—Yo les agradezco el gesto, pero...

—... pero nada, Don Francisco —me interrumpió el *chef*, lanzándose un tremendo discurso que si no fuera porque ni yo sabía que esa noche iba acabar cenando ahí, hubiera creído que lo habían preparado por escrito. Fue concluyendo mientras explicaba que entre todos los empleados decidieron espontáneamente pagar la cuenta "en reciprocidad a la felicidad que yo les daba cada semana".

—Su programa entretiene a nuestras familias y no se imagina lo que significa poder recordar nuestras costumbres y nuestra lengua —terminó su improvisación.

Sentí una fuerte emoción al escuchar a ese jefe de cocina, mientras los demás cocineros, ayudantes y lavacopas me rodeaban, sonriendo, escuchado atentos y haciendo gestos de aprobación. Por unos minutos se paralizó el trabajo en el restaurante.

—Muchas gracias... en verdad muchas gracias.

—Estamos felices de atenderlo —reiteró el *chef*—. Ahora, si no le molesta, quisiéramos pedirle un autógrafo.

Un ayudante de cocina que estaba a su lado, tambien vestido de impecable traje blanco, me pasó una servilleta de brocado color crema, muy fina, para que ahí estampara yo mi firma. Fue una, fue otra, hasta completar 22 autógrafos (y como en una me equivoqué en el nombre, fueron 23). En ese momento, el restaurante se quedó sin dos docenas de tan delicadas servilletas. Es algo difícil de olvidar.

Una tarde de lunes, en Washington, después de un almuerzo ligero, junto a tres compañeros de trabajo, paseábamos felices de tener unas horas de tiempo libre. Yo me había enterado de que pocos meses antes se había inaugurado el Museo del Holocausto, y decidimos ir a conocerlo. Al menos ésa era nuestra intención.

—Imposible, hasta el miércoles no hay turno —nos abofeteó el portero, impersonal, aunque con cortesía, como le hacen por lo general los empleados públicos en Estados Unidos.

—Pero, señor, mi padre fue un sobreviviente del Holocausto y nos vamos esta noche de regreso —alegué.

—Lo siento, pero sólo puede entrar determinada cantidad de personas y ya no hay boletos para hoy, señor.

—Eso no puede ser. ¿Quién es el jefe? —dije con voz altisonante.

El jefe me dijo lo mismo:

—Cierta cantidad de personas cada vez. Lo siento.

—¿Podría hablar con el director del museo? Estoy seguro que él me entenderá —advertí.

—Cómo no, señor. Explíquele. Él está en el quinto piso, por ese elevador, por favor.

Allá subimos. Otra vez expuse mis argumentos y recibí un NO rotundo.

—Bien, nos vamos —dije entonces, entre frustrado y furioso.

Al bajar las gradas hacia la calle, un hombre y una mujer fregaban el piso, sacándole brillo a las baldosas. Ella levantó la cabeza y me lanzó un efusivo saludo:

—¡Don Franciiiisco! ¡Qué gusto conocerlo personalmente! ¿Qué hace por aquí?

—Vinimos a ver el museo, pero no se pudo.

—Ah, pues, espérese un momentito, Don Francisco —agregó la mujer, mientras su compañero de trabajo también me saludaba sonriente. Ambos ingresaron al edificio a través de una pequeña puerta lateral de servicio, por la cual salieron a los pocos minutos.

—Aquí tiene sus entradas, Don Francisco. Pasen por favor.

Mi cara de asombro debe de haber sido de colección, al tener en mis manos cuatro boletos para entrar a un museo donde el recepcionista, el supervisor y el propio director me acababan de descartar cualquier posibilidad de acceso ese día.

—Tenemos derecho a varias entradas y nunca las hemos usado —se apresuraron a explicarnos, ante nuestra estupefacción—. Un gusto que sean para ustedes. Adelante.

Y así, pese a todos los obstáculos administrativos, recorrimos esa tarde el Museo del Holocausto gracias a dos latinos que, según nos contaron, se entretenían cada semana viendo *Sábado Gigante* en la televisión.

—Nos parece que estuviésemos en nuestra tierra. Muchas gracias por eso —me dijeron mientras nos despedíamos.

Cada actitud de nuestro público —en el estudio o en la calle— me hace pensar más sobre la responsabilidad que recae en un comunicador. El solo hecho de que un animador de televisión pueda llegar, micrófono en mano, a millones de personas, tiene mucho significado, mucha fuerza, pero a la vez es un compromiso muy grande, no sólo social y moral, sino comunitario.

Y cuando se trata de los jóvenes, ese compromiso se convierte en cometido. Por lo menos así lo sentí la vez que, por invitación de una empresa de comunicaciones, viajé a Houston, Texas, para conversar con la comunidad juvenil. Llegué a un *high school* (colegio secundario de grados superiores) a fin de hablarle a los jóvenes sobre la perseverancia para triunfar en la vida.

La policía local me había advertido sobre posibles riesgos para mi seguridad personal, debido a la existencia de varias pandillas.

—Hay mucho "ganguero" (pandillero) peligroso. Manténgase tranquilo, pero atento —me recomendaron los agentes—. Si las cosas se ponen peligrosas, no se preocupe, lo sacaremos en un patrullero.

La verdad es que cuando ingresé al enorme teatro del colegio, repleto de estudiantes de ambos sexos, la mayoría de origen hispano, sentados y parados hasta en las gradas, vi muchas caras hostiles, demasiado serias para ser rostros jóvenes. Me miraron pasar por entre ellos, inexpresivos, masticando chicle, hasta escupiendo en el suelo, hablándose a gritos, aunque yo los iba observando con simpatía.

Estaban seguros de que allí no había nada para ellos. Ni siquiera posibilidades. Y que, una vez más, perdían el tiempo. Yo había ido a hablarles de esperanza en cosas mejores, de tiempos menos duros, así que eché mano de todos los recursos posibles aprendidos en el diario vivir, al conversar con tanta gente. ¿Y saben qué? No me resultó tan difícil.

Empecé mi historia con mucha familiaridad y noté que los jóvenes comenzaban a cambiar de actitud. Les dije que no me miraban bien ni le daban importancia alguna a que yo estuviera hablándoles, porque ellos creían que no tenían oportunidad en la vida.

—Pero yo también soy hijo de inmigrantes —afirmé—. También pensé alguna vez que yo no tenía importancia en la vida, pero le puse empeño y llegué a ser lo que quería ser: animador de televisión. Porque yo soñaba con ser esto que soy ahora. Y eso significa que cualquiera de ustedes puede llegar a ser lo que se proponga. Lo único que siempre hay es esperanza y oportunidad. El asunto es que hay que buscar la chance, el momento en que en la vida nos abre la puerta, y estar preparado y decidido a atravesarla.

Los muchachos fueron cambiando. Los hacía sentirse directamente vinculados conmigo al señalarlos con el dedo:

—¿En tu casa te va mal?

Miraba hacia otro y le decía:

—Puede que no tengas papá o no tengas mamá.

Indicaba hacia más al fondo del teatro, lleno de estudiantes:

—O tus padres se llevan mal, o no se preocupan de ti y estás siempre solo. Sientes que este mundo no te da nada. Y te dices: "¡Para qué seguir haciéndole empeño!"

Les repetí una y varias veces que yo era un ejemplo válido sobre lo que estábamos hablando.

—Tuve una oportunidad, la tomé y aquí estoy. Soy animador de televisión. Para tomar la oportunidad no hay límite de tiempo. Puede ser hoy, mañana por la mañana, o por la tarde, pero yo les aseguro, por experiencia propia, que SIEMPRE hay oportunidad.

Todos ponían atención a mis palabras. La chica de primera fila, que estuvo escupiendo desde el inicio de mi intervención, había dejado de hacerlo. Yo seguía señalándolos con la mano:

—Tú puedes ser el próximo. Las oportunidades nunca se terminan. Hay que perseverar.

Vino luego la sesión de preguntas y respuestas. Todo en menos de una hora. Al final, les agregué:

—Si esta conversación le sirvió aunque sea a uno solo de ustedes, significa que valió la pena.

Me aplaudieron. A la salida, muchos me fueron a decir que siempre me veían con su familia, cada sábado en la televisión. Autógrafos, apretones de mano, saludos. Creo que quedaron felices. Caminé como dos cuadras rodeado en ellos. Ahí recién me subí al automóvil hacia el hotel, no sin antes dejar de agradecer a los policías que habían esperado por si se producía algún disturbio.

En el trayecto de regreso, me sentía contento y emocionado. Contento de que como animador pude revertir el asunto, y emocionado al saber que había logrado hacer un aporte a esos jóvenes hablándoles con la verdad, pues vi las respuestas en sus miradas cuando les relaté cómo me había sobrepuesto a la golpiza que recibí en el colegio, a los 14 años.

Esta facilidad para comunicarme con la gente me ha permitido vivir situaciones personales muy satisfactorias, relacionadas con el amor y la pareja, temas que abordamos frecuentemente en *Sábado Gigante* y que son una prolongación de la vida real. Estas anécdotas salpicadas me ocurren en cualquier momento, en medio de tantos viajes, grabaciones, entrevistas, reportajes, trajines por aeropuertos y restaurantes, que son los sitios que más frecuento debido al tren de vida a que me obliga mi trabajo.

Una noche cenaba con unos amigos en un distinguido restaurante francés en Santa Mónica, California. Mis acompañantes pidieron vino del más exquisito, mientras yo tomaba agua, mucha agua, con el pretexto de que el vino engorda. La conversación me parecía muy interesante y no quería perderme un minuto de ella, pero llegó el momento en que mi vejiga no daba más y sentí que estaba a punto de reventar.

—Con permiso —dije a último minuto y corrí en busca de un baño.

Vi que al fondo de un largo pasillo decía "Caballeros". Me fui por ahí, abriéndome el cierre, siempre medio distraído, sacando lo que había que sacar para ganar tiempo. Lo que no advertí en ese momento fue que en la mitad del pasillo, desde una puerta que decía "Damas" salían dos señoras conversando. Tuve que hacer gestos de loco para taparme las intimidades. ¡Menos mal que no me reconocieron! O quizá ni me miraron a la cara...

Ahí no terminó la cosa. También entró al baño un hombre joven, de unos 30 años. Venía siguiéndome.

—Don Francisco, ¡qué bueno encontrarlo precisamente aquí!

—¿Aquí? Oiga, no sé qué me quiere decir, pero me voy —le dije muy resuelto.

—No, no me refiero al baño, sino aquí, en este restaurante, justo a esta hora. Quiero pedirle un favor —me dijo, atropellándose con las palabras—. Quisiera que sea el animador cuando le pida la mano a mi novia.

—¿Cómo es eso?

—Tengo a mi novia invitada esta noche. El mozo tiene lista una botella de champaña, pero no sé cómo atreverme. Mire, aquí está el anillo de compromiso y como ella es mexicana, quisiera que fuera usted quien le diga que deseo casarme con ella.

—¿Pero qué hago yo en esto, mi amigo?

—Haga una de sus presentaciones, Don Francisco, no le cuesta mucho. He visto en la "tele" que incluso usted ha casado a la gente.

El peso de la fama. No quedaba otra, así que fui a su mesa mientras mi mente improvisaba.

—Señorita Consuelo...

—¡Don Francisco! ¿Cómo me conoce?

—Verá usted, he venido especialmente a este restaurante para asistir a este feliz momento con usted y con Luis... —le dije, soltando el mejor discurso que se me pudo ocurrir con los datos que me había dado el novio. Llegó la champaña, apareció la sortija, se dio el sí de la niña y el apasionado beso. Y otro. Y luego varios más.

Entendí que ya estaba de más en esa mesa, pues la pareja avanzaba en lo suyo. Me despedí de los novios deseándoles lo mejor y me retiré contento con lo que había colaborado, tras comprobar que *Sábado Gigante* —y yo, como su representante— estaba llegando a ser tan familiar para los latinos que incluso lo integraban a los acontecimientos más importantes de sus vidas, como puede ser un noviazgo.

O una boda. Porque pocos meses antes, durante un fin de semana en que tenía la agenda bastante cargada, con unas cuantas reuniones fuera del canal, logré suprimir algunas citas para atender una cordial invitación de nuestro gerente, Cuco Arias —el hombre que maneja el dinero en el programa—, a la boda de su hija, Cuchi.

Cuco me explicó muy bien dónde era la ceremonia. Tal barrio, tal iglesia. Cuando llegué, vi con asombro que no era tan clara la dirección, ya que había varios templos en el sector. Cotejé mis datos y una vez que establecí cuál era, entré decidido. Algunas personas me recibieron y me saludaron.

—¡Qué bueno que vino, Don Francisco, adelante!

Tomé asiento. No conocía a nadie, pero todos me reconocían. "No invitaron a más gente del canal, sólo a mí", pensé, mientras intentaba ubicar a la esposa de Arias entre los peinados y las elegancias que hacen lucir tan distintas a las mujeres en estas ocasiones. La ceremonia estaba por comenzar y no veía a Cuco ni a su esposa. Le hablé al señor que estaba a mi lado:

—¿Cuco entrará con su hija?

—¿Qué Cuco, Don Francisco?

—Cuco Arias, el padre de la novia.

—Aquí el padre de la novia es Gilberto Faúndez, mi hermano.

¡Me había metido a una boda equivocada! Pero como ya me estaba haciendo conocido en Miami, esa familia me había recibido como si fuese uno de los invitados.

Y es que para distraído y preguntón, nadie me gana. Una tarde salí de casa solo, en busca de un restaurante para almorzar y encontré, por Miami Beach, un lugar argentino de parrilladas, recién inaugurado. Me pareció simpático. Tomé asiento y, mientras esperaba ser atendido, paseé la vista por el local, divisando a una joven mesera que por algún motivo me llamó la atención. Al rato, fue ella misma la que vino a mi mesa a atenderme:

—¿Va a querer vino?

La miré a los ojos, la examiné muy rápido de arriba abajo:

—¿Usted es soltera o casada?

—Soltera —respondió, casi como un reflejo defensivo, sorprendida ante mi pregunta.

—Pues yo tengo al hombre para usted, siempre que usted no tenga novio.

—No —contestó aún a la defensiva, aunque una leve sonrisa delató su curiosidad.

—¿Cuál es su nombre?

—Ariela.

—A ver, Ariela. Apenas pueda le voy a presentar a mi amigo Ernesto, compatriota mío. —Y sin más, me lancé todo un rollo sobre alguien al que tenía un buen tiempo de no ver y que nunca en su vida me había pedido que le consiguiera novia.

No es mi papel ser casamentero ni "celestino", pero como estaba solo en la mesa, era una manera de entretenerme. Cené, me tomé una copitas de vino tinto y partí a casa pensando que si a través del programa hemos unido a tanta gente, por qué no iba a poder hacerlo afuera. Mejor aún si tengo un amigo que podría hacer buena pareja con esa joven.

Entonces llamé a mi mujer, que estaba en Santiago.

—¿Te acuerdas de Ernesto? ¿Seguirá soltero? —consulté con Temy.

—No sé, ni idea... Pero me da la impresión de que tú tomaste más de dos copas...

Lo cierto es que sí y Temy se da cuenta inmediatamente porque la lengua se me pone traposa, pesada.

—Bueno —agregué—, si Ernesto sigue soltero, tengo la mujer para él.

Una semana después viajé a Santiago, fui hasta el gimnasio que frecuento y, sin proponérmelo, me encontré con mi amigo Ernesto.

—Te tengo una "mina".[8] Tendrás que ir a Miami a conocerla.

—¿Por qué no me trajiste una foto? —me replicó el joven gerente de un moderno frigorífico de productos cárnicos.

Le respondí en chileno:

—Oye, h.... ¿creís que estái comprando una vaca?

Le di los datos y la llamó por teléfono. No sabía ni cómo preguntar por ella:

—¿Aló? Sí... buenas tardes, yo soy Ernesto, llamo de parte de Don Francisco porq...

—...Aaaahhh, sííí, el que dice Don Francisco. Mirá, mi hija está en Buenos Aires, ché. Podés llamarla allá.

Ernesto no sólo la llamó, sino que fue a conocerla y se encantó con ella. Bueno, se encontraron. Conoció a sus padres. La invitó a Santiago. Después, ella regresó a Miami y al poco tiempo, los dos me visitaron en casa:

—Ariela y yo nos vamos a casar el Día de San Valentín. Queremos que seas el padrino.

Yo tenía programada con mucha anticipación una gira promocional a California. Pero tampoco podía abandonar a esta pareja de "novios por mi culpa", de modo que ajusté los compromisos y decidí volver justo para estar en la ceremonia el 14 de febrero.

Hasta ahí, todo bien. Era algo complicado, pero la ocasión lo ameritaba. Sin embargo, lo que me sacó parcialmente del plan fue la huelga de pilotos que en esos días afrontaba una importante aerolínea. Los demás vuelos desde Los Ángeles estaban llenos y, para peor, tenían muchas escalas. ¿Qué hacer? Viajaba conmigo Omar Marchant y le propuse que pusiéramos a prueba la popularidad de Don Francisco. No nos quedaba otra.

Comencé a pasearme frente a los mesones de atención a pasajeros, con Omar mirando por si se producía alguna reacción entre las empleadas de

---

[8] Término popularmente usado en los países del cono sur de América para referirse a una mujer.

las aerolíneas. De repente, le pareció que la del cubículo 7 me había reconocido. Le caímos, explicándole nuestra urgencia.

—Déjeme ver, Don Francisco. Lo más cercano es un vuelo a West Palm Beach.

No teníamos alternativa. West Palm Beach queda a dos horas por carretera, al norte de Miami, pero era una posibilidad de acercarnos a nuestro destino, y la aceptamos.

Fue un vuelo tortuoso, lleno de escalas. En la madrugada, el avión se detuvo en Tampa, y bajamos a ver si comíamos algo. Hacía mucho frío. Todo cerrado. Apoyado en la cortina metálica de un restaurante, un hombre muy abrigado, con las manos al fondo de los bolsillos y el cuello de su chaqueta levantado, me saludó en español:

—¿Cómo le va, Don Francisco? ¿A esta hora por aquí?

—Estamos en tránsito. Tenemos mucha hambre, pero no encontramos nada —le dije por si acaso.

El hombre se desperezó, abrió una pequeña puerta vecina a una cafetería y se perdió hacia el interior. A los tres minutos regresaba con sándwiches y café. Le pagamos, nos despedimos y nos fuimos a la sala de espera con tan especial desayuno. Nuestro vuelo continuó y llegamos temprano en la mañana a West Palm Beach. Buscamos al taxista que luciera cara más sospechosa de ser un frustrado corredor de autos. No nos defraudó: nos llevó hasta Miami por la autopista más expedita, con lo que pudimos llegar quince minutos antes del mediodía —hora fijada para el matrimonio— a la oficina del Registro Civil.

Fue una sencilla pero bonita boda de esta pareja unida por el amor y la casualidad.

La tecla que toco

Hay muchas personas que, sin ser seguidoras de nuestro programa cada semana, opinan que el éxito de *Sábado Gigante* se debe a que su contenido está diseñado para el grueso del público mediante la sencillez de los diálogos, la valoración y el mantenimiento de sus costumbres y raíces, la información básica que proporcionamos y la simplicidad del humor.

Por nuestra parte, nos damos también algunas explicaciones, pero científicamente no lo podemos comprobar. Sé que hay una tecla que a veces toco y que hace a las personas sentirse mis amigos, muy cercanas a mí, sin que les importe estar dos o tres horas esperando para saludarme.

Puede parecer presuntuoso, pero es una realidad que produce *Sábado Gigante* en todas partes de nuestra región, y obedece —creemos nosotros— al hecho de que el programa lo hacemos al lado del público. Esa cercanía del animador con el público es lo que provoca una corriente de amistad, confianza y credibilidad.

En televisión, y podríamos decir que en cualquier tipo de espectáculo, el televidente quiere —y necesita— verse a sí mismo. La clave está en hacer el programa con la gente y reflejar su vida, su sentir, lo que desean para sí y los suyos.

En todos estos años de carrera en la televisión he entrevistado o al menos intercambiado frases con unas 100 mil personas, más o menos la misma cantidad que llena un gran estadio. Eso ha sido el laboratorio para el trabajo de mi vida: conocer a la gente. Ahí se centran todas mis experiencias vitales.

Al ir recorriendo por el mundo y conociendo diferentes culturas y condiciones, escudriñando a blancos, negros, amarillos e indígenas, a jóvenes y viejos, pobres y ricos, a desarrollados y subdesarrollados, a campesinos y a quienes viven en grandes ciudades, voy confirmando que lo que hace distintos a hombres y mujeres es sólo un factor externo, porque debajo de la piel somos todos iguales, tenemos las mismas aspiraciones y los mismos deseos, sólo que desde un umbral distinto. Aquel hombre que apenas tiene para comer, lo que desea es arroz y alguna proteína para que sus hijos crezcan sanos y puedan formar después un núcleo familiar que los acompañe. Lo mismo quiere un millonario. Ésa es la aspiración general.

Tengo a mano el recuerdo de un niño de 8 años que participaba en nuestro espacio del "Clan Infantil". Motivado por una carta de otro chico, en la cual afirmaba que los negros no son iguales a los blancos, el niño, sin saber cómo explicarlo bien, se limitó a decir frente a la cámara: "Déjalo sin piel, sácale todo, y vas a ver que por dentro es igual a ti, que la sangre es del mismo color".

Cuando le pregunto a una señora entre el público: "¿Cómo se porta su marido?", estoy preguntando por millones de maridos y la respuesta casi siempre será igual, por lo que la señora que está mirando la televisión en casa comentará: "¿Escuchaste Romeo? Yo siempre te digo lo mismo".

O si le consulto a una joven: "¿Qué piensas de la vida ahora que estás embarazada?", la dama que está a su lado, la de la siguiente fila y millones de futuras mamás que están viendo la pantalla se sienten involucradas en la pregunta y se identifican con la respuesta.

Por eso, estoy preguntando en voz alta.

—¿Qué dice el público?

Es que es el público quien decide, porque es la voz del programa. Puede que yo de repente le grite a un cantor desafinado:

—¡Yyyyy........ fueraaaaa!

Pero el público a veces salta con un "¡Noooo!" y le pide a *El Chacal* otra oportunidad para ese concursante. En los concursos, el público se hace cuerpo y se personifica en la persona anónima que nunca más volverá a ver en su vida, pero que por breves minutos es su abanderado. El concursante a punto de llevarse un automóvil, que transpira frío, y está nervioso y palpitante ante la posibilidad de ganar, mantiene en suspenso a millones de personas que están en sus casas apostando por él para que se lleve el coche. En el momento que se lo gana, el público se siente feliz, y aplaude como si todos y cada uno fueran los ganadores.

También se divierten en casa cuando, en medio del programa, sin anuncio previo, me aproximo a una dama y le digo:

—¿Con qué seguimos señorita? ¿A dónde vamos ahora?

La visitante tartamudea frente al micrófono y la gente ríe, diciendo para sí: "la pescaron". Igual se identifican cuando uno de los concurrentes, a quien le hago una broma al pasar, me responde muy suelto:

—Pero no soy tan gordo como usted, Don Francisco.

"¡Bien!", se dice la gente que está mirando. "Por fin agarraron a Don Francisco, que se siente tan poderoso."

Ese momento denota que he llegado a ellos y que existe camaradería, amistad, sana comunicación entre nosotros. Que Don Francisco no es un personaje vacío y ficticio, sino que durante las horas que compartimos es un miembro más de la familia, un socio del club del barrio, un amigo en quien se puede confiar y con quien se pasan a gusto las horas. Ése es el secreto (ya no es ningún secreto): lograr que esos momentos que se dan por

Compartiendo gratos momentos con mi padre y mi hermano.

Temy con nuestra familia en pleno. Mis hijos Francisco (a la izquierda), Viviana (al centro) y Patricio (a la derecha). También mis nueras y nietos.

Una buena amistad me une a la cantante mexicana Lucero. Desde niña nos ha acompañado en el programa.

Compartiendo un grato momento con Julio Iglesias.

Convertido en Embajador de la UNICEF (1994).

Un encuentro con "fallo fotográfico", con mi esposa junto a los presidentes Eduardo Frei y Bill Clinton.

Un "mano a mano" con el entonces candidato George W. Bush en su rancho, en Texas.

Concurrimos a la Casa Blanca, en 1991, invitados por el presidente George Bush, a una cena en honor de su colega argentino, Carlos Menem.

Un saludo afectuoso del Pontífice católico durante su visita a Santiago.

La estrella del cine y la televisión, Jerry Lewis, brindó su apoyo para lanzar *la Teletón*.

Sentimientos encontrados al despedir
una nueva versión del programa de
27 horas de solidaridad.

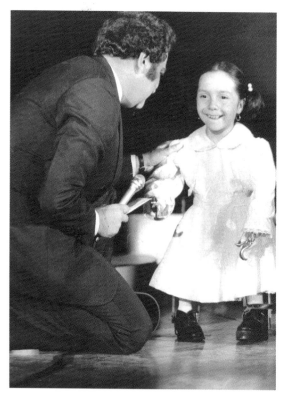

Con nuestra primera niña-símbolo de
la Teletón, en 1978: Jane Hermosilla.

Con "La Cámara Viajera" recorrimos Moscú.

Abrigado en una carpa jordana.

Atractivas notas periodísticas, incluyendo el vestuario, logramos en China.

cientos en la vida se reflejen en el programa. Creo que es la llave de nuestro acceso al triunfo.

Lo mismo ocurre con la reunificación de parientes cercanos que han estado más bien "lejanos". A la gente le fascinan los reencuentros familiares, pues durante esos momentos dorados se encuentran imaginariamente miles y millones de personas. Y a todos les llega muy profundo la emoción de los reencontrados.

Vivencias y premoniciones

Conocer más acerca de las propias raíces es un deseo irresistible de los seres humanos. Cuántas veces habré recibido peticiones de personas que necesitan saber de su padre, su madre, su hermano. Cuántas miles de cartas nos llegan de personas desencontradas que no pueden vivir con la inquietud de no saber claramente quiénes son, qué fue lo que ocurrió.

Cuando logramos aquellos reencuentros, la reacción indescriptible de los protagonistas en ese primer abrazo se traduce en "por fin te tengo cerca", o "que gusto poder abrazarnos", o "que bueno que te pueda decir que te quiero".

Yo también quería tener esa vivencia, aunque con matices distintos, porque yo conocí a mis padres, viví con ellos, y desde muy joven escuché los relatos y los recuerdos de mi papá, imaginándome su pueblo, sus calles, el campo, sus comercios, su trabajo en una pequeña tienda de ropa. Pensaba en cómo sería Neisse, la ciudad donde conoció a mi mamá. Pero también tenía sentimientos encontrados, a consecuencia de escuchar tanta historia sobre la guerra, la persecución, los escondites, los campos de prisioneros, la humillante salida del territorio natal.

Cuando comenzamos a hacer "La cámara viajera" en *Sábados Gigantes*, gustó tanto y acaparó de tal manera la atención de los televidentes, que al poco tiempo el gobierno federal alemán me extendió una invitación a Alemania. No me decidía a aceptarla, hasta que después de darle muchas vueltas, durante un año entero, en 1966 volé a Francfort.

Al descender en el aeropuerto alemán, me recorrió un escalofrío de temor. Me pareció que toda la gente me estaba mirando, que todos los que me observaban eran de la Gestapo, vestidos con casco, fusil y una esvástica en el brazo.

Pero no. Visité una Alemania en la que al parecer todo había cambiado y donde las nuevas generaciones no tenían mucha idea de lo que había acontecido en su país. Creo que yo sabía más. La juventud de ese momento había nacido después de la guerra y lamentaba aquel espíritu bélico. Aceptaban la disciplina pero rechazaban todo lo que fuese rígido. Se avergonzaban del Holocausto. La guerra era ya un tema superado y no había diálogo posible al respecto, pues les hería. Ellos estaban construyendo algo nuevo.

Acabé reconciliándome con esta Alemania diferente, pujante, de la que hice varios y muy buenos reportajes.

Viajé a Bremen en tren, solo. Quería hablar con la gente. Y comer a mi regalado gusto salchichas vienesas (los *hot dogs*, pero sin pan) que me encantaban. Me comí ocho, tomándome otras tantas cervezas. Fui hasta Berlín y visité la Puerta de Brandeburgo, mirando hacia el lado oriental, sin poder cruzarla. Así conocí el tristemente célebre muro. Pensaba que en aquel otro lado debía de haber gente que conocía a mi papá. Él, alguna vez, me contó que ahí residía el hijo de su gran amigo Max Freund. ¿Qué sería de él?

Dos días antes de regresar a Sudamérica, pedí pasar otra vez por Wiesbaden, cerca de Francfort, donde había hecho una nota con la cámara y visitado algunas buenas tiendas de ropa. Llegué una mañana de sol radiante. Unos cuantos edificios grandes marcaban el centro de la pequeña ciudad. Entré a la tienda Herren Journal, cuya ropa en las vitrinas encontré bastante atractiva. Pedí dos trajes que estaban en exhibición, me los probé y me gustaron. ¡Como hechos a la medida!

—Son cuatrocientos ochenta marcos, señor, ¿cómo los va a pagar?

En esa época no existían las tarjetas de crédito, por lo que la transacción se efectuó en cheque-viajero. Entregué al dependiente mi pasaporte y firmé cinco cheques de 100 marcos, que se llevó al interior del local. Me senté a esperar. Pasaron los minutos y no regresaba. ¿Qué estará ocurriendo?, me pregunté. ¿Tanto demoraban en comprobar la validez de los cheques?

De pronto, alcancé a divisar que desde una ventanilla al fondo del almacén, alguien me observaba en forma muy discreta. Un hilo de sudor frío me bajó por la frente. ¿En qué lío estaría metiéndome? Regresó el vendedor, y con la mejor de sus sonrisas, siempre enigmático, me interrogó:

—Por favor, señor, ¿podría decirme el nombre de su madre?

—Anni —contesté.

—¿Y de su padre?

—Erich.

Tuve un pensamiento claro y muy preocupante: los cheques eran falsos. El hombre se fue, pero regresó con el paquete de los trajes y el pasaporte en la mano. Le acompañaba un señor mayor, bajo, rubio, de lentes, muy bien vestido, al que le tiritaba la barbilla. Evidentemente estaba más nervioso que yo.

Me habló con palabras entrecortadas:

—¿Sus padres tuvieron un negocio de ropa en Neisse?

—Sí, señor —afirmé, sorprendido.

—Le voy a contar una historia, señor Kreutzberger. Cuando se produjo la Noche de Cristal, en que asaltaron los comercios judíos de la ciudad, sus padres estaban en el negocio, que era como un tercio más chico que éste, al que le rompieron las vitrinas. Un cristal cayó muy cerca de la cabeza de su madre y el empleado que estaba con ellos huyó.

El hombre tiene que haber visto mi rostro de asombro al escucharlo. Yo no podía creer que esto me estuviera ocurriendo. Continuó su relato, mientras cada vez le temblaba más la barbilla.

—Al día siguiente su mamá logró salir de Alemania y unos días después su padre fue enviado a un campo de concentración.

—Aquel empleado era yo, señor Kreutzberger —agregó—. Nunca más tuve noticias de sus padres, pero desearía que alguna vez ellos supieran que no los abandoné por solidaridad con el asalto, sino por miedo. ¿Podría usted darme el número de teléfono de don Erich?

Las comunicaciones en ese entonces no eran como las de hoy. Demoramos algunas horas en localizar telefónicamente a mi padre. Conversaron —después de 30 años— como media hora y quedaron comprometidos para verse. Digno de Ripley: increíble pero cierto. Mis padres viajaron a Alemania al año siguiente, y recorrieron el país con su amigo Jornale. Esta costumbre se repitió casi por ocho años. En 1974 mi madre falleció allá. Pocos meses después murió Jornale.

* * *

En 1993, transcurridos 27 años de esos hechos ocurridos en la tienda de Wiesbaden, estando en mi casa en Miami, me telefoneó una joven que hablaba inglés con claro acento alemán. Era una adolescente que integraba el primer grupo de intercambio estudiantil procedente del antiguo sector oriental de Alemania.

—Soy Ana Freund, de Alemania —dijo.

—Ana. ¡Qué sorpresa! Me imagino que es pariente de don Max, tan amigo de mi padre —contesté, en alemán—. ¿De dónde me llama?

—Estoy en Estados Unidos. Soy nieta de Max. Mi padre se llama Ernst y él conoció de niño a su padre. Mi papá leyó en una revista que un señor de apellido Kreutzberger trabajaba en la televisión de Estados Unidos y se imaginó que podía ser usted. Así lo encontré —me contó Ana.

Por ella supe que Max Freund se deprimió tanto durante la guerra y las persecuciones, que falleció a consecuencia de ello.

Atendimos con mucho cariño en nuestra casa a Ana. La llevamos a pasear y a conocer todo lo que fuera posible. Las largas y sabrosas conversaciones que tuve con ella renovaron los bríos de mi juventud de algún día recorrer la ruta de mis padres. Le comenté que quizás a través de su papá

212

podría continuar desentrañando mi historia familiar. Me puso en contacto con Ernst Freund, al que invité a Miami diciéndole que sería la ocasión de planificar una visita con mi esposa a Alemania para hacer juntos ese recorrido que tanto había pensado. Ernst viajó a vernos y fuimos a Chile para que se encontrara con mi padre, después de muchos años. Lamentablemente, mi papá ya no estaba en condiciones de recordar aquellos tiempos.

Con Ernst, decidimos hacer lo más pronto posible el recorrido por Alemania, y que éste comenzaría en la antigua parte oriental de Berlín, para desde ahí adentrarnos en tierra germana, siguiendo por la Alta Silesia, y continuar por el territorio que ahora era polaco.

Se cumplieron las "palabra de hombre" (*Ich verspreche es*), los plazos, las fechas, los itinerarios y emprendimos con Temy un viaje que, junto a Ernst y su mujer, intentaría recorrer la historia de Erich y Anni Kreutzberger. Nuestro primer destino fue Breslau, la actual ciudad polaca de Broslaw, donde nacieron mi madre y sus hermanos.

El punto siguiente fue Neisse, con la esperanza de encontrar en Zollstrasse 20, Calle de la Aduana, la tienda que había tenido mi padre. Una verdadera odisea. Ahora los nombres de las calles estaban en polaco. Nuestro desesperado afán por hacernos entender a través de gestos, con unas pocas palabras en polaco "machacado", no dio resultado. Recurrimos a algunas fotografías que llevábamos y que mi papá le había sacado al frontis de su negocio cuando lo inauguró. Viejas gráficas, casi amarillentas, pero históricas y útiles para mi propósito. Hasta que llegamos al lugar y ¡qué decepción! Si el presagio no fue bueno, la realidad era peor. Tal como nos habían prevenido, todo estaba remodelado y como recuerdo del pasado, lo único que quedaba en pie era un pequeño negocio. Le faltaba el letrero sobre la puerta, pero tuve la intuición certera y sentí como un rayo en el corazón al comprender que en un tiempo lejano ese letrero debió haber dicho, en grandes letras: "Kreutzberger". ¡Era el negocio de mi papá, casi sesenta años después!

Me quedé paralizado y sin habla. Era tal como me lo habían relatado en la infancia. Entendí que los padres, sobre todo cuando sus familias crecen en otros países o realidades, deben alimentar a sus hijos con su cultura y sus antecedentes para que las raíces familiares crezcan y se mantengan sólidas. Parado frente a lo que fue el negocio de mi padre, sentí que estaba apretando ciertos nudos que habían quedado sueltos en la historia de mi familia.

Fue un momento emocionante. ¡Un reencuentro! Me sentía muy feliz y casi no podía creer lo que había conseguido. Ahora sólo nos faltaba llegar al pueblo campesino donde nació mi papá: Woichnick, que también se llamaba de otra manera, Ligotawoichnicke.

213

A las ocho de la mañana siguiente entramos al pueblo. Recordaba desde niño los sabrosos relatos de mi padre sobre sus juegos, travesuras y andanzas de muchacho en un villorrio campesino lleno de caballos, carretas, calles polvorientas, casas de barro y una población de dos mil personas. Nada de eso quedaba en la moderna Ligotawoichnicke. Sus calles pavimentadas mostraban modernas construcciones y negocios, con una población de 50 mil personas en permanente movimiento. Residencias de dos, tres y cuatro pisos. No quedaba ya nada de lo que por tantos años imaginé. Recorrimos la ciudad de punta a punta. Nunca vi un jinete, mucho menos una carreta, ni jamás se levantó polvo en la calle. Sólo unos cuantos automóviles viejos, de fabricación rusa, dando vueltas. Nada reconocí de lo que tanto había escuchado. No encontré un solo elemento que me relacionara con aquellos relatos y evocaciones.

Decidimos irnos, pues me sentía apabullado de tanta frustración.

—Por lo menos llevémonos algunas fotografías del lugar —le dije a Temy y a nuestros amigos.

Al salir, frente a la última casa, un pequeño letrero indicaba el nombre del lugar. Ésa era la escena que necesitábamos para perpetuarla en la cámara fotográfica y que al menos diera fe de que habíamos estado ahí. Pensé que mi papá, aunque con su mente algo deteriorada, podría quizá reconocer algo de su antiguo pueblo natal.

Tres fotos. Quedaba un cuadro más, y decidí usarlo en una toma del letrero y la casa del fondo. Al enfocar, vi que una señora que salía desde esa casa trataba de esconderse, eludiendo ser fotografiada.

—*Sprechen Sie Deutsch?* —le pregunté. (¿Habla alemán?)

—*Ein bischen* (un poquito) —contestó un tanto temerosa, haciendo un gesto con la mano para confirmar que lo hablaba poco.

—Disculpe, quiero llevarme una foto de la primera casa del pueblo. Es para mi padre, Erich Kreutzberger, que nació aquí hace 88 años —dije en alemán, marcando cada palabra para que me entendiera.

La mujer comenzó a gritar. Como si estuviera loca, o poseída, iba repitiendo "¿cómo?, ¿qué?".

Esto sí que fue la gran coincidencia. Casi no podía creer lo que me estaba pasando: era nada menos que una prima de mi padre, es decir, hija de la hermana de su mamá, y al parecer la única pariente que quedaba en el pueblo. Sentí un gran gusto. Así deben de ser las sensaciones de aquellos que, en nuestro programa, se reencuentran con familiares o seres queridos, después de muchos años.

La nueva "tía" nos hizo recorrer todo el pueblo, contándonos algo de cada lugar en donde hubiese un recuerdo familiar, y gracias a este paseo guiado vivimos otra vez la emoción y el gusto por la "misión cumplida".

Así visité los lugares de la historia de mi padre, trozos de vida que el progreso se llevó. Sitios a los cuales llegué empujado por mi deseo vehemente de recorrerlos, sin sospechar que contaría con el apoyo increíble de coincidencias. O de la suerte.

Días después, al abordar un avión, nos despedimos de Ernst y su esposa, que regresaban a Berlín.

—*Good bye* (hasta luego) —le dije mientras lo abrazaba.

—*Auf Wiedersehen* (hasta luego) —me respondió.

Curioso. Me despedí en inglés, a pesar de que hablo español y domino el alemán, que podía haber sido mi lengua materna. Pero… "así es la vida", me dije, y así son las vicisitudes y coincidencias, como me lo había demostrado este viaje. En algún momento pensé que cuando contara todo eso, nadie me creería. En una novela parecería inverosímil, ya que cosas como éstas, si bien son posibles, son poco probables. Pero el hecho es que sí me ocurrieron y por suerte tengo testigos.

En diferentes ocasiones no sólo he vivido momentos semejantes, sino que unas cuantas veces he experimentado verdaderas premoniciones.

Hace unos cuantos años estaba en Japón, grabando para "La cámara viajera". De repente sentí la necesidad imperiosa de llamar a casa, a Santiago, y prevenirle a Temy que un mueble con libros, muy pesado, que estaba en el dormitorio de Vivi, se podía caer si se produjera un temblor de tierra, de esos tan frecuentes en Chile.

—Mejor saca ese mueble de ahí —le dije.

Temy consideró exagerada mi petición pero, madre al fin, asumió que el pesado librero en esa ubicación podía ser en realidad un peligro para su hija, así que aceptó el consejo y resolvió que al día siguiente lo cambiaría de lugar. Entretanto convenció a Vivi para que esa noche durmiera con ella en nuestra habitación. Horas después tembló en Santiago y aquel mueble, con todo su peso y contenido, se fue sobre la cama, afortunadamente vacía.

En otra oportunidad, mi mujer, yo y un matrimonio amigo disfrutábamos de un espectáculo de zarzuelas. Sin razón aparente, comencé a transpirar.

—Algo va a pasar aquí —le advertí a Temy.

No terminaba de decirlo, cuando uno de los bailarines principales resbaló y cayó al foso de la orquesta. Quedó con lesiones serias y la función se suspendió.

Lo más increíble de todo, sucedió una tarde en que salí de mi casa en Santiago, por la avenida Camino de la Fuente y divisé a un hombre que caminaba por la acera de enfrente en sentido contrario al mío. En el momento en que nos cruzábamos lo miré y él cayó al suelo, como fulminado. Crucé corriendo la calle y me acerqué al tipo, cuyo cuerpo convulsionaba. Tenía los ojos cerrados, la boca abierta y respiraba con dificultad. Creí que se moría.

Puse mi pie bajo su cabeza y me agaché para tratar de auxiliarlo como fuera. Su mano derecha, empuñada, comenzó a abrirse. Guardaba una tableta de Fenobarbital, conocido sedante que suele recetarse a los epilépticos.

Pasaron unos minutos que parecieron horas, y comenzó a recuperarse. Sus ojos se abrieron, al tiempo que se inclinó tratando de sentarse en el suelo, me dijo que era epiléptico y que hacía dos o tres días que no comía. Caminamos hasta mi casa, donde preparé sándwiches de jamón y queso y le serví un vaso de leche. Todo lo devoró.

Tres semanas después, estando cerca de mi casa, me pareció ver que ese mismo hombre cruzaba la bocacalle. Lo miré fijo para estar seguro y... ¡Otra vez al suelo! Repetimos el operativo anterior, llevándolo ahora en mi automóvil. Estaba sin alimento alguno.

Dos años más tarde, iba con Temy en coche a visitar a unos amigos. Avanzábamos por un barrio de Santiago, y me pareció reconocer, de lejos y de espaldas, al hombre de quien había contado mis experiencias.

—¿Cuál es? —me pidió Temy que le precisara, pues eran varios los que caminaban.

—Ése —le dije, señalándolo con la mano.

Simultáneamente con mi gesto, el hombre se fue a tierra y repitió el cuadro ya conocido. ¡No podía entender! Golpeé en una casa vecina y pedí un vaso de leche y un pan con mantequilla para atender esta emergencia, mientras Temy socorría al hombre. Por supuesto que pensé entonces que había algo más en esos encuentros. Cuando el hombre recuperó la conciencia, le dimos una tarjeta con la dirección de la Liga Chilena contra la Epilepsia, cuya presidenta ese año —¡qué casualidad!— era mi esposa. Lo examinaron, le proporcionaron comida, lo atendieron, le dieron medicamentos apropiados y lo estabilizaron. Pronto, el hombre se convirtió en cuidador de los automóviles que estacionaban en la calle frente a la Liga. Al poco tiempo, se casó y tuvo hijos con la mujer que cuidaba autos a la vuelta de la esquina. Ella también era epiléptica y recibía ayuda de la institución. En esos precisos días de 1984 comenzaba a circular mi telebiografía "¿Quién soy?", cuyos derechos doné a esa Liga.

Como resultará fácil suponer, varias veces me he puesto a pensar en esas coincidencias que se han dado en mi vida y me pregunto si serán sólo eso o si se tratará de una dimensión desconocida. Creo que a todos los mortales nos ocurren casos semejantes. Y los aceptamos sin más explicaciones. Basta con vivirlos.

Son tantas las situaciones paranormales —si así puedo llamarlas—, que me han sucedido, que incluso las olvido. Por eso decidí preguntarle a un especialista, en busca de un por qué. Pero la verdad es que no le entendí

216

mucho y al final de toda su explicación, me quedó claro que la ciencia aún ignora lo que hay en un 92 por ciento del cerebro. Apenas conoce un ocho por ciento de las funciones cerebrales. Por lo tanto, después de escuchar al experto, la conclusión es que se trata de coincidencias. Y quizá no lo sean. ¡Bien buena!

¿Cuál acoso? (2)

Estaba sumido en esto de las premoniciones, coincidencias y explicaciones que nada explican, cuando escucho una orden que me hace volver a la realidad. Me había quedado absorto en tantas historias de mi vida y, de pronto, otra vez en la crudeza del diario vivir. Durante aquella charla con Lily había regresado brevemente al recuerdo y ahora, de pronto, otra vez:

—Ajústese la corbata despacio, eso da buena impresión —me dice el abogado que ingresa a mi lado a la sala de interrogatorios, que es la oficina del abogado contrario.

El equipo de mi defensa me había recomendado que asistiera a la cita vestido con sencillez:

—Póngase una corbata presidencial —me dijeron.

—¿Y cómo es eso?

—Una corbata barata. ¿O no ha visto que el presidente de Estados Unidos usa siempre una ropa ni muy cara ni muy elegante, con corbata común y corriente?

Era cierto. No me había percatado, pero en Estados Unidos las figuras públicas y los políticos no exageran la elegancia en el vestir.

Ajusté el nudo de mi "presidencial" con tranquilidad. Mi entrada a la sala fue un verdadero impacto. Junto a una amplia mesa estaban sentados, esperándome, el abogado que me interrogaría, a su lado izquierdo la ex modelo que me demandaba, en la cabecera un escribiente, y en la otra punta un traductor. Por mi parte sólo el asiento vacío para el acusado. Encima de todo este ambiente, un micrófono conectado a una cámara de televisión.

La decisión de no permitir que la audiencia se hiciera pública debe de haber complicado, por decir lo menos, al defensor de la contraparte, y de eso yo debía sentirme hasta contento.

Tomé asiento frente al abogado demandante, un hombre mayor que yo. Lo miré, él me lanzó una mirada como diciendo "culpable" y me dieron ganas de agarrarle el cuello, zamarrearlo y gritarle: "¡Mentiroso! ¿Por qué has escrito todas esas falsedades si tú sabes la verdad?"

Pero tenía que demostrar que mis abogados me habían entrenado bien. No perdí el control y, con calma, me desaboté el saco. Estaba tenso, pero seguro. La acusadora me miró con cierto rictus sarcástico. Todos estábamos listos para iniciar la lucha.

Me pareció escuchar un *gong* cuando el abogado-interrogador, mordiendo cada sílaba que pronunciaba, soltó la primera pregunta:

—Se-ñor Kreutz-ber-ger, ¿cuán-tos a-ños tra-ba-ja en la te-le-vi-sión?

—Casi treinta.

—¿Cuántas mo-de-los ha tenido?

—Muchas.

—¿Alguna can-ti-dad, don Mario?

—No podría precisar.

Y así seguimos. Más adelante, las preguntas cambiaron de tono. Menos mal que me habían prevenido. La experiencia enseña que el ser humano hace que su mente borre lo desagradable del recuerdo. Voy sintiendo que algunas preguntas las olvido apenas contesto, aunque sé que las más hirientes no se irán tan fácil.

—¿Es verdad que usted tiene actitudes atrevidas con las modelos en el programa?

—En cierta forma, sí.

—¿Lo hace para acosarlas, señor Kreutzberger?

—No señor, así es el programa.

—¿El programa es acosador?

—No, es una actuación.

—Don Mario, ¿es verdad que su peluquero es homosexual?

—No lo sé —dije muy tranquilo.

Así iba la cosa y ya teníamos más de una hora. Me pareció advertir que la ex modelo escribía todo lo que yo decía. Dos extrañas preguntas más, y el abogado demandante terminó abruptamente la sesión, como evidenciando molestia. Quizás él debió pensar: "¡Para qué sigo hablando con este hombre que no dice lo que yo quiero que diga!"

Después nos enteramos de que la contraparte tenía prisa por concluir, pues querían ver en el canal Telemundo una entrevista que la acusadora había dado al programa periodístico *Ocurrió así*.

* * *

Toda esta pesadilla que soporté muchos meses empezó cuando una llamada telefónica interrumpió uno de los pocos paseos que logramos hacer con Temy, solos los dos. Un día antes habíamos llegado en nuestro yate hasta una pequeña isla de Las Bahamas, y de pronto sonó el teléfono. Le dije a mi mujer que yo atendería. Era María Luisa Calderón.

—Mario, perdona que te moleste —me hablaba con la voz algo nerviosa, pero decidida, como siempre es ella. Sin duda, lo que me dijo en los siguientes cinco segundos lo había articulado cuidadosamente en su cerebro—. Te prometí que no te llamaríamos, pero llegó una carta de un abogado que quiere conversar contigo antes de 72 horas, porque va a presentar contra ti una demanda por acoso sexual.

—¿Quéééé? —pregunté asombrado.

—Sí, Mario, tal como escuchas.

María Luisa me dio un par de antecedentes de lo poco y nada que tenía en sus manos. Cada una de sus palabras era como un martillazo en mis oídos y, por lo tanto, en la cabeza. No podía creer lo que estaba escuchando.

—Bueno, mira, yo te hablo más tarde. Déjame pensar un poco —le dije.

Temy alcanzó a escuchar mis respuestas y supuso que algo delicado estaba ocurriendo. Preferí no decirle nada en ese momento. Además, tampoco sabía mucho. Ni siquiera se me había ocurrido preguntar quién me acusaba. No pregunté nada.

Una hora después llamé a María Luisa y le pedí que entregara esa carta a los abogados de Univisión, a fin de que me dieran su opinión. La demandante era una ex modelo del programa que ya no trabajaba con nosotros... ¿Por qué aparecía seis años después con este cuento?

Esa noche no dormí, pensando y pensando en las consecuencias que produciría esta causa. No se me ocurría qué hacer, qué camino tomar. Debo haberme dormido de cansancio, ya de madrugada, porque de repente abrí los ojos muy lúcido. Decidí que tenía que centrarme en el costo legal del asunto. Jamás me iba a prestar para un chantaje.

Así tenía que ser. Primero, porque yo no había cometido tal falta. Y segundo, porque si sentaba el precedente, mi vida como animador se vería muy limitada. Cualquiera podía intentar chantajearme y, así, la cosa se convertiría en una historia de nunca acabar. Yo sabía muy bien que no la había acosado.

Regresamos al día siguiente a Miami. Temy escuchó mi versión y se mantuvo muy serena, solidaria como siempre, preocupada por mi imagen. Tuve la impresión de que había aceptado mi explicación. Sin embargo, a las pocas horas comenzó a sentirse mal. La noticia la trastornó y terminó enferma: sus somatizaciones.

Después de leer personalmente la carta, me acerqué hasta el despacho del presidente de Univisión, Ray Rodríguez.

—Esta demanda no se ajusta a la verdad —le dije—. No soy culpable y quiero defenderme.

Yo no sabía que en este tipo de juicios, el empleador —la empresa para la cual uno trabaja— tiene responsabilidad solidaria con el empleado. Ray, que conocía del asunto, fue al grano:

—Hablé con nuestros abogados y me han sugerido que contratemos a un bufete de Miami, especializado en este tipo de demandas.

Estaba muy de moda en Estados Unidos que ciertas funcionarias y asistentes demandasen por acoso sexual a los principales ejecutivos de grandes empresas. En mi caso, la situación parecía copiada al pie de la letra de una demanda que tres o cuatro meses antes había sufrido el popular animador norteamericano Bob Barker.

¡Para qué darle más vueltas al asunto! La demanda era un hecho y tenía que defenderme. Tuve la primera reunión con el equipo de la defensa. Cuatro abogados: tres hombres y una mujer, todos estadounidenses. Uno de ellos, que hablaba español, me preguntó sin ningún miramiento:

—A ver, don Mario, cuéntenos cómo lo hizo y por qué lo hizo.

—¿Cómo es eso de "que cómo lo hice y por qué lo hice"? Yo no lo he hecho, señor, ¿acaso usted no me ha escuchado?

—Vea, don Mario, no nos importa en este momento si lo hizo o no lo hizo. Lo que deseamos saber es, si lo hizo, cómo lo hizo, para armar una estrategia de defensa.

Me alteré. ¡Paren la cosa! Me puse de pie, golpeando la mesa con la palma de la mano, molesto.

—¿No me quieren entender? He dicho que no lo hice. Nunca he acosado a mujer alguna.

—¡Aaahh!... Entonces usted es un santo —afirmó otro de los abogados.

Traté de calmarme. Conté hasta diez, mientras tomaba asiento, una vez más.

—No señor, no soy un santo. Me gustan las mujeres. Uno trabaja en televisión, viaja por el mundo, usted sabe. Hay siempre muchas mujeres bellas al lado de un animador de televisión —contesté.

La única mujer del equipo legal interrumpió y utilizó un término en inglés que yo desconocía hasta ese momento.

—Señor Kreutzberger, ¿ha tenido usted una *mistress*?

—No sé lo que significa *mistress* —respondí, en inglés.

El abogado que hablaba español, me tradujo en el acto:

—Una amante.

Yo insistí en inglés, diciendo que no sabía qué me quería decir con *mistress*.

—Muy simple, don Mario. Es tener una relación íntima con una mujer que no es la suya.

—¿Y qué tiene que ver eso con la acusación de acoso a la que estoy sometido? —pregunté asombrado.

El cuarto abogado, que no había abierto la boca hasta ese momento, intervino pidiendo tranquilidad en el diálogo y, dirigiéndose a mí, agregó con voz muy pausada:

—Señor, nosotros creemos que usted no cometió el acoso del que se le acusa. Estamos aquí para defenderlo. Estas preguntas que le hacemos no tienen otro propósito que prepararnos para la batalla legal. De aquí en adelante lo van a atacar por todos lados. Intentarán ofenderlo, irritarlo, asustarlo.

—Sí —añadió otro—. Con toda seguridad le van a sacar a relucir toda su vida privada desde que comenzó en la televisión. No le quepa la menor duda de que averiguarán todas sus travesuras sexuales, magnificarán cualquier gesto o actitud que les sirva para fortalecer la demanda. Reclutarán a todos sus enemigos para que declaren en su contra.

La mujer tomó la palabra nuevamente:

—Nosotros lo defenderemos de todo. Lo importante es que usted nos diga la verdad. Todo lo que sabe. El resto déjelo en nuestras manos.

—Muy bien, señora —respondí—. Pero no puedo entender cómo una funcionaria que se ha ido de nuestro programa, después de un montón de años aparece pidiendo un millón de dólares, ¡y con semejante acusación!

—Porque la ley lo permite —me informó con toda naturalidad la abogada—. Está dentro del plazo y en este momento es la palabra de ella contra la suya.

—Pero... ¿qué ley es ésa? —digo yo—. Pareciera que, por lo que plantea en la demanda, ella no tiene nada que perder. Yo, sin embargo, todo.

Se precipitan los abogados por responderme. Uno de ellos, aclara:

—En este país, las leyes se aplican. Si usted es inocente y tiene una buena defensa, no tendrá problemas.

¡Qué cosa! Mi actitud en la pantalla, las miradas, los piropos y alabanzas a la belleza femenina, las cosas que digo o hago frente al público y al teleespectador, pueden parecer propias de un hombre coqueto, de actitudes livianas con las mujeres. Pero eso es sólo parte del *show*, nada más. Y a la gente le gusta que sea así. Me reclaman, a veces, cuando no hago de enamorador. Es la imagen que, voluntaria o involuntariamente, está metida en mi personaje. Creo que en ninguno de nuestros países latinos esa imagen es mal interpretada. Nadie me advirtió, sin embargo, que en Estados Unidos otro era el cantar. ¡No me van a decir ahora que tengo que amarrarme las manos y también quizá que otra cosa!

Salí de la reunión bastante decepcionado. El abogado que hablaba español captó mi desencanto. Me siguió hasta la puerta del ascensor y me dijo:

—Sé cómo se siente, don Mario. No se preocupe, lo defenderemos bien. Elaboraremos una buena estrategia. Colabore con nosotros recordando a todas las personas que puedan conocer a la ex modelo y saber de su vida.

A medida que pasaban los días y los papeles y trámites y reuniones se iban sucediendo, pensé que la defensa le iba a costar a Univisión mucho más dinero de lo que la ex modelo exigía, pero para mí y para la cadena esto era una cuestión de principios. Lo malo fue que con tanto interrogatorio, tuve que contar algunos pecadillos de juventud. Y otros no tan de juventud. Pero siempre "pecadillos" reñidos con la moral del hombre casado, nunca actos ofensivos ni contrarios a la ley.

Toda la gente relacionada con el programa que me conocía y conocía a la demandante fue llamada a declarar. Se hurgaba en la vida privada de las partes. Nunca supe el resultado de tanta entrevista, pero sí que eran momentos bochornosos.

Transcurrieron semanas horribles. Poco a poco la prensa, que había hecho tanta alharaca con el asunto, se fue calmando. Obligado por los abogados de mi cadena, mantuve la boca callada y me dediqué al trabajo. La parte acusadora, que hizo declaraciones ante todos los medios, y que incluso se permitió viajar a Chile para contar allí también "su historia", comenzó a guardar un poco más de silencio y la noticia se fue debilitando. Algunos medios —afanados por mantener la llama— comenzaron a elucubrar sobre los montos en dinero: lo que la acusadora podría recibir, lo que estaba costando el juicio, el posible costo de un arreglo.

En esos días viajé a Chile a causa de mi programa. El ministro del Interior y ex vicepresidente de la República, Enrique Krauss, organizó una cena de desagravio en mi honor. Asistieron a los comedores del Círculo Español alrededor de 1,500 personas, lo más granado de la política, el sindicalismo, el deporte, el espectáculo, la televisión. ¡Una noche inolvidable! Me sentí verdaderamente respaldado. Me volvió en ese instante la confianza en mis amigos, en mi gente.

Las palabras iniciales de agradecimiento por ese homenaje fueron dirigidas a mi esposa, recordando el momento en que le conté lo que me ocurría.

—A la primera persona que tuve que convencer de que no era un acosador fue a mi mujer —dije en voz alta, grave, serio.

Una risotada se sintió sobre el ambiente. ¡Pero si mi intención no era hacer un chiste! ¿En qué estarían pensando todos?

A partir de ese día la prensa chilena me dio mejor tratamiento. El juicio en Miami continuó desarrollándose, casi a puertas cerradas. Semanas después, uno de los abogados del bufete contratado por Univisión llegó hasta mi oficina.

—Vengo a informarle que el juicio está prácticamente terminado —me reveló.

—¿Lograron demostrar mi inocencia?

—Si quiere, puede tomarlo así, pero el asunto va a ser sobreseído y no quedará usted como culpable.

El abogado vio mi cara de extrañeza y el evidente deseo de saber más y poder después contar algo a mi favor. Pero me explicó que el acuerdo incluía el no revelar sus términos.

El caso se arregló entre abogados y no llegó a ventilarse en la Corte. Los jueces en Estados Unidos prefieren que no haya juicio y esperan siempre que se produzca un acuerdo. Mi incursión en el campo judicial estadounidense no fue más que eso —una dura experiencia— aparte de suposiciones o especulaciones de lo que ocurriría. Es un mundo distinto de los estrados judiciales que los latinoamericanos conocemos. Aquí se costumbra a transar. En el fondo, habría preferido llegar en persona hasta donde el juez para demostrar mi inocencia. Ahora, una cláusula de confidencialidad me limita seriamente la narración de lo que sucedió.

Entonces, no hay más. Un acuerdo extrajudicial que no tenían para qué consultármelo ni darme mayores detalles. Mis defensores no habían sido contratados por mí. Yo me fui sin la mancha, pero en su lugar quedó la aureola, que si bien no ha perjudicado mi vida laboral, me hace llevar un puntito en el alma ocasionado por alguien que me quiso atacar artística y emocionalmente, sin que hasta hoy sepa el porqué. Quizás ya nunca lo sabré.

Lo peculiar fue que esa acusación, tan ventilada por la prensa, sirvió para que en Chile, muchas aventajadas "alumnas" se sintiesen también estimuladas a demandar por acoso sexual a prósperos empresarios, figuras políticas, alcaldes. Así, al poco tiempo de salir de esa pesadilla recibí la cordial invitación de una Comisión del Senado de Chile para asistir a una de sus reuniones y dar a conocer mi opinión y experiencia sobre la demanda que sufrí en carne propia. Los senadores estaban considerando un proyecto de ley sobre el acoso sexual. Conté todo lo que había pasado y dije lo que pensaba al respecto, opinando a favor de la promulgación de esa ley, porque es evidente que el acoso sexual existe. Sólo que la legislación no debe eludir la responsabilidad de cada una de las partes. Si se comprobara que el acusador mintió, merecería ser sancionado con pena económica y cárcel, creo yo.

Después de este episodio desagradable, traumático e inesperado en mi vida, me puse a reflexionar sobre el delicado tema del comportamiento humano en la sociedad norteamericana, y me quedaron algunas enseñanzas. Los latinoamericanos manejamos este asunto conforme nuestras costumbres, olvidando que la forma de vida en Estados Unidos —para quienes vivimos ahí— es diferente de la que conocemos.

Por las recomendaciones de los abogados que me asistieron en esta ocasión, aprendí a ser muy reservado en el hablar, al punto de parecer desconfiado. No se debe entregar nunca información personal, porque ésta puede tener cierto valor en manos de otras personas, inclusive en contra de uno mismo. A un comunicador se le hace difícil poner esto en práctica, pero es una positiva enseñanza para todos los que no somos originarios de Estados Unidos.

Me quedó muy claro, además, que las personas con ciertos grados de popularidad o notoriedad deben cuidarse mucho de quienes las rodean.

Y conocí el valor de la lealtad, un patrimonio que no abunda; y el de la amistad, un bien que no tiene precio.

Pude asimismo comprender que quien tiene poder —por estar en una posición destacada— a veces abusa de él, quizá sin darse cuenta.

También comprobé que hay envidia contra el que más tiene; que la envidia existe, que es un sentimiento corrosivo y un enemigo silencioso e invisible al acecho del momento preciso para causar un perjuicio.

Por último, y lo más importante, me convencí de que mientras más alto llegue una persona, a más gente le gustaría verla caer.

Hoy en Estados Unidos las cosas han cambiado. Se cometieron tantos abusos al amparo del manoseado "acoso sexual", tantos casos de chantaje a personas pudientes, que la jurisprudencia ha dado también responsabilidad al demandante. Pasó la fiebre de estas acusaciones. Hoy casi no se escuchan.

El tiempo pasa

Quedaron atrás esos pesados días y la otra cara de la medalla fue saber que la cadena Univisión comenzaba a vivir momentos de gloria artística y, por ende, económica, tarea en la cual *Sábado Gigante* había aportado su cuota.

La gran nación norteamericana atravesaba uno de sus mejores periodos y nuestra casa televisiva disfrutaba del repunte de sus ingresos y utilidades. El valor de las acciones de Univisión se elevó en la Bolsa de Nueva York, colocando a la compañía en muy buen sitial, lo cual dio pie a que subieran los precios de los espacios publicitarios, de modo que la programación pudo contar con pequeñas y tímidas producciones propias y la cadena limpió su pantalla, logrando una continuidad distinta.

Una buena señal, por cuanto era evidente que el público de origen latinoamericano no se sentía conforme con la televisión en español. Muchas personas preferían no mostrarla cuando alguna amistad norteamericana las visitaba en casa. Sencillamente apagaban el televisor o cambiaban de canal, para no tener que disculparse diciendo:

—Es que es muy "tercermundista".

La vieja ilusión que tuvieron Emilio Azcárraga Milmo, primero, y Jerry Perenchio después, de contar con un gran mercado hispano, comenzó a tomar cuerpo y en poco tiempo toda gran empresa estadounidense que se preciara de tal contaba con un departamento dedicado a atender el comercio en español.

Para un negocio, 300 millones de clientes más significa mucho. Basta con pensar que si visitan cada año 22 millones de personas Florida, hay que saber español para conquistarlas, para ofrecerles productos y servicios. Hasta para resolver situaciones de emergencia. A estas alturas no se concibe lo ocurrido hace un tiempo en Orlando, cerca de los parques de diversiones que han creado Disney y Estudios Universal, donde llegan todos los días millones de turistas provenientes de América Latina. Una niña peruana de 10 años logró salvar a su primita menor gracias a que pudo comunicarse en inglés al teléfono 911, donde ninguna de las personas que contestaban sabía hablar español.

Hasta la poderosa transnacional Sony se sumó a la "doctrina Perenchio" sobre el mercado hispano, al punto de adquirir un porcentaje accionario importante de Telemundo, la cadena competidora, pasando a controlar y manejar su producción. Nos asustamos por lo que pudiera venir.

Sony, exitosa en otros proyectos de Hollywood, se dispuso a competir creando una programación alternativa que —aseguraba— sorprendería al público y al ambiente televisivo hispano. Telemundo estrenó nuevas versiones en español de exitosas producciones televisivas de Hollywood, series que habían tenido reconocido éxito en Latinoamérica. Confeccionando libretos similares en español y contratando a artistas latinos, aparecieron series inspiradas en *Starsky and Hutch* y en *Los Ángeles de Charlie*, que en su época catapultara a la bella Farrah Fawcett.

Mario Rodríguez, en ese entonces vicepresidente de producción de Univisión, me comentó proféticamente: "me parece que eso no les va a resultar". No resultó. Los latinoamericanos no tenemos policías como Starsky y Hutch, y en algunos países hasta se les acusa de corruptos. Los que ingresan a las filas policiales no lo hacen siempre por verdadera vocación, sino por haber carecido de la oportunidad para elegir otra carrera. Ésa es la verdad, muy diferente de estos dos policías jovencitos en Estados Unidos, héroes a tiempo completo. Respecto a las detectives privadas, ocurrió algo parecido, porque a los latinos nos gustan las mujeres muy femeninas, sin pistolas ni actitudes que entendemos como propias de los hombres. Hay una tajante diferencia en ese sentido con el público anglo.

Frente al evidente fracaso de la competencia, Univisión llegó a registrar el 90 por ciento de la sintonía y en consecuencia nuestro programa también subió, porque el público actúa como un todo: si el canal tiene mucha difusión, más gente se interesa por sus promociones y, por lo tanto, ganamos más telespectadores. Así, *Sábado Gigante* pasó a ser más y más comentado en círculos del espectáculo, por su prolongada permanencia en el aire. Nunca había ocurrido esto en la historia de la televisión norteamericana en español.

El mercado hispano adquirió tal importancia, que en las últimas décadas del siglo XX fueron varios los artistas latinos que alcanzaron categoría de estrellas entre el público anglo de Estados Unidos: Julio Iglesias, Gloria Estefan, Ricky Martin, Enrique Iglesias, Marc Anthony, Jennifer López, entre otros. Más que con la globalización, este fenómeno tiene que ver con lo que los hispanos seremos en los años siguientes: la primera mayoría de las minorías en tierra norteamericana.

Con el tiempo, las empresas del entretenimiento abrieron los ojos y se prepararon para sembrar y cosechar. La televisión por cable, por ejemplo, comenzó a producir programación en español. Las grandes películas adaptadas para la pantalla chica, al igual que los modernos televisores, incluyeron el sistema SAP, que permite disfrutar en español una película producida en inglés. Y aplicaron además el sistema *Close Caption* (CC) por el que la conversación o el guión aparecen escritos en la pantalla.

Las mayores posibilidades televisivas para el hispano en Estados Unidos, así como la competencia interna —la cadena trabajaba en producciones nuevas y propias que empezaban a cubrir la temática de nuestro programa—, terminaron por ocasionar una leve baja en la sintonía de *Sábado Gigante*, lo que nos indujo a iniciar una lucha por recuperarnos, crecer y crear más.

Hasta entonces habíamos sido el único espectáculo que existía en la pantalla en español, abarcamos todo, lo artístico, lo emotivo, lo periodístico, los premios. Ahora, dentro del propio canal surgían programas de "chismografía", de concursos, de baile, de humor, todos en competencia con nosotros. Ya no éramos exclusivos, sino parte de una programación con muchos espacios similares. Las únicas características propias que manteníamos eran la larga duración de *Sábado Gigante* y el hecho de tener de todo, "como botica de barrio".

Nos dimos cuenta de que no podíamos vivir de recuerdos y glorias del pasado, y aunque es difícil reinventar lo inventado, ideamos nuevos segmentos como "El Tribunal Gigante", para tratar litigios verdaderos entre dos personas, a las que damos oportunidad de exponer sus argumentos para que luego el público emita su dictamen; "Dos opiniones", en el que hablamos sobre temas conflictivos, con un desarrollo semejante al anterior; "Los bailes raros", donde los concursantes deben repetir alguna exótica danza ejecutada por un profesional en materia; "Su Majestad la música", con el que podemos conocer más de la vida de los artistas; "Si lo sabe cuéntelo", donde nuestros grandes humoristas latinoamericanos interactúan con el público.

Frente a la necesidad permanente de encontrar una fórmula para llegar a todos con el humor, fuimos agregando breves espacios divertidos, además de las jocosas intervenciones de *La Cuatro*. Inventamos una familia inmigrante, algo híbrida si se quiere —papá mexicano, mamá cubana, hija cubana casada con chileno—, que muestra sus ajetreos y alegrías del diario vivir. La gente se entretiene con las vicisitudes de "La Familia Fernández" porque es una realidad que muchos viven y enfrentan en Estados Unidos.

En agosto de 1996 se cumplieron 10 años internacionales de *Sábado Gigante*, lo que en buen romance significa que habíamos producido 520 programas desde Estados Unidos, un verdadero hito que celebramos en grande. La fiesta se realizó en un hermoso sector de Coral Gables, en el hotel Biltmore, que iniciaba una nueva y exitosa etapa como elegante centro turístico.

Nuestra fiesta de aniversario fue una ocasión hermosa, concurrida por lo más selecto de la cadena Univisión y del ambiente artístico local, muchos invitados especiales, periodistas de otros estados y de diversos países, corresponsales de agencias de noticias... La alcaldía de Miami declaró esa fecha como el "Día de *Sábado Gigante*" y junto a la multitudinaria asistencia, entre tantos aplausos y reconocimientos, festejamos el inicio y el desafío de una nueva etapa.

Era una meta que en realidad nunca imaginé alcanzar. En Estados Unidos resulta difícil llegar a ser un programa tradicional en la televisión. Por lo general, un *show* de éxito cumple una, dos y hasta tres temporadas anuales, y termina. En inglés son muy pocos los que, teniendo una alta sintonía nacional, llevan mucho tiempo en la pantalla de las principales cadenas: Jay Leno, David Letterman, Oprah Winfrey, son algunas excepciones. La satisfacción nuestra era doble: además de la década internacional, cumplíamos 34 años ininterrumpidos desde que nos iniciamos en Chile.

* * *

Pasados los cincuenta años de edad, se impone una verdad que nos parecía lejana hasta sólo una década antes. Poco a poco se nos hace más claro que con el paso del tiempo se pierden algunas condiciones, si bien la experiencia ganada ayuda un poco a equilibrar la situación. Esto es un problema, porque el público desea ver al animador siempre bien puesto, de excelente humor, sin revelar los problemas que puedan aquejarlo.

El hombre que, micrófono en mano, entretiene a través de la televisión nunca puede estar cansado. El telespectador enciende la pantalla para entretenerse, informarse, orientarse. La gente no piensa que el animador pueda tener sus preocupaciones personales. Más bien lo ve incapaz de discutir con su esposa, de llamar la atención a sus hijos, de tener facturas por pagar, de sentir miedo o inseguridad. Según el tipo de programa, lo consideran versado, muy próximo a la perfección, y si hay errores, éstos son sólo una anécdota.

Comencé a hacer este programa cuando tenía 22 años de edad y lo estoy haciendo todavía. Desde ese entonces, he ganado una gran experiencia, tengo un amplio conocimiento del mundo, dispongo de un bagaje de información que no tenía en mis inicios, pero... el físico no es el mismo. Gran parte del humor que desplegaba en los primeros años de *Sábado Gigante*, además del chiste hablado, consistía en utilizar mi cuerpo para hacer más divertida la escena. Algunas veces rodaba escaleras abajo, me levantaba y caía nuevamente. Hoy debo mirar dónde piso para no resbalarme, porque si me caigo podría quedar meses inmovilizado.

Cuando estamos grabando 12 y hasta 14 horas seguidas vienen los dolores de huesos y del cuerpo en general. ¿Qué solución hay? Usar la mímica, en la parte física. Pero hay algo más, y lucho porque nadie se dé cuenta: mi mente no trabaja igual. En algunas jornadas de grabación debo dormir en los entretiempos para recuperarme y tener la fuerza y el dinamismo que requiero para la animación. No puedo darme el lujo de bajar el ritmo de la alegría que debo contagiar. Mi trabajo es hacer un programa familiar de entretenimiento y tratar de interpretar a la parte ancha de la pirámide humana —aquellos que tienen entre 20 y 35 años de edad—, y la verdad es que cada vez me resulta más difícil.

La conclusión es evidente: pasan los años y no soy de fierro.

Un momento especial en mi vida profesional fue la aparición de mis primeras canas. A los pocos días me buscaba más canas. Aparecían tres o cuatro cabellos blancos a los costados de la cabeza y los lucía con orgullo. Pero cuando las canas empezaron a ser muchas, tuve que darles una rociada con polvo de color oscuro. Después de unas semanas necesité dos rociadas para hacerlas desaparecer. En seguida, cuatro, seis, dieciocho rociadas. Vinieron treinta rociadas, hasta que salía a escena con una verdadera coraza en la cabeza. Fue el momento en que decidí teñirme el pelo, previa charla con Antoine Marie, mi estilista personal, pues no podía correr el riesgo de hacerlo caprichosamente. Cuando alguna vez lo hice así, el pelo comenzó a ponérseme rojizo. Me imaginé, horrorizado, al telespectador sorprendido ante un Don Francisco colorín.

Decidimos con Antoine que todo lo que me hiciera en el pelo debía tener directa relación con mi edad, a fin de que pareciera lo más natural posible. No podía usar un pelo azabache, por cuanto un hombre que va a cumplir 60 años, hace rato que tiene canas. Y si no se le ven, es porque se las tiñe. Desde entonces, cada quince días debo dedicar dos a tres horas a mi pelo, teñido pero semejando ser natural, con algunas canas a la vista.

¿Qué pretendo con esto? El cuidado del cabello, los trajes siempre a la medida, el ejercicio diario, son recursos lícitos en mi intento por detener el avance inexorable del tiempo, para lucir fresco cuando se enciende la cámara. Tengo claro que no he sido jamás un "adonis", ni un galán arrebatador. ¿De dónde?

Desde niño pensé que ser feo era una desventaja. Lo sentí debido a los kilitos que siempre me han sobrado.

Mi primer encuentro con la fealdad ocurrió cuando tenía nueve años, al no lograr que una compañerita de la escuela que me gustaba muchísimo se fijara en mí.

El segundo gran choque producido por la falta de atractivo físico lo viví como a los 14. Participaba en una fiesta juvenil que resultó para mí inolvidable. Al otro lado del gran salón, había una muchacha que me atraía mucho. Era más o menos de mi edad y mi estatura. Nos miramos largo rato. Yo le sonreía, ella me sonreía. Pasaron varios boleros, así como pasodobles, y cada vez que terminaba una pieza, yo volvía a sonreírle y ella me respondía con una linda sonrisa.

Transcurrió casi una hora, y de pronto, sacando fuerzas de flaquezas, me dije: "Alguna vez tiene que ser la primera, Mario. Dale".

Y le di. En actitud muy resuelta, de triunfador, crucé la pista de baile, con las manos sudorosas y el corazón saltándome.

—Hola —le dije cuando llegué a su lado—. ¿Me... me... me permites un baile?

—No —me contestó.

Para qué cuento el grado de temperatura que recorrió mi enrojecido rostro y la tremenda vergüenza que sentí. No atiné a decirle nada. ¡Qué papelón! Me retiré sin mirar a nadie, haciéndome el distraído, avanzando por un costado del local, pegado a la pared, hasta que llegué a la puerta y salí.

Han pasado tantos años desde ese frustrante momento, que ya no me ruboriza confesar que hasta hoy, jamás he intentado sacar a bailar a alguien que no conozco.

Varios de estos reveses de mi infancia y adolescencia me hicieron entender muy claramente que yo no era el niño bonito ni el muchacho buenmozo que como tal podría llamar la atención de las chicas. Creo que uno queda impactado de por vida con estos sinsabores de adolescencia, difíciles de superar. Y eso que a mis 16 años tenía un físico bastante desarrollado para la edad, pero podría asegurar que desde entonces no crecí más de tres centímetros (una pulgada).

Antes de casarme, salíamos tres amigos a divertirnos los fines de semana. Ellos tenían "buena pinta". Cada vez intentábamos conseguir que tres amigas nos acompañaran. En el momento de la distribución (elegir quién con quién), a mí siempre me tocó la menos agraciada. En la jerga de mi país diría que "la más malita", la gorda, la feúcha.

El sistema funcionó a las mil maravillas durante largo tiempo, hasta el día en que durante un paseo, le gusté yo a la más bonita de las chicas. Mis amigos no pudieron resistir esta afrenta. Se acabaron las salidas "tres para tres", se disolvió la amistad y todos nos quedamos "sin pan ni pedazo".

En la edad adulta, ayudado por la popularidad, me fui dando cuenta de que al físico se le puede agregar personalidad y de que con un poco de "blá, blá, blá" se mejora bastante, por cuanto así como lo que buscan los hombres es una hembra, las mujeres buscan un macho y no un maniquí. Entendí, antes de aprenderlo, que existe una química entre las personas que permite borrar arrugas, eliminar rollos y arreglar físicos. Por lo tanto, siempre hay alguien para cada uno, sólo que puede demorar en llegar.

Ésa es la historia con relación al atractivo físico-sentimental. Ahora el cuento es otro. Debo mantenerme bien frente a las luces y a las cámaras, por respeto a mis telespectadores. Por eso es que muchas veces y durante varios años pensé también sobre la reducción de mi papada, aunque siempre fui contrario a las operaciones de cirugía estética. Intentando encontrar una ayuda, le preguntaba al público sobre una posible operación: la mitad decía que sí y la otra mitad que no. Como quien se ve frente a un espejo, yo me miraba en la televisión. Unas veces me veía con la misma cara de mi padre, la que siempre recuerdo de él, cuando andaba por los 60 y gozaba de buena salud. En otra ocasión observé que mi rostro no decía lo mismo que mis palabras. Si bien me sentía contento por lo que hacía, mi cara se veía triste, cansada, y los ojos parecían ser sólo una raya. Era la secuela inevitable de los peores momentos porque atravesaba mi juicio por acoso sexual.

Meses después, era evidente que las tensiones, amarguras y angustias vividas durante esos días se habían quedado grabadas en mi rostro. Habituado a llevar una vida abierta, sin mayor cuidado de los fotógrafos o algún periodista de espectáculos, debí cambiar mis hábitos, rehuir entrevistas, evadir las cámaras, todo eso en detrimento de mi ánimo, mi humor y, sin duda, de mi hígado.

A esto había que sumarle las malas noches, preguntándome por qué me ocurría algo así y la mala alimentación producto de la inapetencia de esos días. El resultado fue un riesgo evidente de envejecimiento, que iba en contra no sólo de mi edad cronológica, sino de la imagen que el público esperaba ver en mí.

Era obvio que si quería prolongarme en el tiempo con el trabajo televisivo, no bastaba con operar la papada, sino que debía hacerme un *lifting*. No se trataba de narcisismo, me debía a la teleaudiencia y ésta quería verme bien. La operación obedecía a la necesidad de mantener una buena presencia frente a ella. Era como echar un poquito el tiempo para atrás, una estirada que no llegaría ni a la cintura. De ahí para abajo seguiría teniendo el tiempo de siempre.

Lo conversé con Temy, escuchó mis razones y no sólo consideró conveniente que me operara, sino que además se pasó un "comercial": también ella debía operarse, pues no podía ser que la dejase apareciendo como 15 o 20 años mayor. En fin. Resolvimos que eso sería tema para otra charla y por lo pronto pacté la entrevista con un cirujano de Los Ángeles (California) que me habían recomendado mucho. Como prueba de que ni yo mismo estaba cien por ciento convencido, dejé pasar unos cuantos meses entre aquella primera consulta y la intervención quirúrgica.

Todo el proceso comenzó por establecer si acaso yo era o no una persona compatible con la operación. Para eso cumplí con una serie de exámenes. Una vez aprobados, el médico de cabecera autorizó el procedimiento quirúrgico y fijamos la fecha con bastante anticipación, entre otras razones porque nuestro calendario de grabaciones del programa se elabora con un año de anterioridad, pues debíamos compartir con Cristina el único estudio de Univisión que tiene facilidades para asistencia de público. Si me iba a ausentar alrededor de un mes, debía dejar grabados suficientes programas, pero tampoco había disponibilidad de estudio para grabarlos. Hubo que hacer todo un trabajo de ingeniería.

Conforme a las disposiciones médicas, me sometí a varias medidas preparatorias, no tomar una gota de alcohol, ingerir determinadas tabletas... Nunca supe, ni tampoco pregunté, cuanto duraría la operación misma. Fue mejor. Nadie se sometería si se entera antes.

Como no hay fecha que no se cumpla, en julio de 1999 viajamos a Los Ángeles con Temy y Omar Marchant. Temprano en la mañana me presenté en la clínica. Muy bien recibido, cómo no, adelante, pase por aquí, tenga la bondad, cámbiese de ropa, por favor acuéstese...

—En unos 10 segundos más se va a dormir —me dijo el médico anestesista.

Nueve, ocho, siete, seis... Me pareció ver que colgaba sobre mi cuerpo un inmenso envoltorio de papel, el que de repente se rompió, bajando desde allí bisturíes, tijeras y todo el instrumental de operación. No supe más. Entré en un sueño profundo y muy tranquilo.

La operación se inició con un inmenso corte delante y detrás de las orejas. Como que rompieran la cabeza. Sacaron la piel, la acumularon delante de la nariz y comenzaron a tensar todos los músculos de la cara. Cuando estuvieron bien estirados, pusieron la piel en su lugar. Lo que sobró, lo cortaron. Vendajes y a descansar. ¡Cinco horas y media!

Pasé unas cuantas horas más en la sala de recuperación. Un asistente del médico llegó a preguntarme cómo me sentía, justo cuando yo despertaba y alcanzaba a ver que mi mujer y mi amigo Omar estaban allí, sentados en los sillones a los costados de la cama.

—Querida —le dije a Omar—. He estado pensando que debemos vender la casa en Miami para poder pagar el colegio de los niños. —Volteé la cara hacia el otro costado, donde estaba Temy y continué—: Omar, sé que planeaste toda esta operación para deshacerte de mí.

Los dejé desconcertados. El enfermero, tartamudeando, trataba de infundir tranquilidad, explicando que yo aún estaba enredado con la anestesia, y que solían suceder ciertos desvaríos en esos casos. No pude más y solté la risa. Les aclaré que, ¡hey!, sólo era una broma, lo que no le hizo mucha gracia al auxiliar.

Horas después, en silla de ruedas y vestido con un buzo/calentador y un capuchón cubriéndome la cabeza, me llevaron a la planta baja y luego a la calle, donde esperaba un Mercedes Benz negro, con vidrios polarizados y chofer vestido con ropa enigmática, al mejor estilo Agente 007. La clínica atendía a tanta estrella del deporte, del espectáculo, de la política, del mundo de los negocios, que se veía obligada a mantener en reserva sobre la identidad de sus pacientes frente a los fotógrafos que merodean a la caza de una instantánea exclusiva.

Así, dando algunas vueltas para despistar a eventuales seguidores, me llevaron a otro barrio y entramos a una casa que podría parecer la residencia de una familia bastante acomodada, pero que no era otra cosa que una clínica de recuperación, muy exclusiva con sólo seis habitaciones para personas que han sido sometidas a cirugía. La mayoría de sus pacientes-huéspedes eran artistas.

La primera noche resultó muy incómoda, siempre sentado, casi rígido. Me dieron una pastilla para ayudarme a dormir, pero no me produjo efecto. Al día siguiente, en forma casi increíble, toda la capa de piel del rostro estaba adherida otra vez, aunque no así las cicatrices, que demoran en secar. La cara comenzó a hincharse y, muy pronto a ponerse morada.

A las 48 horas, el médico me citó para una revisión. Poco a poco fue sacando la venda tipo momia que cubría mi rostro y luego puso un espejo frente a mi vista. ¡Que tremenda sorpresa! Esa cara la conocía, la recordaba, la había visto alguna vez. ¡Sí, era la mía, sin arrugas, como veinte años antes!

—Va a quedar más o menos así, pero no tan tersa —dijo el doctor—. Ahora está un poco hinchada.

Tenía razón. A pesar del hielo sobre mi rostro y las tabletas de papaenzima, un compuesto de la papaya, mi cara comenzó a hincharse más y más, hasta transformarse en una pelota de fútbol —me refiero a UNA VERDADERA PELOTA DE FÚTBOL—, pero morada.

A los cuatro días, salí por algunos momentos de la habitación. Fui a recorrer pasillos y jardines interiores, sin que el estado de mi cara, casi monstruosa y con vendas, causara el más mínimo asombro de nadie. La popularidad de Don Francisco fue puesta a prueba. Me encontré con cinco o seis personas que "lucían" igual. Ésta es la "industria del *lifting*" en Estados Unidos. Todo muy organizado.

Algunos periódicos y revistas de distintos países publicaron en sus columnas de chismes, que Don Francisco "gastó una suma millonaria en operarse la papada"; "Con esa tremenda cabeza, debe haber sido una fortuna"; "Con la piel que le sobró alcanzaría para una bolsa de supermercado". Consideré que si revelaba el monto real de la operación le quitaría un poco de magia a lo que la gente pensaba y comentaba.

Me habían dicho que el costo podría fluctuar entre los 50 y 80 mil dólares. Una vez le pregunté en mi país a una mujer de apariencia modesta cuánto había gastado en hacerse algo similar en su cara. Me dijo que "el equivalente a unos 15 mil dólares" por lo que a continuación tuve que preguntarle cómo los pagó, pues no parecía de muchos recursos. Me contestó que se había endeudado por 10 años. A mí me costó 18 mil dólares, con anécdotas incluidas.

La cosa es que por fin, con la venia del médico, regresé a casa en Miami y mi vida comenzó otra vez a tomar su ritmo normal.

El refrescamiento del rostro significó también un frescor para mi espíritu. Por encima de todos los problemas que había tenido, esto me provocó un fervoroso deseo de renovación. A todo lo que hacía, quería renovarle algo. Así al menos lo sentí. Y estuve listo para comenzar a recrear el programa, contagiando a quienes forman nuestro equipo de trabajo.

En ésas andábamos, cuando se produjo en mi familia un hecho inesperado que provocó un tremendo dolor en mi corazón. No fui yo el culpable, pero lo sentí como una derrota: mi hija, con 13 años de matrimonio y cinco pequeños hijos, se divorciaba.

No me sentía capaz de resistir ese golpe. Lo que se construyó con tanto cariño, tanto tiempo, tanta esperanza, tanta ilusión, de repente se viene abajo y remece todos mis valores fundamentales. La familia ha sido la base de todo lo que he hecho y he logrado. Somos gente que, así como nos besamos, nos hablamos. Siempre he sentido una gran responsabilidad por lo que les sucede a mis hijos, y lo de Vivi lo encontré espantoso: a sus 34 años de edad y madre de niños entre los 2 y los 13. ¿Cómo podría salir adelante, sola, con una familia tan numerosa?

Vivi siempre ha tenido un carácter muy fuerte, impulsivo, sin términos medios. Durante años, no le importó engordar en forma exagerada. Llegó a pesar 108 kilos (unas 238 libras).

—Cuídate el peso, debes bajar. Eres una mujer joven, con un marido joven —le dije infinidad de veces. Pero... ¡no se oye, padre!

Producido el divorcio, lo que también significó para ella un impacto económico, resolvió cambiar su vida y tomó dos decisiones que me parecieron erradas o, por lo menos, hechas a destiempo. Sobre la primera, le hablé mucho para desanimarla, le escribí cartas, la llamé por teléfono, le rogué, sin que nunca me escuchase. Y lo que no quiso hacer en 10 años, como se lo había pedido en su momento, lo hizo en seis meses. Decidió bajar de peso comiendo sólo sopa de repollo (col) y bebiendo mucho agua. De pronto redujo 40 kilos, olvidándose de los controles médicos. Gran-error-gran, aunque la verdad es que su figura cambió en forma increíble. Se veía fantástica.

Esa decisión fue peligrosa, por decir lo menos, pero nada ni nadie la detuvo. Transformó su cuerpo en el de una adolescente. Y su mente también, porque después del divorcio vinieron los recuerdos de la adolescencia y las ganas de vivir lo que no vivió por casarse a los 20 años.

Su segunda resolución también me tomó por sorpresa: alentada por una aparición en un programa de la televisión chilena a la que fue invitada y donde causó gran impacto por su soltura, decidió trabajar en televisión. ¡Esto sí que era una locura! ¡Dedicarse a la televisión dejando en casa a cinco hijos chicos y estando separada del padre de esos niños! Quizá siempre deseó estar en la televisión, y no lo había expresado en forma abierta por su dedicada función de esposa y madre. Vivi tiene condiciones básicas para enfrentar las cámaras y las luces, sólo que quien se dedica a esto debe hacerlo a tiempo completo, sin preocuparse de horarios y olvidando casi todo el día a los suyos. Es una actividad que exige mucho, levanta y baja a la persona, y ocasiona fuertes tensiones emocionales al involucrar ego, éxito y derrota. ¡Si lo sabré yo!

En Chile, a Vivi le ofrecieron tener un programa propio, pero mis amigos me convencieron de que lo mejor era que ella trabajase conmigo, para que se fuera preparando poco a poco. Le dije que así lo haríamos y que la guiaría conforme mi experiencia, lo que no resultaba tan fácil debido a que mi hija quería vivir las propias, sin escuchar a otros. Logré que me atendiera a medias. Su talento innato la ha hecho avanzar y recibir críticas favorables respecto a su trabajo de conductora en los segmentos exclusivos para Chile de *Sábado Gigante*.

La situación de Vivi me hizo recordar que así como hay jornadas de tantas satisfacciones, hay otras que pueden tener características muy diferentes.

La partida de un gigante

Pocos lo saben, pero sobre el capítulo de las frustraciones en el mundo del espectáculo, así como del de las alegrías con un toque de amargura, tengo varias páginas bien leídas. Supongo que esto tiene que ver, en el plano profesional, con mi manía de estar permanentemente pensando en crear algo nuevo, variar, diversificarme, corregir algún error, incluso producir más allá de *Sábado Gigante*. En esto no siempre las compañías para las que he trabajado han estado conmigo. Y en el plano personal tengo las vicisitudes que a cualquiera le suceden en su diario vivir y en el de su familia. Así, muchas veces me ha pasado que un momento exitoso de mi carrera coincidiera con algún pesar familiar, o que un punto alto de la vida de Mario Kreutzberger no encontrara simultaneidad con el tránsito de Don Francisco.

Pero si algo he tenido siempre muy claro es la necesidad de perseverar, y en eso tengo la cabeza bastante dura. Dura y grande, como se sabe.

Para finales de 1999, mi tendencia a la depresión me hacía pensar y repensar en dos cosas. Primero, que en un año pasaría a ser un sexagenario. Recordaba que cuando era niño, la gente se jubilaba a los 55 años y se escuchaba hablar de los "ancianos" de 60. Para levantarme el ánimo, me decía que felizmente los tiempos habían cambiado. El segundo tema recurrente era que en todos estos años en Miami, no había tenido la oportunidad como animador o como productor de televisión de hacer algo distinto de *Sábado Gigante*. Mis propuestas de los últimos años jamás tuvieron eco.

Sin embargo, una tarde me llamó Mario Rodríguez, responsable de producción del Canal 23. Él desde muy joven ha sido un soñador con respecto a la televisión en español. Logró a través de su ímpetu y de su empeño, transformar nuestra televisión en una televisora que está en la tecnología de lo último, con todos los elementos que tienen hoy día las comunicaciones y con el alma hispana metida en el medio. No era fácil, y eso fue lo que le dio éxito, por sobre todas las demás compañías. También captó desde un principio que tenía que ser ordenado, que tenía que tener tantos minutos de promoción, que tenía que tener una continuidad y una calidad igual que los canales americanos. Todo eso él lo fue logrando poco a poco, con mucho esfuerzo.

La llamada de Mario era para ofrecerme la conducción de uno de los proyectos más ambiciosos que pudiera pensarse: *El Show del Milenio*, un programa que recibiría al año 2000 en televisión, en vivo, con público en el estudio. La cadena "tiraría la casa por la ventana", afirmó. No podía ser de otra manera.

Discusión aparte e inacabable fue si acaso el siglo XXI comenzaba el 2000 o el 2001, si hubo o no hubo año cero y si el papa Gregorio llevó bien la cuenta de su calendario. Pero en todo caso se trataba de la primera oportunidad en la historia occidental —la próxima será dentro de 1,000 años, del 2999 al 3000, si la humanidad sobrevive— en que cambiaban los cuatro dígitos del almanaque. Eso ya era digno de una gran fiesta.

Me encantó la idea del *Show* y consideré que sería lo más importante en toda mi carrera televisiva. Pero sí que me costó convencer a Temy. Ella había diseñado con mucha antelación un plan turístico familiar para la llegada del 2000, que incluía a hijos, nueras y nietos, y esto venía a desbaratar su proyecto. Al ver su rostro entre incrédulo y molesto a medida que le contaba la importancia de *El Show del Milenio* que me ofrecían conducir, vi que ella comprendía a cabalidad lo que los científicos llamaban "el virus del milenio" y como éste afectaba la vida del ser humano. Temy no podía creer que su esposo TAMBIÉN tuviese que trabajar la última noche de este año tan especial.

La convencí y acepté el reto. Nos preparamos e hicimos un programa excepcional, fuera de serie, técnica y económicamente hablando. Pasó a ser un hito: 26 horas continuas de transmisión, conectadas con 41 países de los cinco continentes, recibiendo desde el primer Año Nuevo hasta el último, conforme avanzaba el reloj, recorriendo el mundo entero en imágenes.

Tenía experiencia en este tipo de programas, como que había hecho 16 teletones de 27 horas cada una. El primer secreto para mantenerse bien durante semejante jornada es no comer, o comer lo menos posible, y tomar mucha agua. Eso desde el punto de vista físico. En lo mecánico-intelectual, tener muy claro lo que uno va a hacer cada hora, con un sistema para hacerlo. Descansar brevemente pero a fondo cada ocho horas, lo que significa que no se necesitan más de dos buenos descansos en 24 horas.

En resumen, el *Show* fue un espectáculo fabuloso. Logramos la más grande audiencia que durante todo un día haya registrado la historia de la televisión en español en Estados Unidos. Tuvimos mucho público que nos acompañó en el estudio, desde las 6 de la mañana —hora de Miami— del 31 de diciembre. Lo rotábamos cada dos o tres horas. Había que hacerlo para que el público siempre estuviera fresco, entusiasmado, despierto, alegre, colaborador.

El Show del Milenio alcanzó tal sintonía nacional e internacional vía satélite, que de pronto nos llamó por teléfono desde Roma un telespectador que dijo haber visto en la pantalla que entre nuestro público del estudio había una mujer a la que él buscaba desde hacía muchos años por todo el mundo, sólo que no recordaba su nombre, pero que tras largo tiempo —le había parecido un milenio—, ¡por fin!, ahí estaba.

Activamos un trabajo "de joyería" para establecer quién era la dama buscada. Sin salirnos del libreto, el director dispuso acercar las cámaras al público, haciendo primeros planos de sus rostros, para que aquel lejano televidente, sentado frente al televisor en su casa en Italia pudiera identificarla, indicándonos todo por teléfono. Un titánico esfuerzo transcontinental vía microonda. ¡Qué frustración! Entre el llamado del desconocido amigo italiano y nuestra búsqueda, habíamos cambiado de público en el estudio y no pudimos hacer el contacto. Fue un amor que se perdió o un reencuentro que no pudo ser. El destino esta vez se interpuso.

El maratónico recibimiento del nuevo siglo me dejó muy satisfecho, ya que me permitió cumplir una ambición anhelada por años: mostrar versatilidad para hacer un programa diferente, demostrar que puedo hacer otras cosas frente a las cámaras y que es oportuno producir un cambio, considerando que la competencia se está poniendo cada vez más fuerte y que el público tiene muchas más opciones.

El inicio de un año siempre nos da fuerza para ir desarrollando nuestro trabajo. Ser partícipe de un milenio, más fuerzas todavía. Soñé, como todo el mundo debe haber soñado, que el año 2000 traería nuevos y más triunfos, dejando atrás los problemas que tuvimos en los 365 días que se acababan de ir. El resonante logro sin precedentes de *El Show del Milenio* dejó mi ego por las alturas. Recibí felicitaciones de medio mundo, desde el dueño de la compañía, pasando por el presidente ejecutivo, todos lo vicepresidentes de áreas, mis compañeros, los trabajadores del canal... Los golpes a la puerta para llamar mi atención y decirme frases de enhorabuena, las cartas, los faxes y las llamadas telefónicas eran incontables. Y no duraron sólo unos días o una semana; pasados los meses, las manifestaciones de satisfacción no cesaban. Sonaba y sonaba el timbre del teléfono para una congratulación.

Así me encontraba, cuando desde Santiago me habla mi hermano René y me lleva a otro tema que tenía adormecido.

—Mario —me dice— el papá está mal. Cada vez se ve peor.

Los últimos 10 años de mi papá habían sido difíciles. Desde aquella fiesta en que cumplió los 85, había comenzado un descenso muy rápido. Al poco tiempo descubrimos que comenzaba a confundir la hora, el lugar, el día. Y, además, por momentos tenía arrebatos de violencia. En esos días le sugerí a mi madrastra, Rosalinda Miller, que lo llevara a un especialista. El médico lo entrevistó y a los pocos minutos se dio cuenta de que el paciente vivía en medio de una gran confusión. Mientras papá se vestía, Rosi y yo seguimos al doctor a una sala contigua para escuchar su opinión.

—Señora, su marido tiene Alzheimer —dijo el médico.

Mi madrastra se indignó y respondió:

—¿Qué sabe usted de Alzheimer, doctor? Erich es tan dulce. Lo entiende todo.

Nos miramos con el médico y comprobamos que ella no aceptaba el hecho de que su esposo pudiera sufrir de esa enfermedad. Por lo demás, no importaba si lo aceptaba o no, pues nada quedaba por hacer. Salvo algo saludable: darle tiempo al tiempo.

La declinación de la salud de mi papá fue acelerándose sin pausa. Sus paseos eran, cada semana, más cortos. Nuestras conversaciones también se hacían más breves. Había que ir muy atrás en los recuerdos para tener con él una charla más o menos coordinada.

Con gran dolor, mi hermano y yo veíamos cómo en sus manos, en el brillo de sus ojos, en su manera de caminar, en su mente, se apagaba la vida de nuestro "superman", de quien superó los odios del campo de concentración y de la guerra para construir una nueva vida con su familia, en otra parte del planeta, en el extremo sur de América, un país llamado Chile.

Su segunda esposa, una mujer sola en el mundo, que había perdido a su familia en el Holocausto, cerraba sus ojos ante la realidad y veía a mi papá normal, como si nada estuviera pasando.

Siempre lo visité en mis viajes a Chile, pero también es verdad que cada vez lo veía menos, me quedaba poco tiempo con él. Me dolía mucho ver que mi padre se deterioraba a una velocidad increíble. Su caminar comenzó a ser muy dificultoso. Pronto dejó de contener sus esfínteres y fue preciso ponerle pañales. Su mente, poco a poco, se fue apagando. Muchas de las veces que lo visité no me reconoció como su hijo, lo que para mí resultaba muy duro. Curiosamente, me seguía reconociendo como Don Francisco, el de *Sábado Gigante*. Cuando había una conexión por escasos segundos, le hablaba al personaje de la televisión.

Así cumplió sus 90 años, sin saberlo. Y yo comencé a sentir una extraña sensación, pues ése no era mi papá. Era el envase de mi papá. Se había ido el consejero, el amigo, el hombre brillante que con una educación mínima, elemental, había llegado a ser un gran empresario, muy buen conversador, conocedor del mundo. Lo visitaba sólo unos minutos, para besarlo y acariciar lo que quedaba de ese *gigante* que había sido mi padre. Me di cuenta de que quizás, inconscientemente, le había puesto el nombre a mi programa pensando en él.

Aquellas visitas tan cortas resentían a doña Rosi. Era difícil explicarle que un hijo no desea presenciar en primera fila la extinción lenta y dolorosa del padre. Cuando me encontraba allí con mi hermano, intentábamos entre los dos conectarlo, pero no lo logramos.

Al correr de los meses, mi padre sólo podía caminar del dormitorio a la sala, para sentarse con los ojos cerrados y contestar con monosílabas. Sus únicos momentos de algún contacto lo vivía entre sus recuerdos de la guerra y los campos de prisioneros, o huyendo, pues su desorientación era completa. Le compramos una cama clínica para atenderlo mejor y contratamos a dos enfermeras que le atendían, por turnos, día y noche. Esporádicamente le venían ataques de furia y había que amarrarlo a la cama, situación que —menos mal— presencié sólo una vez. Papá creía que los nazis estaban sobre él, que lo engrilletaban, lo maniataban. Me asusté, lloré mucho. Me sentía impotente y no sabía cómo ayudarlo. Cada vez necesitaba mayor dosis de sedantes. Era difícil verlo con sus ojos abiertos. Una de esas noches, a pesar de las barandas y los cuidados, cayó de la cama y se fracturó la cadera. Llevado de emergencia al hospital, se quejaba de fuertes dolores. Los médicos determinaron que había que operarlo, y yo pensé que no resistiría.

Una tarde, durante una grabación en Miami, mi mujer me avisó que papá estaba muy mal y que necesitaba una autorización para conectarlo a un respirador artificial. Mi hermano estaba también fuera de Chile.

—Tiene que decidirlo su esposa —contesté—. Lo que Rosi diga haremos.

Así se hizo. Después de la operación mi padre no se levantó más. Tampoco podía alimentarse por vía oral, sino conectado a varias mangueras. Era terrible verlo respirar con tanta dificultad. A veces, en medio de su modorra, me parecía escucharle que decía en alemán *sterben*: morir.

—Ayúdalo, Dios mío —me repetía una y otra vez en los minutos que lo visitaba.

Una mañana llegué desde Miami y, como siempre, fui a dormir unas horitas a casa. Al rato, sonó el teléfono. Lo atendió mi esposa. Luego entró al dormitorio y me dijo:

—Tu papá...

—¿Mi papá qué?

—Murió.

No le contesté. Me vestí como un autómata y partí a su casa. La puerta de su dormitorio estaba entreabierta y pasé directo. Permanecía destapado, vestido con su pijama, y con esa sonrisa que tantas veces le vi, esa tranquilidad que sólo un hombre bueno puede tener. Desde el dintel de la puerta le hice una especie de saludo militar. Yo iba con los ojos enrojecidos, la garganta hinchada, los dientes apretados para no llorar. Entonces le hablé:

—Adiós, viejo. Gracias por todo, Superman... Y gracias, Dios mío, por dejarlo descansar.

A la mañana siguiente, fría y gris —como para funeral— lo fuimos a dejar al lado de mi mamá, en el cementerio israelita.

Con ello, ingresaba yo a una nueva categoría. Había sido hijo, hermano, esposo, padre, abuelo... Ahora era huérfano.

Mi padre al fin descansaba, pero para mi dolor no había reposo. Me puse a pensar en el porqué de esta etapa. ¿Por qué mi padre se acabó de esa manera? ¿Y se acaba todo con la muerte? ¿Es el final de la vida o al mismo tiempo el principio de otra?

En todo caso, hay un ideal que no siempre se consigue: vivir y morir con dignidad. Mi padre fue un hombre que dio la lucha frente a la adversidad y la derrotó. Formó una familia, salió adelante, y pienso que no se merecía un final como el que tuvo.

De la gloria al dolor

Pero la vida debe continuar. Tres días después del funeral tuve que volar a Miami para volver a producir y crear. No podemos darle tregua a la competencia.

En *Sábado Gigante* siempre estamos dispuestos a dar la lucha por crecer y, si perdemos algunos puntos en la audiencia, ¡a recuperarlos se ha dicho! Con catorce años que llevamos en la televisión en español en Estados Unidos y Latinoamérica, aún vivimos preocupados por mantener en alto la sintonía del programa. Hay semanas en que sentimos un bajón, nos inquietamos, revisamos todo, buscamos la razón y tratamos de enmendar cualquier error. No importan los años que pasen, nos jugamos cada sábado frente al público que nos evalúa con su sintonía.

Siempre he creído que cuando pasamos por días de crisis, es necesario asumir riesgos, recurrir a la creatividad, buscar por todos lados. Es entonces cuando creamos certámenes curiosos, programas en directo, investigamos temas impactantes, conseguimos grandes estrellas, producimos segmentos inéditos. Como siempre, hay ideas que dan mejores resultados que otras, eso no es nada nuevo. Durante mis treintaitantos años en televisión he sorteado muchos momentos complejos, me he sentido golpeado e incluso he caído, pero siempre me he puesto de pie.

A mediados del 2000, pensamos que debíamos producir algunos cambios profundos y rápidos. Lo discutimos en detalle durante un ampliado de nuestro equipo de producción, con gente que tenía más de 20 años de experiencia en el programa. Coincidimos en que había que hacer cosas nuevas.

Aunque una vez más me sentía relegado, entramos a considerar los pros y los contras de realizar programas en directo desde los mercados hispanos más importantes de Estados Unidos, para revitalizarnos.

Aún con la opinión adversa de los ejecutivos de la cadena, que consideraban que era demasiado riesgo y que podía ser un fracaso, tomé una importante decisión, propia de la porfía y perseverancia de mis años iniciales: hacer una gira con el programa, y saltar todas las vallas y barreras que me pusieran para hacerla.

—Éste es el momento. Iremos a Los Ángeles, cueste lo que cueste —les dije, convencido, a mis compañeros de trabajo.

Elegimos ir al mercado mayor y más importante del oeste de Estados Unidos, California, para lo cual era preciso conseguir financiamiento extra. Lo buscamos en empresas locales y nacionales. Logramos una parte a través de dos instituciones comerciales importantes, y estaba decidido a correr un riesgo personal si faltaba dinero. El Canal 34 de la televisión local también me apoyó y ésa fue una gran ayuda. Un equipo humano de más de 50 personas se trasladó desde Miami hasta el tradicional Teatro Palladium, en Hollywood, escenario por muchos años de grandes y famosos programas de televisión donde actuaron estrellas como Elvis Presley y Marilyn Monroe. Ahí montamos, durante una semana, una serie de seis *shows*.

Llegamos a nuestra primera tarde de grabación en Hollywood temerosos de que algo pudiera fallar. Pero cuando el animador del Canal 34, Francisco Quiroz, nuestro invitado, anunció que comenzaba el espectáculo, recibimos una poderosa corriente de energía y de optimismo que nos remeció de gusto. Quiroz pidió al público del Palladium que se pusiera de pie para recibir a Don Francisco. Desde todos los rincones del teatro surgió una indescriptible exclamación de entusiasmo. Las 2,500 personas que llenaban el sitio, sin dejar un asiento vacío, bailaban, aplaudían a rabiar y cantaban:

"Hoy, Gigante está de fiesta... fiesta..."

Habíamos trabajado con tanto tiempo, esfuerzo y dedicación para este momento, que fue una gran satisfacción ver cómo esa comunidad hispana de California se entretenía, participaba, reía y aplaudía. ¡Cómo nos quería! La reacción del público nos salvó el alma. Cada uno de los días de esa gira recibimos el mismo respaldo. Miles de personas, desde tempranas horas, hacían fila en las afueras de Palladium para no perderse la posibilidad de compartir con nosotros. Cada espectáculo era más exitoso que el anterior y, cuando al término de cada jornada nos retirábamos al descanso en el hotel, nos íbamos felices del deber cumplido y de contar con un público tan entusiasta.

Una de nuestras preocupaciones mayores fue siempre la de cómo mantener interesadas a 2,500 personas. Grabar un *show* de televisión como el nuestro obliga a parar las cámaras cada 10 o 15 minutos, introducir comerciales, cambiar la escenografía, corregir alguna falla y, de ser necesario, hasta repetir la escena. Sin embargo, ese público de origen mayoritariamente mexicano y centroamericano, estuvo siempre dispuesto a cantar un *jingle*, mover la colita, premiar a un concursante con su aplauso, o gritarle "¡Fuera!" a un aprendiz de cantante poco afortunado.

La gente reconocía perfectamente los espacios del programa, a tal punto que daba la impresión de haber sido entrenados para participar. Irrumpía con aplausos, risas y muestras de afecto con *La Cuatro*, con *El chacal de la trompeta*, con *La Familia Fernández*. Ovacionó la presencia de Javier Romero, vitoreó al maestro Valentín Trujillo en el piano y al director de la orquesta

William Sánchez. Se emocionó hasta vivir como propia la alegría de la joven pareja que se llevó a casa un automóvil de premio.

Destacaron mucho también las modelos Rashel y Sissi, quienes tuvieron la oportunidad de coanimar y actuar. Reconociéndolas, el público las premió con largos aplausos y esto nos permitió darnos cuenta de que el programa estaba viviendo una nueva etapa con la participación de estas atractivas jóvenes.

El trabajo publicitario de las modelos es cada vez más exigente y se han ido perfeccionando. Como el costo de la publicidad televisiva se ha incrementado, al existir un reconocimiento del mercado hispano hay más elementos y más interés en la publicidad. El equipo de modelos se ha ido renovando desde la partida de Lily Estefan, con la idea de que todas cumplieran un periodo de prueba y las que más destacaran tendrían posibilidades anexas en la actuación o en la comunicación, según sus capacidades.

Así en su momento, del coro de *Sábado Gigante* elegimos a una muchacha que resaltó en especial por sus habilidades como bailarina, de un físico muy hermoso. Rashel Díaz fue poco a poco aprendiendo su trabajo de modelo, que se fue ampliando al de bailarina, actriz y coanimadora de ciertos segmentos. Estas oportunidades la han hecho buscar otros caminos en la televisión, y así hoy comparte su trabajo de *Sábado Gigante* con un segmento sobre espectáculos dentro del noticiero de Canal 23 de Miami, manteniendo sus estudios de periodismo.

Sissi Fleytas llamó la atención desde el comienzo por su físico espectacular. Al poco tiempo se transformó en la "bomba rubia" de nuestra producción. Llena de inquietudes artísticas, actúa, hace *spots*, sacó un calendario con sus fotografías, participa en *sketches* y musicales del programa y está siempre buscando una nueva veta artística, así como más oportunidades en la comunicación.

Maribel Rodríguez se destacó por la buena dicción y simpatía. Después de algunos años que combinó su trabajo de modelo con su formación universitaria de periodista, dejó el programa. Nacida en Estados Unidos, totalmente bilingüe, accedió a las funciones de reportera en una estación de televisión en inglés. Allá está ahora y sin lugar a dudas le irá muy bien.

Estuvo también con nosotros Carolina Vielma, venezolana, que había sido productora de televisión y cuya aspiración es ser actriz. Ojalá lo pueda cumplir.

Hoy, las modelos de *Sábado Gigante* son personajes indiscutibles y reconocidas en el escenario hispano de Estados Unidos. Viajan por todo el país, son invitadas a eventos importantes y constituyen, por supuesto, la tarjeta de presentación del programa en este tercer milenio. No les alcanza el tiempo para leer los cientos de cartas que reciben cada semana, ni para agradecer las flores y cajas de chocolates que les hacen llegar sus admiradores desde todas partes.

La entusiasta recepción que se brindó a nuestras modelos en Los Ángeles nos confirmó la impresión de que esa comunidad necesitaba un contacto personal con nosotros. Se trata de gente que se siente identificada con este programa que les habla en su idioma, los entretiene desde hace años cada semana, les permite participar y ganar premios, igual como ocurre en la televisión en inglés. Un programa que usa sus propios vocablos, les muestra a sus artistas y les proporciona su música, aborda temas de conversación que les gustan y les son útiles. Creo que se sienten representados por mis compañeros y por mí, arriba del escenario. Les agrada que triunfemos, porque para ellos significa un triunfo de sus "paisanos".

Cerramos la gira con una linda noche de camaradería, muchos brindis y abrazos entre nosotros, celebrando la eficiente labor cumplida por todos y cada uno. Nuestro buen trabajo profesional y la gran acogida que nos brindó la comunidad fueron destacados por la prensa, radio y televisión de Los Ángeles, que en todo momento apoyó nuestra visita.

Después de estos varios *show*s en el Palladium tuvimos la satisfacción de donar la totalidad de lo que pagó el público por entrar a nuestras grabaciones —dos dólares por persona— a beneficio de la organización local "Padres contra el cáncer". Hicimos el cheque correspondiente y fuimos hasta las oficinas de sus directivos a cumplir el compromiso y entregarlo.

Pero en medio de la euforia del éxito, de la labor cumplida, me llaman por teléfono desde Chile —siempre este aparatejo repiqueteando en mi vida, por una razón u otra— para decirme que en esos momentos estaban operando a Vivi para extraerle un nódulo que se le descubrió en la tiroides.

Me vine abajo, se me borró el entorno y quedé como ausente de todo lo que me rodeaba. Regresé al hotel y solo en mi habitación me puse a pensar en Vivi y lo que había sufrido en silencio con su fracaso conyugal. "Va a salir bien de este nuevo trance", me dije, pese a que ella tiene una característica negativa que de alguna manera heredó de su madre: somatiza los problemas, convierte un estado mental en síntomas orgánicos. No los expresa hacia fuera, como lo hago yo. Su reacción es a través del cuerpo, con alzas de presión, dolores de cabeza, pérdida del apetito, cólicos. Afortunadamente son más los rasgos favorables heredados de mi mujer: Vivi es buena madre, buena hija. Y también buena esposa, aunque siempre he pensado que en todo divorcio hay culpa compartida.

Al poco rato telefoneé a Santiago. Sentía el estómago encogido, pues siempre se producen temores ante una operación, por más simple que ésta sea. Temy me respondió con la voz entrecortada. El médico le acababa de comunicar que la operación se prolongaría porque, al parecer, había algo canceroso alrededor del nódulo.

—¡No puede ser! —le reclamé a nadie.

No recuerdo qué más contesté antes de despedirme, quedando en llamar más tarde. Me pregunté por qué siempre tengo que recibir los éxitos mezclados con tantos golpes. Como pagando un precio muy alto. Helado por dentro, con esa sensación de soledad que produce el temor, salí a cenar. El mozo me saluda con afecto, el comensal de la mesa del lado me pide un autógrafo para su señora e hija, una foto para el otro... La gente no tenía por qué saber que estaba llorando por dentro y que necesitaba estar solo, tranquilo. Pero siempre es el público el que manda. Eso lo entiendo. Quizá con una mueca de sonrisa, muy disimulada, acepté las fotos y di cuanto autógrafo me solicitaron.

Gracias a la diferencia de hora entre California y Chile, logré hablar esa noche con mi hija, pero no supe muy bien qué decirle cuando escuché su voz cansada. A la distancia, sólo podía transmitirle todo mi amor, mi apoyo. No logré dormir, pensando en que yo debía estar en ese momento en Santiago, no en Los Ángeles. "¿Hasta cuándo me voy a estar escondiendo? —pensaba— ¿No es mejor que asuma mi papel de padre y acompañe a Temy, que está sola con nuestra hija en esos momentos?"

A la mañana siguiente debía concurrir a una conferencia de prensa en el Consulado General de México, oportunidad en que se anunciarían los festejos por la fecha patria, incluyendo mi participación como Gran Mariscal en el tradicional desfile de la comunidad mexicana del próximo domingo.[9] Íbamos en la "limo" hacia el evento, pero tras una nueva conversación telefónica a Chile, decidí viajar a Santiago, rompiendo el programa de actividades que me debía mantener varios días más en Los Ángeles. Llegué donde el embajador mexicano y los periodistas a darles una explicación, y partí en busca de la más próxima posibilidad de un vuelo a Chile.

Comenzó una carrera de locos para lograr abordar un avión que salía en tres horas, vuelo directo a Santiago. Mientras le encargaba a María Luisa que se preocupara de mi ropa y de las cosas que tenía en el hotel, me di cuenta de que mi pasaporte había quedado en casa, en Miami. En verdad, lo único que tenía conmigo era el urgente deseo de viajar para estar con mi hija. Nada más.

A grandes situaciones, grandes remedios, me dije y empezamos a mover la maquinaria de la popularidad, por teléfono, desde la limusina, que se desplazaba por las calles de Los Ángeles, hacia el aeropuerto internacional. La aerolínea me confirmó un espacio y me sugirió obtener, a la falta de pasaporte, un salvoconducto. Llamé al cónsul y éste se mostró en muy buena disposición de ayudar.

---

[9] Estos desfiles por la independencia de México comenzaron a realizarse en Los Ángeles en 1931. El desfile principal se cumple en el este de la ciudad, desde 1950.

—Deme sus datos para ganar tiempo —me dijo el cónsul por teléfono— y traiga dos fotografías.

La popularidad, siempre me lo han dicho, es una fotografía en el álbum de la vida. Ahora creo que eso es falso. En ese momento de emergencia la popularidad era todo —pasaje inmediato, pasaporte expedito, atención de primera—, menos un par de fotografías. Dimos vueltas y vueltas por las calles de Beverly Hills. Los cuatro ocupantes de la "limo" pusimos ocho ojos rastreando un salón fotográfico y éste no aparecía por ningún lado. Pasaban los minutos y los letreros de los negocios, pero nada. Se nos acababa ya el tiempo cuando por fin encontramos uno. Salí no con dos, sino con diez fotos para lo que se pudiera ofrecer. Rápido, para llegar al consulado, piso 20, donde todo estaba listo. Muchas gracias y hasta luego, porque se me va el avión.

Partí en un vuelo de doce horas sin escalas. A ratos intenté leer o dormir, pero me resultaba imposible, porque no podía dejar de pensar en Vivi. Entonces resolví escribirle una carta. Resulta curioso: soy el campeón de la palabra oral, pero en estos casos me resulta más fácil escribir. Así lo hice. Una carta de amor en la cual le pedía que luchara con todas sus fuerzas por su recuperación, asegurándole que todos lucharíamos por eso mismo.

A primera hora de la mañana de ese viernes estaba en mi departamento en Santiago, cambiándome de ropa para salir de inmediato hacia la clínica. Temblaba de temor. El encuentro con Vivi fue silencioso. No nos dijimos palabra, sólo nos tomamos de la mano, largo rato. Le entregué la carta que leyó tres días después.

Siempre he estado proponiéndome compartir más y mejor calidad de tiempo con mi familia; es decir, al estar rodeado de mis seres queridos quiero sentirlos y demostrar que estoy disfrutando con ellos cada una de las pequeñas cosas de la vida, sin pensar en que existe algo diferente. Pero, ¡ay, que cuesta ponerlo en práctica! Quiero hacer de una vez por todas, con mi familia, las cosas que nos gusta hacer, pero hasta ahora no me resulta. Quizá debería llevar una vida un poco más humana conmigo mismo, sin castigarme tanto.

Desdoblado como siempre (Mario Kreutzberger y Don Francisco), me encontraba en la clínica, apoyando también a Temy y preocupado a la vez por La Parada mexicana de Los Ángeles, a la cual me había comprometido y no podía fallar. Podía parecer un desprecio, más aún si algunas voces disidentes preguntaban: "¿Qué hace un chileno de Gran Mariscal en el desfile mexicano?"

Me imagino que si me designaron fue en consideración a todo lo que hemos hecho en el programa por apoyar a la comunidad mexicana. La verdad es que hubiera preferido no regresar a Los Ángeles, pero "el otro amor" vuelve a remecerme, aunque sé muy bien que mi hija está primero. A las 36 horas de haber llegado a Chile, abordé otra vez un avión para viajar por otras 12, permanecer seis más en Los Ángeles, asistir al desfile, cumplir así con mi público mexicano residente, regresar al aeropuerto y volar 12 horas más hacia Santiago para volver a estar cerca de mi hija.

Para esta jornada en realidad titánica (modestia aparte), el médico en Chile me había recetado una píldora que me permitiera descansar durante el vuelo a Los Ángeles. Dormí, llegué fresco, renovado. Una ducha y a encabezar La Parada. Caminé con paso firme y seguro, saludando a toda la gente que a su vez me llamaba y saludaba con mucho cariño. Mientras avanzaba por esos ocho kilómetros de avenidas y calles, medio millón de personas agolpadas en las aceras me gritaban palabras de afecto y reconocimiento:

—¿Cómo dice que dijo?

—¿Dónde está *El Chacal*?

—Saludos a *La Cuatro*.

Hubo otras frases que no escuché, pues la verdad es que a pesar de la algarabía, todo se nublaba con el recuerdo del sufrimiento que estaba soportando Vivi. Ese domingo fue para mí un crucero de gloria y dolor. Cien, doscientas mil personas aplaudiéndome, haciéndome sentir en la gloria como artista, mientras el dolor de padre me derrumbaba.

Sin embargo, tengo muy en claro que no puedo decaer.

—¿Qué te pasa, Don Francisco? —me dije a mí mismo—. Eres padre de familia, abuelo. Tu obligación es levantar tu espíritu y ayudar a levantar el espíritu de tu hija, ayudar a tus nietos y a tus otros hijos. Debes conducir las riendas y no esconderte. Por lo tanto, arriba ese ánimo. ¡A luchar por la vida!

Ése es otro secreto. No sólo hay que ser perseverante, sino también autorreanimarse cuando las cosas parecen al borde del colapso.

Semanas después, aquellos programas grabados en el Palladium de Los Ángeles salieron al aire y fueron justo el aderezo que necesitábamos, tonificando la sintonía. *Sábado Gigante* tuvo una renovación. Hicimos lo correcto. Por hoy estamos bien... pero, ¿qué pasará mañana? No lo sé, ésa es la magia e incertidumbre que antecede al aplauso y al fracaso, y que mueve la balanza en la búsqueda de satisfacciones, comodidades y mejor calidad de vida.

El sueño americano

Cuando se viven situaciones traumáticas relacionadas con la salud y la vida, uno se da cuenta de que el dinero, que en cierto momento es tan importante, en ese instante no vale nada. Para mí el dinero es importante pero como consecuencia del éxito. Sin embargo, al ir desarrollando mis ideas para este libro tuve una sorpresa. Cuando realicé consultas entre muchos hombres y mujeres (principalmente en Estados Unidos) sobre qué les gustaría conocer acerca de estos quince años de *Sábado Gigante* con respecto al éxito personal, o a la historia de Don Francisco y la gestación del programa, me encontré con el hecho de que casi todos mencionaron el dinero como un aspecto interesante o al menos curioso.

La pregunta que me hacían era muy concreta: ¿cómo ha ganado dinero Don Francisco? Querían saber cómo y cuándo comenzó en mi vida la relación con el dinero. Bueno, espero no sorprenderlos mucho.

Tendría yo unos tres años y vivíamos en Talca, cuando un día ingresando con mi padre a casa, al cruzar unas canchas de tenis, divisé en el suelo una moneda de plata, como se usaban en la época. Mi padre detuvo su paso y me soltó la mano para permitirme recogerla. Yo era muy chico, por lo que no tenía que hacer mucho esfuerzo para alcanzar el suelo. La recogí, miré la moneda y se la pasé a mi papá, quien la tomó en su mano derecha y acercándosela a la boca, la escupió. Me la pasó y me comentó:

—Guárdatela —dijo—. Cada vez que encuentres dinero, hazlo así para que te dé suerte y te traiga más dinero.

¿Habrá sido ésa la primera superstición de las muchas que me acompañarían en la vida? Lo cierto es que cada vez que recojo una moneda del suelo —y recojo todas las que encuentro— la escupo disimuladamente y la guardo.

A los pocos meses, mi familia se trasladó a Santiago, donde mi papá instaló un pequeño taller de sastrería, y entonces tuve el orgullo de llevarle a su primer cliente.

Me sorprendió ver en las calles del centro —donde iba a pasear con mi mamá— a unos hombres vestidos extrañamente que repartían papeles a los transeúntes. Llevaban colgados desde el cuello, por sobre el pecho y la espalda, unos cartelones con leyendas publicitarias, y lo que distribuían era volantes promocionando casas comerciales, invitando a gritos a que el público fuese allí a comprar.

La actividad de estos llamados "hombres sándwiches" me sugirió una idea luminosa. Sin que mi padre se diera cuenta, le saqué una buena cantidad de esas etiquetas de papel que cosían a los pantalones para indicar talla y calidad. Las guardé en mi bolsillo y más tarde, mientras mi madre compraba en un almacén, salí a repartirlas entre quienes pasaban por la calle.

Unos días después, mi padre contó que a su taller había llegado un cliente.

—Mire, un niño rubiecito que me llamó mucho la atención andaba repartiendo estas etiquetas y me interesa ver los pantalones.

Ese hombre se convirtió en uno de los primeros clientes importantes que tuvo el taller de la familia, y además llevó a otros comerciantes que compraron pantalones. Mi padre estaba feliz. Recién instalado, necesitaba con urgencia una inyección de entusiasmo. Ahí la tuvo.

Más adelante, casi al cumplir 10 años, conseguí que en una estación de gasolina me permitieran lavar vidrios de los automóviles mientras cargaban el tanque de combustible. Por supuesto, cuando no estaba en el colegio. Recibía propina y quedaba contento con ese ingreso que gastaba en golosinas. Me ganaba mi dinerito sin mayor problema, pero mis andanzas comerciales se acabaron cuando mi familia se enteró.

Alrededor de los 12 años, capté en toda su dimensión lo que significaba la actividad comercial, esto de comprar y vender; es decir, "descubrí" que el secreto estaba en la diferencia de precio. Me propuse entonces conseguir artículos a bajo precio para intentar venderlos a un valor superior y quedarme con la diferencia. ¡Eso es hacer negocio!

Tuve acceso a una fábrica de medias nylon situada relativamente cerca de casa. Tenía pegado en el oído la frase radial que utilizaba la industria Labán. Encontraba genial el juego de palabra: "Las medias Labán... la van a fascinar".

Me entregaron a bajo precio dos docenas de medias para damas. Decidí venderlas entre las profesoras del colegio y me fue bien. Mi precio era inferior al de las tiendas donde seguramente ellas acostumbraban ir. Gané una buena diferencia que me sirvió para comprar unos famosos panes de dulce que hacían mi delicia: los berlines, que en otros países se llaman "bombas", rellenos con mermelada. Me gustaban harto y me encantaba invitar a mis compañeros.

A los 13 años, creo que por mi ojo comercial y también mi timidez, me eligieron tesorero del club deportivo "Unión Lautaro" que amigos y compañeros de colegio teníamos en el barrio de Ñuñoa, y en el cual practicábamos fútbol. Propuse iniciar una campaña de recaudación de fondos destinados a comprar nuevas camisetas y pantalones para el equipo. Se nos ocurrió, entonces, sacarle provecho a unos frondosos árboles de tilo que se erguían por toda la cuadra donde yo vivía, pensando que mucha gente toma té de tilo cuando está resfriada. Pusimos a secar por dos o tres meses la flor amarilla del tilo. El producto lo empaquetamos en bolsitas de papel y partimos a ofrecerlo en cuanta farmacia pudimos encontrar. Lo vendíamos mucho más barato que cierta empresa que envasaba tilo en forma menos artesanal que nosotros. Nos compraron toda la producción y con ese dinero tuvimos uniforme nuevo para el club.

Dos años después, mientras terminaba mis estudios, comencé a trabajar en el taller de ropa con mi padre, por lo que él me entregaba una mesada algo superior a lo que habitualmente recibía. Me gustó tener dinero en el bolsillo y darme algunos pequeños lujos, como invitar a comer a mi noviecita o a otras niñas. Salir a tomar una bebida, o bien sumarme a alguna traviesa aventura nocturna con mis amigos.

Cuando cumplía los 17 participaba ya en un programa radial —*Levántese cantando*— del que obtenía un dinero extra por conseguir que una joyería auspiciara el espacio. Con esos billetes en mi poder podía comprarme una corbata especial, si quería, o el par de zapatos que me gustase más. Este billete era sólo para mí, no tenía necesidad de aportar en casa.

Luego, mis padres me mandaron a Estados Unidos a estudiar. Con mucho esfuerzo, desde mi hogar en Santiago me enviaban aproximadamente 400 dólares mensuales, lo que apenas me alcanzaba para vivir en Nueva York. Tenía que hacer figuras con el dinero todo el mes.

Una tarde, me di cuenta de que bajo el vidrio de la mesa de recepción del hotel Stanford, donde me hospedaba, algunas personas habían puesto una tarjetita con su nombre, ofreciéndose como guías de turistas para gente de negocios. Hice lo mismo y me resultó. A los pocos días, una señora huésped del hotel me llamó para que la acompañara a comprar determinada cantidad de chalecos. Yo cobraba alrededor de cuatro dólares la hora por la compañía, pero ofreció pagarme 10 por la jornada. Parece poco hoy, pero en ese entonces la habitación del modesto hotel costaba siete dólares diarios, así que en realidad era una buena ayuda para un joven estudiante como yo.

Lo mejor ocurrió cuando, al salir de la tienda donde mi clienta realizó una compra considerable, el dueño me hizo un gesto, llamándome.

—Regresa mañana por tu comisión —dijo cuando me acerqué a él.

Casi le pregunto de qué comisión estaba hablando, pero para no parecer bobo, asentí. Al día siguiente, cuando regresé, aprendí que era costumbre darle a los guías un 10 por ciento de la venta. Y el dueño del negocio, quizá por verme joven e impetuoso, me ofreció que si vendía mayor cantidad con algún cliente que yo le llevara, me pagaría entre el 15 y el 20 por ciento de comisión.

¡Brillante! No lo había pensado así. Pronto me hice conocido en varias tiendas alrededor del hotel. Me hacía de unos buenos dólares, pero gastaba poco y guardaba más.

Hasta que un día tuve un golpe de suerte. Un comerciante boliviano, "importador no tradicional" —por no decir que se pasaba por alto a la aduana de su país— compró una gran cantidad de ropa y me gané ¡ocho mil dólares! ¡No lo podía creer! Una monstruosidad de dinero en esa época, a esa edad y para mis necesidades. Lo ahorré casi todo. Y eso permitió que al final de mis dos años de estudio pudiera darme algunos lujos, como viajar por los alrededores de Nueva York y asistir a grandes espectáculos. Pero sobre todo, pude regresar a casa elegantemente vestido y devolverle a mi padre, con mucho orgullo, lo que él me había estado enviando.

Debo reconocer que con tantas tentaciones en la mano que ofrece Nueva York, fue un sacrificio ahorrar, pero resultó una gran enseñanza para mí: el que ahorra siempre tiene.

Me casé a los 22 años y me puse a trabajar en serio junto a mi padre, con sueldo fijo. Junté varios "pedazos" de mis primeros salarios con algo más que tenía aún de lo ganado en Estados Unidos para comprarme un tren eléctrico, juguete con el que siempre había soñado cuando muchacho. Lo hice con la aprobación de Temy y con el compromiso tácito entre los dos de que apenas tuviera el tren haciendo ruido por el suelo del departamento, nos pondríamos manos a la obra y al ahorro para llegar a tener una casa propia.

Si bien logré entrar a la televisión, no había presupuesto para pagarme. No me hice problema, porque mal que mal había esperado un año entero para que me recibieran, me escucharan y dieran alguna respuesta a mis inquietudes. Durante doce meses hice antesala, sin revelar el desencanto que padecí a diario debido a que nadie me atendía. Nunca tenían tiempo. O más bien no querían tener tiempo. Siempre estaban ocupados con algo más importante. No había ningún interés en escuchar a una persona que carecía de experiencia en televisión. Había miles igual que yo, esperando todos los días. La mayoría de las veces Temy me acompañaba. Y ahí estuvimos sentados los dos, con la mirada lánguida, pero sin perder jamás la esperanza.

Quizá gané por cansancio de los demás, pero lo cierto es que casi al año, me atendió Eduardo Tironi, director del Canal 13. Le expresé mi deseo de tener un espacio en la naciente televisora.

—No hay problema, joven, siempre que usted traiga también el auspicio, unos 10,000 dólares por capítulo.

Eso era una barbaridad, una linda forma de sacarme de encima. Pero mi ánimo no podía decaer en la primera entrevista. Había esperado mucho por ella.

—Conseguiré el auspicio —contesté, todo resuelto—. Cuente con ello.

Mi padre me sugirió que recurriese a uno de sus principales proveedores. Fui, le expliqué lo que quería hacer y me dijo que 10,000 era mucho, pero aceptó darme 500 dólares. Salí feliz de su oficina. Era el primer paso relacionado directamente con el anhelo de llegar a la televisión. Estaba lejos de los 10,000 que me habían pedido, pero tampoco tenía las manos vacías. Regresé al canal, donde el mismo hombre que me había atendido después de tanta espera.

Enfrenté la oficina de Tironi con cierto aire de prepotencia.

—Aquí le traigo el auspicio —dije, golpeando el vidrio de su ventana.

Casi se cayó de la silla al escucharme, pensando quizá que había dado con la solución para el canal. Salió presuroso para abrirme y me miró sorprendido.

—¿Trajo los 10,000 dólares por capítulo? —me preguntó a quemarropa.

—Casi, casi. Le traigo 500 —respondí, poniéndole una gota de humor al diálogo.

Fue suficiente. Lo impresioné y me dio la oportunidad de partir. "Algo tiene este joven", habrá pensado.

Y así comencé los domingos como locutor de continuidad entre películas infantiles, sin preocuparme del dinero que podría recibir. Entendiendo que más bien yo era quien lo tenía que generar. Nunca hice cuestión del sueldo.

En vista de que el canal no tenía dinero, me ofrecieron que vendiera publicidad, con el 20 por ciento de comisión sobre esas ventas. Parecido a mi exitoso convenio con las casas comerciales en Nueva York, pensé. Así lo hice y en el camino me di cuenta de que si tenía fe, si trabajaba seriamente y ponía empeño, no importaba el salario: si vendía mucho, ganaba mucho y si trabajaba poco, ganaba poco. Dependería de mi esfuerzo, y ese reto me gustó.

También observé que si era creativo y hacía algo diferente de los demás, podía ganar más aún. Recordé que en Estados Unidos había visto el *show* de Johnny Carson y algunos otros de los que integraban publicidad. Entonces inventé la comercialización integrada, agregué la música y el humor. Es decir, que los anuncios publicitarios vayan dentro del programa con participación mía, de las modelos, el coanimador e incluso el público que los canta, algo que nadie había hecho hasta entonces en la TV.

Después de seis años de hacer *Sábados Gigantes* en Chile, llegué a tener el 30 por ciento de la cartera de toda la facturación del Canal 13. Y la vendía yo mismo. Me convertí, podría decirse, en la mayor agencia de ventas de publicidad.

Al mismo tiempo que ganaba más y vivía mejor, gastaba más, aunque nunca sobrepasando mis ingresos. Jamás perdí el principio del ahorro. Demoré ocho años en terminar mi primera casa. Fui de a poco: primero el terreno, después unos materiales de construcción, luego otros.

Entre construir e inventar me he pasado la vida, y a veces he tenido que hacer ambas cosas a la vez. En Chile, al inicio de la década de los años 70, cuando el gobierno de turno intentó transformar la economía capitalista en socialista, la televisión comenzó a carecer de recursos por falta de auspicios y tuve que poner mi creatividad a trabajar para poder vivir. Sin clientes, no ganaba mi comisión y en ese tiempo ya tenía hijos. La industria de mi padre, donde también trabajaba, estaba prácticamente paralizada. Entonces se me ocurrió poner en práctica la versión chilena de un circo de ratones que había visto en Europa.

La brillante idea —que costaría bastante hacer funcionar, debido a mi absoluto desconocimiento del asunto— se me ocurrió luego de visitar Copenhague, para un reportaje de "La cámara viajera". Ahí presencié un espectáculo de ratones que me pareció increíble. Varios ratoncillos "se ganaban la vida" haciendo ejercicios, maromas, actuando poco menos que de trapecistas y equilibristas. Lo filmé todo y me quedaron las imágenes en la memoria.

La posibilidad de reproducir ese circo ratonil me dio vueltas en la cabeza desde el mismo instante en que lo vi. Durante el viaje de regreso, llegué a comentarlo con el periodista que acompañaba y él me convenció de que sería un éxito comercial montar esa novedad en Chile.

El problema es que no había prestado especial atención a cómo funcionaba este extraño y diminuto circo danés. Ya en Santiago, puse manos a la obra y como primera medida conseguí dos ratones. Considerando la pasión deportiva de estos animales por la reproducción, pensé que con los dos "fundadores" tenía garantizado todo el futuro elenco. En eso resultaron buenos, pero no en lo que me interesaba antes que nada. Pese a mi mejor voluntad de enseñarles las artes circenses, y de premiarlos por los logros obtenidos, la pareja nunca quiso obedecerme. Cambié ratones por ardillas. Fue peor. Tuve que regresar a los ratones. Los metía en la bañera, pero se salían de ahí y corrían por todos lados. En casa me miraban feo, porque ya nadie quería saber más de esto. Lo que no lograba entender era que las fierecillas no reaccionaran a los estímulos de comida que les ofrecía. Llegué a pensar que no tenían vocación para el espectáculo.

Después de un buen tiempo ensayando una y otra vez y fracasando en los preparativos, le pedí al camarógrafo que me dejara ver nuevamente la filmación de aquel original circo de ratones. Recién entonces me di cuenta de que se trataba de una raza especial de roedores. No tenían nada que ver con los cuyes ni con otras especies que había puesto en el minúsculo redondel con aserrín. Eran hámster, una raza de ratones de laboratorio conocida como marmota de Alemania, la misma con la que los científicos del mundo hacen sus experimentos y pruebas. Conseguí dos o tres ejemplares y les coloqué elementos similares a los que se veían en la filmación. Aprendí por fin que estos ratones no necesitaban entrenamiento. Todas sus acciones las realizaban espontáneamente, o sea, por reflejo condicionado.

En los laboratorios de la propia Universidad Católica, a la cual pertenecía el canal donde trabajaba, compré 400 ratones hámster. Me asocié con un amigo y mandamos a construir un minúsculo pero completo parque de diversiones, en el cual sólo se podrían divertir los ratones: resbalines, ruedas, carruseles, columpios, de todo. Compramos una carpa de circo en miniatura y la instalamos en los terrenos de la Feria Internacional de Santiago (FISA), donde concurre mucha gente en la temporada de primavera.

Resultó excelente. Doscientos ratones actuando en funciones continuas, cada dos horas. El espectáculo duraba hora y media, justo el tiempo para ir rotando los ratoncitos, debido al calor y al cansancio. Después de cada función, 30 minutos de cierre para limpiar todo y cambiar de ratones. Arreglábamos la pista y los aparatos, y empezábamos nuevamente. Hasta el Ministro de Educación de la época se acercó a felicitarme. La gente pensaba que Don Francisco, entre sus gracias ocultas, tenía la de amaestrar ratones. No sabían que estos animales de laboratorio se conducían solos. Subían a las ruedas o a los carruseles porque les llamaban la atención y se encaramaban hasta la cúspide de una torre debido a que los atraía el olor a queso con que la habíamos rociado.

Para mayor atracción, difundíamos en el ambiente una música de banda de circo, usando una vieja grabadora que tiempo atrás me había regalado mi padre. El público quedaba convencido de que los ratones hacían sus gracias al compás de esa música. Aproximadamente 80 mil personas visitaron el Circo de Ratones, único en Latinoamérica. Un éxito. Mi amigo pagó la casa que se estaba construyendo y yo una parte que aún debía de la nuestra.

El éxito en el circo de ratones me tranquilizó momentáneamente, en los años de crisis política y económica que vivió el país (1970-1973). Ésta fue una etapa difícil para *Sábados Gigantes*, con malas ventas de publicidad. Por primera vez el programa no lograba financiarse. Lo mismo ocurría con nuestra pequeña industria, que rápidamente perdía su capital de trabajo.

La llegada de los militares al poder agudizó esa crisis y produjo una división profunda en la sociedad chilena. Volvió el sistema capitalista, los negocios se orientaron al libre mercado, los empresarios recuperaron confianza, regresó la inversión a la publicidad y el país entró al despegue económico.

Juntando fuerzas, empecé además a trabajar en radio y también hice muchas presentaciones en salas de teatro y centros nocturnos, integrando un dúo cómico conocido como "Don Francisco y *Mandolino*". Subieron los ingresos y mejoré nuevamente mi nivel de vida, manteniendo siempre la preocupación de ahorrar, para contar con una reserva. Pude, además, comprar algunas propiedades para tener un respaldo frente a cualquier emergencia.

El negocio familiar quedó económicamente muy dañado y a pesar de nuestros esfuerzos, no lo pudimos sacar a flote. Al poco tiempo ocurrió lo que conté recién: mi hermano y yo cerramos la fábrica de confecciones y transformamos el taller en estudio de televisión.

La década 1974-1984 fue fructífera en todos los sentidos. La familia crecía, el prestigio y los ingresos del programa mejoraban. Fueron los momentos más importantes de *Sábados Gigantes*: ocho horas de transmisión en vivo cada semana a partir de la una de la tarde. A las nueve, el canal transmitía sus noticieros y después, de 10 a 12, yo hacía dos horas más: un programa de conversación.

En 1976, acepté por primera vez hacer publicidad fuera de los horarios del programa, a cambio de un suculento contrato. En medio de esta bonanza, también creció mucho el canal, se incrementó la producción nacional y aparecieron programas que indirectamente nos competían. La época era propicia para que la estación construyera nuevos estudios y se expandiera por todo el país. Canceló el contrato con el nuestro y mi participación quedó enmarcada sólo en los dos programas: *Sábados Gigantes* y *Noche de Gigantes*.

El crecimiento de la época por supuesto llegó también al mundo del espectáculo y me transformé en empresario. Monté diversos *shows* artísticos para hacer giras por el país. Además, me asocié con una compañía editora para producir álbumes con fotos coleccionables de los artistas.

A pesar de tantos triunfos continuos, algo sin embargo me inquietaba y esa inquietud, en 1977, me hizo sentir la imperiosa necesidad de devolver al público las oportunidades que me habían dado. Así creamos la *Teletón*, que arrancó en diciembre de 1978. A pesar del gran éxito que alcanzó, yo empezaba a percibir que mis posibilidades artísticas llegaban a su límite en Chile. Me estaba haciendo mucha falta la adrenalina del desafío, emprender nuevos proyectos. Cambiar de canal no era posible, pues ningún otro tenía las facilidades de producción que mi programa necesitaba.

Para llenar el tiempo libre busqué alternativas y comencé a trabajar en la agricultura, produciendo uva de mesa para exportación, con la idea de continuar a futuro en la producción de vino.

Pero la televisión me hacía falta y tenía la certeza de que para seguir creciendo en ella la única solución era salir del país y descubrir oportunidades, aunque, por cierto, desconocía cómo podrían reaccionar otros públicos y si *Sábados Gigantes* sería igualmente exitoso. Durante años busqué esa posibilidad por diversos países.

El que más me atrajo fue el mercado hispano de la Unión Americana. Me di cuenta de que prácticamente no había producción local en español, a pesar de los 12 millones de personas de habla hispana que existen en Estados Unidos, cifra mayor que la población de muchos países de América Latina. Algunos suponían que ese mercado desaparecería en manos del mercado general (en inglés). Otros opinaban lo contrario, asegurando que más bien tendría que crecer. Yo estaba de acuerdo con la segunda opinión. Son más de 300 millones los hispanos que prácticamente rodean a Estados Unidos.

Mi verdadero interés estaba en hacer mi programa allá, pero no podía desentenderme de una gran duda que me perturbaba: ¿sería capaz *Sábados Gigantes* de llegar al corazón de una colectividad de hispanos tan disímiles?

A raíz de mis sueños con la televisión norteamericana, en esos días más de alguien me hacía preguntas como ésta:

—¿Usted cree que sólo se puede tener éxito y ser rico trabajando en Estados Unidos, y no siendo el número uno de la televisión en Chile o en otra parte?

—Bueno —contestaba yo—, resulta que estamos hablando del país que tiene la economía más fuerte del planeta. Hay acceso a más gente y, para efectos de mi actividad, a muchas otras cosas. Se vive de una manera totalmente distinta.

Incluso el costo del programa se debe manejar conforme a nuestra teleaudiencia, al gusto del público que participa con nosotros en el estudio y en su casa. Ésta es otra diferencia que encontramos al iniciar la actividad en Miami. La televisión chilena, tecnológicamente, se hacía y se hace al gusto de los canales, sin tomar en cuenta las preferencias de la gente. En Estados Unidos, el contenido es importante para obtener *rating*, y esto sólo se logra con la aprobación de los espectadores, lo que al final significa ventas.

La gente me considera un hombre de negocios, pero yo no creo serlo. Me parece más bien que tengo cierta capacidad para idearlos, no para manejarlos. A mí lo que me gusta es la televisión, y aportar creatividad, ya sea para la televisión, para la radio o para los negocios. Propuse a una empresa de telecomunicaciones que buscáramos la forma de hacer alguna actividad relacionada con las llamadas telefónicas internacionales en este país. Me asocié a ella con un pequeño porcentaje y me desempeño como su *spokesperson* (portavoz comercial), función que también cumplo con un banco comercial.

Cuando en Estados Unidos el programa fue tomando fuerzas y comenzó a irme considerablemente mejor que en Chile, las cantidades que se empezaron a manejar fueron diferentes y me dieron otras posibilidades. Mi hijo mayor, Patricio, graduado de ingeniero comercial, se asoció conmigo para hacer lo que yo nunca supe hacer bien: financiar y administrar. Mi actividad exclusiva está en la televisión y cuando se me ocurre algún negocio, le paso la idea a Patricio. O muchas veces él me comenta la idea a mí.

Como consecuencia de todos estos años en Norteamérica, vivo mucho mejor que antes. Tengo una casa amplia y cómoda, con una buena piscina y un pequeño gimnasio. También un yate en el cual navego y disfruto a veces los fines de semana que estoy en Miami, para descansar y entretenerme pescando. Dispongo de un buen automóvil. No soy millonario como la gente cree, pero llevo un buen pasar.

Hago todas estas declaraciones y soy cauto al escribirlas porque el dinero es tan peligroso como el éxito, como el aplauso o la popularidad. Hay que saber administrarlo, no sólo para que se multiplique, sino para que dañe lo menos posible, ya que también contamina. El dinero significa finalmente poder, y el poder nos cambia, nos vuelve soberbios, nos hace sentir distintos, exigir un trato diferente y, a veces, sin que nos demos cuenta, nos lleva a presumir de nuestras posibilidades frente a quienes no las gozan. Eso es absolutamente injusto. Alguien dijo un día que el éxito mal manejado era como el whisky: un vaso, reconforta; dos vasos, excitan; tres vasos, marean; con cuatro vasos, ¡al suelo!

Definitivamente, a mí lo que más me gusta no es tener dinero, sino éxito como fruto de mi trabajo, de mi capacidad, de mi esfuerzo. Ese éxito puede traer como consecuencia otra satisfacción tan importante como el dinero, o se puede transformar en lo que uno desea. No es que sea un misionero que busca la felicidad de todos y nada para mí; claro que también me interesa que sea para mí, pero tengo inquietudes sociales y me gustaría realizar proyectos.

Me parece inapropiado hablar de cantidades o de oportunidades que otros pudieran no tener. Lo que sí creo conveniente es compartir experiencias con respecto a cómo actué frente a las distintas coyunturas y qué hice para alcanzar el éxito; contar cómo recorrí ese camino corresponde a la vocación de un comunicador.

En diferentes ocasiones me han preguntado si yo considero que el dinero hace la felicidad. Es una discusión antigua aún no resuelta. Personalmente, no lo creo. Basta pensar que hay gente con éxito a quien no le interesa mayormente el dinero. Y está feliz. Tiene éxito, por ejemplo, el científico que descubre una vacuna, o el deportista que logra un récord y deja su nombre para la historia. Un político puede tener éxito y esto proporcionarle poder, aunque no dinero.

Últimamente, en las entrevistas me preguntan cuál es la receta con la cual yo habría conseguido "el sueño americano", el mítico *american dream*.

Una encuesta realizada hace poco por encargo de la cadena Univisión, reflejó que casi el 90 por ciento de los hispanos residentes en Estados Unidos estiman que si trabajan tenazmente, pagan sus impuestos y sus deudas, ahorran y se sacrifican, alcanzan muy pronto "el sueño americano", que se traduce casi siempre en comprar una casa y enviar a los hijos a la universidad.

Varias instituciones me han invitado a dar charlas en la comunidad hispana de diferentes ciudades, sobre cómo creo que está pavimentado el camino al éxito. Acostumbro a decir que, antes de iniciar ese recorrido, cada persona debe responderse cuatro puntos básicos:

—¿Cuál es mi historia?

—¿Cuál es mi realidad actual?

—¿Cuáles son mis capacidades?, o sea, ¿para qué soy bueno?

—¿Cuáles son mis proyectos y aspiraciones?

Después de esos cuatro puntos, viene un factor del que toda la gente habla: la suerte. Casi todos piensan que tienen mala suerte, o que no tienen suerte y que por esa razón no han podido avanzar. Yo tengo una teoría diferente al respecto. Creo que la suerte se halla en todas partes, pero hay que buscarla hasta dar con ella. Por lo general, no llega sola. Ni fácil. Ni rápido. Yo he vivido la experiencia de buscar la suerte. Hace 37 años no tuve una oportunidad, pero fui tras ella y la encontré. Hace 15 años volví a no tenerla y también la busqué viniendo a Estados Unidos. He ayudado a la suerte y, por lo tanto, ella me ha ayudado a mí.

A veces los artistas vivimos situaciones que no sabemos si atribuirlas a la suerte, a las coincidencias o, como les decía antes, a la permanente inseguridad del espectáculo. En una ocasión, para un *show* en la ciudad de Concepción, Chile, leí un discurso humorístico. Fue un éxito avasallador. Con tanto aplauso, estuve como una hora en el escenario. Después entró *Mandolino*, que era el personaje estelar, y casi no pasó nada con él. A la noche siguiente nos presentamos en el famoso Casino de Viña del Mar. Leí el mismo discurso y resultó el fracaso más rotundo.

Nadie se sonrió siquiera y el que salvó el espectáculo fue *Mandolino*. ¿Hay suerte en el escenario o qué?

Tanto me han preguntado sobre el tema del éxito, que he acabado resumiendo mi teoría en un recetario de diez puntos que llamo "El decálogo del éxito". Recomiendo seguirlo para ayudar así a la suerte:

1. Pareja. Básico. Para formar una familia se necesitan por lo menos dos personas. De ahí en adelante se construye lo que desde mi punto de vista es la base de toda actividad humana.
2. Perseverancia. Nunca hay que cejar, sino más bien empujar, luchar. No hay que dejarse vencer ni por el desaliento ni por las cargas negativas. Si se produce una caída, hay que ponerse inmediatamente de pie y estar siempre atento para no desmayar.
3. Metas. Fijarse metas a corto y largo plazo, en todo sentido y siempre.
4. Oportunidades. Descubrirlas. Hay que estar siempre atento para ver de qué manera se encuentra la oportunidad en aquello para lo que uno tiene vocación. Es muy importante hacer cosas que uno quiere hacer, en la actividad que a uno le gusta.
5. Fracasos. Revertirlos. Ya lo dije en el punto sobre la perseverancia: si se cae nueve veces, ponerse de pie diez, esta última, a pesar de sí mismo si es necesario.

6. Crítica. Hay que escucharla. Por lo general no nos gusta que nos digan lo que hicimos mal o en qué fallamos, y sí nos agrada que nos digan que todo está bonito. Pero ocurre que con la crítica también se aprende.

7. Consejos. Aceptarlos. Casi siempre consideramos que lo sabemos todo y hay gente cercana que nos podría aconsejar, pero evita hacerlo ante nuestra suficiencia. Mientras menos hablemos y más escuchemos, más aprendemos.

8. Riesgos. Hay que correr riesgos razonadamente. Para avanzar en la vida hay que arriesgarse, con cierto control. Hay gente considerada loca por los riesgos que asume, pero hay muchos que corren riesgos controlados y que triunfan.

9. Gastar menos de lo que se gana. Hoy, por pequeño o grande que sea el ingreso, si uno lo administra bien, lo puede multiplicar. Para eso existe el crédito. Pero si gasta más de lo que gana, el beneficio del crédito puede transformarse en una debacle, en un desastre. No hay que abusar.

10. Levantarse temprano. Y si es posible, hacer actividad física en la mañana. Después nos sentiremos más despiertos.

Sobre este punto, tengo una anécdota que siempre cuento cuando me preguntan por el éxito y si acaso yo ayudé a llegar al mío.

Vivía en Chile aún, cuando recibí una invitación muy formal, elegante, en un lindo sobre, con mi nombre escrito en letra gótica con pluma de escribano. Era nada menos que un convite de Su Majestad Británica para asistir, en Londres, al casamiento de la princesa Ana. No había terminado de contárselo a todos mis amigos, cuando 48 horas después, me retiraron la invitación. ¿Qué había ocurrido? Los periodistas se quejaron ante la Embajada del Reino Unido de que se hubiese invitado a esa ceremonia a un animador de televisión que no era periodista. Y la Embajada cortó por lo más sencillo, para no echarse a la prensa encima: "desinvitarme". ¡Qué mala suerte!

Pero yo me había quedado "con la bala pasada", así que decidí viajar de todos modos y, por su puesto, asistir a la ceremonia.

"A mí no me la van a ganar así no más", me dije. "¡Tengo que ir a ayudar a la suerte!"

Y me fui a Londres, sin invitación ni credenciales.

La boda estaba anunciada para las nueve de la mañana. Me levanté a las cuatro de la madrugada, me bañé, arreglé, y cuando faltaban 10 minutos para las cinco, llegué a la basílica. El día recién comenzaba a aclarar. No había nadie todavía. Unos pocos policías ingleses se paseaban por fuera y uno de ellos me saludó desde lejos, muy cortésmente. Supusieron estos *bobbies* que la gente que llegaba a esa hora era porque tenía todas sus acreditaciones en regla. Genial. Pasé y a pesar de no contar con ninguna credencial, me instalé en el mejor lugar con la mayor tranquilidad.

Lo más simpático de todo sucedió cuando comenzaron a llegar los periodistas latinoamericanos invitados, llenos de credenciales colgando. Los policías me miraban y me preguntaban, mediante gestos, si debían permitirles o no pasar. Como he sido siempre un hombre gentil, por supuesto que hice que dejaran pasar a todos los reporteros que se encontraban allí, aunque ninguno logró la ubicación envidiable que yo me había ganado por llegar temprano, conforme al importante punto número diez del "Decálogo del éxito".

El milagro de todos

Si bien a estas alturas había conseguido muchas cosas, bienestar, comodidades en el diario vivir para mi familia, sabía que eso no era todo y sentía cada vez con más fuerza que necesitaba nutrirme de algo más.

Tenía claro que *Sábados Gigantes* se desarrolló con la ayuda del público y el aporte profesional de periodistas, productores, creativos, artistas y técnicos. El programa me llevó de la mano, primero a la popularidad, después al éxito y, más adelante, a la internacionalización. Sin embargo, me notaba vacío en lo espiritual, tenía una deuda con la gente que me había dado la oportunidad de alcanzar en la vida el puesto que ahora ostentaba y sentía necesidad de retribuir.

Comencé entonces a pensar y buscar con afán una fórmula que me permitiera agradecer al público y a la vez ayudar a quienes más lo requerían.

La historia se remonta a 1976 y coincide con los inicios del triunfo artístico y comercial de *Sábados Gigantes*. Yo acababa de cumplir 36 años y mi situación era holgada. Tenía casa propia, un buen automóvil y algunos ahorros. Mis hijos estudiaban en excelentes colegios. Viajábamos y disfrutábamos de formidables vacaciones, había dado varias veces la vuelta al mundo, realizando reportajes para "La cámara viajera". ¿Qué más podía pedir?

Sin embargo, en mi interior se agitaba una llama que no me dejaba vivir tranquilo. Era una sensación pesada, como de haber dejado algo inconcluso. Conversé mucho conmigo mismo —cosa que hago a menudo— y comprendí que si bien todo lo que tenía lo había logrado trabajando con perseverancia y una gran dosis de fuerza de voluntad, ese triunfo se lo debía a mi público chileno que me había seguido, apoyado y aplaudido durante tantos años.

Me dije que circunstancias del destino habían hecho que Chile me acogiera al nacer, por lo cual éste es un país que quiero y con el que adquirí un compromiso de por vida. El profundo agradecimiento que sentía por él, me hizo entender que a pesar de que yo le proporcionaba humor, información, algo de emoción y esparcimiento, no había retribuido esas muestras de cariño con mayor profundidad.

Sentí que debía responder de alguna forma y agradecerle a la vida tantas oportunidades que me había ofrecido. Deseaba que esta correspondencia se tradujera en una retribución gigante, aunque la palabra no sonara muy original. "Tengo que hacerlo, piensa en algo —me decía a cada rato—, con esa tremenda cabeza, ¿cómo no vas a poder pensar?"

Por esa cabeza "grande" deambularon ideas muy descabelladas y otras no tanto. Una de ellas, bastante aterrizada, consistía en implementar un plan piloto destinado a promover el consumo de carne entre 100 mil familias de modestos recursos, personas que no se alimentaban bien, menos aún con carne, por su alto costo en la difícil situación económica que atravesaba el país.

Se trataba de un proyecto de autogestión que instalaría cien mil jaulas apropiadas para otras tantas parejas de conejos. Estos simpáticos animales eran la mejor elección, ya que se reproducen cada 90 días, se alimentan prácticamente de deshechos vegetales y su carne posee un alto porcentaje de proteínas. El plan parecía bastante ambicioso y me gustó. La Diaconía de la Iglesia Católica chilena había considerado desarrollarlo en el campo, pero pensé que lo podríamos lanzar en sectores urbanos marginales, como una buena ayuda para sus habitantes necesitados. Se incluía la enseñanza, a través de *Sábados Gigantes*, de muchas formas de cocinar la carne de conejo. Se crearían a la vez cooperativas de vecinos en las diversas poblaciones, donde las mujeres trabajarían descuerando los conejos para curtir la piel y exportarla a industrias europeas que la transformarían en cuellos para abrigos, sombreros, guantes, bolsos...

Pero el estudio de factibilidad detectó problemas de higiene que señalaban más perjuicios que beneficios en la idea. El plan de la Diaconía era más factible, por la existencia de grandes espacios en el campo donde no se presentan los problemas de limpieza y pulcritud que deben afrontar un edificio de departamentos o una casa pequeña. El proyecto, al final, fue desechado.

Frustrado, pero no vencido, volví a caer en la obsesión de buscar algo que tuviera un sentido y contenido de beneficios sociales, y que a la vez pudiera desarrollarse desde la pantalla, o con su intervención.

En esos años teníamos en *Sábados Gigantes* un segmento de mucha popularidad —"Usted no conoce Chile"— a través del cual recorríamos lugares remotos e inhóspitos, los menos accesibles o los más abandonados del país, haciendo una radiografía humana al conversar con la gente, mostrar cómo vivía, conocer sus costumbres y aspiraciones, sus sueños y amarguras.

Durante uno de esos viajes, esta vez a una zona campesina cerca de Santiago, me pareció divisar, a lo lejos, en medio de la soledad y entre la muy escasa vegetación una casita rodeada de arbustos casi secos, en cuyo frontis había un árbol que parecía una higuera. Me pareció que, si en verdad ésa era una vivienda, podría servir como excelente ejemplo de cómo sobrevivían sus habitantes en ese punto tan olvidado. Nos dirigimos hacia allá.

El jeep, en el cual íbamos el chofer, el periodista, el camarógrafo y yo, avanzó a tumbos por el terreno sin camino ni huella. El paisaje se fue aclarando a medida que nos aproximábamos a la higuera. Me pareció distinguir un perro encadenado al árbol, por lo que se hizo evidente que allí vivía gente. Detuvimos el vehículo a unos 50 metros para no aplastar una pequeña huerta, y yo me bajé con la intención de hablar con alguien que habitara esa casa.

¡Qué sorpresa más impactante! Amarrado a la higuera no había tal perro, sino un niño que me miraba con miedo, acurrucado detrás del árbol. Sólo alcanzaba a verle su pelo desgreñado y dos temerosos y grandes ojos negros. Quizá no pensé con la velocidad necesaria, o no entendía lo que estaba viendo. ¡En pleno siglo XX, un niño amarrado con una cadena a un árbol! Miraba y recorría la escena buscando alguna explicación, pero no había allí nadie más que el niño, nada salvo su cadena, el silbido del viento y la soledad. Sentí que la sangre se me subía a la cabeza. No estaba preparado para ver algo así, y sólo se me ocurrió gritar.

—¿Hay alguien aquí?

Caminé hacia la puerta y la golpeé con furia:

—¿Hay alguien aquí? —repetí.

Desde el fondo, saltando por entre la siembra, casi corriendo, se acercaba una mujer muy baja, humildemente vestida.

—¿Usted es la dueña de casa? —pregunté.

—Sí, señor, sí, señor —respondió ella, medio asustada, mirándome con curiosidad.

—¿Cómo es posible que tenga a ese niño amarrado ahí? —le dije, molesto.

Al parecer no me escuchaba, pues mantenía silencio llevándose una mano a la boca, en señal de timidez.

—¿Qué clase de madre es usted? —insistí.

—Es que este niño no es normal, señor —me habló la mujer, mirando al suelo.

—Tengo seis más. Él es el mayor... Cuando está junto a sus hermanos se pone muy violento, los muerde, les pega, trata de ahorcarlos. Es un peligro para ellos. Los tres mayores están en la escuela y los otros, en la casa, durmiendo a esta hora, porque son bebés. Por eso a él lo puse allí...

Nunca imaginé que iba a recibir tal respuesta, por lo que no se me ocurrió qué decirle. Unos segundos sin hablar y agregué.

—Bueno... ojalá lo pueda llevar a un lugar donde reciba un mejor trato, señora.

—He querido hacerlo, señor, pero soy viuda, mi marido murió hace unos meses y no tengo más ayuda. No puedo dejar a los niños solos. Estuve con la trabajadora social, y no hay dónde lo reciban.

Me despedí, dejándole un pequeño regalo. No supe qué otra cosa hacer ni cómo actuar. Me retiré del lugar con un sabor amargo y llevándome en la mochila de las inquietudes tan significativa historia, escuchada de boca de una madre de siete hijos.

Regresé al jeep y pedí que retomáramos el camino. Mis compañeros, que habían visto y escuchado todo, guardaron silencio, impresionados por lo que nos había tocado presenciar. De pronto, el camarógrafo reflexionó, como hablando consigo mismo:

—¡Qué terrible, un niño encadenado! Y nadie hace nada por él.

Durante mucho tiempo no pude olvidar la escena y en mi obsesión de encontrar algo para hacer por los demás, decidí que buscaría la forma de ayudar a la infancia. ¿Cuántos niños habría como aquél, amarrado a la higuera? ¿Cuántos niños había en Chile con cientos de problemas y sin atención alguna?

Pocas semanas después viajé con algunos compañeros de *Sábados Gigantes* a Estados Unidos, para efectuar una serie de reportajes sobre el Bicentenario de ese país. Recorrimos gran parte del territorio en una casa rodante, filmando para "La cámara viajera".

En medio del viaje, nos tocó la festividad del Día del Trabajo, que en Estados Unidos se celebra a principios de septiembre. Para respetar la tradición, decidimos descansar en esa fecha, dejando la casa rodante y alojándonos en las cómodas habitaciones de un hotel, en Atlanta. Los tres dormitorios estaban conectados, lo que nos servía para charlar de una pieza a otra, reír, contar chistes, beber un trago. O dos.

En eso estábamos, cuando el periodista Héctor Olave, director entonces de un matutino en Santiago y que nos acompañaba como invitado, entró gritando:

—Mario, Mario...

—¿Qué pasa?

—Enciende el televisor, apúrate.

—¿De qué se trata? —pregunté, al tiempo que conectaba el aparato.

—Es la *Teletón* de Jerry Lewis. La hace desde 1959 con fines benéficos —añadió Olave.

Sintonicé el canal y me puse a mirar. Olave insistió:

—Fíjate en lo que va a ocurrir ahora. Acaban de anticiparlo antes de ir a comerciales. Frank Sinatra ha sido invitado al *show* y dicen que trae una tremenda sorpresa.

Así fue. La sorpresa se producía en ese preciso momento. Con Sinatra llegaba otra celebridad del cine y la canción: Dean Martin, quien por muchos años formó un famoso dueto con Jerry Lewis, que se disolvió a causa de un disgusto. Ahora, frente a las cámaras, se daban un apretado y emocionado abrazo. Yo seguía mirando, atento, pero Olave no callaba:

—Algo así deberías hacer en Chile. Un programa de larguísima duración, que tenga un gran fin benéfico.

Escuché sin responder, pero la idea de Lewis me gustó y me quedó dando vueltas y vueltas por varios días. Averigüé más de su organización y de sus propósitos. Supe así que en Estados Unidos había nacido el fenómeno *Teletón*, cuyo objetivo era incentivar, a través de los medios de comunicación, una conducta social que permitiera reunir fondos en favor de la lucha contra la distrofia muscular. Era un proyecto hermoso, pero difícil de realizar en Chile, pues no parecía posible conseguir 24 horas continuas de televisión.

Dos semanas después regresamos a Santiago y me esperaba una invitación a participar en un programa benéfico —*Dingolondando*— de otro canal, que conducía el animador Enrique Maluenda. Como se trataba de un servicio social, no podía dejar de asistir, aunque en realidad Maluenda y yo manteníamos cierta rivalidad indirecta: ambos hacíamos programas del mismo corte, de entretenimiento.

Mi participación iba a ser como concursante: si lograba cumplir con tres divertidas pruebas, obtendría 10 mil pesos para una institución filantrópica, que en esta oportunidad sería la Sociedad Chilena Pro Ayuda al Niño Lisiado. Pensé que podía dar "un golpe de efecto" a favor de *Sábados Gigantes* si llevaba una buena idea para destacarme en ese programa de la competencia.

Al salir de casa aquel domingo, me propuse dejarlos asombrados, ganara o perdiera. "¡A mí no me va a ganar *Dingolondando*! —me dije—. Regalaré además un cheque por 15 mil pesos en nombre de *Sábados Gigantes*."

Quince mil pesos. Así es el ego, en muchas oportunidades incontrolable. El espíritu competitivo, el afán de triunfo supera a veces el límite.

Partí en mi automóvil, pensando en el cheque de los 15 mil que saldrían de mi bolsillo. "¿No será mucho, tratándose de un aporte personal?", reflexioné a las pocas cuadras. Resolví que mejor serían sólo 13,500.

"Total, igual se va a destacar —me dije en voz alta—, porque 13,500 son más que 10 mil, que es lo que regala ese programa."

Antes de llegar hice otra reflexión y bajé la puntería a 12,500, pues mal que mal sería suficiente para llamar la atención. Finalmente, ya en el estudio, entré al baño y extendí un cheque por 11,500 pesos, que de todos modos resultaría impactante, pues, sumada la cantidad al premio mayor, se regalarían 21,500 pesos, nada despreciable para la época.

El programa resultó muy entretenido. Pude cumplir con las tres pruebas y al final, Maluenda sentenció:

—La Sociedad Pro Ayuda del Niño Lisiado se gana: ...¡10 mil pesos!

—No —interrumpí—. Se gana 21,500, porque *Sábados Gigantes* tiene un regalo especial para los niños.

Maluenda reflejó en su rostro la sorpresa. Aunque los directivos de la Sociedad tampoco entendieron lo que pasaba, al darse cuenta de que iban a recibir más dinero no sólo me agradecieron, sino que aprovecharon de invitarme para que los visitara en el Instituto de Rehabilitación Infantil que tenían en Santiago. Acepté y a la semana siguiente fui a conocer sus dependencias.

Quedé consternado con la visita. Sus equipos e instalaciones eran modestísimos, por lo que la labor de los profesionales que allí trabajaban se volvía titánica. Estaban lejos de contar con los recursos económicos necesarios para brindar una atención eficiente.

Todo el Instituto se veía pobre. Un edificio sin ascensores, donde tenían que subir "a pulso" a los niños, cuyas camas estaban en las salas del segundo piso. Y los pequeños pacientes tenían bastante peso agregado, ya que en esa época los metales no eran tan livianos como los que ha logrado producir la tecnología actual. Con elementos caseros —muy pocos eran los conseguidos en el exterior— se hacían las rehabilitaciones en el gimnasio, recurriendo más bien a la creatividad que a implementos avanzados.

Junto al mucho esfuerzo, se veía un gran cariño por parte de la gente que trabaja allí. Los profesionales, los asistentes y también los niños se mostraban contentos.

Vi escenas que me resultaron impactantes, pues quiéralo o no, uno se traslada a sus hijos. No contuve las lágrimas y di rienda suelta a mi emoción. ¡Qué bueno sería que pudieran tener algo mejor en el Instituto!, me dije. ¿Cuánto más se podrá hacer? Bastaba una mirada para darse cuenta de que ahí había un tremendo futuro para la ayuda solidaria.

Al abandonar el viejo edificio, el presidente de la institución, don Ernesto Rosenfeld, que salió a despedirme a la puerta, me confió que sólo el 10 por ciento de los niños chilenos con impedimentos físicos lograba ser atendido en nuestro país.

—No me diga más. Ya escuchará de mí. Gracias por la invitación —fue todo lo que atiné a decirle.

Al subir al automóvil ya sabía que ÉSA y no otra era la causa que tenía que apoyar.

"Ayudaré a estos niños —me dije—. Acabo de encontrar el camino para devolverle al público lo que me ha brindado en estos años."

Ya en casa, comenté la visita al instituto con mi esposa.

—Temy, no te imaginas. Hay tantos niños que no reciben asistencia por falta de dinero; en otros casos, por carencia de tecnología. Y el gobierno no tiene recursos para darle prioridad a ese problema.

Haciendo eco a lo que dicen por ahí, que soy un "guatón copión", me propuse adaptar a nuestra realidad la *Teletón* norteamericana que había visto unos meses antes. Sólo que no sabía cómo empezar.

Ese mismo fin de semana invité a los cinco directores de la Sociedad a cenar a mi casa. No faltó ninguno. Durante la comida, hice cuanta pregunta se me ocurrió para aprender más sobre la rehabilitación en Chile. A la hora de los postres, dirigiéndome a don Ernesto, les dije a todos:

—Después de recorrer su instituto y conocer la obra que están realizando, he decidido montar un programa de televisión que se difundirá por todo el país para reunir un millón de dólares en beneficio de la Sociedad que ustedes dirigen.

Mis invitados me escucharon atentos, sin siquiera inmutarse. Bueno, salvo don Ernesto, a quien se le cayó la cuchara dentro del *mousse* de chocolate que acababan de servir. Un pequeño estruendo que provocó risas y permitió cortar el incómodo velo de silencio que se había producido luego de mis palabras. La verdad es que ni yo mismo estaba totalmente convencido de lo que había dicho.

No hubo opiniones inmediatas. A la velocidad de un rayo, imaginé que ellos debían estar pensando que yo estaba medio loco. O, sencillamente, que era un fanfarrón. ¡Un millón de dólares! Bueno, era un proyecto, una meta muy alta, un ideal.

La cena finalizó con un buen cognac. Rosenfeld, al despedirse junto a sus amigos, sólo me comentó:

—Lo entiendo, lo entiendo, Mario. Muy bien... Mario.

No me dijo nada con eso, pero supuse que para sus adentros pensaba: "No importa la cantidad, Mario, lo que junte, me sirve".

El lunes, a primera hora, puse manos a la obra y me pareció que sería una buena idea contactar a Jerry Lewis. Él tenía una vasta experiencia de cómo producir un programa de 24 horas para recaudar fondos y destinarlos a una obra benéfica. Sólo que había un pero...

¿Cómo un animador de un país pequeño y desconocido podría ser recibido y escuchado por una estrella cinematográfica y de la televisión mundial de la magnitud del comediante Jerry Lewis? Ése fue el inicio de la lucha.

Tenía que buscar un contacto y se me ocurrió que Bill Weeks, un funcionario de la embajada norteamericana en Chile, que coordinaba las actividades con los medios de comunicación, me podría ayudar. Él había hecho los arreglos de mi viaje con ocasión del Bicentenario. Esta vez recibió mi solicitud con cierta extrañeza, pero se comprometió a hacer lo posible para conseguir la cita. Pasaron meses y no tenía respuestas. Llegó el año siguiente y yo seguía esperando. Volví a la carga con Bill. Me explicó que la agenda de Lewis está siempre muy recargada de actuaciones por todo el mundo. "Es una persona muy difícil de abordar", me aseguró para calmar mi intranquilidad.

No era momento de echar pie atrás. Había que sacar adelante este proyecto a como diera lugar. Para no perder el tiempo, comencé a recorrer diferentes embajadas en Santiago, investigando sobre las obras sociales más importantes en los respectivos países. También elaboré mi propia encuesta con respecto a la percepción de los chilenos sobre los niños impedidos. El resultado fue inquietante: nadie conocía del asunto y tampoco les preocupaba mucho. Mis encuestados eran ignorantes o indiferentes, pero pensé que si ellos hubieran visto lo que yo vi, niños luchando por ponerse de pie, su actitud hubiese cambiado. De eso no tenía dudas.

Justo cuando me consideraba sumamente olvidado, Bill me llamó para decirme que dentro de tres meses, en el teatro de uno de los grandes hoteles de Las Vegas, sería recibido por Lewis, en un descanso de su espectáculo. ¡Tres meses más!

Hacia allá viajé en la fecha indicada, lleno de ilusión, a conocer a esta gran estrella universal de las pantallas que además ocupaba parte de su tiempo trabajando en beneficio de la rehabilitación de la distrofia muscular. Invité al presidente de la Sociedad y al director del Instituto a que me acompañaran.

A pesar de tener la cita reconfirmada, no resultó fácil reunirse con Lewis. Al llegar a Las Vegas, el artista se encontraba jugando golf, por lo que no pudimos abordarlo. Después, tenía un almuerzo con algunas personalidades del espectáculo. Por la tarde, descansaría antes de su *show*. Nuestro turno estaría en los minutos que mediaban entre las dos apariciones que Lewis haría en el escenario de un famoso hotel de Las Vegas, convertido en esos días en palacio mundial de la farándula.

Me sentí pésimo cuando entramos a verlo en su camarín vacío, a las dos y media de la madrugada. Él aún no había llegado. Me pareció estar representando el papel de un modesto campesino que intenta que el magnate dueño de la hacienda le haga el tremendo favor de recibirlo.

A un costado de la amplia habitación, la puerta entreabierta de un clóset nos permitió observar que colgaban al menos dos docenas de trajes esmoquin y otras tantas camisas de etiqueta. Su asistente, al ver mi mirada sorprendida, se adelantó a comentar:

—Jerry usa una camisa nueva en cada presentación.

En ese momento llegó al camarín el famoso comediante, aún disfrutando la euforia del aplauso con que el público acababa de premiar su primer *show* de la noche.

—Mira, Jerry, éste es el grupo de Chile del que te hablé —le dijo su secretario, a modo de presentación—. Mario es un animador de la televisión chilena y tiene la intención de hacer una telemaratón. Los señores que le acompañan son de la Sociedad Pro Ayuda del Niño Lisiado. Y él es un funcionario de nuestra embajada en Chile —terminó, señalando a Bill.

Todos estábamos aún de pie, y sólo asentíamos, mudos, extasiados de encontrarnos frente a esta gran figura que habíamos visto tantas veces en el cine. Menos mal que Lewis le dio al ambiente un tinte más afectuoso. Con cordialidad me pidió que tomara asiento a su lado e invitó a los demás a sentarse. Hablándome en inglés, me dijo:

—Te estás metiendo en un asunto muy serio, porque vas a crear expectativas y esperanzas en muchas personas.

Yo escuchaba y movía la cabeza, afirmando.

—Tienes que estar consciente de que cuando te involucras en esta clase de actividad, debes cumplirla pase lo que pase. —Yo seguía con mi movimiento de cabeza, lo que por razones obvias era muy notorio—. Estoy seguro de que vas a tener éxito y vivirán grandes emociones y satisfacciones. Quiero que conozcas a mister Robert Ross, director ejecutivo de la Asociación de Distrofia Muscular (MDA), quien sin duda te va a prestar toda la ayuda necesaria.

Eso fue todo. Largo viaje para tan poco diálogo y mínima entrevista. Pero, salimos igual de contentos. Dos días después nos reunimos con el señor Ross y la situación se compuso en cuanto a la información que necesitábamos. Hicimos preguntas y recibimos detalladas respuestas: cómo comenzaron, cómo lograron crecer, cómo recolectaban el dinero, cómo financiaban la obra, cómo administraban el capital.

Esa experiencia debíamos adaptarla a nuestro propio modesto modelo, ya que no todo podía ser "llegar y copiar". Por ejemplo, en Estados Unidos el dinero se donaba a través del sistema de tarjetas de crédito, cuando en Chile el uso de éstas aún no se divulgaba. Ellos usaban gran parte del dinero en trabajos de investigación científica, y nosotros lo queríamos para la rehabilitación infantil. Nos dieron ideas y las asimilamos. Entre otras, la manera de hacerlo en cámara, los reportajes a personas afectadas con el problema, ese tipo de cosas. Nos quedaron muchos puntos en el aire, pero eso sería tarea para la casa.

Dormí poco durante las siguientes semanas, meditando siempre sobre la forma de materializar la telemaratón chilena. Hasta que una mañana, al levantarme decidí tomar "el toro por los cuernos". Mientras me duchaba, pensé en una fórmula que podía resultar beneficiosa.

"Si todos ganan algo, la cosa no puede fallar", pensé. Como si fuese un negocio cualquiera, sólo que éste será de acción social, sus utilidades provendrán de la recaudación de dinero y todo irá en beneficio de los niños minusválidos.

La idea era producir un programa que se transmitiera a todo Chile en vivo, durante 24 horas, simultáneamente por los cuatro canales de televisión del país: el de la Universidad Católica, en el cual yo trabajaba; el de la Universidad de Chile; el Canal Nacional y el de la Universidad Católica de Valparaíso. Con respecto a la recaudación del dinero, debería estar a cargo el banco que tuviera más oficinas y sucursales en el territorio nacional, y que se comprometiera a tenerlas abiertas durante las 24 horas de duración del programa.

"Ganarán los canales de televisión gracias a los nuevos anuncios comerciales que van a transmitir —me dije—; los artistas recibirán imagen; las agencias de publicidad harán nuevas y buenas campañas; los auspiciadores venderán más sus productos, y los niños de la Sociedad contarán con mayores recursos para mejorar su rehabilitación." Mientras me rasuraba, iba tratando de redondear la idea.

Era hora de poner manos a la obra. El plan sonaba muy bien pero, claro, yo no era dueño de ninguno de esos canales y tampoco tenía un banco. Por lo tanto, había que conseguir absolutamente todo. Un fin de semana, durante la transmisión de *Sábados Gigantes*, partí desafiando a mis colegas animadores de la televisión a que me acompañaran en esa idea.

El lunes, la prensa publicó sus respuestas. Con ese primer llamado de inmediato se "cuadraron" los colegas Raúl Matas, Antonio Vodanovic, Juan Guillermo Vivados, Javier Miranda, Juan Carlos Gil, César Antonio Santis y Rodolfo Torrealba. Fue reconfortante recibir el apoyo de todos ellos. Faltaban, por lo tanto, los auspiciadores y el banco, pensando que dejaría para el final el trascendental papel que tendrían que desempeñar los canales de televisión.

El Instituto de Rehabilitación Infantil me proporcionó un *videotape* muy impactante y emotivo, producido por la televisión danesa, que narraba en forma breve pero elocuente, los tres primeros años de vida de un niño nacido sin brazos y con serias deformaciones en las piernas. Su familia había hecho todo tipo de esfuerzos para lograr su rehabilitación.

Con un reproductor portátil de videos —de los pocos que existían en el país— comencé a visitar a los empresarios, mostrándoles las imágenes de la grabación. El primero que se comprometió con la propuesta fue un importante industrial, fabricante de ropa, Marcelo Calerón, quien escuchó mi llamado y sin poner condiciones decidió que su empresa sería uno de los 10 auspiciadores que nos habíamos propuesto tener ese primer año. Rendía él así un postrero homenaje a su hija impedida, que había muerto poco antes. Desde entonces, su conocida industria de ropa ha sido un permanente auspiciador de *Teletón*.

La verdad es que aquella película que mostré en tantas partes, resultó mágica. Los auspicios comenzaron a llegar. El "hueso duro" fue el Banco de Chile, que siendo la institución bancaria que mejor se prestaba para este proyecto, nada decía. Ningún gerente me quería recibir. Parece que se habían pasado el dato sobre el contenido del video documental y todos me evitaban. Hasta que por fin conseguí que me recibiera el presidente del banco. Ante mi planteamiento, se mostró renuente, duro. Le pedí que me

La posibilidad de conocer Jerusalén y a su gente me atraía en forma especial.

En pleno trabajo de grabación para "La Cámara Viajera", frente a la Puerta de Brandeburgo, Berlín, 1991.

Conversando con artesanos nativos de Puno, en el alto Perú, 1995.

"Separados por la distancia, unidos por el mismo idioma": el espíritu del programa.

Aunque nos tocó un día muy frío, sentimos el calor de la historia al recorrer, con parte de
mi familia, la Gran Muralla China.

Me ha sido muy satisfactorio
conducir el programa-concurso
¿Quién quiere ser millonario?

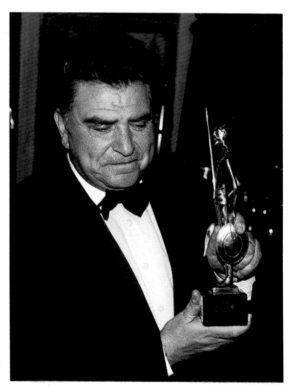

Honrado con el premio hispano
"Don Quijote", en Estados Unidos.

Uno de los momentos más trascendentes que he vivido como hombre del espectáculo: alcanzar una Estrella en el Paseo de la Fama en Hollywood.

Toda mi familia me acompañó a recibir este reconocimiento. En la foto, con el legendario alcalde "hollywoodense" Johnny Grant (a la izquierda).

Uno de mis sueños fue hecho realidad como regalo-sorpresa a mis 60 años.

12 de octubre, 2001. Día de la Hispanidad en la Casa Blanca. Junto a Emilio y Gloria Estefan saludamos al presidente Bush.

permitiera mostrarle el video. Aceptó y su emoción lo destrozó. Mejor dicho, lo avergonzó.

—Mario, prepare el plan. Vamos a apoyar su causa. El Banco de Chile apoyará la *Teletón* —me dijo con los ojos enrojecidos.

Ya estaba casi todo listo, aunque faltaba lo más importante: la cadena nacional de televisión, y contratar a alguien a tiempo completo, para que me acompañara en la planificación y organización. Encontramos a una joven periodista recién egresada de la universidad, Ximena Casarejos, quien tomó a su cargo la difusión del evento, que se realizaría la primera semana de diciembre del año siguiente: 1978.

Ximena se encargó de dar estructura a lo que sería un Centro de Difusión. Desde allí se establecieron y mantuvieron los contactos con las empresas auspiciadoras.

Con el paquete ya organizado, llegué a la oficina de Eleodoro Rodríguez, director ejecutivo de Canal 13, a quien alguna vez había adelantado algo acerca de este plan, por lo que me sentía confiado en su participación. Pero, ¡oh, sorpresa!, cuando terminé de contarle cómo iban las cosas y de requerir su colaboración, me dio con un palmo en las narices: al ver la envergadura del proyecto, optó por negar su apoyo.

—En este momento Canal 13 no puede participar en algo tan ambicioso. ¡Qué lamentable! —me dijo.

Quedé frío. Su respuesta estaba totalmente "fuera de libreto", pues yo daba por descontado que el canal para el cual trabajaba me apoyaría. Mi persistente obstinación de realizar la *Teletón* estaba en su punto más alto y no podía fallar. Tampoco era hora de arrepentimientos ni de conformarse con un "borrón y cuenta nueva". ¡Vaya el numerito con que me salía Don Eleodoro!

—El que lo lamenta soy yo —dije—, porque esto se hará de todas maneras —sin dudarlo un momento—. Si no cuento con usted, Don Eleodoro, iré a otro canal, téngalo por seguro. Estoy comprometido y no tengo alternativa. ¡La *Teletón* va!

Di media vuelta y salí de su despacho sin perder la cara de triunfador, pero aproblemado por dentro. Pedí que me comunicaran con el gerente general del Canal 7, Televisión Nacional de Chile. No iba a quedarme de brazos cruzados. ¡Eso sí que no podía ocurrir!

Quince minutos más tarde, mientras intentaba la comunicación, entró a mi oficina el gerente de producción de Canal 13, dispuesto a hablarme —de parte del director ejecutivo— para ver "cómo aterrizamos con eso de la *Teletón*...". Lo hicimos.

Ya con el compromiso de Canal 13, volví a respirar, pues esa estación era líder en audiencia y la mayor en capacidad de producción, lo que ayudaría a que los demás canales también aceptaran participar.

Teníamos todos los elementos para hacer la *Teletón* y ahora sólo quedaba organizarlos. Buscamos un niño-símbolo, tal como lo había visto en el maratónico programa de Jerry Lewis, y elegimos a una niña. La escogida fue Jane Hermosilla, de cuatro años, con grandes dificultades en sus brazos y piernas. Hoy es una joven de 26, profesional, independiente, feliz de las metas logradas y, yo diría, rehabilitada mental y espiritualmente, con increíbles progresos en el uso de sus extremidades.

Conseguimos bonificaciones especiales en los precios de publicidad con el objeto de que nuestros auspiciadores tuvieran más facilidades en televisión, radio, diarios y revistas, y colaboraran con sus mensajes a la tarea de sensibilizar al país desde todos los ángulos posibles.

Por otro lado, a medida que avanzaba 1978, en Chile se acentuaba el quiebre político, con una irreconciliable ruptura entre sectores de derecha e izquierda. El gobierno militar, de mano fuerte, estaba enfrentando también la eventualidad de un conflicto armado —por problemas fronterizos en el extremo sur del continente— con nuestros vecinos argentinos, que también vivían bajo un régimen militar.

Así llegamos al 8 y 9 de diciembre. El temor de "la primera vez", el miedo al fracaso, el dormir no más de dos o tres horas diarias, y la tensión de todo el día, me hicieron subir de peso. La balanza marcaba 104 kilos (casi 230 libras). Creo que ese último día comí unas 15 veces. No había camisa que me cerrara ni traje que me pudiera abotonar.

Bajo el lema "Logremos el milagro", abrimos el espectáculo en el Teatro Casino Las Vegas, anunciando que nuestra meta era reunir el equivalente a un millón de dólares en pesos chilenos. En ese momento recibí un telegrama que leí frente a las cámaras y al público que nos acompañaba. Era un saludo de Jerry Lewis.

> La mejor suerte para ti, Mario... Toda la gente buena de tu país va a contestar a tu llamado. La tuya es una hermosa labor de amor que demuestra que preocuparse por los menos afortunados es algo universal. Que Dios te bendiga a ti y todos aquellos cuya generosidad ayudará a aliviar el sufrimiento y dar a todos los niños el derecho que tienen al nacer: crecer en plena salud y felicidad.

En el escenario estuvo lo más distinguido del espectáculo chileno. También algunos artistas invitados del extranjero. Y como ha pasado el tiempo, puedo confesar hoy que aunque la empresa fue difícil, el millón de dólares lo tenía casi entero en el bolsillo antes de comenzar la *Teletón*. Sólo que no lo revelé, pues pensaba que podríamos reunir unos 200 o 300 mil dólares más, lo que constituiría una recolección histórica importante. Habíamos trabajado casi un año asegurando estas donaciones.

La experiencia resultó fascinante. A pesar de los enormes problemas de divisiones y cargas tensionales que el país tenía encima, Chile no sólo se sensibilizó, sino que demostró que todos necesitaban una oportunidad como ésta para sentir cariño por el prójimo, considerarse más cerca unos de otros, solidarizar con algo que provocara un consenso. Hubo mucha emoción espontánea y se respiró un ambiente gratificante cuyo fondo fue la gran necesidad de zanjar diferencias entre compatriotas. El evento no duró 24 horas continuas, debido a que los diversos canales se separaron para transmitir sus propios noticieros, pero inmediatamente después volvieron a integrarse en una sola cadena y avanzábamos tres horas más.

Terminó la *Teletón* y nadie se movía de sus asientos. Tampoco se ponían de pie. Estaban felices, incrédulos, como petrificados. Las 27 horas fueron devoradas por el público.

Doy fe de que fueron las 27 horas más maravillosas que he vivido. Y la noche que se cumplió uno de los sueños más placenteros de mi vida. Las bautizamos "Las 27 horas de amor". La cifra recogida alcanzaba los 84,361,838 pesos, equivalentes a unos dos millones y medio de dólares. Jorge Artus, el pequeño protagonista de aquel impactante video que me había servido de muestra, entró al escenario. Tenía ahora 12 años. Nos dimos un emotivo abrazo y esa imagen recorrió el mundo. El *New York Times* la mostró en su primera plana.

La *Teletón* constituyó un éxito, pero mis nervios continuaron en tensión varios días. La mañana siguiente conduciendo mi automóvil por las calles de Santiago viví un estimulante y conmovedor momento que me hizo pensar que esto no podía terminar ahí, había que continuarlo, era como una necesidad nacional.

Me dirigía a un almuerzo en el que agradecería a las casi mil personas —artistas, animadores, técnicos, voluntarios— que hicieron posible la *Teletón*, cuando alguien que manejaba un *station-wagon* delante de mí, reconoció que era yo quien iba en el coche de atrás, y disminuyó la velocidad. Sus ocupantes bajaron los vidrios y blandieron muletas por las ventanas, saludándome, como queriéndome decir que desde ese momento serían tratados mejor, como las personas normales que eran y, por lo tanto, podrían integrarse y tener oportunidades en la sociedad. El gesto me emocionó tanto, que lo conté tan pronto llegué al restaurante. El almuerzo de ese día, con el correr de los años, se transformó en un tradicional agradecimiento al esfuerzo desplegado para montar un programa de 27 horas, que en su producción fue comandado por Antonio Menchaca, teniendo como base el equipo que producía *Sábados Gigantes*.

El lunes, apenas llegué al Canal 13, Don Eleodoro me hizo llamar a su oficina.

—Con esto que usted hizo, ha alcanzado otra etapa, lo felicito —me dijo, mientras estrechaba mi mano y me palmoteaba el hombro, afirmando que era lo más grande que se había hecho alguna vez en Chile en el terreno de las comunicaciones.

Durante una semana más, estuvimos recibiendo cientos de felicitaciones que provenían de todas partes, pero quedaba pendiente el problema más importante. ¿Qué haríamos con los dos millones y medio de dólares? No estábamos preparados para tanto dinero ni teníamos un plan de acción, por lo cual me enfrentaba a un nuevo desafío. Esperé que pasaran algunos días y bajara la euforia, para solicitar una reunión con los miembros de la Sociedad Pro Ayuda del Niño Lisiado.

Llegué a la cita con una propuesta concreta: no restaurar el viejo edificio del Instituto en calle Huérfanos, sino construir uno nuevo, aprovechando un terreno que recién nos había obsequiado el gobierno.

Así se decidió y la edificación comenzó al poco tiempo. Con el entusiasmo muy vivo, elaboramos un plan para cuatro próximas teletones. Resolvimos que en la siguiente festejaríamos los "tijerales", una celebración tradicional del constructor chileno al momento de colocar las vigas que sostienen el techo. Si todo se cumplía, en la tercera *Teletón* el edificio ya estaría funcionando, y de esta manera mostraríamos a los chilenos en qué se utilizaba el dinero donado por ellos.

Con el directorio de la Sociedad, discurrimos más tarde un plan de cinco años, para construir un centro de rehabilitación en Santiago, otro en Antofagasta, 1,000 kilómetros al norte de la capital, un tercero en Concepción, 500 kilómetros al sur, y otro en Valparaíso, en la costa central del país.

Sin pensarlo, ni mucho menos esperarlo, me percaté de que por el hecho de haber liderado esta campaña social se produjo un cambio en mi imagen frente al país. Fui observado no sólo como animador de televisión. El mundo social y diplomático empezó a considerarme como un personaje digno de asistir a sus reuniones y me llegaron invitaciones a cenas, cócteles, recepciones... Tanto así que tuve que comprar un traje esmoquin para poder asistir a estas reuniones de gala, ya que los que tenía sólo servían para el escenario. Resultó grato saber que en este Chile tan dividido por asuntos políticos, el gobierno militar reconoció el evento como un hecho muy positivo, mientras que los sectores de la oposición opinaron igual.

Nunca había asistido a un banquete en una embajada, hasta que recibí una invitación de la representación de Estados Unidos en Santiago. Con el elegante esmoquin recién comprado me "inicié" en la residencia del embajador George Landau, quien había participado en la primera *Teletón* con una importante donación de sillas de ruedas, a nombre de la comunidad norteamericana residente. Mi señora presentó una excusa por enfermedad, ya que al final consideró que no contaba con un vestuario *ad hoc* para esa cena exclusiva que se realizaba para despedir al embajador de España. Me sentía muy elegante en medio de los 50 o 60 invitados, gente de gobierno, de la banca, de la cultura, de la diplomacia. Al pasar frente a un espejo, debí reconocer que con aquel desusado atuendo, la cabeza y la papada se me veían más grandes que nunca. Trataría de mover brazos y manos con lentitud, a fin de que mis ademanes se vieran finos y los demás comentasen: "¡Qué buenos modales tiene Don Francisco!"

Pero parece que ésa no era mi noche. Me di cuenta de que el esmoquin me quedaba muy ajustado. Durante el cóctel, antes de la cena, me serví varios canapés y ocurrió que, de pronto, voló el único botón del saco. No sabía cómo disimularlo. Me puse a conversar cruzado de brazos para que no se notara. Después intenté con disimulo colocar el botón en su lugar. Imposible. Pasé al baño y en una operación de microcirugía textil, con bastante saliva para enhebrar el hilo, lo conseguí. Volví a la reunión más tranquilo. Muchos invitados querían saber sobre la *Teletón*, por lo que hablé bastante, contando detalles. En medio de un eufórico relato de cómo reaccionamos para llegar a la meta, voló para siempre el botón, que se perdió rodando bajo un inalcanzable sillón.

Conversaba manteniendo mis brazos sobre el saco, para que nadie captara mi accidente. De pronto sonó una campanita llamando a pasar a la mesa. Caminé erguido, pasos lentos. No quería ser de los primeros. Cuando entré, ya estaban casi todos sentados. Elegí un lugar discreto en el extremo de la mesa, junto a una señora. Al acomodarme, me di cuenta que frente a mí había una pequeña tarjeta que decía Mr. Wallton.

—Éste es el puesto de mi marido —me dijo una dama con toda cortesía, al tiempo que me indicaba a un costado de la puerta, donde un mozo sostenía una carpeta de cuero con los nombres de los invitados y sus ubicaciones en la mesa. Me levanté como elevado por un resorte.

—Disculpe —le dije.

Pero entre tanto bochorno, la suerte fue que el sitio que me correspondía quedaba frente al primero donde me senté, por lo cual con una sonrisa como diciendo "yo no fui", le expliqué a la señora que soy disléxico: había visto el puesto al revés, en el plano de la mesa. Toda una dama, dio a entender que me creía.

Pasaron ofreciendo la entrada: crepe de mariscos. Serví dos en mi plato. El mozo me hizo gestos con los ojos que, cuando los comprendí, ya era tarde para deshacer el entuerto. Había sólo una crepe por cabeza. De nada habría servido usar el argumento que mi cabeza era muy grande. Alguien se quedó sin crepe.

Para evitar más vergüenzas no agregaré otros errorcillos que marcaron este debut social diplomático, aunque debo decir que con el tiempo he mejorado bastante.

Vino el momento de preparar la siguiente *Teletón* y comenzamos a trabajar duro para conseguir otro golpe de éxito. Teníamos cierto temor de no cumplir nuestro compromiso de cuatro años. Pronto nos dimos cuenta de que lo más problemático estaba superado: la gestión con los canales resultó fácil; el Banco de Chile consideró la inmensa publicidad que había logrado y por lo tanto se mostró muy dispuesto; todos los artistas querían ahora participar, cuando el primer año unos cuantos escépticos se negaron; los auspiciadores nos sobraban, por lo que aumentamos de 10 a 16 su número, y además contamos con la ayuda de la Asociación Chilena de Agencias de Publicidad, para elaborar los contratos respectivos. Incrementamos el valor del auspicio: por el derecho a usar la palabra *Teletón*, cada empresa participante pagaría 50 mil dólares más un determinado porcentaje de sus ventas. Todo lo recaudado iría al fondo común de la causa en pro de los niños discapacitados.

La fecha: primera semana de diciembre. La frase motivadora que lanzamos esta vez al país fue: *Repitamos lo increíble*.

Hasta que llegó el momento en que dijimos por cadena nacional de televisión y radio:

—Buenas noches, Chile. Aquí comienza la segunda *Teletón*.

Y se repitió lo increíble. Mostramos en pantalla por todo Chile el nuevo instituto, ya techado, y pusimos durante esa jornada la primera piedra de los hospitales que levantaríamos en Antofagasta y Concepción. Al término de las 27 horas se había recaudado más de tres millones de dólares, suma que nos permitiría seguir adelante con el proyecto.

A las pocas semanas, me visitó un animador de televisión colombiano, Carlos Pinzón, deseoso de desarrollar en su país una telemaratón con características similares a las nuestras. Con gusto le traspasamos experiencia y viajé a Bogotá para ayudarlo a convencer al banco más importante de Colombia para que se integrara a esta causa. Desde otros países, comenzaron a pedirnos asesoría y apoyo para lanzar sus propias teletones.

En los años siguientes fuimos mejorando tanto la organización del espectáculo como la calidad del programa y la recaudación del dinero. En 1980 fue *De pie la esperanza* y en el 81, *Juntos todo es posible*. El público nos apoyó siempre con generosidad, hasta que en 1982 finalizó nuestro compromiso de las cinco teletones. En total, reunimos alrededor de 25 millones de dólares y construimos cuatro centros de rehabilitación capaces de atender por lo menos al 80 por ciento de los casos más graves. Guardábamos, además, algo de dinero para gastos de mantenimiento y pago de honorarios al personal médico y técnico.

Al sexto año, en la misma fecha, presentamos un programa con menos horas de duración, sin solicitar dinero, al que llamamos *Gracias, Chile*, y agradecimos al país por las magníficas campañas.

Entonces nos dimos cuenta de que habíamos cometido un gran error. Era imposible detener la *Teletón*. El dinero que nos quedaba podría financiar apenas dos o tres años más. ¿Y después qué? El financiamiento se acabaría y era posible que todo lo que se había logrado con tanto esfuerzo quedara en nada. O que pasara al Estado, que no tiene como prioridad la atención de este tipo de minusvalía. Además, ahora eran muchos los padres que buscaban la rehabilitación de sus hijos minusválidos y la institución, sin la *Teletón*, no podría crecer. Se produciría frustración y desesperanza en el resto de los niños que necesitaban rehabilitarse, así como en sus familias.

En 1985 reapareció la *Teletón* con nuevos impulsos y con el lema *El milagro de todos*. Cada vez lográbamos más integración, más participación de artistas y aumentábamos las donaciones *per cápita*. En esa oportunidad decidimos promover la necesidad de legislar en favor de quienes sufren impedimentos físicos, para que sean tomados en cuenta cuando se construyen edificios públicos, universidades, bibliotecas, colegios, estadios, cines y salas de espectáculos. Con el incremento de las expectativas de vida, las estadísticas revelaban que 10 por ciento de la población mundial sufre algún tipo de limitación física. Queríamos crear un espíritu nacional para que, al igual que en los países desarrollados, se implementara facilidades para los minusválidos, y se legalizara su derecho al trabajo.

En cada evento anual que realizábamos, congregábamos frente a las cámaras a más y más grandes estrellas del espectáculo internacional que llegaban a colaborar con la causa de la *Teletón* chilena: Nicola di Bari, Emmanuel, Maureen McGovern, José Luis "El Puma" Rodríguez, Julio Iglesias, José Feliciano, Daniela Romo, Vicky Carr, Armando Manzanero, Joan Manuel Serrat, Fito Páez, Pedro Fernández, Lucero, Ana Belén, Proyecto Uno, Celia Cruz, Mocedades, Marta Sánchez, Olé Olé, Daniela Mercury, Gloria Estefan, Enrique Iglesias, Elvis Crespo y muchos más. También tuvimos la presencia de Estefanía de Mónaco y Susana Rinaldi.

En enero de 1986, comenzando a prepararnos para el tercer milenio, se creó la Fundación *Teletón*, una corporación que recibe las donaciones, elabora proyectos de investigación y entrega a la Sociedad Pro Ayuda del Niño Lisiado los recursos que necesita. La Fundación y la Sociedad son figuras legales distintas, aunque funcionan con un directorio que tiene la misma constitución. La primera consigue los recursos y la Sociedad —cuya misión es rehabilitar— administra los institutos.

En septiembre de ese mismo año, el recinto que nos servía de sede para el espectáculo anual, pasó a llamarse Teatro *Teletón*, nuestra casa propia desde entonces.

En 1987 la frase fue *Para creer en la vida* y en 1988, *Es tarea de todos*, ya que promovíamos que la *Teletón* debía involucrar a Chile entero. Decidimos construir los otros dos institutos: uno al extremo norte, en Arica, ciudad fronteriza con Perú, y el otro en Puerto Montt, en el sur del país.

La novena *Teletón* se celebró en 1990 bajo el eslogan *Nadie puede faltar*. Reunimos el equivalente a casi tres millones y medio de dólares.

En diciembre de 1991, en que difundimos la frase *Gracias a usted*, me tocó vivir un momento que me llenó de orgullo. El país estaba viviendo una coyuntura política importante de transición democrática, después de 17 años de gobierno militar. El Senado de la República resolvió celebrar una sesión especial para rendir homenaje a la *Teletón* y a mi persona. Esto fue como un premio público al hecho de no haber inmiscuido jamás nuestros programas en la política y también a su logro indiscutible de unir en torno a sí a toda la población en un momento crítico de la vida nacional.

Cada una de las siete bancadas políticas reconoció de viva voz, durante la sesión del Senado, "el trabajo social desplegado por la *Teletón* y su conductor". Fue un gran honor y un momento inolvidable llegar como invitado al Congreso Nacional y ser recibido por legisladores de todos los partidos.

"Con este gesto, usted ha premiado a miles de chilenos que durante muchos años han trabajado por la noble tarea de ayudar al discapacitado", le expresé en carta de agradecimiento al senador Hugo Ortiz de Filippi, autor de la iniciativa parlamentaria.

La *Teletón* de 1992 (*Hay tanto por hacer*) exhibió un programa diferente, debido a que la actividad política había recuperado su espacio en la vida nacional y no nos queríamos sentir presionados ni de aquí, ni de allá, por lo que decidimos adaptarnos a la nueva realidad. El primer paso fue crear un novedoso y original conjunto de baile. ¿Quiénes integraron este cuerpo de bailarines? Ni más ni menos que diputados de todas las tendencias ideológicas. Los adversarios políticos de todos los días, los que se gritaban mil y un epítetos en las sesiones legislativas, los "honorables" que se acusaban de esto y lo otro a través de la prensa, estaban ahora felices bailando juntos en un número ideado, ensayado y presentado en forma exclusiva para la *Teletón*. Todo sea por los niños y la solidaridad.

Pero el advenimiento del ajetreo político, tan deseado por la gran mayoría de la población, nos presentó un problema al que hasta hoy no encontramos solución. Conforme a la ley electoral de la Constitución Política dictada por el gobierno militar, las elecciones se celebrarían en diciembre del año que corresponda, nicho que la *Teletón* había ganado y usado en el calendario chileno durante 15 años, permitiéndonos hacer nuestro evento anualmente. Ahora sólo podemos producirlo cuando no hay elecciones, ante el riesgo mortal de politizar nuestra causa.

Es un momento difícil. El país ha cambiado, crecido. Ya la *Teletón* no tiene la exclusividad de las campañas sociales por televisión. Son varias las instituciones que reciben ayuda de los canales para hacer recolecciones similares a la de nuestro evento. Las comunicaciones se diversifican y la *Teletón* tiene que competir con múltiples sistemas de canales, cable, pago por evento, internet, arrendamiento de películas... Hay sofisticados centros comerciales y de entretenimiento. Además, existe una presión grande de los chilenos que han tomado conciencia de que hay una gran posibilidad de rehabilitación para los niños que sufren cualquier tipo de minusvalía. Todo esto obliga a nuestro Centro de Difusión, que prepara las bases logísticas y económicas para que se pueda realizar la *Teletón*, a trabajar más científicamente, realizando encuestas, *focus groups*, análisis con agencias de publicidad, tratando de escudriñar qué quiere y qué no quiere la gente de nuestra *Teletón*.

En diciembre de 1994 recordamos *El compromiso de Chile*, y al año siguiente afirmamos *Nuestra gran obra*.

En 1996, mi amigo Ernesto Rosenfeld, que había confiado en mi proyecto inicial, dejó la presidencia de la organización debido a su avanzada edad. Para integrar y dirigir la Fundación *Teletón* en esta nueva etapa, se invitó a diversos empresarios y figuras del acontecer nacional. Llegaron con mucho entusiasmo y voluntad Andrés Navarro, Guillermo Luksic, Carlos Alberto Délano, Enrique Krauss, Julián Morrison (ya fallecido), quedando el directorio presidido por Navarro, exitoso hombre de negocios en el campo de la computación.

Todos ellos, junto a algunos médicos de la institución y a directores de la etapa anterior, se dieron a la tarea voluntaria de transformar la *Teletón* en una empresa exitosa. En diciembre de ese año dimos *Otro paso adelante*.

Esta sangre renovada se dio cuenta de que lo realizado por sus antecesores había sido muy bueno: de la nada se había crecido a cinco institutos en el país. Pero... se estaban atrasando en la tecnología, en lo que se refiere a hacer eficiente la rehabilitación misma, a manejar con criterio moderno el gasto de los dineros. Era el momento de marchar hacia el concepto de una empresa social.

Al cumplir la *Teletón* 18 años, toda la organización se presentaba muy eficiente. Tenemos siete Centros en todo el territorio chileno, incluyendo el de Iquique, recién inaugurado. Nos preparamos para otros dos más, que estarán en las ciudades de Temuco y Coquimbo. Se han atendido alrededor de 17 mil niños que buscaron ganarle a la adversidad. La mejor noticia fue que la credibilidad en la obra ha ido en aumento y, por ende, también la cantidad de dinero que reunimos. Somos 14 millones de chilenos que desde hace varios años estamos recogiendo entre 0.75 centavos de dólar y 1.25 por persona, dependiendo de la inflación del dólar. Según nos informan, se trata del porcentaje *per cápita* más alto que existe en el mundo en cuanto a la recaudación de fondos para obra social.

Ese año se produjo un hito importante en la vida de la *Teletón*: por primera vez terminamos el programa de 27 horas en el Estadio Nacional, el principal escenario deportivo del país.

Las elecciones parlamentarias no nos permitieron hacer la *Teletón* en 1997, por lo tanto, sabíamos que deberíamos redoblar el trabajo para obtener un muy buen resultado en 1998. Ese año, con el lema *Todos contamos*, se hizo un gran esfuerzo por recolectar la mayor cantidad de dinero, porque al año siguiente, debido ahora a las elecciones presidenciales, no se podría realizar el evento. Nos tendríamos que abocar entonces a la última *Teletón* del milenio, bajo la consigna *Un desafío para los chilenos*, que se realizaría el 1 y 2 de diciembre de 2000.

¡Qué bien puesta resultó esa frase!

Yo no había estado nunca enfermo de cuidado, pero ahora, en plena campaña y con mis 60 años de edad, *ad portas*, me afectó una neumonía y debí guardar cama por algunas semanas, lo que hizo más difíciles los preparativos de la *Teletón*. Sin embargo, en el ambiente de los canales de televisión y medios de prensa en general, flota el deseo de no perder la oportunidad de la cita. La colaboración, en ese sentido, fue mayor que nunca, al igual que la de los artistas, que casi en un cien por ciento se mostraron dispuestos a participar. Nadie dejó de pensar que su contribución era importante.

Al *"vamos, vamos chilenos..."* que fue coreado desde el inicio, se sumó el himno de este año, que en una parte decía *"Y sigue viva la ilusión, dale, dale chileno, dale"*. Lo cantaron, esa noche final, cien mil gargantas. Esto terminó por convencer al resto del país y, después que pensábamos que no íbamos a alcanzar la meta, la sobrepasamos holgadamente.

Al comenzar el siglo XXI, pude confirmar que la *Teletón* se mantiene como el evento unitario por excelencia, además convertido en un fenómeno comunicacional único en el mundo. Esos días el país vive en función de la *Teletón*. Por más de 27 horas, todos los chilenos que están en las ciudades, los villorrios, las plazas, los barrios, las esquinas, las bancas del parque, viendo televisión, escuchando radio, leyendo un diario, vibran con la *Teletón*, con su espectáculo y con la cifra de dinero que debemos reunir.

Veintidós años después, la *Teletón*, que no tiene distingos sociales ni políticos y que se funda en la solidaridad y en la emoción, ha producido un cambio cultural en pro de la dignidad del discapacitado y de sus derechos.

Estamos a punto de cubrir el país, de norte a sur, con nueve centros clínicos en el 2002, atendiendo a más de 50 mil niños: Arica, Iquique, Antofagasta, Coquimbo, Valparaíso, Santiago, Concepción, Temuco y Puerto

Montt. Antes de finalizar el año 2005, debemos tener presencia en las 14 regiones de Chile.

Los institutos atienden hoy a 17 mil pacientes activos; es decir, niños que están en tratamiento para su rehabilitación. De ellos, el 60 por ciento es menor de cuatro años y el 65 por ciento proviene de familias pobres o de extrema pobreza. A partir de la *Teletón*, más de 33 mil pequeños discapacitados han conocido la palabra "rehabilitación".

El problema de cómo seguir adelante con la *Teletón* es cada día mayor. Tengo una sugerencia muy personal al respecto: a través de una ley deberíamos transformar esa fecha en un Día de la Solidaridad. O en nuestro propio Día de Acción de Gracias, para compartirlo no sólo con la *Teletón* sino, también, con un encuentro familiar.

Hay mucho por hacer. La necesidad y el tiempo nos harán crecer, incorporar nuevas técnicas de rehabilitación y comunicación. El mundo podrá cambiar, seremos más o menos tecnócratas, tendremos más o menos espacio, más o menos bienes materiales; pero la sonrisa de un niño será la misma y la esperanza continuará erigiéndose como un valor que no se transa en ninguna bolsa de comercio del mundo. El hombre siempre tuvo un sueño y eso jamás se perderá.

Este sueño mío nació a la sombra de una higuera, en un campo desértico, con la presencia de un niño que no sabía que tenía derecho a sonreír. Y seguirá desarrollándose por las Américas mientras existan niños que no puedan disfrutar de esa manifestación tan elemental del rostro y el alma: una sonrisa.[10]

---

[10] La campaña solidaria ha ido tomando cuerpo en otros países hermanos. Llegamos al año 2001 siendo 12 las naciones latinoamericanas que hacemos la *Teletón* y que formamos la Organización Internacional de la Teletón (Oritel). Somos México, Brasil, Colombia, Paraguay, Ecuador, Perú, Guatemala, Honduras, Panamá, Costa Rica, El Salvador y Chile. Hay más de 300 millones de latinoamericanos que conocen lo que es la *Teletón*, y muchos han sido beneficiados por ella.

La Oritel tuvo su primera actividad internacional apoyada por el Banco Interamericano de Desarrollo, BID —gracias a una iniciativa de su presidente, el doctor Enrique Iglesias—, durante la reunión que este organismo celebró en marzo de 2001, a través de un seminario sobre "Oportunidades para las personas con discapacidad", donde exhibimos un documental sobre el trabajo de la *Teletón* y se firmó un compromiso histórico de cooperación, entre el BID y Oritel.

Del 2001 al 2005, la Oritel tiene como retos realizar campañas internacionales; buscar la manera de formar profesionales —en especial fisiatras, que son los más difíciles de conseguir—, todos conectados por internet para interconsultas médicas; desarrollar simposiums de médicos, y ver la posibilidad de integrarnos en la fabricación de aparatos ortopédicos y sillas de ruedas. Además, hacer una gran campaña continental de prevención de accidentes y de malformaciones en la época del embarazo.

Made in USA

Me entusiasmé en las páginas anteriores contándoles aspectos de la *Teletón*, en circunstancias de que estábamos hablando sobre el éxito y las satisfacciones que me brindaron el haber conducido aquel *Show del Milenio*, primero, y las grabaciones de *Sábado Gigante* realizadas en el Palladium de Los Ángeles, después.

La verdad es que ese programa maratónico de "siglo nuevo" nos catapultó en la televisión en español de Estados Unidos, y sirvió a la vez para darnos cuenta de que el público esperaba de nosotros cosas diferentes. Por mucho tiempo estuvimos convencidos que ya lo habíamos hecho todo, que no nos quedaba nada por entregar. Pero salir al aire "en vivo y en directo" era una experiencia que no habíamos vivido en Estados Unidos, con la posibilidad de introducir asuntos que tuvieran plena actualidad: entrevistas, mesas de diálogo y de debates sobre las noticias vigentes ese fin de semana.

Buscando ahora temas noticiosos actuales, nos pareció posible abordar la reñida campaña presidencial en Estados Unidos, por supuesto que sin ingresar en la lucha partidista, pues ya he dicho que la independencia política es imprescindible para un comunicador. En los primeros años del programa, la comunidad cubana exiliada en Miami quería que me pronunciara sobre la situación de Cuba y su gobernante, Fidel Castro. También la colonia nicaragüense pedía una identificación mía con determinada posición. Con cordialidad, a todos les he dicho que debo mantener la independencia, sin que por eso deje de admirar a la política o a los políticos.

Puede que algunas veces alguien haya considerado que nuestra labor social tenía un carácter político, pero ése nunca fue el propósito. Menos en Estados Unidos, donde el objetivo es representar a una minoría que lucha por integrarse, a la que damos información en su propio idioma. Hemos difundido, por ejemplo, la necesidad de aprender inglés y la importancia de que nuestra audiencia haga uso del derecho a voto. También hemos apoyado la promulgación de ciertas leyes, sobre todo migratorias. Y cada vez que los estadounidenses han instalado a una nueva autoridad, tratamos de ser el puente más directo entre su administración y la comunidad que representamos. No nos preocupa la camiseta que vistan y tampoco pretendo influir en la preferencia del voto.

Digo todo esto porque en noviembre de 1991, el entonces presidente de Estados Unidos, George Bush —padre del actual—, nos invitó a Temy y a mí a una cena en la Casa Blanca. Se trataba de un homenaje al mandatario argentino Carlos Menem. El gesto lo consideré un inmenso honor, pero no me comprometía ni con la causa del Partido Republicano ni con los "peronistas". Aceptamos muy honrados, pensando que se trataba de una oportunidad que pocos pudieran tener. Así, nos fuimos a Washington, yo muy dispuesto a dejar de ser distraído por unas cuantas horas, para poder, más tarde, contar en detalle esta experiencia.

A las siete en punto del atardecer, vestidos de etiqueta, mi esposa y yo entramos a la limusina que nos recogió en el hotel Willard, cumpliendo con un estricto itinerario marcado en las tarjetas de invitación que llevábamos cada uno, además de una obligada identificación personal con fotografía.

La puerta oeste de la Casa Blanca se abrió. El coche se detuvo y un policía revisó las invitaciones. Otro, asesorado por un enorme perro, examinó el automóvil. Más adelante, un nuevo control, todos con palabras y actitudes muy amables, y de ahí, derecho a la entrada principal de esta histórica mansión.

Dos cadetes abrieron las puertas de la limusina, asignándole un número, el 686, y ayudaron a bajarse a mi mujer. Avanzamos por la alfombra roja. Mi esposa me comentó en voz baja: "¡Quién lo diría, yo en la Casa Blanca!" Recordé mi visita anterior a este lugar, diez años antes, para un reportaje de "La cámara viajera". Hoy todo se veía diferente, con más vida.

Llegamos a la puerta del Gran Salón. Un oficial me preguntó cómo deseaba ser anunciado. Le dije:

—Mario Kreutzberger, de *Sábado Gigante*, Univisión...

—Sabadou what...?

Bueno, mi nombre se escuchó por los parlantes. Otro cadete alcanzó el brazo de mi esposa, y la condujo al centro de la sala. Yo los seguí, mirando medio asustado y pensando que aquí se terminaba el machismo, ya que ingresamos de pronto al reino de la caballerosidad y el protocolo. Veo a otros invitados avanzar detrás de sus esposas. Busco caras conocidas, pero a nadie conozco. De pronto Temy hace un gesto para indicarme que ahí está Barbara Eden, la actriz que protagonizó la famosa serie *Mi bella genio*. Quizás hacía muchos años que había salido de la botella mágica, porque la verdad es que se parecía poco a la imagen que guardaba en mis recuerdos.

Iba muy ensimismado, cuando alguien sacudió mi hombro y me saludó, asustándome un poco.

—¡Mario, qué gusto verlo por aquí!

Era el ex embajador de Estados Unidos en Chile, George Landau. Nos pusimos a conversar, pero el toque de unas trompetas anunció la ceremoniosa entrada del presidente Bush, su esposa Barbara, y el presidente Menem. Landau nos recomendó ponernos en la fila para saludar a los mandatarios y a doña Barbara. Mientras avanzábamos, traté de observar lo que hacían los demás, para no cometer algún desacierto.

Íbamos en la columna de visitas y nos dimos cuenta de que en diversos puntos estratégicos de la sala había agentes del servicio secreto vestidos de rigurosa etiqueta. Parecían invitados, pero los denunciaba un pequeño audífono en el oído.

Un funcionario iba diciendo los nombres de los huéspedes.

—Señor Kreutzberger, es un agrado tenerlo en la Casa Blanca —me dijo Bush, con una franca sonrisa.

Y en su propio español agregó:

—Bonas noches.

Para no ser menos, recurrí a mi mejor inglés para responder:

—Señor Presidente, es un honor para mí haber sido invitado por usted.

Al mismo tiempo pensaba que ojalá alguien me estuviera sacando una foto. Si no, nadie me iba a creer. Repetí el saludo con la señora Bush.

Inmediatamente después, a su lado, saludo al presidente Menem.

—Soy chileno —le digo—. Trabajo en la televisión.

—Sí, sí, lo he visto mucho, gracias por venir —dice sonriendo. (Aunque pienso que no tenía idea de quién era yo.)

La banda de la casa presidencial, de vistoso uniforme rojo, interpretaba melodías populares norteamericanas. Pasamos a otro salón donde nos dieron las ubicaciones para las mesas. Todos quedamos separados de nuestras esposas. A Temy le correspondió un lugar en la mesa de Barbara Bush. Yo estuve junto a Marilyn Quayle, esposa del vicepresidente; la esposa del subsecretario del Tesoro; el hermano del presidente argentino, senador Eduardo Menem; Landau, y un inversionista del cual no supe el nombre.

Éramos 80 personas ocupando ese amplio comedor cuyas mesas lucían rosas rosadas, el color preferido de la Primera Dama. A mi vecina, la amable señora Quayle, le expliqué que mi obligación sería contarle luego a mi público todo lo que estaba viendo y viviendo.[11]

---

[11] Este salón tiene su historia. Debajo de la fotografía de Abraham Lincoln, en la chimenea, hay una inscripción. Es la carta que le envió John Adams, el primer presidente de los Estados Unidos que vivió en la Casa Blanca, a su esposa que estaba en su ciudad natal. Adams fue, en 1796, el segundo presidente de la nación.

El servicio de cuchillería que usamos tenía antecedentes históricos. Tanto la de pescado como la de postre, es de la época del presidente Harry Truman. La de carne data de 1896 y fue comprada en la administración del presidente Mackenzie, que murió asesinado. La loza fue diseñada por la esposa del presidente Lyndon Johson y fabricada por la famosa marca norteamericana Tiffany. Además, los platos tienen la inscripción de los diferentes estados del país. La señora Quayle dio vueltas el mío para enseñármelo. Correspondía a Alabama.

Veinte violinistas irrumpieron al compás del "España Cañí", mientras se abrían las columnas de las esquinas, iluminándose plenamente el salón. Bajo esas columnas aparecieron los parlantes. El tema siguiente fue "La Cumparsita". El ex canciller del Uruguay, Enrique Iglesias, hoy presidente del Banco Interamericano de Desarrollo, aprovechó el momento para bromear con Menem:

—Carlitos, Uruguay te presta "La Cumparsita" —le dijo, riendo.

Sin demora alguna, Menem le respondió:

—No importa. Argentina le presta el tango al mundo —y soltó una sonora carcajada.

Eran asomos latinos ante la formalidad anglo.

Luego, los discursos protocolares de ambos gobernantes, con frases muy diplomáticas, agradecimientos, honores, parabienes y brindis. El café se sirvió en el Salón Azul. Al entrar, nos encontramos de frente con Bush. Temy le habló:

—Presidente, somos de la televisión en español, ¿nos permitiría una fotografía?

Con gran amabilidad, Bush se ubicó entre mi esposa y yo, pasó el brazo sobre mis hombros y dijo:

—Te la conseguiste.

Un fotógrafo disparó su cámara. Agradecí el gesto presidencial y me acerqué al hombre de la foto. Le pregunté en inglés cómo conseguir una copia. Me miró de arriba abajo, y atropellándose en español me respondió:

—No sé inglés. Soy argentino, querido. Si querés la foto, mandá a buscarla a la Agencia Telam en Buenos Aires. Y, porfa... salíte de ahí que le voy a hacer una foto al *dotor* Favalore, el inventor del *bypass*.

A medida que la hora avanza, los salones también. En el siguiente hay un *show*. Canta Joel Gray, el mismo de *Cabaret*. Interpreta el tema central de la famosa comedia musical llevada al cine. Enseguida, y en homenaje al presidente argentino, canta "El día que me quieras". Era como escuchar a un checoslovaco cantando cueca.

Llevábamos poco más de cuatro horas en la mansión y, al parecer, íbamos llegando al último salón. Después, la puerta de salida. En esa sala hubo champagne y baile. Mi esposa insistió en que por lo menos bailáramos una vez, para poder contarles a los nietos que habíamos bailado en la Casa Blanca. Lo hicimos.

Llegó el momento de retirar los abrigos y vino la enésima duda de la noche. ¿Habrá que dejar propina? Esperamos unos segundos a cierta distancia y vemos lo que hacen los demás. Está claro: sin propina. La joven de la guardarropía me sorprendió al decir: "Aquí está su abrigo, Don Francisco". Le comenté que me alegraba de que hubiera hispanos en la Casa Blanca.

Sólo faltaba el automóvil. Me pidieron el número. "Seis ocho seis", dije. Otra vez los parlantes. La organización era perfecta. No se escapaba ningún detalle. El mismo joven uniformado que había acompañado a mi esposa al salón abrió la puerta de la limusina. Vi que tenía un papel en la mano. Me dijo en un elegante inglés:

—Perdóneme, Don Francisco, no estamos autorizados a hacer esto, pero, ¿me podría dar un autógrafo?

Me asombró.

—Y usted, ¿si no habla español, cómo me conoce? —le pregunté.

—Mi novia es de El Salvador. Se llama Mayra y no se pierde *Sábado Gigante* —agregó el cadete.

Mientras firmaba el papel que me pasó, le consulté si hablaba algo de español. Me miró con timidez, y ya subiendo a la limusina, en mis últimos segundos en la puerta de la majestuosa Casa Blanca, el agringado oficial de protocolo, tan formal y acartonado, me respondió:

—Yo querrer mucha... Mucha.

Nos fuimos con Temy tratando de interpretar sus palabras.

Como dicen en mi tierra que "no hay primera sin segunda", años después (1995), con un presidente demócrata en la Casa Blanca, recibimos una nueva invitación. Bill y Hillary Clinton ofrecían una cena de Estado, para homenajear al presidente de Chile, Eduardo Frei Ruiz-Tagle, y a su señora, Marta, quienes harían una visita oficial a Washington. Pensé lo mismo que la vez anterior: el hecho de asistir tampoco me convertía en simpatizante de los demócratas norteamericanos, ni de los democratacristianos chilenos. Así es que fuimos con Temy. Precavido, esta vez llevé una pequeña cámara fotográfica.

Con menos nervios y ya algo familiarizados con la formalidad del caso, llegamos a la Casa Blanca. Se repitió el ceremonial. En fila para el saludo, mi esposa ahora me susurró: "Clinton está maquillado". El Presidente y su señora nos saludaron con especial afecto, quizá porque éramos casi los primeros.

A pesar de que ya lo sabíamos, no dejaba de llamarnos la atención que, salvo los presidentes, los invitados fuesen separados de su pareja al pasar a la mesa. Temy estuvo en la mesa 5 y yo en la 10. Esto tiene el propósito de producir una efectiva interacción entre los invitados. A la hora de los discursos, ambos mandatarios recordaron al ex presidente de Chile, Eduardo Frei Montalva. Los 110 invitados nos pusimos de pie y golpeamos las copas compartiendo la emoción del momento. La banda militar interpretó *Czardas*, de Monty y a continuación *Si vas para Chile*, de Chito Faró.

El salón estaba lleno a la hora del café. Viéndome próximo a los presidentes, saqué fuerzas de flaqueza y con una adecuada voz impostada y una archiensayada frase, me acerqué a Clinton:

—Presidente, sería un placer para mi esposa y para mí que nos concediera una fotografía con usted.

Sonrió y me dijo con toda amabilidad:

—Debo despedir al presidente Frei. Espéreme un momento por favor.

Todavía estoy esperando.

Por supuesto que era el momento preciso para que, una vez más, mi mujer —como en toda pareja que se precia— me increpara:

—¿Viste? Si me hubieras dejado a mí, ya tendríamos la foto... Pero como tú eres... claro... no conseguimos nada.

En ese instante, como en el famoso cuento infantil, me pareció que nuestra limusina era una calabaza. El príncipe con pie plano —yo— se iba con su princesa de siempre rumbo a casa. Sólo que en lugar de la zapatilla de cristal, llevábamos una modesta máquina fotográfica sin usar.

Pero el destino se apiadó de nosotros y tiempo después (1998), en la cena de retribución ofrecida por el presidente Frei a Clinton en el Palacio de La Moneda, en Santiago, el gobernante chileno, que con seguridad había leído la anécdota en una nota aparecida en *El Mercurio*, se preocupó de insinuarle a su colega norteamericano, y a Hillary, su esposa:

—Señor Presidente, le ruego acepte tomarse una foto con nuestro animador internacional Don Francisco, y su señora.

Con orgullo puedo decir que, aunque tarde, tenemos la fotografía en casa.

Voto hispano

Esos dos acontecimientos en Washington no tuvieron carácter político, sino social, pero fueron una estupenda ocasión para estar en el lugar donde se adoptan las más trascendentales decisiones políticas del mundo.

Si bien nuestro programa es de entretenimiento, seguíamos dándole vueltas a la idea de que el tema de las elecciones presidenciales en Estados Unidos podría contribuir con nuestros telespectadores. Todos los medios de comunicación colectiva del país dedicaban muchas páginas, muchísimas horas de radio y televisión a destacar la lucha política, utilizando sus programas estelares en inglés, así como sus más populares figuras, para las entrevistas a los dos que disputarían la presidencia: el demócrata Al Gore, vicepresidente de la nación y el gobernador de Texas, George W. Bush, del Partido Republicano.

Debido a que nuestro público está siempre ávido por conocer las nuevas propuestas que puedan favorecer a los inmigrantes hispanos, y a que los expertos, asesores y equipos de apoyo de ambas candidaturas sabían que la balanza se podía inclinar gracias al llamado "voto hispano", quisimos aportar una cuota de orientación e información, mostrando facetas diferentes de los candidatos Gore y Bush. La idea era que el público pudiera conocer algunos tópicos familiares, ángulos humanos poco difundidos, y supieran de boca de quienes buscaban su voto, lo que pensaban sobre la inmigración hispana. Les propusimos una entrevista por separado, y ambos aceptaron.

Todos los que hacemos *Sábado Gigante* sabíamos lo significativa que era esta deferencia, por cuanto fuimos el único programa de entretenimiento en español que recibió esa atención. Sólo que nunca nos imaginamos la titánica tarea que nos esperaba para concretar las citas frente a la cámara.

Lo primero fue encontrar una fecha en que cada uno de los candidatos dispusiera de algunas horas para nosotros. Cada vez que establecíamos una posible oportunidad, había que coordinarla con nuestro calendario de grabaciones del programa, que es inamovible y que se elabora con un año de anticipación, pues —como he dicho— el uso del estudio se alternaba con *El Show de Cristina*.

Por fin, lo que parecía casi imposible de alcanzar, se logró. Se fijó el día y el punto en la geografía estadounidense donde seríamos recibidos por cada candidato. Según lo pactado, partimos desde Miami hacia Cedar Rapids, en el estado de Iowa, en el norte central del territorio, para entrevistar a Al Gore. Fuimos siete personas, entre ellos periodista, camarógrafo, iluminador y sonidista, además de un equipaje técnico que pesaba alrededor de 1,400 kilos (algo más de 3 mil libras). Viajamos primero hasta Chicago, donde bajamos para cambiar de avión y llegar a Cedar Rapids muy puntualmente. Nuestros técnicos nos habían precedido y tenían todo instalado para la entrevista. Después de un acto político masivo, el candidato demócrata hablaría con nosotros. Una pequeña casa, tras el escenario, nos servía de estudio de grabación. Nos sometimos al maquillaje de rigor. Probamos luces, sonido, cámara. Todo listo.

Aproveché los minutos que nos quedaban para dar una vuelta por los alrededores y mirar el mitin político. Era mi primera experiencia en una campaña presidencial estadounidense y tuve la impresión de que el candidato visita estos pueblos más por la imagen periodística que para establecer un contacto personal con los electores. Al menos yo traía de mi tierra, en la memoria, otro estilo: actos masivos, populares, discursos fogosos, concentraciones de cientos de miles de personas. Pero en Cedar Rapids no se reunieron más de 2,000 personas, de las cuales alrededor de 500 eran periodistas. Un concepto "electrónico" de la política. Ésta se proyectaba en imagen.

Terminó de hablar Gore y uno de sus asistentes se acercó a pasarle una llamada urgente desde Washington. Había una reunión imprevista del Consejo de Seguridad, al parecer debido a una grave situación en el Medio Oriente entre árabes e israelíes. El vicepresidente debía asistir, lo que en buen romance significaba que nosotros nos quedábamos sin la entrevista. Así de fácil. Gore, en un gesto de cortesía, se acercó a saludarnos y a pedir disculpas. Unas rápidas frases gentiles, algo de humor, risas, fotos... y hasta la vista.

En ese momento, su asesor de prensa nos propuso que viajásemos en el avión vicepresidencial, el Air Force 2, para hacer la entrevista en pleno vuelo. La idea me pareció tan espectacular como imposible de concretar. Sólo desarmar el equipo nos demoraría más de una hora, y otro tanto después poder armarlo. Gore estaba urgido. Se fue y nosotros guardamos todo, con calma y desilusionados. Debíamos seguir el viaje, pues al día siguiente cumpliríamos con la entrevista a Bush, en una ciudad muy distante de donde nos encontrábamos.

Desde Cedar Rapids volamos a Denver, en el estado de Colorado, sitio en el cual debíamos hacer una combinación aérea. Hora y media después de llegar a la ciudad, nos estábamos embarcando hacia Austin, la capital del sureño estado de Texas, fronterizo con México.

Arribamos pasada la medianoche y nos fuimos directamente al hotel, pensando en dormir y descansar aunque fuese un rato. Lo que se pudiera. Lo que se pudo no fue más de dos horas. A las cuatro de la madrugada nos recogían para conducirnos hasta el rancho de George W. Bush, en Crawford, un sector rural próximo a la ciudad de Waco, conocida porque ahí, en 1993, murieron calcinadas 33 personas (hombres, mujeres y niños) pertenecientes a una secta "davidiana", luego de resistir dos meses el asedio policial.

Perdí la cuenta de los cordones de seguridad que hubo que pasar cada vez para llegar hasta nuestro punto de reunión con un candidato. El servicio secreto revisaba cámara por cámara, máquina por máquina, automóvil por automóvil, rueda por rueda.

Llegamos al rancho del gobernador Bush cerca de las 6 de la mañana, acompañados de su encargada de prensa para los medios hispanos, Sonia Colin. Comenzamos a instalar nuestros equipos para tenerlos listos a las 8, hora convenida. En eso estábamos, cuando vimos que se aproximaba un carrito de golf. Junto al conductor, venía alguien saludando con la mano, vestido en short y camiseta.

—Hola, qué tal. ¿Cómo están ustedes? —nos dijo.

¡Vaya sorpresa! Era el propio Bush.

—Disculpen que los haya hecho levantarse tan temprano, pero tengo una agenda muy complicada. ¿Cuánto les falta para estar listos?

—En el momento que usted diga, gobernador —respondí.

Se fue y regresó a los pocos minutos, en el mismo carrito, vistiendo jeans.

Saludos frente a la cámara, una breve historia, quedan pocos días para la gran final... El candidato interrumpió:

—Sepa, Don Francisco, que sólo la periodista Barbara Walters alguna vez me entrevistó en mi rancho. Quise que con usted fuese aquí nuestra charla, porque conozco de su actividad con la comunidad hispana, que yo tanto respeto. Si gano la presidencia, lo invitaré otra vez.

—Entonces la invitación será a la Casa Blanca —le agregué, sin titubear.

—Conforme.

Entramos al diálogo. Yo procuré obtener el pensamiento del posible presidente Bush sobre lo que supongo es, por uno u por otro motivo, un tema central de la audiencia hispana de *Sábado Gigante* en Estados Unidos: el futuro de los inmigrantes. Algunos aspectos de la conversación:

—Usted es gobernador de un estado donde viven más de seis millones de hispanos. ¿Se han beneficiado ellos con su gestión?

—Ellos conocen muy bien mi corazón. Yo no menosprecio a los hispanos. Todos los hispanos son bienvenidos en Texas. La frontera mexicana es muy grande y con muchos problemas, y yo estoy trabajando con el presidente de México para ayudar a solucionar esos problemas.

—En este país residen 32 millones de hispanos. Si usted llega a ser presidente ¿cuál será su política con la inmigración hispana?

—Tenemos que reforzar las leyes de frontera, con un sentido humanista. Impulsaremos la reunificación familiar. Al inmigrante ilegal se le deber permitir estar con su familia y el Servicio de Inmigración debe permitir que las familias se reencuentren, que vengan como turistas, mientras arreglan sus papeles. Pero este Servicio no funciona, ha sido ineficiente, burocrático. Lo voy a reformar y a dividir en dos: uno para cuidar la frontera y otro para tramitar papeles, que deberían tramitarse por no más de seis meses. Y los oficiales de inmigración deben tratar a las personas con respeto; los que maltratan a la gente en la frontera, tendrán que pagar las consecuencias del mal trato.

—En la inmigración hispana también se vive un problema educacional: no más del 50 por ciento completa su educación básica.

—Lo más importante es que todos los hispanos puedan leer. Hay que crear programas de aprendizaje desde temprana edad. Muchos de los que llegan a este país están acostumbrados a un sistema en que el niño abandona la escuela; eso tiene que cambiar. El joven debe completar su educación para poder ir a la universidad y realizar su ideal.

—Gobernador, ¿Estados Unidos necesita inmigrantes hispanos o cree usted que ya hay suficientes?

—La inmigración reglamentada es positiva para una nación. Los recién llegados aprenden a querer al país, trabajan muy duro y contribuyen a él. No pienso que se deba detener la inmigración hispana.

—Hay muchos ilegales en Estados Unidos. Hace más de 10 años que no hay una amnistía. ¿Usted daría una amnistía a los ilegales?

—He meditado bastante este tema. No apoyo una amnistía total. Estoy de acuerdo con una reforma en la ley de inmigración y en el cuidado de las fronteras. Seguramente hay casos que debieran reconsiderarse, pero no una amnistía total.

Por fin teníamos la entrevista exclusiva ya grabada con uno de los dos candidatos. Terminada la cita en el rancho del gobernador Bush, agradecimos su tiempo, empacamos el equipo y corrimos al aeropuerto de Waco para volar hacia Dallas y alcanzar a combinar con un vuelo a Miami, donde nos esperaban para iniciar la grabación de *Sábado Gigante*, previa reunión de lectura del libreto, como lo hacemos siempre. No había siquiera derecho a respirar, mucho menos descansar.

Partimos de regreso pensando que nos faltaba conversar con Al Gore y que si esta entrevista no nos resultaba, iba a ser difícil difundir nuestra charla con Bush. Nuestro interés es como siempre comunicacional, presentando a los dos candidatos al mismo tiempo y con las mismas oportunidades.

Al día siguiente, reanudamos las llamadas a las oficinas de Gore. El jefe de prensa hispana de su campaña, Dagoberto Vega, nos aseguraba cada vez que el vicepresidente estaba muy interesado en la entrevista con *Sábado Gigante*, pero, ¿cuándo? Nos propuso que el próximo domingo lo visitáramos en su residencia particular, en Washington. Comenzábamos los arreglos en ese sentido cuando nos dimos cuenta de que los horarios no nos combinaban. Una semana más de conversaciones. Surgió otra posibilidad para el viernes. Arriba en el mapa, en el noreste del país: Nueva York.

—*Okey* —dije.

El jueves temprano, nuestro equipo técnico salió hacia la ciudad de los rascacielos para visitar y preparar la *suite* del hotel donde celebraríamos la cita. Pero en horas de la noche del jueves la entrevista fue cancelada. Había fallecido, víctima de un accidente, el gobernador de Missouri, el demócrata Mel Carnahan, y Gore asistiría a sus exequias. Una lástima, pero se nos acababa el tiempo y ya no lo podíamos seguir más.

Pasamos todo el fin de semana intentando encontrar otra nueva posibilidad en un nuevo lugar. Era bien complicado, pues Gore no disponía del tiempo y nosotros tampoco. Pero por sobre todo primaba el interés de entrevistarlo. Además, ese sábado yo volaría hacia la costa oeste del país, a Los Ángeles, en cumplimiento de otro compromiso adquirido con anterioridad. Y desde allí seguiría el martes a Chile.

Apareció una fecha posible ese fin de semana: el domingo 22 de octubre, al mediodía, en el salón VIP del aeropuerto de Albuquerque, en el estado de Nuevo México, donde Gore permanecería sólo unas horas en un evento de su campaña. Aceptado. Volé muy de mañana desde California. Mis compañeros lo habían hecho la noche antes, desde Florida. Y se cumplió el propósito:

—Me gusta el nombre de su programa, Don Francisco. Yo quisiera tener un "martes gigante", el 7 de noviembre —partió diciéndome Gore, entre risas, en relación a la fecha electoral.

Hice un apretado resumen sobre la carrera del vicepresidente y entramos al diálogo directo. Busqué tocar aspectos humanos, como también sus ideas con respecto a la inmigración. Una síntesis de lo conversado:

—¿Cómo ve el problema que viven los hispanos al emigrar a Estados Unidos en relación a la separación familiar?

—Las familias no deberían estar jamás separadas.

—Usted fue combatiente en Vietnam. ¿Qué recuerdo mantiene de eso?

—Fue un tiempo difícil. Me fui de voluntario a Vietnam el mismo día de Navidad y cuando sólo tenía seis meses de casado. Lo hice a pesar de tener grandes dudas acerca del significado que había detrás de lo que ocurría allá.

—En la guerra se está muy cerca de la muerte. ¿Qué piensa del aborto?

—Es un tema controversial. Creo que la pregunta más bien sería: ¿quién debe tomar esa decisión? Hay muchas circunstancias, aunque se piense que no es correcto. En la mayoría de los casos, esa decisión debe adoptarla ella (la mujer gestante) luego de consultar con su médico, su ministro de fe, su conciencia y su Dios.

—¿Tiene usted sentido del humor...?

—Sí, especialmente en *Sábado Gigante*.

—Su hija Kristin nos ha dicho que usted es muy gracioso.

—Bueno, eso debe ser por algunas bromas que les hago. Hace unos días estaba duchándome, tomé un champú y me lo puse, frotándome la cabeza. Aún con espuma en la cara, como secándome los ojos, fui hasta mi habitación llevando un envase de una crema depiladora que había por allí. Bastó que mi esposa me viera y dio un grito de espanto, pensando que me había confundido. Resultó divertido.

Misión cumplida. Ambos candidatos, sabiendo que en nuestro público había millones de electores, pusieron también todas sus fuerzas para decir algunas frases en español. Saludaron, pidieron el voto, dijeron su par de cosas en un muy incipiente castellano, y salieron airosos del paso.

Fue una magnífica experiencia, aunque algo agitada. Alcancé a conocer a un Al Gore cuya personalidad me pareció que no cuadraba con la de un político. Creo que evidenciaba ser más bien un técnico, un hombre que maneja estadísticas, números, conocimientos. Se me ocurre que para sus asesores de imagen debe haber sido difícil la tarea de mostrarlo menos duro, más sonriente. Aunque él lo hacía, siempre se le veía nervioso, no le salía natural. Sin embargo, nuestra entrevista tuvo un ingrediente que no se dio con Bush: participaron su esposa y su hija —que habla bien el español— y con esta sorpresa logramos una risa fácil de Gore.

Bien por todo el equipo humano de trabajo. Fueron 15 o 20 días recorriendo el territorio estadounidense de un lado a otro, de costa a costa, pero valió la pena. Largas y repetidas conferencias telefónicas, subir y bajar de aviones, citas frustradas, tediosas esperas, abruptas cancelaciones, carreras, taxis, hoteles. Ni quise averiguar el costo final de las entrevistas. Me fui a Chile, satisfecho, a esperar verlas en la pantalla.

Lo que ni yo ni nadie esperaba era la pésima noticia con que nos derrumbó nuestro técnico sonidista. Pálido, casi tartamudeando, muy nervioso nos dijo:

—Se perdió el sonido en la entrevista a Bush.

¡No podía ser! Pero así era. Los duendes se metieron en la caja grabadora. Gajes del oficio. Se hicieron todos los esfuerzos por recuperar el audio. Técnicas modernas, equipos sofisticados, filtros supersensibles, la más alta tecnología puesta a prueba para lograr mejorar ese sonido, que por una u otra razón quedó registrado muy bajo, casi inaudible. No hubo caso. ¿Qué hacer, a pocas horas de lanzar el programa al aire?

Para colmo de males, en Santiago yo había caído a la cama con una fuerte neumonía, tenía alta temperatura, transpiraba a mares y tosía a cada momento. En medio del reposo absoluto ordenado por mi médico, surgió una idea como posibilidad y la intentamos: durante casi 30 horas hicimos un finísimo trabajo para doblar el sonido. Si me lo contaran, no lo creería. Medimos segundo a segundo cada movimiento de mis labios y, sin moverme de la cama, fuimos grabando mis preguntas otra vez, aunque debíamos parar la grabación cada dos minutos por mis accesos de tos. Para las respuestas, la voz de Bush se escucharía de fondo porque sobre ella iba la traducción al español.

Al final, la edición quedó perfecta y salimos al aire con las dos entrevistas el sábado 4 de noviembre. Era la última fecha, tres días antes de las elecciones. Los reportes de sintonía marcaron muy buena recepción. Diversos medios de la prensa escrita se hicieron eco de los diálogos.

Ése fue nuestro aporte, que al final quizá tuvo una trascendencia insospechada. No lo podemos medir, pero es conocido el hecho de que la lucha electoral voto a voto se dio en el estado de Florida, donde el controvertido recuento hizo demorar la proclamación del nombre triunfador. Al parecer, "el voto cubano" habría terminado castigando a Gore —sin tener él responsabilidad— como consecuencia del desenlace del llamado "caso Elián", el niño náufrago cubano. Sólo cabría agregar "así es la política... y punto".

Pasaron unos pocos meses, y el 5 de mayo de 2001 fui invitado por el presidente George W. Bush a una entrevista exclusiva en su Despacho, en la que se refirió —hablando por momentos en español— a los más importantes temas que afectan a la comunidad hispana. En horas de la tarde, ofreció una fiesta mexicana en los jardines de la histórica mansión, dándome el honor de ser el maestro de ceremonias, oportunidad en la que generosamente me calificó como "la cara de los hispanos en Estados Unidos". Al difundir por el mundo las alternativas de esa celebración, la agencia de noticias Reuters dijo: "Parecía una edición más de *Sábado Gigante*, pero era viernes y en la Casa Blanca".

Consideré una enorme distinción el hecho de que el presidente Bush me hubiera concedido esa entrevista, que pasó a ser el primer diálogo que él sostiene en la Casa Blanca con un programa de televisión que no fuese de noticias. El gesto, obviamente, me dejó muy satisfecho. Y sus palabras elogiosas e inmerecidas, las interpreté como estar alcanzando otra cumbre, otra meta. Recordé velozmente mi niñez, cuando miraba la montaña y pensaba que me gustaría cruzarla.

Cruzando la Cordillera

—¿Qué hay detrás de ese cerro, papá?

Desde pequeño tuve la inquietud por viajar. Entonces soñaba con poder descubrir algún día lo que habría oculto al otro lado de esa alta cordillera que flanquea todo el territorio chileno y que, además, me daba la impresión de que nacía en el límite del patio de mi casa, en Ñuñoa. Yo vivía mirando esa montaña tan próxima, blanca en el invierno, negra bajo el resplandeciente sol del verano, y me seguía preguntando: ¿qué habrá más allá? A mis 12 o 13 años pensaba que llegando a la cima podría ver Argentina. Hasta que un día me decidí y subí, caminando. ¡Qué frustración! Detrás de ése, había otro cerro, más alto que el primero. Lo subí también. Ocurrió que seguían muchos cerros más, en cadena.

Comencé a decir en casa que me gustaría viajar, que tenía inquietudes por aclarar, que quería traspasar la Cordillera de los Andes. Por fin, a los 16 años, mis padres accedieron a enviarme por unos días de vacaciones a Buenos Aires. Era mi primer viaje y lo hice solo, algo impensable para la época. Crucé el macizo andino por el aire, contemplando absorto su paisaje, sus nieves eternas, sus acantilados, sus picachos, su geografía. Y, ¡vaya!, cuando terminó la montaña y el avión comenzó su rápido descenso, apareció otra vez el paisaje tal como el de mi tierra: sembrados, caminos polvorientos y casas campesinas en medio de grandes extensiones de terreno. Llegando el vuelo a Buenos Aires, tuve otra desilusionante sensación: calles, vehículos, gente en un incesante ir y venir, edificios, ruidos, algarabía, humo. Igual como en Santiago. Sin haber hecho antes un viaje, yo tenía la ilusión de que en otro país todo iba a ser distinto y me encontré con que las esquinas eran la misma cosa y hasta los semáforos se me hacían parecidos. Sólo después de unos días aprecié lo que no pude captar a primera vista: Buenos Aires era una de las grandes capitales del mundo, a diferencia de Santiago que en 1956 era pequeña y modesta.

Años después viví una experiencia más seria al ir a estudiar a Nueva York, lo que me hizo reflexionar sobre la importancia que tiene viajar. Aprendí muchas cosas entonces: puntualidad, el valor de la eficiencia, la planificación, el uso al máximo de la tecnología de ese entonces y me quedó impregnado definitivamente el gusto por los viajes.

Consideré que si algo deseaba para mi futuro era viajar bastante, aunque, claro, quizá la profesión de Técnico Modelista para la que me estaba preparando no serviría mucho para ese propósito. Por eso, cuando tuve la oportunidad de ingresar a la televisión, pensé de inmediato en realizar mi anhelo de conocer y recorrer otras realidades, considerando además que sería una excelente base para formarme, obtener conocimientos y desarrollarme. Sobre todo, aprender de otras culturas y conocer gente diferente.

* * *

Vi en Estados Unidos televisión por casi dos años y ahora necesitaba ver una similar a la nuestra para poder adaptar lo visto y conocido en Nueva York. Al cumplir el primer año de vida en televisión, viajé a la vecina Argentina para informarme sobre la gestación y desarrollo de los programas de televisión de larga duración, concretamente el famoso *Sábados Circulares*, de Pipo Mancera, del cual tanto se escuchaba hablar. Pipo era un periodista avezado que combinó los reportajes periodísticos con la música. A esa idea de contenido yo le agregué lo visto y asimilado en la televisión norteamericana, en cuestiones de humor y entretenimiento. De ahí que mi programa resultara una mezcla de ambas experiencias.

No fui con las manos vacías en cuanto a ideas. Ante una propuesta mía —que a Mancera le llamó la atención— decidimos organizar en conjunto un campeonato internacional de leñadores, que logró resonante éxito.

Acordamos con Mancera un intercambio de reportajes que iniciamos sobre la marcha. Para no perder un minuto de tiempo, me prestó una cámara filmadora para hacer una nota en el balneario de El Ancla, en el Río de la Plata. Nunca me había parado ante una filmadora, por lo que sin duda el reportaje —en blanco y negro— no resultó óptimo, pero al público le agradó y dio lugar a que creáramos el segmento que hoy es el más antiguo del programa y que entonces se llamó "La película extranjera". Con la internacionalización, cambiamos el nombre a "La cámara viajera", dado a que muchas notas se lograban en Estados Unidos y, al transmitirse el programa desde Miami, los lugares recorridos dejaban de ser extranjeros.

Tras casi 40 años con "La cámara viajera", he cumplido unos 160 grandes viajes y he dado no sé cuántas veces la vuelta a la Tierra para producir más de 1,500 reportajes que me han enseñado a apreciar la diversidad y la similitud de la gente que habita los 123 países que he visitado. Contar sobre todos mis viajes, llenaría un libro completo. Quizá lo haga algún día. Por ahora quisiera sólo hablar de algunas experiencias que me marcaron y me enseñaron.

He utilizado cuanto medio de transporte pueda servir y existir. ¡Por el que me pregunten, lo conozco! Diría que no se me ha escapado ninguno: avión, barco, automóvil, bicicleta, camello, elefante, avestruz, tracción humana (como el *rickshaw* en Hong Kong), planeador, globo, caballo, helicóptero, submarino, burro, casa rodante, jeep, zepelín, monomotor, *Concorde*, bueyes, botes, etcétera.

Algo similar ocurre con las comidas que he probado y que en muchos casos me han obligado a olvidarme de mis pretensiosas dietas: sesos de mono, carne de jabalí, de lagarto, de ranas, insectos, lombrices y hasta un huevo de gallina guardado desde hacía 100 años bajo tierra.

Me entusiasmó tanto la idea de hacer ese tipo de notas a través de viajes, que decidí empezar por Estados Unidos y mostrar en mi programa algo del fascinante mundo de las estrellas de Hollywood, la meca del cine y del espectáculo, sobre la cual tanto había escuchado en mis años en Nueva York. Pensé que era un tema entretenido, que siempre gusta y que produce permanentes novedades. Además, creía —como me pasó con mi viaje juvenil a Buenos Aires, al pensar que sería diferente— que al llegar a Hollywood me encontraría con Elizabeth Taylor comprando el pan en el supermercado y con Gregory Peck a la vuelta de la esquina lustrándose los zapatos. Resultó que no era así la cosa.

Me costó mucho convencer a las autoridades del Canal 13 de lo exclusivo e impactante que sería ir a captar en directo algunas notas en la cinematográfica Hollywood, en California. Pero viajar sin contar con recursos económicos era toda una odisea. Además de que en ese entonces nadie en la televisión chilena creía en la importancia de los viajes, ni en el interés que los reportajes podían tener en el público.

Tras muchos desvelos, conseguí que el Servicio Informativo de Estados Unidos (USIS) me extendiera una invitación protocolar y que los pasajes me los hiciera llegar la aerolínea peruana APSA. Debía sólo pagarme el hospedaje, y cómo el dinero era insuficiente, me alojé en un motel que costaba 10 dólares diarios.

En Los Ángeles conté con la ayuda de unos camarógrafos jubilados contratados por el USIS. Mi primera impresión de Hollywood fue que parecía un barrio industrial: los estudios de cine semejaban fábricas, vistos desde la calle.

Comenzamos haciendo reportajes en la tradicional ruta de un turista: el Teatro Chino, las residencias de los famosos, las Estrellas en el Paseo de la Fama, etc. ¿Qué más? Mis colaboradores ocasionales, deseosos de prolongar el trabajo —que era sólo por tres días— me daban muchas ideas. Una me pareció muy apropiada: la posibilidad de concurrir, la noche subsiguiente, a la entrega de los premios Globo de Oro (una variante del famoso Óscar), espectáculo al que asistiría lo más cotizado y de moda entre actores y actrices de cine.

Hice un tremendo esfuerzo para lograr que nos permitieran concurrir con cámara, pues pensaba que sería, la verdad, un gran punto a favor de mi programa. Me disfracé de personaje elegante, con zapatos de charol, abrigo largo y negro, bufanda blanca al cuello y un buen puro en la boca, para disimular un poco mis jóvenes 21 años. El encargado de autorizarme partió diciéndome que me sería imposible filmar el espectáculo, ya que los derechos habían sido vendidos a la cadena NBC. Tendría que regresar a Chile sin lograr una sola entrevista con alguna estrella de Hollywood. ¡Qué fracaso sería!

—¿Cuánto puede pagar usted? —me dijo el *manager*, al ver mi rostro compungido.

No perdí mucho tiempo para responderle:

—Nada. La televisión chilena no es comercial. Pertenece a las universidades.

—Buen aroma el de su puro —fue su repuesta, saliéndose con habilidad del tema.

Eso me bastó. Le pedí que me esperara unos minutos y regresé con la caja de finos habanos, prohibidos de importar en Estados Unidos por el embargo a Cuba, que yo había comprado a mi paso por el aeropuerto de Panamá, para llevarle de regalo a mi padre. Lo sorprendí, a tal punto que me dijo:

—¿Sabe mi amigo? Me siento comprometido con usted. Haremos una excepción. Autorizaré para que lo ubiquen en un pequeño espacio al lado de la NBC.

Filmamos todo muy cerca de las grandes estrellas y en varios casos conversé con ellas. Como yo no dominaba el inglés, algunos diálogos, como el sostenido con John Wayne, me resultaron mejor gracias al español que hablaba el entrevistado. Y Elizabeth Taylor fue tan gentil que me habló muy lento para que la pudiera entender. Lo mismo ocurrió con Adam West, Anouk Aimeé. Y seguí con Richard Burton, Charlton Heston, Dean Martin y varios otros. No entendía mucho lo que la mayoría de los actores me decían, y creo que ni ellos lo que yo les preguntaba. Fueron más bien diálogos a base de gesticulaciones y movidas de ojo. Cuando entrevisté a Anne Baxter, ella me hacía gestos como que se rasuraba el rostro, por lo que yo deduje y comenté en la grabación que al parecer había trabajado en *La Afeitada*. ¡Vaya error! Era la estrella de un clásico del cine, *Al filo de la navaja*.

Regresé a Santiago cuidando con especial celo las 22 latas de películas con las filmaciones de mis entrevistas. Eran un tesoro y las llevé de la mano conmigo. De ninguna manera podía permitir que las embarcaran como equipaje o carga. ¡No les fuera a pasar algo! Las quería ir tocando, para estar seguro de su existencia, de que no había sido un sueño. De hecho, el poco rato que dormí en el avión, lo hice con una mano puesta sobre las latas. Es que era un material muy valioso y único para mí. ¡Cuándo un chileno, o un argentino, había entrevistado a tanto artista de cine! Me parecía increíble con las estrellas que me había codeado.

Como imaginé, la exhibición de los reportajes fue un éxito muy comentado. Todo ese material se transformó en la vedette del programa y significó a la vez mucha promoción para *Sábados Gigantes*. La sintonía subió como espuma y comenzó lo que podría llamar la "época dorada" de "La cámara viajera". Empecé a recibir invitaciones de embajadas para viajar a determinados lugares a filmar reportajes. Así ocurrió con Francia, Alemania e Italia. Fueron las primeras en llamarme. Y para otras partes, pedía de frente que me invitasen. Nadie se hacía problema.

Más bien los problemas podía tenerlos yo, como ocurrió al viajar a Francia sin hablar su idioma. Me costaba comunicarme a pesar de que tenía un traductor. No hay mucha ayuda en ese sentido para los visitantes. Pero finalmente lo superé y los televidentes pudieron, sin moverse de sus casas y sentados en primera fila, viajar por la grandiosidad de la historia francesa, recorrer sus hermosas ciudades llenas de luz y de vida, conocer la Torre Eiffel, cruzar los puentes sobre el Sena, pasar bajo el Arco de Triunfo y verse caminando por los Campos Elíseos o entrando al espectáculo revisteril del Moulin Rouge. Todo ayudaba a imaginarse un poco la Francia antigua.

Con el mundo de las comunicaciones tan ágil, expedito e instantáneo, puede que hoy sea difícil imaginarse lo que significaba tener una cámara viajando por Europa. Pero a mediados de los años 60, vivir en un pequeño y remoto país llamado Chile, en el extremo sur del mundo, y llevar hasta ahí reportajes de experiencias personales en otras latitudes y longitudes, constituía una novedad, esperada semana a semana por los telespectadores, que tenían así la oportunidad de viajar por el planeta y aprender en la escuela de la vida sobre las diferentes formas de pensar y desarrollarse —costumbres, lengua, religión, geografía, historia— del ser humano.

Fue durante mi primer viaje a Alemania cuando aprendí y conocí de cerca la aplicación del concepto del rigor de la hora, el orden, la limpieza. Todo se hacía a la hora fijada, sin atrasos, con fiel cumplimiento de la exactitud. ¡Y pensar que en Chile hablábamos de la "hora chilena"! La impuntualidad es común en países latinoamericanos.

Me parecía, entonces, que Europa era no sólo "el viejo mundo", sino, además, "otro mundo" en relación con nuestras costumbres sudamericanas. Pero al llegar a Italia me encontré con gente de un carácter muy distinto al de sus vecinos franceses y alemanes: la sonrisa a flor de labios, el piropo siempre listo para una mujer linda. Aprendí al ver en pie esos testimonios históricos que los italianos exhiben y cuidan desde el Imperio Romano. Supe también que no podía descuidarme en el taxi, ni en el hotel, ni en el restaurante, porque al primer descuido te sacaban hasta el alma. Un respeto absoluto tenían los italianos por el horario... de salida. Jamás el de entrada. Hallé que nos parecíamos bastante con los italianos. Siempre recuerdo que cuando salíamos a trabajar con gente de la RAI, la televisión italiana, apenas el reloj marcaba mediodía en punto, el jefe del grupo se apresuraba a decir:

—Es hora de almuerzo y por orden del sindicato, tenemos que almorzar.

—Sí, cómo no —afirmaba yo.

Invité varias veces el almuerzo. En ese tiempo la comida no era cara para nosotros. Estábamos almorzando, cuando de repente uno de ellos planteaba:

—Permítenos, Mario. Nosotros te vamos a invitar una botella de vino.

Abrían una botella, comenzaban a cantar y se ponían a bailar. Yo miraba la hora: tres de la tarde. Los observaba tratando de decirles que quería y que necesitaba seguir trabajando.

—Oye, la vida hay que vivirla —se me adelantaban.

No filmábamos ni un segundo más. Nadie podía sacarlos del prolongado "almuerzo".

—Mañana en la mañana lo hacemos... ¿Qué problema tienes, chileno?

Ésa era una constante, gente que vivía de la buena mesa, de la alegría. Personas bastante más relajadas que nosotros, por supuesto. Sin embargo, aunque me identifiqué bastante con los italianos, no alcanzaba al sentimiento que sentía por España. Esto por varias razones, una de las más importantes nuestra lengua común.

Es uno de los países que he visitado más veces y donde he pasado más tiempo. Una inmensa nación que he recorrido casi por completo, en la que desde un principio acaparó mi atención —aparte de su cocina— la diversidad regional. De España me quedó el apego a las tradiciones, al folklore, a la tierra. Pero sobre todo, observé entusiasmado cómo a través de la sonrisa conquistaron al mundo como potencia turística. Luego, a medida que fui descubriendo sus propias diferencias culturales, y mientras iba conociendo Latinoamérica en mis viajes, pude entender mejor la influencia de la idiosincracia y cultura españolas en todos nuestros países.

El concepto de ciudad, por ejemplo, que fue tomado tan similar de los constructores españoles; los pueblos blancos; la plaza principal donde guardaban las armas en medio de la ciudad, que nos llevó a nuestras Plazas de Armas, que son ahora un lugar para pasear pero mantienen su ubicación y su nombre.

¡Gran sorpresa fue ver a un español vestido de huaso![12]

—No, señor. Éste es el traje andaluz —me corrigieron.

[12] Hombre del campo chileno.

302

Caminé por la historia al recorrer España. Fue interesante visitar la región de La Mancha y conocer la tierra que hizo famosa Don Quijote. Estuve en el pueblo del conquistador Diego de Almagro, y llegué hasta lo que fue Puerto de Palos, que ya no es puerto ni hay palos, sólo tierra. El mar se ha ido alejando y hoy dista tres kilómetros de donde zarpó Colón.

Paseando por Barcelona, a las 12 del mediodía, frente al conocido almacén Galerías Preciado, una banda tocaba sardana. Me gustó escucharla y se me pusieron los pelos de punta al ver que la gente que va caminando por ahí cerca deja a un lado sus bolsos o maletas de mano, se quita el abrigo de piel en media calle, se olvida de todo y comienza a bailar, como si el mundo no existiera o no le interesara.

No me pude explicar, estando en Galicia, de dónde pudieron salir tantos chistes de gallegos. La gente de ahí me pareció fantástica. Simpáticos, trabajadores. Pasé unos muy buenos momentos allá. Muchos pueblos de la zona lucen las banderas de varios países sudamericanos en sus ayuntamientos, debido a la gran cantidad de gallegos que emigraron a esas tierras.

En la ciudad de Valencia nos robaron la cámara filmadora. ¡Ahí sí que la hicimos buena! Nos quedamos sin equipo para trabajar. Ocurrió mientras estábamos en un restaurante, entusiasmados alrededor de una típica paella valenciana. De pronto, desapareció la cámara. Quedamos fríos. Nuestro anfitrión llamó inmediatamente al jefe de la policía y le explicó. Éste nos dijo: "No se preocupen, aquí en Valencia una filmadora como la de ustedes la encontramos rápido". Menos mal que tenía razón. A las seis de la tarde la teníamos de regreso. Unos marroquíes la habían sustraído.

El éxito del segmento "La cámara viajera" creció y eso nos hizo buscar nuevos desafíos. Con el equipo de producción barajábamos propuestas para decidir cuáles serían las notas más sabrosas y novedosas, cuando apareció el tema de la libertad sexual en los países nórdicos, sobre lo cual se comentaba bastante en Chile.

Viajamos a Suecia, empapados —y entusiasmados— con la información de que se trataba de la nación más liberal del mundo. A tal punto que cuando volábamos hacia allá, tejíamos todo tipo de fantasías. El que menos, creía que al bajarnos en el aeropuerto de Estocolmo, las mujeres se nos iban a tirar encima y todo se transformaría en una tremenda fiesta. Con lo que de verdad nos encontramos fue con un país bastante más avanzado que los sudamericanos, pero los famosos *pornoshows*, que fuimos a ver como gran novedad, nos decepcionaron. Más publicidad que otra cosa.

También estuvimos en una sauna donde según anunciaban, había una atención profesional muy exquisita y cuidadosa. Nosotros —el periodista, el camarógrafo y yo—, que habíamos visitado hacía poco tiempo la India, donde vimos mucha vida natural, decidimos ir a la sauna para un sano y reponedor baño. Nos metimos a ese calor y a los diez minutos aparecieron tres bellas jóvenes, de hermosas formas, desnudas, rubias, sonrientes, y al parecer muy generosas, de físicos tan grandes como nunca habíamos visto. ¿Qué ocurría? Estábamos equivocados de sauna. En el pago efectuado al entrar, estaba incluido "todo servicio personal" con esas verdaderas reinas de belleza. Nos asustamos tanto que nos vestimos y nos fuimos haciendo venias, todos amables, sonriendo. Nunca supimos cómo se desarrollaba el *show*. Nos deben haber creído locos.

Suecia, Noruega y Dinamarca son países más bien pequeños que entonces aún recordaban su paso por la guerra. Sus economías eran muy ahorrativas, sin dilapidar el dinero para nada. Todo bien controlado, gastado o invertido.

Nuestro viaje continuó por Noruega. Quería llegar a Hammerfest, la ciudad de las mujeres, pues llevaba la misión personal de hermanarla con la chilena de Punta Arenas, ambas en la misma latitud, pero en polos opuestos. En medio de esos afanes tuve una experiencia increíble y sorpresiva sobre la monarquía nórdica. Ocurrió durante un vuelo por el interior del país. Iba también a bordo en ese avión de clase única el rey Olav V, acompañado sólo por su secretario. Hasta ese momento yo me imaginaba a un rey como creo que todo el mundo lo hacía, gracias al cine, la televisión o a las fotos en revistas y diarios. A mí me hablaban de un rey y pensaba de inmediato en la magnificencia junto a la reina Isabel de Inglaterra, el palacio de Buckingham, la Guardia Real, y todo su séquito, pajes, pompa y fastuosidad alrededor.

Sin embargo, el rey noruego viajaba sin más guardia que su asistente, ambos sentados en la primera fila. Al ver que así era la cosa, me acerqué a Olav V, nos saludamos y le obsequié un banderín del popular club chileno de fútbol Colo-Colo. El soberano estaba cumpliendo una actividad protocolar en cada aeropuerto donde el avión hacía escala. Detenida la aeronave, colocaban apresuradamente una alfombra roja en tierra, el rey bajaba, una banda de tres o cuatro músicos entonaba los aires correspondientes mientras dos soldados le rendían honores con sable. El hombre saludaba a cuatro o cinco personas, al parecer inauguraba un monumento, se despedía, subía al avión que lo esperaba, íbamos a la siguiente escala y se repetía el programa.

"La cámara viajera" debía cumplir con sus telespectadores mostrándoles siempre algo distinto. El público se fue acostumbrando a ver caras, cosas, hábitos, lugares diferentes a través nuestro. ¿Dónde hay gente que se vea distinta y con otras costumbres?, pensamos. No hubo vacilación: en Asia. Decidimos ir a China, Japón y Corea, convirtiéndonos en el primer equipo de televisión en español en hacer reportajes en una China continental sin Mao.[13]

[13] Mao Tse-Tung fue presidente de China Popular, donde instauró un régimen comunista. Falleció en 1976.

Llegamos sólo horas después que aterrizó allá el equipo de la BBC de Londres, al que se le consideró pionero en la noticia.

Alcanzamos a conocer aquel país de mil millones de habitantes en una época en que aún todos vestían el mismo modelo y color de ropa, y llevaban similar corte de pelo. Como a las mujeres se les exigía usar un corpiño cubriendo y aprisionando los senos, era difícil distinguir a simple vista un hombre de una mujer. Ni siquiera al verlos en bicicleta, el vehículo principal. Quizás entre ellos se reconocían, pero para nosotros resultaba evidente que ése era un gran esfuerzo que hacía el gobierno para el control de la natalidad en el país más poblado del mundo.

Nunca nos había ocurrido tener alrededor de 10 mil curiosos vestidos igual observándonos cómo filmábamos: sucedió en una esquina de Pekín, en donde estaban pegados los *dazibaos*, periódicos murales que cubrían las paredes y que eran muy leídos por la gente. Debíamos haberles parecido marcianos, con tanto aparato portátil de televisión. Para nosotros también resultaba extraño ver que esa calle, de uso exclusivo para peatones, tenía sólo un sentido de tránsito. Y que la arteria siguiente, era exclusiva para ciclistas.

Confirmé sorprendido que era verdad aquello de la "paciencia china". Más aún. Nos encontramos con que todo el lejano oriente había sido invadido por este sosiego, proveniente de su cultura.

Una tarde entrevistamos a un humilde artesano de 42 años de edad, que llevaba 20 moldeando una pieza de jade del tamaño de un teléfono.

—Sí, señor, 20 años —me respondió, sin dejar de trabajar en lo suyo.

—¡Veinte años! ¿Cuándo cree que va a terminar? —le pregunté asombrado.

—En 8 o 10 años más —contestó muy tranquilo.

Con seguridad la pieza aquella iba a ser vendida en 300 o 400 mil dólares, pero el hombre se llevó una vida tallándola.

—Ésa será mi gran obra. No sé si alcance a hacer otra —terminó aclarándome, siempre sonriente.

Lo de la paciencia china también se da en el amor. Me resultó todo un "caso" un profesor que entrevisté en Pekín. Casi al promediar la conversación, saltó el asunto sentimental. Me contó entonces que llevaba mucho tiempo enamorado "platónicamente".

—¿Ocho años de novio? —le pregunté en tono casi afirmativo.

—Nunca de novio —me aclaró.

—¡Ah!, ocho años casado, entonces —dije yo.

—No —me respondió categórico.

—La ve a menudo —insistí.

—Tampoco.

—¿Y qué pasa, profesor?

—Ella vive en Estados Unidos.

—¿Cuánto tiempo hace que no la ve?

—Cinco años.

—¿Y ella sabe que usted la ama?

—No.

—¿Usted le escribe, la llama, se hablan?

—No, nunca.

—Entonces, busque a otra mujer, profesor. Alguien que esté aquí, más cerca, ¿no le parece?

—De ninguna manera. Ella es el gran amor de mi vida y lo será hasta que me muera.

Para unos cuantos comentaristas occidentales de asuntos del corazón, el profesor pekinés estaba rayando en lo absurdo. Pero es en el amor donde más se encuentran formas cambiantes en el mundo; donde todo es subjetivo, con diferentes valoraciones en el tiempo, en la cultura y en la intensidad. Nadie tiene la receta perfecta. Ni los pacientes chinos. Los sentimientos remecen cualquier teoría.

Después visité Japón, donde lo más insólito fue conocer cómo su población manejaba el concepto del espacio. No había espacio para nada, ésa era su realidad y había que arreglárselas así. La gente vivía en un cuarto que, a medida de las necesidades, o de las horas del día, iban transformando en distintos escenarios. En la noche era el dormitorio, a continuación el comedor, luego la sala, en fin. Uno comienza a entender la ancestral costumbre de no entrar con zapatos a la casa. Todo es muy reducido. No hay espacio en la isla para 125 millones de personas.[14] ¡Imagínense!

Esa población que se apretaba tanto para vivir, fue la que surgió con mucha fuerza en lo económico. Frente a aquella estrechez, hubo un increíble engrandecimiento industrial.

Me asombró también, en mi primer viaje a Japón, encontrarme con las mujeres vestidas con estrechos kimonos, que les impedían caminar con normalidad. Lo hacían dando pasos muy cortos, lentos, para no producir ningún ruido que molestara o despertara a sus maridos. También me costaba entender, con mi mentalidad occidental, el papel que desempeñaban en la sociedad las casas de té en el mundo japonés, donde atendían las *geishas*. Los clientes llegaban allí a escucharlas cantar, bailar, conversar. Las *geishas* les daban de comer en la boca, los bañaban, les hacían masajes, los

---

[14] A modo de referencia: Japón tiene una densidad de población de 330 habitantes por kilómetro cuadrado. Estados Unidos registra 27 hab/km², y México 47.5. Islas como Cuba, 98, y Nueva Zelanda, 13.

relajaban. Luego de eso, los hombres se vestían y se iban a sus casas. No había sexo. Era sólo música, canciones, comprensión, inspiración, espíritu, comida. ¡Qué aburrido!, podría decir un latinoamericano.

Un día —hace muchos años— fuimos atendidos por la gran empresa automotriz Toyokoyo, en las afueras de Tokio. Grabamos parte de sus instalaciones para un reportaje y después nos invitaron a permanecer en su lujosa casa de huéspedes, típica de la región. Cada habitación tenía piscina. Una mañana, aún en cama, entraron dos bellezas japonesas, me hicieron masajes con sus pies caminando sobre mi cuerpo desnudo. Inmediatamente después me bañaron, me vistieron y me peinaron. Todo con mucha fineza. Eran damas encargadas de la atención y compañía de los invitados. En el cuarto vecino, nos acompañaba un funcionario de la embajada chilena, a quien le brindaron similar trato. Pero el hombre, de apenas 25 años, no se pudo contener y de repente escuchamos unos destemplados gritos. Entramos y vimos a una japonesita arriba de un mueble, defendiéndose del ímpetu sexual del joven diplomático, que —transformado en una bestia— argumentaba "no ser de fierro".

En este recuerdo de Japón, no puedo dejar de mencionar el inmenso y doloroso impacto que me provocó conocer en Hiroshima el lugar donde hizo explosión la bomba atómica, en agosto de 1945. Quedé consternado y sigo consternado. Frente al terrible monumento histórico, está en la vereda, impregnado en el cemento, la silueta del cuerpo derretido de un hombre que en aquel fatídico instante se encontraba en la puerta del Banco Sumitomo. Ahí no quedó nada. Todo se desintegró. Más de 60 mil muertos y sobre 100 mil heridos. Ese hombre se fundió en la acera y su contorno es desde entonces el símbolo inolvidable de la barbaridad humana. Al verlo sentí un golpe en mi corazón. No podía ser de otra manera, por cuanto se arremolinaron en mi pensamiento los recuerdos de lo ocurrido a cinco millones de judíos perseguidos y muertos por los nazis, y los 36 millones de caídos en la Segunda Guerra Mundial. Fue un reportaje impactante el que después mostramos sobre Hiroshima. Esta nota me marcó y pude comprobar una vez más el valor de la paz sobre la insensatez de la guerra, el odio y la violencia.

Cuando correspondió ir a Corea con "La cámara viajera", lo primero que provocó mi curiosidad fue ver que las casas de los pueblos campesinos no tenían puertas. "¿Para qué? No las necesitamos", me explicaron.

Con convicciones milenarias tan profundas, no conocían la acción de robar o de tomar lo ajeno, sino que lo que poseían era de todos y todos lo disfrutaban. Eso, ni para qué decirlo, estaba muy lejos de nuestra costumbre y mentalidad latina.

—Si alguien necesita un abrigo, puede venir a mi casa, tomarlo del clóset, usarlo, traerlo de vuelta y colgarlo —me explicaba un campesino.

Aquí está retratado otro de los conceptos que aprendí por esas tierras: los orientales son mucho más colectivistas que los occidentales. Es una cuestión de cultura, no de política. Lo veíamos en el trabajo en China, en la actitud de las personas en Japón. Y para qué decir en Corea, con esa ausencia de puertas.

Veinte años después regresé al lejano oriente y pude repasar algunas vivencias, muy especialmente en China. Me encontré con un cambio casi absoluto. No cabía duda de que el dinero y la fuerza de occidente habían eclipsado las milenarias tradiciones asiáticas. Vemos que empieza a alejarse el colectivismo. Al globalizarse el mundo, los chinos ven cómo se vive en otras partes y quieren vivir así, como señal de progreso. Comienzan a competir entre ellos y aparecen las hamburguesas, la Coca-Cola, los turistas, los colores y... las diferencias sociales. Letreros luminosos, lindos edificios, nuevas construcciones, centros nocturnos con bailarinas semidesnudas... o desnudas. La gente ahora viste con ropa similar a la de occidente. La libre empresa llega a las grandes ciudades chinas, aunque algunos pequeños pueblos continúan con sus arraigadas costumbres.

En Japón también hubo cambios. Se fue el kimono y con él los pasitos cortos. Los japoneses subieron de peso gracias a las comidas rápidas. Ya no se conformaban con ir a escuchar que les cantaran en las casas de *geishas*. Buscaban sexo y llamaban previamente por teléfono para establecer una cita en estos lugares transformados en prostíbulos elegantes. Con sus ojos rasgados y gozando de un progreso económico, vestían como los norteamericanos. Me nació una gran duda sobre las ventajas y las desventajas de los distintos sistemas políticos. Uno trae más progreso pero aumenta las diferencias. El otro, privilegia la igualdad, pero frena el avance.

Aquel último viaje al Japón coincidió con la muerte de mi madre, ocurrida pocos días antes de salir yo de Chile. En el hotel de Tokio, pedí que me dieran por escrito la dirección de una sinagoga, para ir un momento a meditar y orar en recuerdo de ella. Le pasé el papel con los datos al taxista. Este me miró, me dijo no sé qué, y partimos. Al poco rato me bajaba del coche y entraba muy orondo al lugar de reflexión. ¡Bien ubicado el taxista! Me había llevado a una casa de masajes. La sinagoga estaba al doblar la esquina. ¡Y yo que había entrado con cara de profunda meditación, cuando lo único que ahí querían era que me sacara rápido la ropa! Pensándolo después, la explicación era más o menos obvia: los turistas no suelen ir a orar, sino a divertirse, y el chofer así lo interpretó.

Un espíritu muy distinto caracterizó mi visita a Israel, adonde viajé movido por el afán no sólo de filmar, sino de conocer mis raíces. Para un joven, hijo de inmigrantes que vivieron el Holocausto, estar por primera vez en Israel era una sensación muy fuerte. No se trataba solamente de llegar a la tierra prometida que uno conoció en la Biblia y que le han inculcado desde su niñez. Ahora estaba frente a una realidad, pensando que esto era como un aval, una seguridad ante tantas persecuciones y momentos duros que ha vivido esa fe. Descender en el aeropuerto de Tel Aviv, una ciudad que podría definir como comercial, y desde allí recorrer la carretera que conduce hasta Jerusalén, era todo un cambio de impresiones al ir viendo monumentos de la guerra y convoyes que quedaron enterrados a la vera del camino. Un recuerdo de lo dura que fue la contienda.

Me impactó estar en Jerusalén y conocer la historia de cómo gente de todas partes del mundo concurrió a construirla en medio del desierto y en pocos años. Visité un *kibutz* y le pregunté largamente a un morador la razón que tuvieron para levantar sus casas en medio de un bosque. El hombre escuchó todo mi rosario de comentarios y preguntas, sin decir palabra. Terminé de hablar, me tomó del brazo y me pidió que lo acompañara hasta un cuarto en el fondo de la casa. Desde una ventana pude ver, estupefacto, que no había nada más. Ahí comenzaba el desierto. Ésa era la respuesta a mi inquietud. Los judíos no sólo habían levantado las viviendas, sino también pusieron los árboles, el pasto, el regadío, la huerta, los jardines, todo. Un esfuerzo colectivo para construir un país, impulsarlo y hacerlo surgir.

Desde el punto de vista religioso, nos hallábamos en "la Torre de Babel de la fe". Estoy hablando de la cuna de la fe, donde se palpa la historia y la religión; donde en cada esquina, en cada calle y callejuela uno va viendo cómo se encuentran las religiones: por allí caminan los judíos religiosos, los musulmanes religiosos y los cristianos religiosos. Pese a que todos sus habitantes son fieles devotos de sus creencias y hablan de amor, es una ciudad conflictiva, donde jamás ha habido paz y sí mucho odio. Basta mirar la historia. Cada fe ha desarrollado sus creencias en medio de metralletas, hasta hoy. Para peor, los dos principales sectores que deben hallar la paz, no se tienen confianza.

Jerusalén es, además, un punto de encuentro del turismo de la fe, proveniente de todo el mundo. La gente llega a conocer el Santo Sepulcro, o el Muro de los Lamentos, y otros cuantos quieren visitar la Mezquita de El Aksa. Hay barrios para cada creencia, con sus respetables puntos de vista. Los más fuertes y poderosos son el judío y el árabe. Este último lucha para que no exista Israel. Pero en el otro sector, hay judíos doctrinarios, *hasidim*, para quienes se ha detenido el tiempo. Viven como hace dos siglos, vestidos de negro, con grandes sombreros negros. Son los ultrarreligiosos, los ortodoxos, que siendo judíos pudiera parecer que "están atornillando al revés": no aceptan que exista el Estado de Israel, por que "todavía no ha llegado el Mesías", explican.

En pocas palabras, es una situación muy complicada, donde salta fácil la pregunta ¿podrá algún día la racionalidad superar a la fe?

En medio de estos reportajes en Israel, también me atraía lo propio, lo personal, por lo que apenas pude fui hasta el Muro de los Lamentos, momento para mí muy sensible. Emocionado, tal como lo han hecho millones de personas, deposité allí un papelito escrito con un deseo. Fue un momento fuerte, sobre todo porque estaba acompañado de mi hijo Patricio, que recién había hecho su *Bar-Mitzva*.

En esto de compartir sentimientos, una tarde en las afueras de Jerusalén, en un pequeño pueblo árabe, hablé con un ex oficial que hacía un tiempo había formado parte de las fuerzas inglesas. Conforme las costumbres, el hombre tenía dos esposas, actitud que en nuestros países no pasa de ser motivo de chistes, pero que no es permitido en legislación alguna.

—Usted es un afortunado. Tiene una gran ventaja en la vida frente a los demás, al poder compartir con dos mujeres —le dije, muy convencido que le iba a gustar mi comentario con sabor a envidia.

—Fíjese que no —me respondió—. Lo único que quisiera es tener una sola, y si fuera del caso, tener la otra a escondidas, como amante clandestina, como lo hacen ustedes en occidente, sin que una sepa de la otra. Esto ha sido un infierno y he tenido que separarlas en distintas casas. Viven peleando por ser la favorita.

—¿Y no ha decidido cuál es su preferida? —le averigüé.

Esbozó una sonrisa, diciéndome:

—Siempre hay una preferida...

Dos conclusiones a la vista. Primera: nunca falla la gota de celos en la mujer, tenga las costumbres que tenga. Segunda: desde la concepción machista del mundo, siempre hay una favorita, así sea que se viva en monogamia, bigamia o poligamia. Y que el hombre, en el fondo, acepta sólo a una como su mujer y a las demás como compañeras de segunda categoría. ¿O será que nadie se conforma con lo que tiene?

Aquella vivencia se me reafirmó al visitar Egipto, donde me sentí atónito y conmovido frente a esas fastuosas pirámides levantadas hace miles de años. En medio de la magnificencia de su pasado cultural y con una ciudad tan cosmopolita como El Cairo de telón de fondo, a no mucha distancia de allí, en el desierto de Sinaí, una mañana de sol quemante sobre la arena, me encontré con un grupo de carpas beduinas, cuyos ocupantes vivían en otro mundo y en otra época. Insólito.

Visité a uno de esos beduinos en su carpa. Me invitó a tomar té y acepté gustoso. Nos sentamos sobre la alfombra, él al medio, yo a su izquierda y sus cuatro mujeres a su diestra. La última de ellas sirvió el té. Yo, que en esa época fumaba, ofrecí cigarrillos. El nómada aceptó y sacó no uno de la cajetilla, sino cuatro. Se guardó tres en el bolsillo de la camisa y el otro comenzó a fumarlo, mientras charlábamos. Cuando no quedaba casi nada de la colilla, le pasó ese resto a su preferida, que era la primera a su lado, quien fumó las tres inhaladas que restaban. Para las demás, sólo quedó el humo de segunda mano.

En el mundo árabe también me llevé una buena sorpresa con relación al tradicional vestido negro femenino. Las mujeres musulmanas, que siempre vemos en la calle usando la *burqua* para cubrirse por entero su cuerpo y la cara con el *shador*, llevan debajo de esa ropa otra mucho menos seria y de todos colores. Las de mejor situación económica, al llegar a casa y estar a solas con su pareja, revelan incluso prendas de reconocidas marcas en su ropa íntima. Es decir, en su entorno privado —y cómo no podría ser de otra forma— se preocupan de lucir muy atractivas y coquetas.

Este oriente tan desconocido para mí terminó marcándome en muchos aspectos. Sobre todo al conocer de primera fuente la lucha que todos estos pueblos libran en forma permanente por tener el derecho de vivir en paz y en libertad.

Al visitar la India, vi al ser humano en una dimensión diferente. Comprendí la dignidad de la pobreza en sus pueblos menesterosos, hambrientos, pero incólumes, sin amargura. Gente que enfrenta la vida con una filosofía básica que contiene valores muy distintos a los nuestros. Ése es su gran tesoro. El Mahatma Ghandi, con su prédica de la no violencia, les enseñó a sobrevivir con paciencia, hasta derrotar, sólo con una actitud de presencia, al aparente invencible enemigo armado hasta los dientes. Casi sin comer, pero con fe en el ideal de libertad. Murieron muchos, pero el principio triunfó para servir a las siguientes generaciones. India es uno de los países más grandes y poblados del mundo.

Tuve la oportunidad de viajar en automóvil desde Nueva Delhi hasta Rishikesh, lejos de la capital. Como no se puede viajar a más de 40 kilómetros (29 millas) por hora —debido a que se cruzan vacas en los caminos, y éstas son animales sagrados—, pude observar cada detalle de sus costumbres extremas que ocurrían frente a nuestros ojos y que me asombraban cada vez más, como la inmolación de los muertos en las aguas —también sagradas para ellos— del río Ganges.

Pese a la obligada lentitud de los vehículos, ocurren accidentes. Me tocó ver en plena carretera el momento en que una camioneta que nos adelantó chocó con un elefante, dándole muerte. El auto quedó también destrozado, pero sus ocupantes ilesos. Tuve la sospecha de que todos los cuervos del mundo, más hambrientos que nunca, estaban allí a la espera de este suceso, posados en una infinidad de árboles que rodeaban el sector. El cielo se ennegreció cuando los buitres se dejaron caer sobre tan voluminosa e inerte presa. Despacharon al elefante en cuestión de minutos, dejando sólo los huesos.

311

El recorrido en automóvil nos tomó 18 horas. Íbamos en busca de una anciana con características muy especiales, a quien consideré interesante entrevistar. Por el camino, nos tocó vivir la más brutal tormenta eléctrica que haya conocido, en la que un rayo pulverizó a un árbol, sacándolo de raíz, a menos de 100 metros de donde nos guarecíamos de una lluvia de granizos gigantes del porte de un huevo... de codorniz, que hundían la carrocería del automóvil.

En el transitar por los caminos de India, me acompañaban un periodista y un camarógrafo. Queríamos subir parte de los Himalayas y llegar hasta donde estaba aquella mujer, una solitaria alemana que se había convertido a la religión hindú, aislándose del mundo por muchos años, meditando, alimentándose de leche y de miel. Mi camarógrafo, pesimista, nunca se atrevió a decirme que él no estaba de acuerdo con ese sacrificado viaje. Sólo se limitaba a hacer muecas y mascullaba desagrado.

—Tú eres el dueño de esto y sabrás por qué lo hacemos —me comentó con tono molesto.

Estaba cansado el hombre. Pero todos nos sentíamos igual. Hasta que por fin llegamos al pie de los Himalayas. Contratamos a dos lugareños para que cargasen el equipo pesado, lo que pensé ayudaría a bajar el nivel de molestia de mi compañero. Pero éste ni se inmutó, ni siquiera dibujó una sonrisa de satisfacción.

Los indios transportaban todo con mucha habilidad. Parecía que estuviésemos viéndolos en el cine, llevando la carga sobre sus cabezas y caminando con absoluta naturalidad en las peores partes del trayecto, donde no existía camino, apenas una huella. La mujer que buscábamos se encontraba en un sitio a 600 metros de altura, lo que no era mucho, pero sí dificultoso, por lo inclinado del terreno. Hacía muchísimo calor y transpirábamos copiosamente. En realidad, la travesía era harto complicada para nosotros, que lo más que hacíamos en la ciudad era subir en ascensor los edificios. Y a veces, un par de peldaños en las escaleras. Nos parecía ahora estar trepando por una pared, en la cual nos sujetábamos de raíces para avanzar.

Mientras ascendíamos, el camarógrafo se quejaba a su manera. Llevábamos casi 200 metros, cuando desesperado y cansado, con voz chillona, masculló:

—¡Capaz que ni esté la vieja allá arriba!

La irreverencia sirvió para que soltásemos una carcajada. No había cómo desistir a estas alturas del viaje. Yo trataba de hacerle un chiste, pero él ya ni me escuchaba. Le aseguraba que eso era imposible, pues la mujer tenía 15 años meditando en el mismo lugar, y no era para pensar que justo el día en que fuésemos nosotros, no iba a estar. Así, llegamos a la planicie, donde nos salieron a recibir unos perros rabiosos. Le grité a la anciana unas palabras en alemán, y ella calmó a la jauría. La entrevista se cumplió. Fue un gran esfuerzo, mucho trabajo, pero la habíamos conseguido. Estaba convencido de que sería un impacto: una mujer tan especial, convertida a la religión hindú, alimentándose tan precariamente, meditando tantos años, y que nos permitiera entrevistarla para un programa de televisión. Era lo que se llama un "golpe" periodístico, una exclusiva lograda en un lugar tan inaccesible, lejano y siempre con algo de misterio para nuestro mundo latino, como son los Himalayas. Creo que todo esto que tiene algo de magia relacionada con la religión, parece estar rodeado de un hado enigmático, alrededor del cual siempre ocurre algo. Esta vez no podía ser menos. Al difundir la nota se perdió el sonido y tuvimos que ir explicándola.

He vivido otros casos muy parecidos. En una visita a Haití, me aseguraron que una de las cosas novedosas para reportear y grabar en cámara, era el culto del vudú, una mezcla pagano-religiosa con varias divinidades. Al mismo tiempo de entusiasmarme con el tema, me recomendaron no filmarlo, pues siempre había a su alrededor situaciones incomprensibles que no generaban buena suerte. Como en mi registro personal de supersticiones no constaba el vudú, decidí que fuésemos a filmar una ceremonia en las afueras de Puerto Príncipe, sin dejar de sentir cierta preocupación por lo que me habían advertido. Resultó impactante conversar con el máximo sacerdote y ver el rito de iniciación, en el cual las personas beben algo de alcohol y entran en trance, una suerte de hipnosis. Sacrifican animales, los degüellan, chupan su sangre, se la tiran al rostro del iniciado que está poseído, éste habla incoherencias en medio de caóticas convulsiones en su cuerpo. Grabamos todo. Al término de la ceremonia, cuando me despedía y salíamos de ese rudimentario templo techado con paja, el avezado camarógrafo seguía filmando cada detalle. De pronto, trastabilló, perdió el equilibrio y cayó al agua en una especie de piscina. La cámara quedó inservible y también perdimos el segundo rollo grabado, donde estaba la parte que consideré más interesante.

Recordé aquello de: "¡No creo en brujos, pero de que los hay, los hay!"

No sólo las realidades alejadas, o llenas de misterio, me han sorprendido en mis viajes. En nuestro propio continente también he encontrado motivos de asombro.

Por ejemplo, he recorrido toda la selva de América: Amazonas, Mato Grosso, Orinoco, El Chaco. La primera vez que fui a la amazonia —el pulmón más grande de la Tierra— aprendí que los que no estamos habituados a ella, miramos mucho y vemos poco. Me lo demostró el conductor que nos guiaba en un viaje de una semana por el caudaloso y gran río Amazonas, desde Iquitos al trapecio de Leticia.

—La gente por lo general cree que ve, pero no es así —me dijo—. ¿Ve esa rama, Don Francisco?

—Sí, claro que la veo —respondí.

El guía le tiró una piedra y la rama se puso en movimiento. Era un "palote", como le llaman en algunos lugares a este insecto.

Las palabras y la actitud de este sencillo hombre me demostraron que el conocimiento de la vida es fundamental para sobrevivir en cualquier sitio en que nos encontremos. Y no cabe duda de que quien mejor se prepara tiene más opción de alcanzar el éxito.

En cuestiones de riesgo, hasta la naturaleza nos ha hecho algunas jugadas. De visita a los indios nobes, en una zona selvática que sólo ellos habitan al interior de Panamá, navegábamos por un torrentoso río, aguas arriba, en un pequeño bote a motor, cuando se desató sobre nosotros una gran tormenta y el nivel de las aguas creció peligrosamente y muy rápido. La pericia y experiencia del botero nobe nos salvaron de naufragar. Llegamos a su recinto donde nos esperaban decenas de niños, todos agitando sus manitas como saludo, y con el agua hasta más arriba de sus rodillas. Resultaba emocionante saber lo que significaba *Sábado Gigante* para esa gente, perdida y casi olvidada.

Habíamos llegado ahí para entrevistar al rey de la tribu, que nos recibió entusiasmado, saludándonos desde su trono. Estábamos en lo mejor de la conversación cuando, acomodándome para alcanzarlo con el micrófono, pisé una tabla que se quebró, desmoronó el trono y dio con el rey y su aparataje en el suelo. Me asusté pensando en las consecuencias del porrazo, pero con gran sentido del humor, el rey se levantó diciéndonos que no nos preocupáramos. Repuesto todo en su sitio, reímos un poco y terminamos la entrevista para regresar a la civilización.

A mediados de 1998, en plena selva del Orinoco, mientras los integrantes del equipo de televisión nos protegíamos con ropa apropiada para defendernos de las picadas de mosquitos, los aborígenes, quizá para resistir mejor el abrasante y húmedo calor, llevaban puesto sólo un "taparrabos". Y sus mujeres, ni eso. Caminábamos por un estrecho sendero, en medio de la jungla, donde sólo se escuchaban los sonidos de la selva, cuando nos asustaron varios indígenas, que salieron de entre los matorrales gritando a todo pulmón:

—¡Don Franciscoooo!

¡Nunca me hubiera imaginado que ellos fuesen telespectadores de *Sábado Gigante*! Pero así era. Mis ojos no daban crédito a lo que veía, porque mientras en sus chozas tenían televisores que funcionaban con una batería, demostrando que había llegado hasta allí la tecnología, aún seguían con su costumbre ancestral de vivir desnudos. La globalización llegó más a la comunicación que a las personas. Poco a poco las formas modernas conocidas a través de la televisión les ha hecho ir cambiando su sistema de vida. Siguen con "taparrabos", pero al ver tanta telenovela —me contaba una indígena anciana—, hasta las aproximaciones amorosas son otras ahora. Aunque el amor ha sido siempre libre entre ellos, los jóvenes de ambos sexos se han puesto más atrevidos con tanta idea que ven en la pantalla.

A pesar de los cinco siglos que han pasado, existe un vacío entre la cultura agrícola de los indígenas que quieren seguir viviendo apegados a la tierra y a sus frutos, con los que se han nutrido de la cultura occidental y que desean sacarle partido a la tecnología. Eso cada día los distancia más y va destruyendo la cultura aborigen, que en general no es respetada por los gobiernos que suelen ahogarla. Los "blancos" no queremos aceptar ni reconocer otra forma de vida que no sea la nuestra, cuando los verdaderos dueños de este continente están desapareciendo. Con la llegada del tercer milenio, esto se ha marcado más, pues está muy claro que se está dando una nueva sublevación de lo último que va quedando del movimiento indígena.

***

"La cámara viajera" terminó de convencerme de que ser un comunicador es una hermosa vocación y que en nuestras manos no sólo está el entretenimiento, ya que si queremos ir más lejos, podemos hacerlo dando información y orientación.

Debo confesar que estos viajes han sido para mí la gran biblioteca, una escuela que me hizo mejorar tanto como profesional como ser humano. Viajando aprendí a conocer mejor a la gente. Conocí el significado que tiene para cada pueblo su cultura. Me di cuenta que hasta hoy ningún sistema ni fórmula económica ha sido capaz de erradicar la pobreza y las diferencias enormes se mantienen.

Con los años y las millas recorridas, he podido comprobar que la base que mantiene al mundo es la familia. La célula familiar es lo más importante de la humanidad, por lo que hay que cuidarla, no permitir que se pierda. Donde la familia es más fuerte, la sociedad es mejor, quizá no tan rica económicamente ni con tantos beneficios materiales, pero sí con los valores para una vida más digna.

Fin de 2000

La vida siempre mantiene un equilibrio, es "de dulce y de agraz", como afirma la frase popular. Por eso, he tratado de ir sacando conclusiones y enseñanzas de todo lo que me ocurrió en la segunda mitad del año 2000. ¡Increíble cómo se me dieron los gustos y los disgustos!

Después de un tedioso vuelo entre Los Ángeles y Santiago, que coincidió con un fin de semana ajetreado, descansé unas pocas horas en casa, para poder reanudar mis actividades pasando el mediodía. Afortunadamente, mi hija Vivi iniciaba su lento proceso de recuperación.

Me levanté y después de una ducha, abrí el clóset para elegir la ropa adecuada. Tuve una extraña sensación: una lucecita se apagaba y encendía produciendo verdaderos *flashes* como de cámaras fotográficas. Me movía a la derecha y ahí estaba; a la izquierda, lo mismo. Preocupado, busqué una mayor claridad en la habitación, me miré en el espejo en forma cuidadosa y noté que ¡tenía un punto negro en el ojo derecho! De inmediato recordé que mi padre, más o menos a la misma edad, tuvo una sensación parecida.

Intenté no darle mayor importancia en ese momento y continué haciendo mis cosas, esperanzado en que ese punto se borraría. Pero no. A la mañana siguiente ahí seguía puntual con mi despertar. No me quedó más que consultar a un médico especialista.

Siempre recordando a mi viejo, pensé que el diagnóstico se veía venir.

—Tiene un hoyo en la retina —dijo el oftalmólogo, confirmado mis presunciones—. Pero no se preocupe, esto suele ocurrir en personas de su edad. Vamos a soldarlo con rayo láser.

Desde que la afección atacó a mi padre, la ciencia había avanzado kilómetros o millas. Yo tuve suerte, porque, en efecto, una pasada por el láser me retiró la molestia, aunque me dejó el puntito para siempre.

Consideré que se trataba de un primer llamado, un aviso que estaba mandando mi cuerpo, y me prometí dedicarle especial atención... apenas pudiera.

Un buen día, encontrándome en Santiago, caí enfermo de neumonía, como conté a propósito de la entrevista con el candidato Bush. El médico fue tajante:

—Siete días de cama, ni uno menos.

Tenía que cumplirlos. No era momento para ser inmaduro, aunque por dentro no veía la hora de que se cumpliese la semana. Mi sorpresa fue mayúscula cuando al siguiente control, el médico consideró que necesitaba permanecer en cama siete días más. Y al término de esos siete, otros siete. Y después, siete más. Total: un mes de descanso absoluto, algo que nunca me había ocurrido en la vida.

Mi enfermedad tuvo diversas repercusiones. La más importante: se vio amenazada la continuidad de *Sábado Gigante*, pues nos comimos todas las reservas de grabaciones previas, a tal punto que para no perder nuestro ritmo semanal continuo, parte del equipo de producción debió trasladarse de Miami a Chile, a fin de grabar algunas partes del programa que servirían de nexo a otras y así poder salir al aire el siguiente fin de semana.

Como el restablecimiento de mi salud tomaba su tiempo, fui trabajando desde mi casa "a media máquina", con bastantes horas para meditar, dar una mirada hacia atrás y planificar hacia adelante. Llegué a dos claras conclusiones: la primera, que he tenido una vida hermosa y con éxito; la segunda, que esta enfermedad era un segundo aviso de mi cuerpo, y que sin duda era la hora precisa de tomarlo en cuenta.

Llegó el momento en que el tratamiento dio resultado y pude entonces reintegrarme de pleno al programa. Hice la *Teletón* y volé a Miami para tratar de recuperar el tiempo perdido. Estaba en plenas grabaciones, cuando al terminar una jornada, ya anocheciendo, minutos después de salir de los estudios de Canal 23, sufrí el mayor accidente automovilístico que he tenido en mi vida. Puedo contarlo gracias a que iba conduciendo un moderno Mercedes Benz, dotado de seguridades y tecnología del año 2000. Sobreviví al impacto de otro coche que corría a 100 kilómetros por hora (65 millas).

Debido a trabajos en la autopista principal, los vehículos debían desviarse por una calle lateral que cruza un barrio de no muy buena reputación. Me dirigía hacia Miami Beach, seguido dos cuadras más atrás por mi compañero Javier Romero, con quien cenaría. De pronto apareció como un bólido otro coche que se fue encima del mío, por el lado opuesto. El golpe fue tremendo. Se activaron las bolsas de protección y también el sistema de alarma de seguridad de mi auto. Escuché a una operadora que me preguntaba si podía hablar y salir del coche.

Al responderle que sí, y como el satélite indica con absoluta precisión la ubicación, la gentil operadora me dijo que la policía ya había sido informada, como también mi hijo Patricio, que vive en Miami y que aparece en los registros como la persona a llamar en caso de necesidad.

—Salga del auto, rápido. Hay peligro de incendio. El servicio de auxilio y rescate ya va en dirección suya —me instruyó la voz femenina.

Al salir, me di cuenta de la violencia del impacto. Comprendí que me había salvado de la muerte. Mi automóvil estaba sólo bueno para botarlo: pérdida total.

Alcancé a ver que el otro conductor salía cojeando de los restos de su coche y desaparecía, mientras muchos curiosos se arremolinaban en torno a los dos vehículos. Al acercarse, varios me reconocieron.

—Don Francisco, lo vimos todo —me dijo uno.

—El otro auto se saltó la luz roja —agregó quien estaba a su lado.

—Cuente conmigo, Don Francisco, si necesita testigos —sugirió un tercero, idea que apoyaron los demás.

Otros dos comentaron que parecía que el vehículo que me chocó había sido robado, ya que su conductor se marchó sin dar la cara.

—O estará borracho —apuntó alguien.

Pasaron 10, 15, 20 minutos y llegó el equipo de rescate, en un despliegue de sirenas y luces de todos los colores. Vistosos paramédicos corrían hacia allá y hacia acá buscándome, hasta que me vieron sentado en la acera.

Me examinaron, me miraron por todos lados, me tocaron cada articulación, comprobaron que la presión estaba algo alterada...

—Tenemos que llevarlo al hospital —dijeron—. Iremos al Jackson Memorial.

—No se preocupen, por favor. Nosotros lo llevaremos a un hospital cerca de su casa, en Miami Beach —les señaló Javier, que había llegado, como también mi hijo, al lugar del accidente.

Cuarenta minutos después del choque, la unidad de rescate se retiró, y cuando nos disponíamos a partir hacia el hospital, se produjeron algunos hechos que me hicieron dudar de que estaba en Estados Unidos.

Se presentó un policía y por gran coincidencia a los tres minutos regresaba el causante del choque. Como por arte de magia, todos los vecinos del lugar, aquellos que tan espontáneamente se ofrecieron como testigos, se habían esfumado. Sólo quedaba uno, y no decía palabra. El agente policial habló a solas con el otro conductor. Luego se acercó pidiéndome documentos de identificación.

—Don Mario —dijo después de revisarlos—, por las marcas que hay en el suelo, está muy claro que usted es el culpable de lo ocurrido. Le daré un *ticket* por virar a la izquierda con luz roja.

—¿Quéee? —atiné a decirle—. Todo el mundo vio que no fue así. Yo intenté doblar cuando vi la flecha verde para hacerlo. No puede dar un veredicto por una marca en el suelo.

Esta discusión sirvió para que otra vez nos viéramos rodeados de muchos curiosos, algunos con cara de no muy buenos amigos, por lo que Javier me hizo señas para que nos retiráramos del lugar.

Así lo hicimos. Nos dirigimos al hospital Mount Sinai, sin saber por qué el policía me declaró culpable de un choque que todos los testigos vieron de manera diferente. Por fortuna, el resultado del examen médico reveló que sólo estaba un poco golpeado, sin más consecuencias físicas.

Lo tomé como otra advertencia. "Van tres —me dije—. Es hora de revisar la vida."

Sí, era el momento. Desde hacía un tiempo, algo estaba cambiando en mi cuerpo y yo no le ponía la atención necesaria. Por algo es que me daban el asiento en los buses de los aeropuertos; comenzaba a recibir "premios a la trayectoria" por los más de 35 años de carrera artística; mi programa figuraba en el *Libro Guinness de los Records* como el más antiguo...

"¿Me estaré poniendo viejo?", reflexioné.

En ésas estaba cuando, de paso en Nueva York, un señor de unos cuarentitantos años corrió tras de mí como una cuadra, desde que se bajó del bus al divisarme. Arrastraba con él a un niño de unos cinco años.

—Don Francisco, Don Francisco —me saludó, entre jadeante y contento—. Usted seguro no se acuerda de mí, pero en los comienzos de su programa, en Chile, yo fui uno de los niños de las conversaciones. Tenía siete años.

Mirando al "hijo", le dio un tironcito en el brazo:

—Ricardito... saluda a Don Francisco.

El pequeño abrió más sus grandes y asustados ojos, sin saber hacia dónde mirar.

—Ricardito... Tú ves siempre el programa de Don Francisco.

El niño asentía, moviendo la cabeza, sin despegar los labios.

—Ya pues, dile qué es lo que más te gusta de *Sábado Gigante*.

El niño ya se había encontrado con mis ojos y respondió como autómata, en su media lengua:

—La "Cuato" y *El Chacal*.

—¡Qué bueno!— le dije para poner fin a su tortura—. Simpático su hijo, amigo —comenté.

—No, pues, es mi nieto, Don Francisco —aclaró el hombre, orgulloso—. Nació aquí y me gustaría que participara en el panel actual del Clan Infantil.

—Por supuesto, por supuesto— respondí, pasándole una tarjeta para que se comunicara con nosotros en Miami.

"Su nieto", pensé, mientras lo veía partir de la mano con el niño.

A los pocos días, llegó el momento de someterme a ciertos exámenes de sangre. El médico sentenció, muy lacónico, como si yo estuviera preparado para eso y para todo lo demás:

—Diabetes.

—¿Diabético yo, doctor?

—Tiene un poco de diabetes. Pero no es para que se preocupe demasiado. No es infrecuente a su edad padecer de diabetes. Además, don Mario, tiene que controlar el colesterol, redoblar los esfuerzos de la dieta y caminar mucho, mucho.[15]

Para hacer el cuento corto, de la consulta salí con una dieta rígida, una tableta para el colesterol, otra para el ácido úrico, una para la tiroides y otra para la presión. Yo, que compadecía a quienes en los aviones o restaurantes abrían sus pastilleras con compartimientos y tabletas de todos los tamaños, formas y colores. Ahora entiendo: es para no confundirse.

Con seguridad, muchos jóvenes estarán riéndose a mandíbula batiente, asegurando que eso le pasa a uno cuando es un viejo enfermizo. Lo mismo pensaba yo de otros, no hace mucho. Pero, ¡cuidado! Se llega a este punto mucho antes de lo que uno cree.

Todo se hace más patente con los viajes. Si antes un viaje se hacía con un bolso lleno de ilusiones, ahora hay que hacerlo con una maleta repleta de chucherías. No podemos olvidar los lentes para leer ni los otros para proteger la retina frente al sol; zapatillas de levantarse para evitar hongos, polvos fungicidas, pijamas adecuados para no caer con pulmonía, bata para evitar resfríos. También hay que llevar cremas para la sequedad de la piel y las arrugas, bálsamo para después de afeitarse, enjuage bucal contra el mal aliento, la maquinita para cortarse los pelos de la nariz y de las orejas, antiácidos por si la comida de la noche fuera pesada, y varias tabletas de vitaminas que dan fuerza y energía para cargar con todo esto.

Y no es todo. Suceden aún más cosas en el cuerpo. Uno se da cuenta cuando baja las escaleras, y sobre todo cuando las sube, cuando salta, cuando corre y lo peor... cuando mira a las mujeres jóvenes y ellas responden como diciendo "no me mires así, viejito verde, que te puede dar un ataque".

La verdad es que pasa el tiempo y uno no se puede esconder ni con *lifting*, ni ejercicios, ni dietas. Sólo puede aspirar a recibir mejor dispuesto el paso del tiempo. Nada más. Es la época de la lucha contra las canas, de sacarle brillo al pelo, lucir los colores más modernos, rociarse los perfumes más

---

[15] Mientras el médico me hablaba y yo me imaginaba caminando tanto, no pude menos que contarle al doctor el viejo chiste del hombre que visita al médico, preocupado por la baja de su potencia sexual. Éste, después de revisarlo, le pregunta si hace deportes. El paciente le dice que no.

—Ahí está el asunto —le dice el médico—. Camine, señor. Tiene que caminar por lo menos 5 millas diarias (8 kilómetros) y a paso rápido. Hágalo por lo menos 30 días y hablamos. El paciente así lo hizo. Al completar el mes, llamó al médico.

—Doctor, he caminado 30 días tal como usted me recomendó, a paso rápido cinco millas diarias.

La voz satisfecha al otro lado del celular, pregunta:

—¿Y cómo le ha ido en la cosa sexual?

—No tengo idea, doctor —respondió el paciente—. Estoy a 150 millas de mi casa.

sexys. Todo esto, mezclado con un paso más ágil, un tono de la piel bien tostado por el sol y una mirada penetrante, combinación de experiencia y sabiduría.

Sólo que aquellos tres avisos recibidos por mi cuerpo llegaron casi juntos dos o tres semanas antes de mi cumpleaños número 60. ¿Simples coincidencias, o es que me están arrinconando entre la espada y la TV? En un año tan crucial, todo esto me ha hecho meditar mucho, recapacitar, tomar decisiones.

Por el tren tan apurado de vida que llevamos, me parecía que avanzaba diciembre con extraordinaria rapidez. Mi mujer me llamó desde Santiago y me recordó que faltaban 20 días para que yo cumpliera 60 años de edad. Estaba preparando una fiesta "sorpresa" para ese día tan importante de mi vida.

"En 20 días más seré sexagenario", pensé. Pero también "sexogenario", porque el sexo me gusta igual que siempre, con la única diferencia que antes yo le decía cuando quería y hoy él me dice cuándo puede.

Así, llegué al 28 de diciembre del año 2000: cambio de folio y de milenio.

Cumplí los 60 ¡Y vaya la sorpresa que recibí en un inmenso salón de fiestas!

A la hora de la cena, me encontré reunido con todos mis amigos de infancia y juventud, junto a mis actuales amigos y compañeros de trabajo. ¡Qué gusto verlos!

En un momento se apagaron las luces y la nueva animadora de la familia —mi hija Vivi— anunció a diversos intérpretes chilenos que nos entonaron canciones populares de distintas épocas, que entre todos podíamos corear gracias a unos cancioneros diseñados e impresos para la ocasión. Cantamos: *Yo quiero tener un bote, Reloj, Tres cosas hay en la vida, Solamente una vez, Aquellos ojos verdes, Isabelita, La bamba, El beso* y muchas más.

El tenor chileno Tito Beltrán, quien reside en Suecia desde hace 14 años, viajó para estar presente e interpretó las canciones líricas que yo cantaba en el colegio, mientras se proyectaban fotos de momentos estelares de mi vida.

Al término, a través de los parlantes esparcidos por la gran sala, surgió una voz en *off*, o sea que no veíamos al locutor. Reconocí que era mi nieto mayor, Ilan, de 14 años.

—Marito... tú siempre has tenido la suerte de convertir en realidad casi todos tus sueños. Hay uno que no has podido cumplir: tener un circo.

Era verdad. Aquél fue mi sueño por muchos años.

Dicho esto, se abrió un costado del salón y apareció un gran circo, con carpa, pista y todo lo propio, en el que artistas profesionales se mezclaron con mis hijos, nietos y nueras para amenizar el *show*, haciendo números musicales, malabares y magia.

El propio Ilan estaba vestido de domador, cumpliendo el papel de Director del Circo (el tradicional Señor Corales, como le dirían en Chile). El primer número sobre la pista fue interpretado por aquellos que habían sido mis compañeros en las tablas del Club Maccabi, cuando nos iniciábamos en los escenarios, cuarenta y tantos años antes.

Estuvieron todos ahí. El momento fue precedido por un hermoso discurso de mi amigo de siempre, Gabriel Chapochnick.

Para qué decir cuando apareció *La Cuatro*, bailando y cantando con mis nueve nietos. Todos fueron momentos mágicos e irrepetibles, un gran trabajo lleno de cariño. ¡Qué producción tuvieron que montar!

En eso, el salón casi a oscuras, y mientras hacía su entrada un fenomenal pastel con 60 velitas encendidas, el grito de "¡azúuuucar!" me remeció. ¡No lo podía creer! La mismísima Celia Cruz, en un gesto de afecto y amistad, había viajado desde Europa —donde cumplía una gira— para cantar el *Cumpleaños feliz* y después su gran crédito *La vida es un carnaval*, que todos cantamos y bailamos.

Sentí que el mundo se me abría otra vez. Que el tercer milenio me saludaba. Mi mujer y mi familia le pusieron un sello de mucho amor a estos primeros 60 años de mi vida. Ellos, y el aprecio de mis amigos, iluminaban nuevamente mi futuro.

Casi podría decir que para el hombre cumplir 60 años es comparable a la menopausia de las mujeres. "Casi", digo, porque evidentemente no me consta lo que sienten en su interior las mujeres en esa etapa, pero en lo que a mí se refiere, me siento diferente, como si el ciclo de batalla, esfuerzo y perseverancia debiera dar paso a otro más suave, equilibrado, donde no todo sea trabajo y lucha por obtener el éxito, sino también signifique disfrutar y cosechar lo sembrado.

Creo que, como a todo ser humano, la vida me ha sonreído, me ha hecho guiños y también tremendos desaires. Pero, al final, estoy contento. Pude formar una pareja, una familia, y en mi trabajo me ha ido bien.

Recién cumplido los 60, Canal 13 de Chile me ofrece ser el conductor de uno de los programas con más exito en los últimos años *¿Quién quiere ser millonario?* Su popularidad entre el público es tan alta, que en Estados Unidos hay interés para que yo haga lo mismo dirigido a la comunidad hispana.

Esto coincide con una oportunidad soñada desde hace mucho tiempo: volver a conducir *Noche de Gigantes*. Si Univisión concreta este anuncio, se me abrirá una nueva puerta en ese estilo para el futuro inmediato que se llamará: *"Don Francisco presenta"*.

Las vueltas que da la vida se demuestra también en el hecho de que la Asociación de la Distrofia Muscular de Estados Unidos (MDA) que dirige Jerry Lewis, a la que pedí ayuda hace 25 años para crear la *Teletón* en

Chile, comienza a transformar en bilingüe todos sus Centros de Atención y me solicitan que sea yo su vocero en español, buscando captar el creciente mercado hispano.

A todo esto, una tarde me llaman para decirme que me habían concedido una Estrella en el Paseo de la Fama en Hollywood. Yo ignoraba absolutamente los pasos dados por un comité que había postulado mi nombre para esa famosa distinción. Fue tal mi desorientación que atiné a contestar:

—Sí, sí, ya lo sé —aunque en verdad no tenía idea. Me confundí pensando que se trataba de una Estrella en la Calle Ocho de Miami, donde también reconocen a figuras del espectáculo y de lo cual algo me habían hablado.

Pero a los pocos minutos recibí un llamado de Ray Rodríguez, presidente del Canal 23, para decirme con entusiasmo, lo que sí me dejó sorprendido:

—Te felicito. Me han confirmado que recibirás una Estrella en el Boulevard de Hollywood. —Antes de que pudiera responder, agregó—: Esto es muy trascendente, Mario, tratándose de un personaje hispano.

Sin yo saberlo, un grupo de distinguidos hispanos residentes en California, encabezados por el empresario Enrique Alejo, propietario de una cadena de supermercados, me había postulado ya dos veces antes, sin que la propuesta fuese aceptada. Hasta que la tercera fue la vencida. Los latinos con Estrellas no somos más de 60 —alrededor del tres por ciento— y la mía es la número 2,179 del total.

Ya con ese honor ratificado, lo primero fue determinar el lugar de Hollywood Boulevard donde quedaría colocada mi estrella. Me concedieron una estupenda ubicación, casi en la puerta del tradicional hotel Roosevelt, prácticamente al frente del teatro Chino y vecino de grandes nombres en la acera: Plácido Domingo, Tom Hanks, Donna Summer, Liza Minelli.

Decidí tomar este reconocimiento como un importante hito en mi carrera. Los artistas recibimos muchos premios y distinciones, pero la Estrella de Hollywood es el único galardón en la vida que va más allá de la vida. Mis hijos, mis nietos, otras generaciones, miles de personas, van a poder caminar por ahí, y ver eternizado en una baldosa lo que significó nuestro trabajo en televisión.

Por eso, comencé inmediatamente a pensar en todo lo que habría que hacer para que ese evento resultara lo mejor posible, que podría constituir el inicio de las celebraciones por los 40 años de *Sábado Gigante*.

Tratándose de un galardón otorgado a las grandes luminarias de Hollywood, tendríamos que esforzarnos para que la recepción de ese premio tuviera el mismo acostumbrado nivel: que los hoteles que utilizáramos fuesen aquellos donde siempre se hacen estas celebraciones; que nuestros invitados, artistas y no artistas, usaran las mismas limusinas para sus traslados; y que el espectáculo que ofreciéramos la noche del banquete de gala, fuese tan bueno como cualquier otro.

El trabajo organizativo, "a toda máquina", nos tomó varios meses. Todo se planificó y consideró hasta el último detalle, y recibimos una buena dosis de ayuda de Univisión. Creo que nada se nos escapó. Fue el evento más grande que hemos hecho como programa. Teníamos más de 160 invitados que mover de diferentes partes del mundo para que llegaran a Hollywood. Por supuesto que estuvo toda mi familia directa: mi esposa, mis hijos, mis nueras, mis nietos. A eso se sumaron sorpresivamente otros cuantos amigos y parientes míos de Nueva York, Chicago y Canadá, que llegaron por sus propios medios. Recibí cientos de cartas, faxes, correos electrónicos, llamadas telefónicas de saludo y excusas de gente que no podía asistir.

Además y a diferencia de otras Estrellas que le pertenecen a cada persona por su talento, consideré que la mía debía repartirla, pues en su logro estaba involucrado el trabajo y las habilidades de miles de personas que han compartido estos 39 años conmigo. Así, tratamos de no olvidar a nadie e invitamos a gran parte de los compañeros que empezaron conmigo en Chile y al equipo que labora en *Sábado Gigante* en Miami.

Esa mañana del 8 de junio, al ir hacia una entrevista en un programa radial muy conocido en Los Ángeles me sentía preocupado. Pensaba que parte de la Estrella también se la debía al público y ese público debería estar presente en Hollywood Boulevard ese mediodía. Sin público, el premio valdría la mitad. Como siempre, recurrí a mis supersticiones. Mientras hablaba en la radio, me aseguraba que estuviera muy firme el palito debajo de la argolla en mi dedo. Para evitar que por casualidad llevase puesta una prenda de ropa que alguna vez me diera mala suerte, todo lo que vestía era nuevo. Estaba muy estresado. En la limusina, camino hacia el Hotel Roosevelt, donde debía llegar una hora antes de la ceremonia, sentí el problema de siempre: hambre. Necesitaba comer. Paramos en un pequeño local, donde pedí un *bagel*, que me devoré mientras todos los que estaban por ahí cerca se aproximaban a felicitarme, excusándose por no poder asistir, debido a la hora.

Claro, me dije. La gente no podrá ir. Están todos trabajando.

Lo cierto es que estaba bastante nervioso y excitado. Todo el camino recorrido si bien ha sido exitoso, también bastante difícil. Algo impensado para mí llegar, desde un pequeño y lejano Chile, hasta este Boulevard de las Estrellas. Mezclar mi nombre artístico, Don Francisco, con el de las grandes figuras del mundo del espectáculo. Recordaba cómo había comenzado, sólo con mi mujer, y hoy son 16 personas los que me acompañan como familia directa en este evento. Esto significaba, además, que me había comido, en el mejor de los casos, el 80 por ciento de mi vida artística y que debería enfrentar esa realidad, la que inconscientemente siempre he negado. También reconocer que, pese a todo el esfuerzo desplegado, he sido muy feliz enfrentando los desafíos diarios que esta profesión me ha impuesto en estos casi 40 años, los que se pasaron volando, con tanta posibilidad de vivir momentos extraordinarios y fantásticos, como este que viviré dentro de pocos minutos.

Al llegar a la esquina del famoso Hollywood Boulevard, vi que no había más de 300 personas a la espera de la ceremonia. "Ya lo sabía", me dije. Es decir, la inseguridad de siempre. ¿Llegarán todos los invitados? ¿Le interesará a la prensa? Me transpiraban las manos, me saltaba el corazón. Increíble, parecía un debutante. Sin embargo, me di ánimo reflexionando que siendo éste un momento tan bonito de mi vida, aunque fuese un fracaso de público debía disfrutarlo igual con mi familia, mis compañeros y los amigos de siempre.

Entré al salón de espera. Ya habían llegado los invitados procedentes de todas partes. Figuras artísticas como Celia Cruz, Lucho Gatica, Christian de la Fuente, Angélica Castro, Fernando Carrillo, Cristina Saralegui, Adamari López, Carmen Jara y tantos otros que sería largo enumerar. Mi amiga Lucero representada por su madre. También estaba Emilio Estefan, quien al salir de Miami supo del delicado estado de la salud de su padre, pero decidió viajar al compromiso conmigo. Y el cantante Pedro Fernández, que teniendo mucha actividad programada en México, viajó en un vuelo privado, para regresarse de inmediato. ¡Tremendos gestos de amistad! Asimismo tuve el gran respaldo de asistencia del dueño de la compañía Univisión, los más altos ejecutivos de la cadena y las empresas auspiciadoras del programa.

Hasta que llegó el momento. Acompañado del legendario alcalde de Hollywood y presidente honorario del Paseo de la Fama, Johnny Grant, salimos a la calle a la hora exacta. ¡Qué impresión me llevé! Había más de 5,000 personas. No sé si emocionado o no, pero tuve una sensación de alegría y de gran alivio al ver tanto público acompañándome, mientras desde el *podium*, se escucharon palabras elogiosas del alcalde y conceptuosos términos de Celia Cruz y Cristina Saralegui.

Arrodillados con Grant sobre la vereda, se destapó la Estrella instalada sobre una baldosa, donde vi que decía "Don Francisco". Pensé en ese instante que era como una etapa cumplida. Mi esposa se acercó y me regaló un beso.

Escuché que parte del público comenzaba a cantar el Himno Nacional de Chile. Seguramente era la primera vez que se escuchaba en el Boulevard de Hollywood. Mucha emoción. Banderas de México, Chile, Cuba, El Salvador, ondeaban al viento en manos de gente que se apretujaba para acercarse a la Estrella. Sentí que estaba de alguna manera representando a esa minoría que somos los hispanos en Estados Unidos. Algunos, en el público, habían viajado 4 o 5 horas para asistir a ese sencillo acto. La actitud significaba para mí un gran respaldo al trabajo y el esfuerzo de años.

Pasamos al interior del hotel, a una conferencia de prensa, con masiva asistencia de reporteros y corresponsales. Muchas cámaras, luces y micrófonos. Medios de todo el continente interesados en *Sábado Gigante*. La presentación la hizo Emilio Estefan. La cobertura de la Estrella fue total en las cadenas en inglés y español.

Para que en verdad esto fuese una fiesta "por todo lo alto", en la tarde participamos en una recepción de gala con más de 400 invitados en el famoso y legendario Hotel Beverly Hills. Creo que todos recordaremos ese agasajo por mucho tiempo. Los concurrentes, vistiendo rigurosa etiqueta, eran recibidos por dobles de *Cantinflas*, Laurel y Hardy, Chaplin y la mismísima Marilyn, los que aportaron con su gracia y figura la curiosidad más divertida de la noche. En el salón del cóctel previo, Univisión hizo instalar una original estrella gigante construida en hielo.

Un recuerdo perenne del momento, para llevarse a casa, fue la fotografía de estudio que cada uno pudo obtener, con la estampa de Hollywood de fondo.

En medio de la gala, fuimos sorprendidos por un magnífico espectáculo en que se unían las Américas a través del baile y la música. Mientras lo disfrutábamos, pensaba una vez más que eso representaba nuestro afán de 15 años en Estados Unidos: "Separados por la distancia, unidos por un mismo idioma". El lema se había cumplido.

Mandamos a imprimir afiches, un botón-prendedor con la Estrella y un catálogo del programa. Hicimos circular un periódico especial de 16 páginas en colores, con noticias, entrevistas y datos curiosos de *Sábado Gigante*, Don Francisco, sus compañeros de trabajo y los artistas. Embotellamos en Chile un vino tinto proveniente de una cosecha especial, el que etiquetamos en forma apropiada a la fiesta. Todo eso le regalamos a cada invitado en una bolsa confeccionada para el efecto, donde también se incluía una caja de chocolates, con el siguiente mensaje que decía:

*Desde niños soñamos con tocar las **estrellas**,*
pero el tiempo nos enseña
*que alcanzar una **estrella** es sólo una quimera.*
*Hasta que nos damos cuenta que la **estrella***
es el símbolo de nuestros días.
*La fe habla de una **estrella** que nos ilumina.*
*Pedimos una buena **estrella** para avanzar en la vida.*
*Hoy el Paseo de las **Estrellas** del Boulevard de Hollywood*
me ha honrado con una de ellas.
Quiero compartirla con todos,
*para que sea una buena **estrella**.*
*Y que un trozo de esa **estrella***
la reciban los que nos acompañaron a llegar a ella.

La fiesta terminó tarde y me fui a acostar más tarde todavía. Quería deleitarme hasta lo último. ¡Qué orgullo hubiese sido para mis padres compartir este momento!

Como tenía muy claro que la Estrella que recibí, a pesar de tener mi nombre artístico, no era toda mía y debía fraccionarla en mil pedazos, a la mañana siguiente, y para cerrar el círculo con ese espíritu, convocamos a una reunión-desayuno a todos mis compañeros de trabajo que se encontraban en Los Ángeles. Para reconocer y agradecer a decenas de periodistas, productores y artistas, a cada uno le hice entrega de una réplica oficial de la Estrella, personalizada con su nombre.

Terminando la jornada, sólo diría que el alcanzar una Estrella no es el final, sino el comienzo de otra etapa. Estamos empeñados en cumplir los 40 años de *Sábado Gigante* en la pantalla. Nada menos que 2,080 programas. Es decir, doce mil quinientas horas de transmisión. O lo que es igual: 520 días continuados de programación, faltando sólo una vez a la cita.

Y tengo un sueño que no se si alcanzaré a realizar: escribir un libro que se transforme en un guión para una película en Hollywood. Proyecto para el año 2004. Si lo cumplo, quizás alcance otra Estrella. Si no, me quedará un sueño pendiente, que es lo más importante.

El último adiós

Todo martes 11 de septiembre me trae a la memoria momentos de miedo, de estrés, de preocupación, desde que en 1973 fuera bombardeada la Casa de Gobierno en Chile, provocando la caída del sistema constitucional y dando paso a una Junta Militar. Yo tenía 33 años.

Como cada aniversario se producen en mi país choques de gente que discrepa en el recuerdo de aquellos hechos, en este 2001, tan pronto desperté —más tarde que de costumbre, 8:15 horas—, quise conectarme de inmediato con esa realidad, sintonizando el Canal 13 de Chile. Es una suerte que la tecnología me permite: volver a mi hogar televisivo "en vivo y en directo", sin moverme de la cama.

La conductora del programa matinal explicaba una receta de cocina, cuando de repente interrumpió su relato y miró desorientada hacia la cámara, diciendo: "Vamos a una información de última hora". Presté más atención. La noticia era escueta: "Una avioneta chocó contra una de las Torres Gemelas en Nueva York", mostrando en pantalla la enorme silueta del humeante edificio. "¿Quéééé?", pensé y cambié al canal informativo en inglés CNN, donde estaba la misma imagen.

¿Una avioneta sobrevolando Nueva York? Curioso. Siempre vi helicópteros bajo el cielo de Manhattan, nunca avionetas. ¡Y chocando a media altura del edificio! Más extraño. ¿No será un atentado? Las cavilaciones del momento fueron muchas. Aún estupefacto, conmocionado, veo cómo la segunda torre recibe también el impacto de un avión. No logro entender. Recorro el dial ("hago zapping" como dicen por acá en espanglish) y me encuentro con que toda la televisión norteamericana muestra el mismo dantesco espectáculo. El símbolo del progreso capitalista en llamas. "¡No puede ser!" Pero sí es. Y no sólo eso: el locutor agrega que en Washington otro avión se ha estrellado contra el edificio del Pentágono. Un cuarto avión de pasajeros, similar a los anteriores, se va a tierra cerca de Pittsburgh. "¿Qué está pasando?" Pienso en mi familia que está en Chile. Siento miedo. ¿Será un ataque masivo contra Estados Unidos? Escucho que hay una orden de cancelar todos los vuelos sobre territorio estadounidense. ¿Qué hacer? Mientras, observo con estupor que se desploma una torre. ¡Se van al suelo más de 100 pisos! Al poco rato me parece que están repitiendo esa escena.

"¡Nooo!", me gritó desde el otro lado del teléfono Marcelo Amunátegui, productor-supervisor de mi programa. "¡Noooo, Mario, desaparecieron ambas torres. Es una tragedia!"

Me vestí lo más rápido que pude para irme al canal. Un matrimonio que trabaja conmigo en casa observaba en silencio el televisor, abriendo tamaños ojos. Estaban fríos, demudados. No puedo describir ahora lo que sentíamos. Quizá nunca lo pueda hacer. Sin embargo, además del miedo, de un momento a otro me di cuenta de que lo más preciado que tiene el hombre es su lucha por sobrevivir, y que se aferra a la vida dejando de lado todo lo material. Pero... esta filosofía se diluye por la preocupación.

Desde mi automóvil llamé por teléfono a los ejecutivos de la televisora, al igual que había hecho en oportunidades anteriores en mi país de origen, cuando me enteraba de algo grave. Me contestaron sólo máquinas receptoras de mensajes. Quería decirles que contaran conmigo para lo que fuese necesario. Ocurre que, lamentablemente, quienes venimos desde pequeños países latinoamericanos tenemos experiencia en desastres. En varias ocasiones en Chile, tuve que enfrentar desde la televisión, los duros momentos que siguen a terremotos, inundaciones, aluviones, revoluciones. Sé cómo actuar para acompañar a la población, informarla, tranquilizarla, prevenirla.

Mientras conduzco por calles y autopistas de Miami, voy como flotando, pareciera que lejos de la Tierra, en un día gris. Miro para todos lados y veo distinto todo. Me da la impresión de que la actitud de la poca gente que alcanzo a divisar es también diferente. La ciudad ha perdido sus colores. Variados pensamientos me brotan, se precipitan, se entrecruzan. Siento angustia. Me imagino muchas cosas. Escucho por radio que los hechos fueron atentados terroristas, por lo que me sacuden varias otras incógnitas: ¿Vendrán nuevos ataques? ¿Se repetirán en otros puntos del país? ¿Quiénes fueron los autores? Tantas veces que he escuchado a la gente decir que está contenta de vivir en Estados Unidos porque les da tranquilidad. ¿Será acaso que los terroristas convertirán a la nación más poderosa del mundo en una de las más inseguras para vivir? ¿Cómo tuvieron tanta pericia y precisión para estrellar aviones de pasajeros contra esas torres? ¿Dónde estará, a todo esto, el presidente Bush? ¿Cuál irá a ser la reacción de su gobierno? ¿Y en el canal, qué ocurrirá con la programación? ¡Tanto asunto!

Al llegar a los estudios me encontré, como era fácil suponer, con que todo el mundo corría por los pasillos en todas direcciones. Quizá se entendían entre sí, pero nadie hablaba porque no comprendían lo sucedido. Era una locura de ajetreos, miradas perdidas, rostros de preocupación. Incoherencia es la palabra. Convocan a toda la gente a ocupar sus puestos. Es una emergencia. Algunos llegaron a medio vestir. Creí inoportuno dirigirme a las oficinas de los más altos jefes del canal. "Deben estar sumidos en resolver la línea programática de emergencia. ¡Ya se enterarán de mi propósito cuando escuchen los mensajes!" Por lo tanto, lo único que me quedó fue encerrarme en mi oficina a pensar. No podía trabajar. A modo de desahogo, propiné un golpe con furia sobre el escritorio. Me dieron deseos de llorar. Me sentí caído, desintegrado como las torres mismas. Pareciera que mi sangre iba en una carrera loca por las venas. Me imaginé a toda esa gente que debió de haber quedado atrapada en el interior de ambos edificios, quizás unos 10 mil, muchos de procedencia hispana que trabajaban en la limpieza y otros servicios a esa hora de la mañana.

Conforme a mi agenda preestablecida, ése hubiera sido un día muy especial y trascendente para mí. Tendríamos la primera reunión general del nuevo programa de conversación *Don Francisco presenta*. Momentos después viajaría hasta Nueva Orleans, ya que había aceptado una invitación de la Universidad de Louisiana para dictar una charla sobre liderazgo y éxito a la juventud de origen hispano. Hay preocupación por parte de las autoridades académicas por la alta deserción de los estudiantes, deslumbrados ante una aparente facilidad de ganar dinero rápido. Les iba a hablar sobre lo importante que es el conocimiento para llegar a tener una mejor calidad de vida y sobre cómo hay gente tan pobre que lo único que tiene es dinero. (Hoy, además, reflexiono: casi con seguridad hay gente millonaria, empresarios de muchísimo poder económico, que han perecido en la explosión y el derrumbe, en las mismas condiciones en que murieron los más modestos trabajadores. En los momentos extremos de la vida, las diferencias no cuentan.) Íbamos también a incluir en la visita, dos reportajes para "La cámara viajera". Como es lógico suponer, antes del mediodía, el viaje fue cancelado.

Pasadas las primeras horas de pánico y consternación, comenzaba a hacerse evidente que aquellas escenas vistas por todo el país, casi en directo gracias a la televisión, produjeron como onda expansiva el que todos sintiéramos un bombazo en nuestro interior. La perversidad del terrorismo había actuado con una preparación y precisión increíbles. Cada choque explosivo había sido maquiavélicamente planeado para conseguir el efecto más dramático posible. Si esto mismo lo hubiésemos visto en el cine, se habría criticado el talento de los guionistas por tan "desbordada creatividad y fantasiosa imaginación".

Mi mujer me habló desde Santiago preguntándome si no sería ése el momento para regresarnos a residir a Chile. "Al menos vente por estos días. No te arriesgues", me pidió. Tratando de calmarla, le dije que nada me iba a ocurrir y que, en todo caso, no podría irme de un momento a otro. Menos ahora. Yo siempre me he sentido comprometido con el público, y presumo que así como necesito de éste para sobrevivir artística, económica y emocionalmente, también el público me necesita, por lo que supuse que pronto debería estar otra vez junto a la gente. Ese compromiso lo palpé, lo sentí en mi piel, en mi corazón, y estimé estar en capacidad de contribuir en esos momentos de confusión, presión, inseguridad y miedo, cuando todos se preguntaban, desorientados, ¿qué hacer y cómo?, ¿qué iba a sobrevenir? Tampoco yo lo tenía claro, no obstante haber aprendido en estos años que siempre hay una esperanza.

En el canal me pidieron asistir al día siguiente, a fin de reemplazar en medio de la transmisión continua a conductores y entrevistadores que estuvieran cansados. Esa noche no dormí. Desvelado, daba vueltas en la cama, encendiendo y apagando el televisor. Comencé a escuchar testimonios y a ver repetidas imágenes de gente arrojándose al vacío, valientes bomberos y socorristas intentando infructuosos rescates, el llanto de algunos sobrevivientes y el temor de aquellos que aún no se reencontraban.

Con el insomnio vivo, me propuse dejar en papel unas frases en recuerdo de las Torres Gemelas. Nunca me he considerado poeta, pero sentí la necesidad imperiosa de expresarme, por lo que escribí algunos breves versos, corrigiéndolos varias veces, borrándolos, pensando y escribiéndolos otra vez. Más tarde, esos mismos versos sirvieron para que la voz de un locutor *en off* iniciase el programa. Las últimas líneas decían:

> *Despreciando la violencia*
> *abrazadas por la paz,*
> *de cemento y cristal,*
> *majestuosas, altivas,*
> *se enfrentaron al cielo*
> *renaciendo del mal.*

> *Envueltas en su bandera,*
> *junto a las estrellas,*
> *las gemelas de siempre*
> *se volverán a encontrar.*

A las cuatro y media de la madrugada del miércoles lo único que me parecía definido era que el siguiente sábado nuestro *show* debería ser muy diferente a lo habitual, había que darle un fuerte tono patriótico, de hermandad, de solidaridad, con un contenido que, además de unir a la comunidad hispana de Estados Unidos, alcanzara a todos los rincones donde se hablara nuestra lengua. Teníamos que adaptar el estilo para servir al público frente a una situación tan traumática. Si bien el servicio noticioso que circulaba era extenso y bueno, había un elemento que nosotros podríamos agregar: ser, una vez más, el puente entre los telespectadores, la información y el entretenimiento, al brindar la oportunidad para que la gente pudiera expresar sus inquietudes.

Con el correr de los acontecimientos pude comprobar que en el país había desaparecido la tradicional controversia entre republicanos y demócratas, con el propósito de enfrentar juntos la desgracia. Esto mostraba la gran nación que es Estados Unidos. Producida la más absoluta unidad, no me cupo la menor duda de que teníamos que utilizar ese mismo concepto y que la postura adecuada debía ser una sola: estar todos unidos. Esta inspiradora frase sirvió para bautizar al programa de ese sábado. Sin embargo, no sólo con el nombre intentaríamos lograr la unidad de los 35 millones de hispanohablantes que residimos en tierra estadounidense, sino también con el contenido, como usar la música adecuadamente, ya que la música ha sido siempre un fuerte elemento unificador. Pensé que Emilio Estefan era el único que podría ayudarme con extrema urgencia en esta materia, ya que disponíamos sólo de 48 horas. "Tiene talento y una gran organización", me dije, sin saber aún cómo acercarme a él en momentos tan traumáticos. Hablé esa mañana con su "mano derecha", Jorge Placencia, quien casi al mediodía me puso en la línea con Emilio.

Le planteé la idea.

—Sé que es un tremendo trabajo a presión —reconocí de inmediato. Agregando—: Como sólo tienes un par de días, te propongo crear un tema dedicado al amor y a la paz, al espíritu solidario y fraterno de los hispanos. Si tú lo hicieras, todos nos sentiremos identificados con esa música y será el broche de oro del programa especial.

Encontré a un Estefan muy desanimado debido a todo lo sucedido el día anterior, aunque mientras conversábamos sus palabras corrían con más velocidad que lo habitual.

—Ésta es una tragedia que ha golpeado al mundo. No tengo deseos de nada —me respondió.

—Me imagino cómo te sientes, pero creo que debemos levantar el espíritu de nuestra gente, que está deprimida y asustada. Y también levantar el nuestro —aseguré.

Me pareció escuchar una breve risa nerviosa de su parte, seguida por un instante de silencio.

—Perdona que te moleste en estos momentos. Más que el cierre estelar de la noche, siento que esa canción es una necesidad —agregué.

—Está bien, Mario. Haré lo que pueda. Estaremos en contacto —me respondió.

Colgué el teléfono con un aire de optimismo. Imaginé que lo conseguiríamos y así lo dije cuando iniciamos una reunión de emergencia de todo el equipo de producción de *Sábado Gigante*, donde cruzaríamos ideas. Las discusiones internas me revelaron que aún no habíamos captado toda la dimensión de la catástrofe que estábamos viviendo. Se llegó incluso a comentar que con seguridad en tres días más la gente estaría aburrida, cansada de ver la misma noticia. Nadie se podía imaginar en ese momento que los retorcidos restos de metal humeantes estarían rodeados de una nube de vapor hasta más de un mes después, en que todavía no lograban quitar la montaña de escombros para llegar a los últimos subterráneos. Al cabo de algunas horas hubo consenso en que el sábado 15 teníamos que hacernos presentes con un programa muy singular, exclusivo. Y nos pusimos en campaña para eso.

Comenzamos a preparar lo mejor que pudimos nuestra producción y a "armar" un buen equipo entrelazado con el departamento de prensa del canal, a pesar de que periodistas y productores estaban descontentos y nerviosos ante tantos elementos que debíamos manejar sin saber cómo se desarrollarían los inestables acontecimientos cada hora. Era una vorágine que no se detenía, trabajamos contra el tiempo, con la colaboración de todos. La cadena Univisión puso sus recursos a nuestra disposición y autorizó para que nos extendiéramos a cinco horas en lugar de cuatro. "Hay un compromiso con el público", me reiteraron los principales de la red.

Lo que sí teníamos claro era que nuestro programa, además de mostrar la necesidad de la unidad, tendría que ofrecer respuestas claras al público, ya que seríamos una ventana a través de la cual la gente preguntaría directamente ya fuera desde nuestras graderías, por fax, por teléfono, por internet o en los puestos móviles a través de todo el país, a psiquiatras, abogados, expertos en guerras, en terrorismo, en inmigración, todos los cuales estarían con nosotros en el estudio.

Otra noche sin dormir, pese a haber ingerido una tableta "mágica" de esas que nunca fallan, pero que esta vez falló. Llegamos al sábado. El programa listo, entre los temores y riesgos de transmitir en vivo desde diferentes lugares, y sin los cortes comerciales que nos pueden dar un respiro. Si había errores tendrían que corregirse "sobre la marcha".

El animador de público, es decir, el encargado de entretener a los asistentes y entusiasmarlos antes de comenzar el show, no se atrevía a contar chistes como en forma habitual lo hacía. Ni siquiera había hablado con la gente. Los cartones de ayuda-memoria estaban frente a la audiencia, pero nadie pensó en cantar siquiera una estrofa. Las graderías repletas con gente rígida, que parecía pintada, en silencio, a diferencia de otras veces en que la algarabía se escucha desde los camarines.

En ese ambiente, yo que tenía más de ochocientos programas en el cuerpo y miles de horas en ese estudio, tuve una entrada diferente. Casi no pude comenzar. Debí sacar fuerzas de flaqueza para emitir apenas un saludo algo ronco de "buenas noches". Las palabras no me salían.

"¿Cómo están?", pregunté a continuación. La gente me miró con un gesto de sorpresa, como preguntando: "¿Qué? ¿Eres, o te haces? ¿Cómo vamos a estar?"

Un coro de niños fue la apertura del programa. Entonaron una canción con el tema de una fábula para demostrar el valor que significa estar todos unidos. Para mí el impacto emocional resultó muy fuerte. Tenía un nudo en la garganta y lágrimas incontenibles me dificultaban hablar en los primeros instantes. Hubo muchos momentos emotivos a lo largo de esas cinco horas. Animadores, artistas, panelistas, público y periodistas, que habían estado narrando y entrevistando por varios días, fueron soltando sus sentimientos frente a nuestras cámaras, incluso hasta el llanto. Todos tenían guardada su carga de emoción, de dolor, de frustración. Los conductores del noticiero central de Univisión, Jorge Ramos y María Elena Salinas, entraron a trabajar conmigo "codo a codo", ella en el estudio y él desde Nueva York, en el sitio mismo de la tragedia.

Respuestas, testimonios, sollozos, esperanzas, información y música transformaron este especial de *Sábado Gigante* en un hecho histórico para la televisión en español de Estados Unidos. Se transmitió en directo a casi todos los países de las Américas. En directo, también, desde sus respectivos países, siete presidentes de naciones latinoamericanas expresaron un mensaje solidario y de pesar dirigido a la afligida y conmovida colectividad hispana, de variada nacionalidad. Hablaron los gobernantes de El Salvador, Costa Rica, México, Chile, Honduras, Ecuador y Nicaragua.

Por seis minutos, mostré un reportaje de "La cámara viajera", logrado en 1990, durante una visita a las Torres Gemelas, en Manhattan, con todo el esplendor, diseño y magnificencia de una "ciudad vertical". ¡Qué documento! Ahora sólo hay heridas sangrantes, la muerte y desaparición de más de 6,000 personas. Y la incógnita de si serán, algún día, reconstruidas esas torres que tocaban el cielo. Quizá será el sitio de un monumento para el recuerdo eterno de tantos inocentes caídos. O las dos cosas a la vez.

Así transcurrieron esas horas hasta que llegamos a un final inolvidable. El nuevo tema musical *El último adiós*, creado por Estefan en tan poco tiempo, junto al cantautor peruano Gian Marco, fue presentado en el estudio por el propio Emilio acompañado de su esposa Gloria. Gian Marco lo cantó. El público se puso de pie y, tomados de la mano, cerramos el programa, con todos unidos.

En ese programa vimos cómo la bondad del ser humano superaba al odio, sucediéndose uno tras otro ejemplos de valentía, de solidaridad, de amistad. ¡Cuántos dieron su vida por salvar a otros! ¡Cuántos voluntarios dispuestos a aportar su trabajo! Otros proporcionando una palabra de amor, un beso, una caricia, un abrazo. Me siento feliz por el desempeño y apoyo brindado por los hispanos. Nadie falló a decir ¡presente! en estos días aciagos. Más que una catarsis, fue la necesidad de sentirnos amigos y hermanos frente al odio que habíamos presenciado. La fatídica fecha de los atentados terroristas quedó marcada para siempre en nuestras vidas. Fuimos testigos de un acto de horror y odio. Un hito que cambiaba la historia contemporánea. Para mí fue además un día inolvidable por una reflexión que me hice y que va más allá del atentado terrorista, relacionado también con el mundo violento que estábamos viviendo lleno de consumismo, sin límites morales: "¿No tendremos algún grado de responsabilidad frente a aquel odio? ¿Será que en la pirámide del poder, cada uno quiere doblegar al que está más abajo, y que por eso la agresividad le gana al amor?"

Pasada la medianoche, al salir del canal, resultó conmovedor ver que desde los automóviles, en el restaurante, la gente me saludaba levantando el dedo pulgar en señal de aprobación, de triunfo. Recordé momentos de las teletones más exitosas en Chile. Al parecer ese programa había resultado oportuno y necesario. Logramos esparcir el espíritu de unidad. *Todos unidos* me brindó la oportunidad de participar en una coyuntura única y de poder demostrar en Estados Unidos algo que pocas veces antes pude: mi verdadera vocación de comunicar. Siempre he sentido que mi trabajo es importante, que llegar a tanta gente es un privilegio que hay que tomar con mucha responsabilidad. Estos casi 40 años de experiencia y preparación siempre han estado dedicados a quienes me acompañan con su audiencia, para entregarles lo mejor de mí. Eso quise hacer y eso ocurrió mágicamente en el mundo enigmático del aplauso. Un programa hecho con el corazón para llegar al corazón de nuestros telespectadores. Me atrevo a decir que fue el mejor de los 800 y tantos programas que llevamos hechos en Estados Unidos. Si no fue así, sí siento que es el que mejor recibió el público.

Emilio Estefan con su genio creativo, entendió que *El último adiós* iba a tener una recepción más allá de lo pensado. Como las ganancias por la venta del disco tendrían un fin benéfico, preparó una nueva versión a la cual se incorporaron todos los artistas hispanos que quisieron hacerlo, sin importar dónde estuviesen en ese momento. A raíz de que los viajes aéreos aún permanecían suspendidos, la tecnología de punta permitió que los artistas participasen en la grabación desde cualquier punto de Estados Unidos, México, Sur y Centroamérica, en forma simultánea con quienes lo hicieron en Miami. Los primeros 100 mil discos fueron donados por Sony. Para el auditorio en inglés, el tema fue interpretado por Jon Secada.

La noticia de la grabación de este solidario gesto fue destacada, en inglés y en español, con especiales caracteres en la prensa, radio, televisión y agencias internacionales. En medio de eso, el presidente George W. Bush extendió una invitación a la Casa Blanca a cantantes y productores de *El último adiós*, para conmemorar el Día de la Raza (Día de la Hispanidad, en Estados Unidos) junto a sobrevivientes del acto terrorista y personalidades hispanas de diversos ámbitos.

Aceptando esta gentil invitación, hice mi primer viaje después de aquellos brutales ataques, lo que resultaba curioso en mí que por años he acostumbrado a viajar por lo menos una vez por semana. Encontré en el aeropuerto de Miami un ambiente muy diferente al habitual. Llegué dos horas antes, en lugar de los 30 minutos de costumbre. Estaba semivacío de viajeros, pero lleno de militares fuertemente armados que no le quitaban la vista de encima a nadie. Para evitar las revisiones, sólo llevaba un libro de notas en la mano. El control exhaustivo de documentos de identificación y de cuanta cosa pudiéramos tener en los bolsillos de la vestimenta, fue largo y detenido. En mi caso, además tuve que cruzar descalzo la puerta de seguridad, para evitar que se dispararan las alarmas con mis plantillas que tienen una placa metálica. A varios pasajeros los vi asustados, nerviosos y alterados con tanta pregunta y revisión. Durante el vuelo, todos iban silenciosos, mirando constantemente a través de las ventanillas. Lo único que deseaban era estar lo antes posible otra vez en tierra. Un piloto sentado a mi lado me contó que a pesar de sus 15 años de profesión, ahora sentía miedo, y que su madre lo llamaba a diario pidiéndole que cambiara de trabajo.

Al aproximarnos a Washington, nos informaron que el Aeropuerto Nacional Ronald Reagan estaba cerrado, por lo que aterrizaríamos en el Dulles, que es para arribos internacionales. Durante los 45 minutos en automóvil hasta nuestro destino final, el chofer me contó que nunca vio a la ciudad capital tan desolada. Y que en más de 40 años de taxista en esa ciudad jamás tuvo tan poco trabajo. El hombre no exageraba. Parecía que participábamos en una película de guerra, con barricadas en las esquinas, calles cerradas, vehículos de seguridad interceptando el paso, policías y militares por todos lados cargando imponentes armas de fuego.

¡Para qué hablar del registro al llegar a la Casa Blanca, luego de caminar las últimas cinco cuadras! Un letrero tras la caseta policial advertía que estaban suspendidos todos los *tours* en esa residencia, lo que dada las circunstancias, resultaba risible.

Alrededor de 300 personas llegamos a la cita. Un pequeño grupo, entre los que estábamos Cristina Saralegui, Emilio y Gloria Estefan, la cantante Jacky Velásquez y yo, fue invitado a pasar a una sala contigua al salón de ceremonias para saludar al presidente. Éste llegó sin anunciarse, afectuoso, cordial, haciéndonos bromas a cada uno. Dijo venir aún agitado de sus ejercicios y caminata diaria. "En estos días necesito mucha energía", comentó. Me pareció increíble cómo en los difíciles momentos políticos que enfrentaba, con una declaratoria de guerra, tanta tensión y pesada responsabilidad encima, se diera tiempo para conmemorar esta fecha hispana. La mayoría de los concurrentes interpretó esta actitud como un genuino deseo suyo de integrar a nuestra comunidad, por la cual siente mucho afecto, y reconocernos como un grupo importante en la gran nación. Como muestra de esto, antes de concluir el evento, el presidente firmó el decreto que otorga iguales oportunidades de educación en el país a estudiantes hispanos que no sepan inglés.

El acto estuvo cargado de emotividad. Pude verlo en los ojos de Bush y de su esposa, en especial cuando un centenar de artistas interpretó nuestro símbolo de unidad por la paz: *El último adiós*. Fue un momento sensible e histórico difícil de olvidar.

Así, el 12 de octubre, al caer la tarde y ya de regreso de Washington, terminé este capítulo que nunca consideré, ni remotamente, vivir. Al cumplirse un mes de los atentados, varios hechos se han derivado a raíz de ellos: los primeros ataques de las fuerzas aliadas, el miedo al bio-terrorismo, los anuncios de la depresión económica, el comienzo de un desempleo masivo, el temor a una tercera guerra mundial —o a la Primera Guerra Santa del milenio—, la lucha Oriente-Occidente, la incertidumbre de qué nos depara el mañana. La gente se sigue preguntando: ¿qué irá a pasar? Esto sí me preocupa mucho, más aún por aquéllos a quienes la vida todavía no les ha dado la oportunidad de vivirla en plenitud, como la he vivido yo. Por ejemplo, mis hijos y mis nietos; y en general los hijos y los nietos de todo el mundo. En lo personal tengo varias interrogantes: ¿podrá seguir *Sábado Gigante*? A mediados de octubre salió al aire a través de Univisión, *Don Francisco presenta*, programa con invitados especiales para conversar y escuchar música. ¿Podremos desarrollarlo como lo habíamos pensado? Y este libro, ¿llegará a las manos de la gente, o quedará empolvado en los anaqueles?

Como el optimismo ha sido siempre el motor y la energía que ha movido al hombre, no debemos pensar que esto es el fin del mundo, sino más bien el inicio de uno nuevo, de un mundo mejor. Frente a innumerables casos de epidemias, desastres naturales, guerras y odios, el hombre ha sobrevivido y ha salido adelante. La crisis será superada y saldremos fortalecidos si estamos todos unidos.

Hoy más que nunca entiendo que lo que he sido y lo que soy se lo debo al público. Me duele pensar que tal vez muchos de esos fieles telespectadores murieron en ese horror de fuego y destrucción. Como un modesto homenaje a ellos, decidí adelantar la presentación de esta edición, así como también modifiqué su objetivo y su lanzamiento. *Don Francisco entre la espada y la TV* lo escribí originalmente para homenajear el esfuerzo de muchos compañeros y colaboradores de estos años que luchan conmigo para mantener el aplauso y la porfiada perseverancia para abrazar el éxito. Quiero ampliar ese objetivo para que estas páginas de mi historia sean mi aporte solidario a aquellas familias que han sufrido la pérdida de un ser querido por diversas circunstancias y que están viviendo grandes dificultades. Por eso, las regalías obtenidas por *Don Francisco entre la espada y la TV* serán donadas a los damnificados por los actos terroristas del 11 de septiembre de 2001. Sé que es una modesta aportación frente a la gran necesidad que existe, pero espero que también sirva de motivación para que los lectores contribuyan. Creo que todos y cada uno de nosotros debemos dar lo que esté a nuestro alcance. No hablo sólo de lo material, también de apoyo afectivo y espiritual.

Creo, además, que debemos esforzarnos por volver a nuestra vida normal. Nos puede resultar difícil retomar la rutina cotidiana, pero estoy seguro de que seremos capaces de hacerlo. De esta manera, *El último adiós* se convertirá sólo en un recordatorio de un momento oscuro de la humanidad y en el primer paso para dar la bienvenida a una nueva era de progreso, bienestar y, sobre todo, justicia, aspiraciones de la gran mayoría.

Desde más allá

¡Pensar que ya estamos a mediados de siglo! El tiempo corre mucho más veloz de lo que uno se imagina. Es diciembre del año 2040 y me faltan sólo horas para la celebración de mis cien años de vida. Parece que fue ayer no más que hicimos el *Show del Milenio*, en Univisión.

Sigo viviendo en la isla Indian Creek, como hace 50 años. Es un buen lugar para vivir. Siempre consideré que estaba central, de fácil acceso a todo. La casa es prácticamente nueva, porque la antigua tuve que demolerla después del violento huracán que azotó Miami en agosto del 2023.

Hijos y nietos me recomendaron que me quedara ahí mismo. Les hice caso y construí una nueva residencia con la última tecnología. No fue difícil hacerlo, ni controlar el avance de la construcción, pues mientras tanto me hospedé en un hotel que inauguró el Club de la isla, en el lugar donde tenía las viejas instalaciones recreativas para sus socios. Miami siempre me pareció bello y apetecible. Lo sigue siendo, a pesar de que el clima ha cambiado un poco, a consecuencia del calentamiento de la Tierra. Los veranos traen un calor mucho más severo y los inviernos son más templados, aunque de pronto nos sorprenden vientos huracanados, ciclones, sequías y lluvias a veces desproporcionadas.

Mi salud es regular, debido a que tengo menos energía y también el presentimiento de que se me acerca el final. Es verdad que hoy resulta más fácil que a comienzos del siglo, ya que los problemas de entonces son ahora controlables: el mal funcionamiento de la tiroides, el cuidado de la presión y la diabetes. Los sistemas modernos de reactivación celular han frenado el avance de estas enfermedades. A pesar del modernismo, siempre se sigue recomendando hacer ejercicios. Hasta hace 25 años, mi actividad física y psíquica me mantenían en buena forma. Hoy sólo camino media hora diaria, ayudado por un bastón, debido al avance de mi artritis. Lamentablemente no han encontrado nada que detenga el proceso de deformación de las articulaciones, aunque sí —al menos— de eliminar los dolores. El problema mayor lo tengo en la cadera derecha, que me hace cojear.

En resumen, estoy viviendo de recuerdos y empatando el tiempo. Me hago una y otra vez las mismas preguntas: ¿Así es la vida? ¿Esto es vida? ¿Qué me está aportando la vida en este momento? Y, lo más importante:

¿qué le estoy aportando yo a la vida? Ser longevo y estar en estas condiciones físicas es una franquicia que ahora se obtiene gracias a la nueva terapia llamada "Reactivación Genética", que permite mejorar la memoria y frenar el envejecimiento. A esto debo agregar que hace pocos años me sometí a un avanzado método de recuperación celular que mejoró de manera significativa mi vista y mi oído. También mi piel. Además, al encontrarse un control para las obesidad y la cura del cien por ciento de las enfermedades de cáncer, mis posibilidades de sobrevivir mejoraron y aquí estoy, pues.

La gente en general está viviendo más. Una reciente estadística dice que 25 por ciento de la población mundial tiene más de 60 años. En Estados Unidos, 30 por ciento de sus habitantes tiene más de 55 años, y el promedio de vida llega a los 82. Por eso, considero que no es ninguna gracia especial, ni motivo de noticia o chisme en los periódicos, el hecho de que yo esté cumpliendo 100 años.

Debo reconocer que, pese al mejoramiento gradual de la memoria, hay momentos en que me pongo algo olvidadizo, tengo lagunas y hay épocas que he olvidado por completo. Me veo obligado a echar mano de mi asistente, un robot cuyas acciones se programan. Hoy está programado para recordarme cada tres horas que es mi primer centenario.

Hace ya 25 años que me jubilé de la televisión. Desde entonces mi vida ha sido más tranquila, menos interesante y muchísimo menos estresante. Me dedico bastante a informarme, estar al día con lo que sucede, observando el mundo desde mi ventana. La población de la Tierra supera los 9,200 millones de habitantes. Según el último censo, en Estados Unidos hay 417 millones de personas. La masa de habitantes hispanos o de ascendencia hispana ha crecido en forma considerable. Somos 117 millones, lo que significa alrededor del 28 por ciento de la población total del país. En otras palabras, es la comunidad mayoritaria dentro de las llamadas "minorías". Tanto es así que entre los candidatos que llevan más probabilidades de triunfo en las próximas elecciones presidenciales, figura uno cuyo segundo apellido es González. Su madre es de ascendencia mexicana, con tres generaciones residiendo en la Unión Americana.

Gran parte de mi información y entretenimiento proviene del exitoso sistema mundial conocido como "comunicación total". Pensar que hace medio siglo la gente estaba embobada con el internet y el correo electrónico, que revolucionaron las comunicaciones. En ese entonces, mis numerosos compromisos me impedían sentarme alguna vez frente a la computadora para "navegar" en la red. Pero ahora estoy convertido en un fanático de esta novedosa técnica que entrega todo tipo de datos. El procedimiento no tiene nada que ver con el que existía 50 años atrás. La imagen es perfecta. Están superadas las 1,200 líneas. Hay una resolución increíble que llaman "realidad absoluta", una estructura interactiva de tercera dimensión, comunicación instantánea que incluso tiene la capacidad de traspasar olores en algunos programas especiales y películas, contando con un adaptador especial. Vale decir que si la cinta es de aventuras en la selva, se puede hasta sentir el olor de la vegetación, o del barro, o de algún incendio de árboles.

Como estos aparatos han roto la privacidad, tienen un código de seguridad para mantenerla. Si uno quiere acceder a un número, debe tener el código o pedir permiso para que le abran la línea. Ese aparato es el corazón de la casa, que incluye videófono. A uno lo pueden llamar, pero sólo el que dispone del código personal de seguridad podrá entrar y ordenar.

El sistema todavía es exclusivo y caro, pero hoy por hoy se paga todo: la conexión, la información, los minutos que se usa, más lo que cobra cada centro de servicios. Todos añoran las viejas épocas en que la internet era gratis, y repiten aquello de que "todo tiempo pasado fue mejor", agregando con la misma originalidad, "¡dónde va a llegar este mundo así como va!"

También ahora he tenido bastante tiempo para dedicar a mis bisnietos, ya que mis hijos primero y después mis nietos me criticaron en su oportunidad el que yo hubiese estado siempre tan ocupado en mis afanes de televisión. Hoy los bisnietos quedan felices —al menos así creo yo— al escucharme los largos cuentos de comienzos de siglo sobre mi vida artística en la pantalla chica. Les encanta que les hable de "La cámara viajera", de cómo eran las selvas de verdad, mis cuentos de aventuras en lugares remotos y extraños, las visitas a las comunidades indígenas.

Algo que me han pedido con frecuencia es que les repita todo lo que fue el *Show del Milenio*, ya que pueden comparar las diferencias del mundo entre el siglo pasado y el actual. Se ríen sorprendidos cuando saco los añejos videos y los pongo en aquellos antiguos reproductores. Los miran con curiosidad, como las piezas de museo que son.

Lo entiendo, ellos nacieron con el mini-disc-láser-tridimensional, que es lo único que hoy se tiene. Igual les llama la atención ver parajes que ya desaparecieron o actividades que no existen, como la pesca artesanal, la extracción del salitre, una ballena de verdad moviéndose en el mar. Con mis relatos quedan absortos al escuchar que en el siglo pasado viajaba ida y vuelta entre Santiago y Miami dentro de la misma semana, volando casi toda la noche, ocho horas y media, tramo que hoy demora 45 minutos después de que desarrollaran la tecnología del *space-shuttle* para fines comerciales.

Hoy, me ha dado por recordar y repasar mi vida, para tener la oportunidad de felicitarme y arrepentirme por tantas cosas. Cumplo un siglo y desde esta perspectiva, por supuesto que todo se ve diferente. Pero la vida no es lineal y "se hace camino al andar", como dijo alguna vez el poeta español Antonio Machado. Hoy hubiese cambiado muchas cosas, pero otro poeta agregó por ahí "ya es tarde". Quizá debiera haber cedido frente a la presión del éxito, para no perder tantos momentos de la niñez y adolescencia de mis hijos, haberme dado el tiempo para ser un buen abuelo y no conformarme con sólo ser buen bisabuelo, porque no me queda otra opción. Sin embargo, uno no puede luchar contra su naturaleza. El aplauso me llamaba, me reclamaba. El éxito me hacía vibrar. Y el poder que otorgan esos elementos muchas veces me hizo actuar mal. También hubo cosas que hice bien, y me siento orgulloso de ellas: participar en la *Teletón* y en todas las campañas sociales que me enriquecieron como persona.

Ahora entiendo que hay que aprovechar los momentos y las oportunidades que da la vida. A pesar de que compartí mucho con Temy, perseguir siempre una nueva estrella nos hizo perder ocasiones de estar más tiempo juntos. Para eso, también es tarde. Por otro lado, estoy contento: todo lo que escuché, vi y viví lo pude compartir con millones de personas que fueron mis telespectadores, auditores, lectores, que en unas cuantas ocasiones me hicieron ver su reprobación y otras me premiaron con un aplauso que me reconfortaba y que todavía escucho a la distancia, como música de fondo de los tiempos pasados. A esta edad uno habla mucho de los tiempos idos porque ya va quedando poco.

En cuanto al público, me atrevería a decir que he pasado casi al olvido. Muy de vez en cuando por ahí me invitan a programas interactivos para que les hable sobre los primeros pasos de la televisión en español en Estados Unidos y sobre mi récord aún no superado de estar durante 53 años frente a las cámaras con *Sábado Gigante*. Sin embargo, esta semana me han llamado seis de las diez cadenas de televisión hispanas que operan en el país, para que les cuente anécdotas de aquellos años en que mi programa aparecía en esos viejos aparatos digitales que hoy están en desuso y que nada tienen que ver con el sistema virtual moderno.

Me dan deseos de aceptar esas invitaciones, pero después me arrepiento, al pensar que no recuerdo con mucho detalle aquella época. Peor aún si me entran a preguntar sobre lo que sentía, lo que me estremecía cuando íbamos recibiendo el tercer milenio en la televisión. Así como antes, ahora tampoco se puede decir a todo que no, porque te cae la prensa encima y te ensucia la imagen de un plumazo. Por lo tanto, decidí invitar a la prensa a visitarme hoy en casa.

Nunca pensé llegar ni remotamente a vivir este día y celebrar tan significativo cumpleaños. Será una fiesta modesta, para unas 120 personas. Vendrá sólo la familia y algunos amigos de siempre, muy cercanos. La haremos al aire libre aprovechando la calidez del tiempo.

Hace poco rato pasaron a visitarme y traerme un postre "Tres leches", Lily Estefan y sus cuatro nietos. Se emocionó una vez más al recordar su paso por *Sábado Gigante*, hace casi cincuenta años. Los nietos la miraban sin entender nada y me observaban con curiosidad, como diciendo: ¿quién será este viejo que hace llorar a la pobre abuela? Porque la ex modelo nunca les contó que es una llorona de siempre. Supe ahora que su nieto mayor, que va a cumplir 18 años, está formando una banda galáctica con los nietos de Rashel y Sissi. Los años no han pasado para Lily, que tiene casi 75 y aún se ve *sexy*. Sobre todo cuando expira bocanadas de humo de su cigarro virtual, que es el gran invento de la década: igual que los cigarrillos del siglo pasado, pero sin nicotina ni efectos secundarios.

Sentado en la terraza, observo con atención la actividad del *robogarden*, una especie de jardinero robotizado que reemplazó al trabajador manual de antaño. Corta el césped y dispone de unas celdillas sensibles que llegan a detectar los trabajos que aún hay que cumplir: regar, agregar nutrientes a las plantas, revolver la tierra, podar, barrer y sacar las hojas sueltas. Una maravilla de la tecnología. Desde hace algunos años, salgo al jardín vistiendo ropa inteligente. Es muy cómoda y práctica. Me permite una conexión directa con el teléfono, con la computadora, con el abrir y cerrar de las puertas. Al estilo antiguo de "aire acondicionado", en mi traje regulo el frío o calor externo que necesita recibir mi cuerpo.

A las 12 del mediodía se inyectan las últimas noticias en el diario virtual, que comienza a titilar sobre la mesa, avisando que hay completa información nueva. El color de las noticias tampoco ha sufrido un cambio, pese al transcurso de los años: siguen siendo blancas, amarillistas, rojas, bélicas. En el mundo hay siempre más pobres que ricos. Ninguna fórmula ha podido revertir eso. El hombre permanece en pie de lucha, las guerras no han terminado, aunque sea otro su carácter. No se combate por el petróleo, que está en extinción, pero sí por el agua en el Oriente y parte de Europa. Los océanos se ven cada vez más amenazados por la desalinización. Con los nuevos problemas ambientales, se han hecho muy populares los vehículos con células solares en reemplazo de la gasolina. Hay también avanzadas pruebas para usar el hidrógeno como combustible. Ayer no más leía una noticia que destacaba la actual fiebre por el aeromóvil a propulsión que mantiene un círculo magnético a su alrededor que le impide chocar con otros elementos cuando está activado. Estos vehículos bipersonales están siendo adquiridos en forma entusiasta por personas pudientes, quienes llegan a modificar sus casas o edificios de departamentos, construyendo superficies para su aterrizaje y estacionamiento.

Otra noticia interesante que aparece hoy es que sólo quedan por secar 1,500 acres (alrededor de 500 hectáreas) de los Everglades, los otrora inmensos pantanos vecinos a Miami. Su gigantesca superficie está casi cubierta con construcciones de moderna arquitectura. La página científica informa también sobre cómo ha mejorado en este tercer milenio el antiguo invento del *Viagra*. Las nuevas tabletas permiten hasta 90 minutos de erección, sin ningún efecto nocivo. La verdad sea dicha: esto yo no lo he probado, sino que me lo contó Javier Romero, mi ex coanimador, jubilado el año pasado. Él las ha usado y dice que son fantásticas.

También hay una nota sobre el avance espectacular con respecto a la longevidad de la mujer, al lograr recuperar su ciclo natural y postergar la menopausia. El último tiempo registra varios casos de mujeres que han dado a luz después de los setenta años.

La ciencia médica destaca que hace medio siglo nadie jamás pudo haber pensado que algunas mujeres en edad madura estarían viviendo su ciclo maternal "por encargo tecnológico": incubadoras digitales que producen la etapa del embarazo en forma electrónica. El método, aún en periodo experimental, está siendo muy criticado por la Iglesia Católica y por otras religiones. También hay fuerte protesta femenina, después de las graves fallas que causaron la muerte de cientos de nonatos.

Grandes avisos publicitarios en el periódico virtual hablan del éxito obtenido desde hace cinco años por los nuevos productos que están terminando con la calvicie. A través de la manipulación de un gen que es activado por una tableta, se recupera el cabello perdido. Otra tableta similar, pero de efecto contrario, evita la necesaria depilación de las mujeres.

Entre las curiosidades, una nota da cuenta de la detención de prostitutas de la tercera edad, sorprendidas a la caza de clientes en las cercanías de Biscayne Boulevard, en Miami.

Interrumpo mi lectura porque me avisan que llegó el pastel para la celebración. El pastel se mantiene igual a como ha sido por siglos, sólo que con más ingredientes sintéticos y esas velitas que al final son inapagables. O quizás es que a mí se me ha ido haciendo difícil apagarlas. Como soplo poco, me tendrán que ayudar a soplar y, por si acaso, tener cerca un extinguidor. Mal que mal son 100 velitas.

Llegan los periodistas para la conferencia de prensa. Me parece increíble que después de tantos años, aún vengan a verme alrededor de 20 reporteros. No hay *flashes*, ni focos, ni asistentes de iluminación. Cada profesional es autosuficiente y maneja su sofisticado equipo, que en el caso de las cámaras no son más grandes de lo que era una "Coca-Cola clásica". Con todo computarizado, las señales suben y bajan en directo a las oficinas del medio de prensa. Así también la terminología que usan los periodistas al presentar su noticia, ha cambiado. Pese a esto, el más joven de los reporteros rompe el hielo:

—¿Se siente contento con la vida que ha llevado?

—Durante mi vida, muchas veces revisé mi quehacer. Sin ir más lejos, hoy conversé largo conmigo mismo, mirando hacia atrás por si había algo que cambiar. Cuando algo se revisa, siempre hay mucho que cambiar.

—¿Qué le recomendaría a los jóvenes que quieren seguir sus pasos en esta profesión? —consulta otro.

—Lo que siempre dije: hay que ser perseverante, hay que dedicarse con pasión, honestidad y responsabilidad. Estos valores siguen siendo válidos. Es mucho lo que se puede hacer e influir con el poder de la comunicación.

Un periodista levanta la mano, pidiendo hablar. Me dice:

—En la biblioteca de mi abuelo encontré un libro que usted escribió hace casi 40 años: *Don Francisco entre la espada y la TV*. Me costó leerlo, porque no estoy acostumbrado a leer en papel, pero quiero decirle que no le creí. Aparece usted ahí muy perfecto. No habla de sus fracasos ni de sus errores.

Me acomodo en la amplia silla de respaldo alto en la que me he ubicado para recibir a la prensa, y le respondo:

—Voy a tratar de contestarle, aunque mi memoria no es tan buena ya, pero de ese libro me acuerdo muy bien. Lo escribí en una de mis buenas épocas. Me demoré casi dos años, miles y miles de páginas corregidas y vueltas a escribir. En la tarea me acompañó un periodista de ese entonces, Mauricio Montaldo. Traté de ser lo más honesto posible, pero es difícil recordar los errores y mucho más complejo es reconocerlos. La vida está llena de aciertos y de errores. A medida que avanza, vamos reconociendo los nuevos y olvidando los viejos. Uno siempre quiere ser bueno, pero suele ocurrir que el poder y el éxito son enemigos de la bondad, porque no queremos perder terreno ni dar un paso atrás.

Se produjo un momento de silencio en la sala. No pierdo el hilo, agregando:

—Los fracasos son sólo éxitos no logrados, por eso es más dificultoso reconocerlos, además de que estábamos inmersos en una actividad que cuesta controlar, en que todo es tan personal y donde golpea fuerte el ego. Las páginas de ese libro están llenas de fracasos y de éxitos que reconocí como tales, pero quizá no fui suficientemente explícito.

(Sólo me faltó contarles que cuando escribía, allá por el 2001, le comenté a mi mujer que debería preparar un libro revelando mis pecados, para que se publicara después de mi muerte. Ella me respondió:

—De ninguna manera después de que tú te mueras, sino más bien después de que yo me muera.)

—A mis cien años —seguí—, sé muy bien que lo que más gusta es lo prohibido, lo secreto, lo inconfesable. Pero también sé que eso es lo más dañino. Por eso, prefiero que todos se queden con el recuerdo de que fui un hombre como todos, con muchos defectos y algunas virtudes. El libro de los defectos podría ser más grande que éste, con sabrosas anécdotas privadas, ¡imagínense!, algunas ya las estoy recordando.

Todos me miraron expectantes. Los calmé diciendo:

—Por sobre eso, mucho más importante es que tuve la suerte de tener varios hijos, nietos y bisnietos, planté miles de árboles y escribí dos libros. Y ahora, perdónenme, señores periodistas, pero tengo que ir a dormir una siesta para estar energizado esta tarde y poder soplar 100 velitas. Estoy soplando muy poco.

Una joven reportera en cierto modo me interrumpe:

—Lo último, Don Francisco: ¿qué no ha cambiado en este tiempo vivido?

—Deben ser muchas cosas, creo yo, me pilla de sorpresa y con los reflejos lentos. Así de inmediato se me viene a la cabeza: ...el amor... el odio... los sueños... las aspiraciones.

—¿Le gustaría decir algo más? —añade otro periodista, mientras me voy poniendo de pie.

—Sí me gustaría —respondo—. Quisiera recordar unas frases muy importantes para mí, que he repetido miles de veces: "¿Qué dice el públicooooo?" y "Fuertes aplausos". ¿Sabe por qué? Porque si hay algo que no ha cambiado con el tiempo es el público y el aplauso. Ambas cosas se mantienen incólumes en las sensaciones de un artista. Yo aún así lo siento.

Esta obra se terminó de imprimir
en noviembre de 2001, en
Imprentor, S.A. de C.V.
Calle Salvador Velasco 102
Col. Parque Industrial Exportec 1
Toluca, Edo. de México